Werner Seppmann
Kritik des Computers

Werner Seppmann

Kritik des Computers

Der Kapitalismus und die Digitalisierung des Sozialen

Der Verlag bedankt sich bei Herrn Daniel Klose für seine unermüdliche lektorierende
Arbeit an diesem Buch

© Mangroven Verlag Kassel 2017
Werner Seppmann: Kritik des Computers, 1. Auflage
Satz: Dr. Frank Hermenau
Cover: Ralph Fischer, Artline Werbung, Bebra
Druck: Digitaldruck leibi.de, Neu-Ulm
www.mangroven-verlag.de
ISBN: 9 783946 946021

»In der Entwicklung der Produktivkräfte tritt eine Stufe ein, auf welcher Produktionskräfte und Verkehrsmittel hervorgerufen werden, welche unter den bestehenden Verhältnissen nur Unheil anrichten, welche keine Produktionskräfte mehr sind, sondern Destruktionskräfte.« (Karl Marx)

»Wenn es dem Marxismus nicht gelingt, der zeitlosen Wahrheitstheorie der herrschenden naturwissenschaftlichen Erkenntnislehren den Boden zu entziehen, dann ist die Abdankung des Marxismus als Denkstandpunkt eine bloße Frage der Zeit.« (Alfred Sohn-Rethel)

Danksagung

Für vielfältige Anregungen und Ratschläge habe ich Willi Bär, Eberhard von Goldammer, Reinhard Jellen und Yves Toti zu danken.

Unschätzbar wertvoll war die Hilfestellung von Peter Rath-Sangkhakorn (PAD-Verlag), dessen intensive Literatur-Recherche für einen beständigen und fast ausufernden Strom an Informationen und Anregungen sorgte.

Nicht weniger zu danken habe ich jedoch auch Heinz Jung (1935–1996), der mir vor einem Vierteljahrhundert in seiner Eigenschaft als verantwortlicher Redakteur der Z. *Zeitschrift Marxistische Erneuerung* eine *kritische Computer-Beschäftigung* nahe gelegt hat. Die damaligen Texte belegen, dass auch *vor* der Verallgemeinerung des Internet problematische Entwicklungstendenzen und Anwendungsweisen nicht zu übersehen waren.

Wiederholt wurden mir in jüngster Zeit wichtige Hinweise zum IT-Komplex durch Beiträge in der *jungen Welt* vermittelt. Die kritische Beschäftigung mit dem Thema, auch schon zu Zeiten, als andere linke Publikationsorgane, wenn sie sich überhaupt der Computer-Problematik stellten, oft als Verstärker herrschender Desorientierungen betätigten, ist der Initiative und der kontinuierlichen Arbeit an dem Thema von Thomas Wagner zu verdanken.

Aber auch durch die unbeirrbare Aufklärungsarbeit über die Digitalisierungsprozesse von Frank Schirrmacher, Mitherausgeber der *Frankfurter Allgemeinen Zeitung*, sind mir zeitraubende Umwege erspart geblieben. Was sind das für Zeiten, in denen sich solche Konstellationen aufdrängen!

Gewidmet sein soll dieses Buch jedoch dem Andenken an *Joseph Weizenbaum (1923–2008)*, dem großen Computerpionier und unerbittlichen Computerkritiker, der mir schon vor fast vier Jahrzehnten ein erstes Verständnis der widersprüchlichen Komplexität der »Geistesmaschinen« vermittelt hat. Auch wenn die Basis der Computer- und Internetkritik sich mittlerweile verbreitert hat und viele neue Aspekte mit aufklärender Absicht thematisiert werden, ist es unverzichtbar, seine Denkschule zu durchlaufen, wenn man die Dramatik der heutigen Entwicklungen begreifen will. Weizenbaum hat die Grundlagen für eine Kopernikanische Wende im Verständnis des Vermittlungsverhältnisses von Computer und Gesellschaft gelegt.

Werner Seppmann

Inhalt

Vorsicht Computer!

Die Lebensbereiche schwinden, in denen Computer und Internet *keine* Rolle mehr spielen. In vielen sozialen und ökonomischen, vor allem aber auch alltagskulturellen Kontexten sind die kombinierten Informationsverarbeitungs- und Kommunikations-Technologien sogar prägend geworden und werden als *selbstverständliche Lebensbegleiter* angesehen. Meist werden sie positiv bewertet: 90 Prozent der US-Amerikaner sind überzeugt, dass durch das Internet sich ihre Lebensverhältnisse zum Besseren verändert hätten. In solchen Einschätzungen spiegeln sich auch die weitreichenden Versprechen und Erwartungen wieder, die seine Verbreitung von Beginn an begleitet haben: Der Computer solle die Arbeit erleichtern und dabei behilflich sein, sozioökonomische Prozesse effektiver zu organisieren, seine Verwendung den intellektuellen Horizont der Nutzer erweitern, Kommunikationsprozesse intensivieren und eine harmonische Sozialentwicklung garantieren. Ohne Frage sind auch viele neue Kommunikations*chancen* durch Computer und Internet entstanden und haben sich neue Kooperationsformen entwickelt. Jedoch sind Mythos und Realität auch bei den IT-Technologien nicht deckungsgleich: Viele Aspekte des Computer-Einsatzes und der Verallgemeinerung des Internet-Systems haben wenig mit den ihnen zugeschriebenen Positiveffekten zu tun. Die Computerisierung bietet viele unbestreitbare Vorteile im Berufs- und im Alltagsleben – jedoch sind ihre sozialen und zivilisatorischen Konsequenzen nicht selten fragwürdig oder zumindest ambivalent. Eine mittlerweile lückenlose Erfassung aller Netzaktivitäten bildet dabei nur die Spitze des Eisbergs.

Der Preis, der für die digitalen »Errungenschaften« zu zahlen ist, sollte nicht übersehen oder verharmlost werden: Statt ein Raum grenzenloser Freiheit und selbstbestimmten Handelns, sowie ein soziales Austauschsystem ohne Hierarchien und Dominanzen zu sein, wird immer offensichtlicher, dass die intensivierten Kommunikations- und neuartigen Möglichkeiten des

Wissenserwerbs durch systematische Überwachung, zunehmend auch durch Desinformation und Beeinflussung erkauft werden.

Es hat ein Paradigmenwechsel stattgefunden: Aus der gezielten Ausspähung einzelner, ist die Erfassung aller geworden. Die Maßnahmen sind nicht auf die Registrierung von Aktivitäten im öffentlichen Raum beschränkt; es wird auch das Private bis in seine Tiefenschichten ausgeleuchtet. Diese Entwicklungen sind keineswegs nur »Schattenseiten« des Einsatzes der kombinierten Telekommunikations- und Datenverarbeitungs-Technologien, sondern konstitutive Bestandteile ihrer Verwendung *im Rahmen der gegebenen sozio-ökonomischen Verhältnisse*. Die Negativ-Konsequenzen sind in die Organisationsstrukturen der Digitalisierungsprozesse eingeschrieben. Es reicht nicht mehr aus, die Tür zu verschließen, weil die Ausspäh- und Beeinflussungsmechanismen mittlerweile in den *Zentren der Lebenstätigkeit* verortet sind.

Obwohl es viele Gründe für eine skeptische Bewertung des Computers gibt, hat sich dennoch eine Haltung des Einvernehmens durchgesetzt. Gemessen an der tatsächlichen gesellschaftlichen Funktionalität und den zivilisatorischen Konsequenzen seines Einsatzes, die in vielerlei Hinsicht einen deutlichen Kontrast zu den verbreiteten positiven Zurechnungen bilden, handelt es sich um eine Form des falschen Bewusstseins, wie sie von Adorno als Konsequenz der ideologischen Wirkung des kultur-industriellen Komplexes beschrieben wurde: »Du sollst dich fügen, ohne Angabe worin; fügen in das, was ohnehin ist, und in das, was als Reflex auf dessen Macht und Allgegenwart, alle ohnehin denken«.

Jedoch hat das fraglose Einvernehmen mit dem IT-Komplex seit den *Snowden-Enthüllungen* erste Risse bekommen. Mittlerweile steht der Überwachungs- und Bespitzelungssumpf, der in der gegenwärtigen Form nur durch die rasante Entwicklung der kombinierten Kommunikations- und Datenverarbeitungs-Technologien »gedeihen« konnte, im Mittelpunkt des öffentlichen Interesses. Das an die mediale Oberfläche Gespülte ist so skandalös, dass es fast vergessen lässt, dass der Einsatz der Computer-Technologie noch in anderer Hinsicht kontraproduktiv ist, nicht nur *sozial negative*, sondern in zunehmenden Maße auch *zivilisatorisch destruktive Konsequenzen* hat.

Erfreulicherweise mehren sich die Analysen des IT-Komplexes mit kritischer Tendenz. Über die skandalösen Formen der Bespitzelung und Erfassung hinaus, gibt es Analysen zu den negativen Auswirkungen der Digitalisierungsprozesse auf die Nutzer, zu denen eine zunehmende Fremdverfügung und wie noch zu sehen sein wird, auch ein schleichender Realitätsverlust gehören. Auch die destruktiven Konsequenzen der fortschreitenden Informatisierung für Kultur und Gesellschaft werden in einigen Studien subtil analysiert. Viele der *Netz- und Computermythologien* stehen dabei auf dem Prüfstand und werden als Selbsttäuschung, wenn nicht sogar als interessengeprägte Sichtweisen entlarvt. Beispielsweise die Behauptung, dass durch die »Neuen Medien«, soziale Kontakte intensiviert und »Kommunikationsbarrieren« überwunden würden. Das ist jedoch nur in eingeschränktem Maße der Fall, denn gleichzeitig werden durch die netzvermittelte Kommunikation soziale *Absonderungs-, Isolations- und Desinformationsprozesse gefördert.*

Bisher haben die meisten kritischen Beschäftigungen sich auf einzelne *Negativ-Aspekte der Digitalisierung* konzentriert. Viele der netzkritischen Veröffentlichungen sind hilfreich und erhellend, aber durch die isolierende Betrachtungsweise wird ein Verständnis der tatsächlichen Dramatik der Entwicklung verhindert. Zentrale Gesichtspunkte bleiben ausgeklammert. Was fehlt ist eine Gesamtanalyse der gesellschaftlichen Funktionalität des Computers, die nur durch die Beschäftigung mit den ökonomischen Determinanten sowie mit der Herrschaftsfunktionalität des IT-Komplexes begriffen werden kann. Soll ein fundiertes Bild des *Zusammenhangs von Computer und Gesellschaft* gewonnen werden, sind der Blickwinkel der *Kritik der politischen Ökonomie* und die Aktivierung des methodischen Instrumentariums einer *kritischen Gesellschaftstheorie* ebenso unverzichtbar, wie eine die *sozialen Entwicklungen* und ökonomischen Prozesse, die *ideologischen Reproduktionsmuster* und *zivilisatorischen Verwerfungserscheinungen* gleichermaßen umfassende Funktionsanalyse des gegenwärtigen Kapitalismus, wie ich sie in dem Ende 2013 erschienenen Buch »Kapitalismuskritik und *Sozialismuskonzeption. In welcher Gesellschaft leben wir?*« vorgelegt habe.

Werden die Prozesse der Digitalisierung vorbehaltlos betrachtet, fällt schon auf der unmittelbaren Wahrnehmungsebene auf, in welcher Intensität, die von *Computer und Internet ausgehenden Zwänge und Normierungen* das Leben beeinflussen. Über den Rechnerkomplex in Kombination mit den mobilen Kommunikationsmitteln wird in vielen Lebensbereichen ein lebensfremder Rhythmus durchgesetzt, der mit einer intensivierten Reproduktionsdynamik im Wirtschaftsleben korrespondiert. Seine unmittelbare Ausdrucksform sind beschleunigte Reaktionsmuster und der sanfte Zwang zur permanenten Präsenz in den Sozialen Netzwerken. Vorherrschend ist dabei ein Modus des mechanischen Reagierens. Wer Sozialrentner ist, mag den Zwang zu einer permanenten Netz-Präsenz ignorieren können, aber ein Zehnjähriger nicht mehr, wenn er nicht als Außenseiter gebrandmarkt werden und in seiner Gruppe integriert bleiben will. Wer sich nicht in den »Sozialen Medien« bewegt, läuft Gefahr sich zu isolieren. Eindringlich hat Google-Chef Schmidt die »Abweichler« auf die Konsequenzen einer *digitalen Abstinenz* hingewiesen: Durch die Netz-Verweigerung würden sie aus der Welt heraus fallen, zu »unsichtbaren Menschen« werden. Das ist durchaus wörtlich gemeint, wie die Erfahrung zeigt, die eine Engländerin 2014 machen musste: Ihr wurde der Zugang zur Nutzung eines Unterkunftsvermittlungs-Portals verweigert, weil sie weniger als 100 Facebook-»Freunde« vorzuweisen hatte – und daraus auf ihre persönliche »Unzuverlässigkeit« geschlossen wurde. Durch solche Verfahrensweisen werden die Nutzer dressiert, »sich den Regeln von Facebook und anderen Netzwerken zu unterwerfen, so dass sie in ständiger Furcht leben, die empfundenen Vorzüge des Netzwerkes zu verlieren, wenn sie sich nicht konform verhalten.« (Jaron Lanier)

Die konkreten Entwicklungen dokumentieren, dass »Soziale Medien« ein wirksames Mittel zur Durchsetzung stromlinienförmiger Mentalitäts- und Einstellungsmuster sind, weil sie einen entsprechenden Einfluss nicht nur auf die sozialen Beziehungsverhältnisse, sondern auch auf Gefühle und Zuneigungen haben, die tendenziell formalisiert werden. Durchaus wider Willen der Beteiligten, wird durch die technologischen Vermittlungsstrukturen ein berechnender Blick auf soziale Beziehungsverhältnisse gefördert, weil durch den herrschenden Normendruck, die digitalen Kontakte immer seltener um ihrer selbst willen angestrebt werden, sondern weil sie »symbolisches Kapital« repräsentieren. Nicht auf die tatsächlichen Kommunikations- und Mitteilungsmöglichkeiten kommt es an, sondern auf die Dokumentation der eigenen »Vernetzung«. Es geht um die Demonstration des eigenen »Marktwerts«: »Ich bin sozial integriert, anerkannt und beliebt, weil ich 250 ›Freunde‹ habe!« Um dieses »Level« zu erreichen und zu halten, darf man nicht wählerisch sein!

Um die »Netzintegration« nicht zu gefährden, existiert eine große Bereitschaft, sich bedingungslos den (meist impliziten Regeln) zu unterwerfen. Individualpsychisch äußert sich das als starkes Bedürfnis zur Identifikation mit dem digitalen »Über-Ich«, kombiniert mit der Bereitschaft eines »regelkonformen« Verhaltens. *Digitaler Konformismus ist dadurch zur Epochensignatur gewor-*

den. Schleichend ist es zur Selbstverständlichkeit geworden, sein Leben nach den Vorgaben von machtvollen Internet-Konzernen zu organisieren: »Unsere neuen Geräte haben so eine Art, sich schleichend in den Vordergrund zu spielen und zum Selbstzweck zu werden«. (Jonathan Frantzen) Der involvierte Nutzer nimmt das jedoch ganz anders wahr. Für ihn sind seine Aktionen in sozialen Netzwerken und die Aktivitäten im Internet Ausdruck individueller Selbstbestimmung, der Verzicht auf informationelle Selbstbestimmung dabei ein bereitwillig akzeptierter Preis für die soziale Eingebundenheit in die Gemeinschaft der »Freunde« und die Zugangsmöglichkeiten zu den digitalen Informations- und Servicewelten.

Dass die massenhaft gesammelten und ausgewerteten Daten, die bei der Nutzung der Informations- und Kommunikationsmedien anfallen, zur Konsumentenbeeinflussung und zunehmend auch zur Steuerung alltäglichen Verhaltens dienen, ist kein Geheimnis mehr. Die Grundlage ist ein dichtes Netz von Erfassungsaktivitäten: So funktionieren viele Handys faktisch als Wanzen, spähen permanent ihre Besitzer aus. Durch ihren Einsatz wissen die Netzwerkbetreiber immer, wo wir sind. Und bestimmte »interaktive« Fernsehgeräte belauschen die Gespräche im Wohnzimmer, damit auch nicht verborgen bleibt, was wir planen. Aber auch die indirekten Methoden der Erfassung sind nicht weniger effektiv: Amazon weiß, aufgrund unseres bisherigen Bestellverhaltens, welches Buch wir mit einer gewissen Wahrscheinlichkeit als nächstes erwerben werden und Google kennt unsere Pläne für den nächsten Urlaub, weil wir im Netz Reiseführer bestellt und uns intensiv über bestimmte touristische Ziele informiert haben.

Bei der Internetnutzung wird nicht nur eine Facette des individuellen Lebens nach der anderen ausgeforscht und kontrolliert, sondern es werden auch *Normen gesetzt und Verhaltenspräferenzen strukturiert.* Gerade die Teilnahme an sogenannten »Sozialen Netzwerken« bedeutet, die Kontrolle über die eigenen Daten zu verlieren, weil die »Plattformen gigantische Datenstaubsauger sind« (Markus Morgenroth), die tagtäglich mit weiteren, geradezu unvorstellbaren Datenmengen gefüttert werden und deren elektronisch gesteuerten Verarbeitungsprozesse immer intensiver werden. Auf deren Grundlage werden dann nicht nur Dossiers und Verhaltensprofile erstellt, über die kommerzielle Interessenten verfügen können, um ihre Strategien der Konsumentenbeeinflussung umsetzen zu können: In der Regel sind sie auch den staatlichen Apparaten zugänglich.

Mittlerweile wird die elektronische Datenerfassung auch genutzt, Menschen nach ökonomischen Nützlichkeits- und Verwertungsprinzipien zu klassifizieren und zu sortieren – und zwar in einer ebenso effektiven, wie auch geräuschlosen Art, dass es für die unmittelbar Betroffenen kaum noch Korrektur- oder gar Widerspruchsmöglichkeiten gibt. Denn in der Regel erfahren sie nichts davon, was über sie an Informationen gesammelt wurde. Ihnen bleibt verborgen, dass sie in diversen Dateien als krankheitsanfällig und als Störenfried, oder auch als finanziell angeschlagener Zeitgenosse und Empfänger staatlicher Unterstützungsleistungen gelistet werden.

»Man will die Verteidigung möglichst ausschalten, alles soll auf den Angeklagten selbst gestellt sein. Kein schlechter Standpunkt im Grunde, nichts wäre aber verfehlter, als daraus zu folgern, dass bei diesem Gericht die Advokaten für den Angeklagten unnötig sind. Im Gegenteil, bei keinem anderen Gericht sind sie so notwendig wie bei diesem. Das Verfahren ist nämlich im allgemeinen nicht nur vor der Öffentlichkeit geheim, sondern auch vor dem Angeklagten.« (Franz Kafka, Der Prozess)

Wer sich um eine neue Arbeitsstelle bemüht, kann davon ausgehen, dass nicht nur die Wortmeldung in einem digitalen Gewerkschaftsforum, sondern auch das bunte Treiben auf einer Betriebsfeier (deren Bilder in »Sozialen Netzwerken« kursieren) vom Personalbüro zur Kenntnis genommen werden. Ebenso wie eine Vielzahl weiterer Informationen – und zwar in einem solchen Umfang, dass die kommerziellen Datenauswerter in der Lage sind, *detaillierte Dossiers* über jede beliebige Person anzulegen. Sie können Auskünfte über die Leistungsfähigkeit von Stellenbewerbern, über deren Gesundheitszustand, finanzielle Situation und sexuelle Präferenzen, aber auch über die Freizeitaktivitäten geben.

Mit dem Computer wird zwar kaum etwas organisiert, was nicht auch ohne ihn praktiziert würde – aber es geschieht mit größerer Intensität und effektiverem Wirkungsgrad. Dennoch ist die *Technologie nur der Hebel, mit dem gravierende soziale und ökonomische Veränderungen voran getrieben werden.* Dabei sind die Systeme so aufeinander abgestimmt, dass es kaum noch *Bereiche der Unerfasstheit* gibt.

Etabliert hat sich ein Daten-Erfassungssystem, für das es keine nebensächlichen und unscheinbaren Fakten und Informationen mehr gibt. Vor allem nicht mehr, seit es möglich ist, auch die umfangreichsten Datenmengen zueinander in Beziehung zu setzen und auf diesem Weg Verhaltens- und Reaktionsmuster mit verallgemeinerbarer Aussagetendenz heraus zu filtern. Es entwickelt sich ein immer deutlicheres Bild, nicht nur über das *Verhalten* der Ausgespähten, sondern zunehmend auch über deren *Absichten* und Projektionen. In der Regel werden bei diesen Erfassungs- und Auswertungsvorgängen wesentliche Datenschutzregeln unterlaufen, wenn nicht sogar missachtet.

Es würden nur die *Metadaten* (vorrangig wer mit wem kommuniziert) registriert, sagte beispielsweise verharmlosend der US-Präsident Obama, angesichts der Aktivitäten seiner »Dienste«: Die Inhalte würden nicht ausgespäht. Aber selbst wenn das so wäre (woran auch nach den im Frühjahr 2015 beschlossenen Modifikationen der Erfassungspraxis in den Vereinigten Staaten gezweifelt werden kann), so ist ein unmittelbarer Zugriff auf die Inhalte auch überhaupt nicht mehr nötig. Wenn Verbindungsdaten existieren und diese miteinander verknüpft werden, ergeben sich auch ohne Kenntnis des Inhalts sehr schnell konkrete Bilder von Lebenssituationen und Problemkonstellationen der ins Visier Geratenen. William Binney, fast vier Jahrzehnte im Dienst der NSA, hat nach seinem Ausscheiden zu Protokoll gegeben, dass er während seiner aktiven Zeit, niemals den Inhalt einer Mail habe lesen müssen, um zu erkennen, was die ausgespähten Personen und Gruppen planten. Es reiche aus, die Kommunikationsströme im Netz zu analysieren, um daraus entsprechende Schlussfolgerungen ziehen zu können.

Es ist davon auszugehen, dass Restriktionen, die den Einsatz des Computers als Überwachungs- und Lenkungsinstrument beschränken sollen, nur eine geringe »Halbwertzeit« haben. Zwar konnte durch gesellschaftlichen Widerstand der Plan der US-Regierung zunächst vereitelt werden, nach den Anschlägen vom 11. September 2001 die lückenlose elektronische Überwachung der amerikanischen Bevölkerung in Angriff zu nehmen. Offiziell wurde das *Total Information Awareness* Programm 2003 wieder eingestellt, aber nach den Informationen von Edward Snowden, ist es illegal weiter geführt worden.

Praktiziert werden Erfassungsverfahren, bei denen die Grenzen zum Totalitären nicht nur tangiert, sondern systematisch überschritten werden, weil nicht nur die direkten Kontakte der Nutzer ins Blickfeld geraten, sondern auch aus den weiteren Vernetzungen der Kommunikationsprozesse Schlüsse gezogen werden: Wer hat mit wem Kontakt? Wie oft? In welchen Intervallen finden die Nachrichtenübermittlungen statt?

Die Dienste arbeiten mit der Absicht, nicht nur zu wissen, mit wem du dich abgibst, sondern auch mit wem deine Kontaktpersonen kommunizieren und Informationen austauschen! Diese Erkenntnisse können weitreichende Konsequenzen für den ursprünglich Erfassten haben. Hinter seinem Rücken, beispielsweise im Rahmen von Bewerbungen, kann sich dieses Erfassungssystem auch als eine Art »Sippenhaft« auswirken. Der Interessent für die Laborstelle in einer Pharmafirma scheint der geeignete Kandidat zu sein – aber was ist, wenn seine Verlobte in einer Initiative aktiv ist, die gegenüber dem medizinisch-industriellen Komplex kritisch eingestellt ist, gar dessen verbreitete kriminelle Machenschaften thematisiert?

Bei *Big Data* (dieser Trendbegriff aus dem Silicon Valley bezeichnet die Möglichkeiten, mit Hilfe der ins Gigantische gewachsenen Rechnerkapazitäten, die abgeschöpften Daten nach spezifischen Mustern zu durchsuchen, um Verhaltenswahrscheinlichkeiten zu prognostizieren) findet ein *Umschlag von Quantität in »Qualität«* statt, fügen sich selbst die, isoliert betrachtet, wenig aussagefähigen Netz-Spuren zu interpretationsfähigen Trendbildern.

Die einmal aufgrund von Erfassungsaktivitäten fixierten *Vermutungen und Unterstellungen* zu entkräften ist nicht so einfach, auch wenn sie sich in der Nähe des Absurden bewegen. Bei dem Berliner Stadt-Soziologen Andrej Holm hat es Wochen gedauert, bis er nach seiner Verhaftung durch ein polizeiliches Einsatzkommando 2007 wieder aus dem Untersuchungsgefängnis entlassen wurde. Er war ins Fadenkreuz der »Terror-Abwehr« geraten, weil er in seinen Mails die fachsoziologischen Begriffe »Gentrifizierung« und »Prekarisierung« benutzt hatte. Nach Ansicht der Fahnder ein hinreichender Grund, um der Mitgliedschaft in einer »linksextremen Terrorgruppe« verdächtig zu werden. Verstärkt wurde bei den Behörden dieser Eindruck »terroristischer Verstrickungen«, weil Holm sich auch 2007 an den Protesten gegen den G-8-Gipfel beteiligt hatte. Systematisch wurde vor der Verhaftung sein Telefon abgehört und sein Internetverkehr abgeschöpft. Die beiden Signalwörter aus seinen stadtsoziologischen Studien, waren dann der unmittelbare Anlass, um mit Waffengewalt in seine Wohnung einzudringen, ihn festzunehmen und wochenlang in Gefangenschaft zu halten. Faktisch ging es um einen »Modellversuch« der Kriminalisierung kritischer Wissenschaft.

Nicht allen zu Unrecht Verdächtigten stehen Mittel der Gegenwehr zur Verfügung, und nicht immer gehen die staatlichen Zugriffe letztlich glimpflich aus. Die bisher bekannt gewordenen Fälle aus den Vereinigten Staaten, bei

denen das Leben der von staatlichen Überwachungsorganisationen fälsch-
lich als »Terroristen« Verdächtigten zerstört wurde, werfen einschneidende
Fragen auf: »Suchen die Geheimdienste jemanden, den es tatsächlich gibt?
Oder suchen sie nach einer Vorstellung? Und wen finden sie schlussendlich?
Finden sie jemanden, den sie selbst konstruiert haben, aus ihren Ideen, aus
den Datenspuren?« (Svea Eckert) Geht es überhaupt um konkrete Ergebnisse,
wäre weiter zu fragen? Erfüllt das Überwachungssystem nicht seinen Zweck
der Einschüchterung schon allein durch seine bloße Existenz und seiner impliziten Botschaft, dass niemand sich der Durchleuchtung seines Verhaltens,
aber auch der Erfassung seiner Wertpräferenzen und seines Denkens, entziehen könne?

Die aus der Situation der Einschüchterung resultierenden subjektiven
Anpassungsvorgänge verlaufen schleichend und weitgehend unreflektiert.
Es gibt in der Regel nicht die explizite Überlegung: »Wenn viele Instanzen
und ›Dienste‹ sich umfassend über mich informieren können, werde ich mich
unauffälliger verhalten müssen!« Vielmehr wird das Verhalten »spontan« an-
gepasster, hält man mit seiner Meinung hinterm Berg und vermeidet es, sich
gesellschaftlich zu engagieren. »Wer überwacht wird, verhält sich konform.
Das ist die Gefahr der Massenüberwachung. Sie erzieht zur Konformität. Sie
kultiviert vorauseilenden Gehorsam. Sie züchtet Selbstzensur.« (Heribert
Prantl) Davon ist 1983 auch das Bundesverfassungsgericht bei seinem »Volks-
zählungsurteil« ausgegangen: »Wer damit rechnet, dass etwa die Teilnahme
an einer Versammlung oder Bürgerinitiative behördlich registriert wird, und
dass ihm dadurch Risiken entstehen können, wird möglicherweise auf eine
Ausübung seiner entsprechenden Grundrechte (Art. 8,9 GG) verzichten.«

»Ecke Meisestraße musste man an einem Polizisten vorüber, der, wen er wollte,
ins Gefängnis abführen konnte! Diederichs Herz klopfte beweglich; wie gern hätte
er einen weiten Bogen gemacht! Aber dann würde der Polizist sein schlechtes Gewissen erkannt und ihn aufgegriffen haben. Es war vielmehr geboten zu beweisen,
dass man sich rein und ohne Schuld fühlte – und mit zitternder Stimme fragte
Diederich den Schutzmann nach der Uhr.« (Heinrich Mann, Der Untertan)

Die universalisierte Überwachung provoziert die vom Verfassungsgericht be-
fürchtete Tendenz zur Anpassung, heute mit dem bedenklichen Nebeneffekt,
dass der Affirmationsvorgang überhaupt nicht mehr als solcher wahrgenommen wird, zumal ein großer Teil der Netz-Nutzer sich faktisch sowieso schon

so verhält, als ob sie demonstrieren möchten, dass sie nichts zu verbergen haben. Diese verbreitete Selbstpräsentation ist Konsequenz der Tatsache, dass personale Transparenz zum normativen Zwang geworden ist. US-amerikanische Repräsentanten der Internetwirtschaft haben das explizit zum Ausdruck gebracht: Die Unbescholtenen bräuchten sich ja keine Sorgen zu machen; wer nichts zu verbergen hat, dem könnten die digitalen Erfassungsvorgänge letztlich gleichgültig sein.

Digitalisierung sozialer Selektionsprozesse

Durch die elektronischen Erfassungs- und Kategorisierungsmethoden werden auch neue Formen sozialer Spaltung und Desintegration vorangetrieben. Sie verstärken und potenzieren »verschiedene neoliberale, in unserer Gesellschaft bereits vorhandene Tendenzen, sie verankern unternehmerische Interessen gegenüber den Interessen der Öffentlichkeit, was natürlich nicht überrascht, da die Unternehmen, die diese Technologien besitzen und betreiben, oft in der Avantgarde der neoliberalen Agenda stehen«. (Evgeny Morozov) Von grundlegender Bedeutung bleibt in diesem Kontext, dass die von Computer und Internet vorangetriebene Veränderung der Sozialverhältnisse, ihre immer intensivere verwertungskonforme Prägung, vorrangig durch die parallel verlaufende Veränderung der Machtverhältnisse möglich wurde, konkret durch die Verstärkung der Einflussdominanz des Kapitals durch die staatlich gestützten Globalisierungs- und Deregulierungsprozesse.

Zwar gibt es auch Gewinner der zunehmenden mikroelektronischen Überformung der Arbeits- und Lebensverhältnisse, jedoch größer ist die Zahl der Verlierer – und dieses Segment wächst schnell, weil durch Computer und Internet sozio-ökonomische Selektions- und Verdrängungsprozesse intensiviert werden, durch die bestehende Strukturen aufgebrochen und viele Wirtschafts- und Lebensbereiche mit negativen Konsequenzen neu gegliedert werden. Andrew Keen berichtet in seinem Buch »Das digitale Debakel« von einem Besuch in Rochester, dem Stammsitz des ehemaligen Foto-Marktführers Kodak, der einstmals 200.000 Menschen beschäftigte. Als Spuren des Konzerns existieren dort nur noch ein Museum und eine Restgruppe von 50.000 Entlassenen, die mit ihrem Arbeitsplatz auch ihre Pensionsansprüche verloren haben.

Die IT-Technologien haben einen entscheidenden *organisatorischen* Anteil ebenso an solchen ökonomischen Kahlschlagprozessen, wie auch sozialen Separierungstendenzen. Sie können nicht als deren Ursachen angesehen

werden, haben jedoch eine Hebelfunktion bei deren Durchsetzung. Beispielsweise dadurch, dass bei Einstellungsverfahren die schon angesprochene
»Rasterfahndung« im Internet stattfindet, bei der nicht nur fast alles über die
Bewerber zu erfahren ist, sondern mittlerweile die Recherche auch zunehmend in automatisierter Weise organisiert wird und ohne die Einschaltung
einer personellen Überprüfungsinstanz, die Ergebnisse zur Grundlage von
Einstellungen und Aussonderungen werden. Bei diesen elektronischen »Aus-
wahlverfahren« können kleine biographische Ungereimtheiten ausreichen,
um Arbeitsplatzsuchende als »Ungeeignet« zu klassifizieren oder als Verlierer
abzustempeln, weil grundsätzlich eine Nachfrage bei den Betroffenen nicht
mehr stattfindet. »Das Netz vergisst nichts!«, ist berechtigterweise zu einem
geflügelten Wort geworden, denn in dem gleichen Maße, wie solche Erfas-
sungs- und Bewertungs-Vorgänge immer undurchsichtiger werden, lassen
sich deren Ergebnisse auch kaum noch korrigieren. Auch dann nicht, wenn
sie nachweislich falsch sind.

Einmal fixiert, ausgewertet und »interpretierend« bearbeitet, legt sich der
Netzpanzer einer künstlichen »Identität« über den Ausgespähten, die von »ei-
gensinnigen« Strukturierungsprinzipien geprägt ist. Der »digitale Schatten«
wird zunehmend größer und verzerrt immer nachdrücklicher das Bild der
realen Person. Sein Umfang entzieht sich ebenso der Kenntnis der Betroffenen, wie dessen inhaltlichen Schwerpunkte von ihnen noch nicht einmal erahnt werden können. Die Botschaft ist imaginär und dennoch von prägender
Kraft: »Die wenigsten von uns kennen diesen Text. Fast alle sind wir Analpha-
beten mit Blick auf den Roman unseres eigenen Lebens. Geschrieben in einer
Sprache, die wir nicht verstehen, verschlossen wie die heiligen Schriften und
von Deutern und Exegeten interpretiert, deren Maßstäbe wir nicht in Frage
stellen können.« (Frank Schirrmacher)

»Jemand musste Joseph K. verleugnet haben, denn ohne dass er etwas Böses getan
hätte, wurde er eines Morgens verhaftet.« (Franz Kafka, Der Prozess)

Auf Grundlage der Daten und ihrer Verlaufsstruktur werden zunehmend
auch *Prognosen über zukünftige Verhaltensweisen* und berufliche Leistungsper-
spektiven erstellt, aber auch die Wahrscheinlichkeit von Krankheitsphasen
und betrieblichen Fehlzeiten errechnet. Einmal registriert und »aufbereitet«,
greifen immer wieder Firmen und andere Institutionen auf das zu »Fakten«
verfestigte Informationsmaterial (das zu einem Teil aus bloßen Vermutungen

besteht) zurück. Was bei diesen »Background Checks« (die als Mittel der Personal- und Bewerber-Bewertung zumindest in der Bundesrepublik eigentlich illegal sind) dokumentiert wird, umgibt eine »Anonymitäts-«Hülle und bleibt Teil eines »unauslöschlichen Gedächtnisses«: »Im Leben schlägt kein Meteor ein und auch der schwarze Schwan segelt nicht vorbei. Die Sache ist unauffälliger und deshalb gefährlicher. Wo ein einziges falsches Signal (ein falscher Tweet, ein verräterisches Gefühl in einer Mail) ausreichen kann, das ganze Leben zu zerstören, und die Signale unseres Lebens digital ständig aufgefangen, gespeichert, ausgewertet und verkauft zu werden, beginnt eine Gesellschaft den Kalten Krieg mit sich selbst zu führen. Nichts bedeutet mehr, was es ist, und das eigene Leben wird zu einer einzigen Risiko- und Wahrscheinlichkeitsrechnung« (Frank Schirrmacher).

Die negativen Erfassungstendenzen sind auch deshalb ein großes Problem, weil die angewandten Erhebungsverfahren Fehleinschätzungen geradezu prädestinieren: Auf die »schwarze Liste« als »Krankheitsanfälliger« kann schon kommen, wer regelmäßig Rheumatabletten für seinen Partner aus der Apotheke holt und sie mit der Kreditkarte bezahlt. Aber nicht nur das tatsächliche Handeln (welchen konkreten Hintergrund es auch immer haben mag!) wird registriert, sondern auch schon die bloße Beschäftigung mit Gesundheitsfragen: Wer sich bei Google über bestimmte Krankheiten informiert und deren Symptome in die Suchmaschine eingibt, verursacht Einträge in seiner digitalen *Krankheiten-Vermutungs-Akte*! Als zuverlässiger, weil gesunder Mitarbeiter rubriziert zu werden, hat er aufgrund des digitalisierten Diskriminierungssystems nun keine Chance mehr. »In Amerika ist es inzwischen sogar so, dass sich zahllose Menschen, insbesondere bei psychischen Leiden, gar nicht mehr behandeln lassen, weil sie wissen, dass ihre medizinischen Daten nicht mehr vertraulich sind. Ihre Angst, aus dem sozialen Kreislauf gedrängt zu werden, ist so groß, dass sie das Leid in Kauf nehmen.« (Markus Morgenroth)

»›Was mir geschehen ist‹, fuhr K. fort, etwas leiser als früher, und suchte immer wieder die Gesichter der ersten Reihe ab, was seiner Rede einen etwas fahrigen Ausdruck gab, ›was mir geschehen ist, ist ja nur ein einzelner Fall und als solcher nicht sehr wichtig, da ich es nicht sehr schwer nehme, aber es ist das Zeichen eines Verfahrens, wie es gegen viele geübt wird.‹« (Franz Kafka, Der Prozess)

Die einer Entscheidung zugrunde liegenden »Fakten« sind irreversibel in das *Netzbild* der betroffenen Person eingeschrieben: »Ein einziger Fehler bei einem

Background-Check, ein einziger Buchstabendreher kann unter Umständen zu einer völligen falschen Einschätzung einer Person führen – und deren Leben zerstören. Einmal Verlierer, immer Verlierer?« (Markus Morgenroth)

Das Fragezeichen beim letzten Satz hat sich mittlerweile erübrigt. Das internet-vermittelte System der *Nachrede und Stigmatisierung* als Grundlage von Selektionsprozessen hat sich fest etabliert. Der Zugriff auf das oft fehlerhafte Datenmaterial, ist Mittel im Konkurrenzkampf der Firmen geworden, eingesetzt um sich vermeintliche Sicherheit bei der Personalrekrutierung zu verschaffen. Intendiert ist, eine kostengünstige und zuverlässige Belegschaft zu rekrutieren, indem die Einstellung gesundheitlicher »Problemkandidaten«, aber auch gewerkschaftlicher »Querulanten« vermieden wird. Wenn die digitalen Maschinen solche »Risiken« registrieren, ohne dass auch nur im Geringsten die Verlässlichkeit der Informationen in Frage gestellt wird, werden diese Bewerber eben so ausgesondert, wie Frauen, bei denen eine Schwangerschaft diagnostiziert wurde.

Eine Spedition wird sich zurecht fragen, ob es sinnvoll ist, einen LKW-Fahrer einzustellen, über den die Netz-Informationen aussagen, dass er Monat für Monat für 300 Euro alkoholische Getränke einkauft. Denn das lässt sich präzise feststellen, wenn er im Getränkemarkt eine Kunden- und Rabattkarte benutzt. Unberücksichtigt bleibt jedoch, dass der Ausgespähte selbst keinen Alkohol trinkt, sondern als »Kantinenwart« nur regelmäßig Besorgungen für seinen Schrebergartenverein macht.

Mittlerweile ist es müßig zu fragen, wieso ein Zugriff selbst auf sensibelste Daten möglich ist, denn die gesetzlichen Bestimmungen haben keine Wirkung und Gültigkeit mehr. Es wird über sie noch geredet und ihre Einhaltung angemahnt, jedoch wenn es um das große Geschäft mit Informationen geht, werden sie genau so ignoriert, wie bei den grenzüberschreitenden Ausspähaktionen der »Bündnispartner«. Alle Aktivitäten zur »Datensicherheit« erreichen den Kern des Problems nicht, weil die Türen für geübte Hacker und Schnüffler weit geöffnet sind und es ihnen in der Regel auch möglich ist, die jeweils neuesten »Sicherheitsschlösser« zu knacken.

Bei der privatwirtschaftlichen Hebung und Verarbeitung des »Datengoldes« werden mittlerweile nicht nur alle normativen Grenzen überschritten und gesetzliche Regeln ignoriert, sondern durch die Inaktivität staatlicher Aufsichtsinstanzen und einen daraus resultierenden *Rechtsnihilismus* letztlich auch legitimiert, obwohl die Situation immer unhaltbarer geworden ist, weil es beispielsweise viele Ärzte und Apotheker gibt, die gegen Bezahlung ihre Patienten- und Kunden-Dateien den Informationshändlern zur Verfügung stellen. Innerhalb eines Jahrzehnts sind alle Schranken des Bedenkens niedergerissen worden und alle Schamgrenzen gefallen. Für die Verfügung über Patientendaten soll die Pharmaindustrie global jährlich übrigens einen Betrag von 30 Milliarden Euro ausgeben!

An dieser Situation soll sich auch nichts ändern! Rechtlich soll sie sogar noch abgesichert werden – jedenfalls wenn es nach den Plänen der EU-Kommissionen geht. Fast ohne Einschränkungen folgt der Entwurf über neue »Datenschutz-Regeln« den Vorstellungen und Interessen der Datenhändler. Verdeckte Zugriffe sollen sich in Zukunft erübrigen und auch personalisierte Daten der Verbraucher ohne Einschränkung weiter gegeben werden können.

Alle diese Aktivitäten verstoßen gegen zentrale Rechtsprinzipien in der BRD, die in einem Urteil des Bundesverfassungsgerichts in aller Deutlichkeit definiert wurden:»Mit der Menschenwürde wäre es nicht zu vereinbaren, … den Menschen … in seiner ganzen Persönlichkeit zu registrieren und zu katalogisieren, sei es auch in der Anonymität einer statistischen Erhebung, und ihn damit wie eine Sache zu behandeln, die einer Bestandsaufnahme in jeder Beziehung zugänglich ist.« Die unmissverständlichen Worte dieses Richterspruchs wurden 1969 formuliert. Fraglich ist, ob angesichts eines gewandelten politischen Klimas, vor allem aber auch einer veränderten kommerziellen Interessenlage, die Richter noch einmal so deutlich für die Verfassungsprinzipien Partei ergreifen und nicht in ähnlicher Weise nach »Opportunitätsgesichtspunkten« entscheiden würden, wie sie es auch in anderen Fällen getan haben.

Und dennoch erleben wir gerade erst den *Anfang einer Entwicklung* zur vollständigen Erfassung und Auswertung *jeder Lebensäußerung*: Die Datenmengen wachsen ebenso weiter, wie die Speicherkapazitäten und Verarbeitungsgeschwindigkeiten sich potenzieren. Durch die voranschreitende Digitalisierung ist ein System entstanden, dass die Bevölkerung nach den Maßstäben der Verwertungsrationalität, den Gesichtspunkten von finanzieller Potenz-, Leistungs- und Anpassungsfähigkeit selektiert. Es geht um die *Kategorisierung nach Nützlichkeits- und Effektivitätsmaßstäben*.

Digitalisierung der Gesellschaft bedeutete jedoch mehr, als nur das explosive Anwachsen von Ausspähung, Erfassung und Kategorisierung. Das sind zwar wichtige Aspekte, aber es werden durch die IT-Technologien viel grundlegendere Transformationen voran getrieben, die in ihrer Gesamtheit nichts anderes als eine tiefgreifende Veränderung der sozio-kulturellen Verhältnisse im Sinne ihrer intensiveren Durchdringung mit kapitalistischen Prinzipien bedeuten: *Die Informationstechnologien verändern Kultur und Gesellschaft, die Arbeitswelt, den Konsum und die Kommunikationsverhältnisse, aber in substanzieller Weise auch die Wirklichkeitswahrnehmung und das individuelle Realitätsverständnis.* Sie beeinflussen nicht zuletzt auch die Innenausstattung der Subjekte in einer negativen Weise.

Diese Prozesse sind mit Systemstabilisierungseffekten verbunden, die darin fundieren, dass den Subjekten die letzten Fähigkeiten zum Widerstand und zur Infragestellung des Gegebenen genommen werden. Das wird nicht durch normative Orientierungen auf einen »kapitalistischen Geist« oder eine »herrschende Ideologie« (im traditionellen Sinne) sichergestellt, sondern durch eine psycho-soziale Prägung, die ihre Grundlage in der *Verkümmerung kommunikativer, intellektueller und emotionaler Kompetenzen* durch die Computerpraxis hat. Der Kapitalismus verschafft sich durch die digitalen Vermittlungs- und Einflussprozesse jene Subjekte, die er in seiner jetzigen Reproduktionsphase benötigt. Die realen Sozialisierungsmechanismen korrespondieren gerade auch auf hochtechnologischer Grundlage mit den Repressionsphantasien des reaktionären Vordenkers Nietzsche: »*Die Aufgabe ist, den Menschen möglichst nutzbar zu machen und ihn, soweit es irgendwie angeht, ... mit Maschinentugenden*« auszustatten.

Der Kapitalismus stabilisiert sich zu einem nicht unwesentlichen Teil auch dadurch, dass durch die Dominanz eines intellektuellen, computervermittelten Reduktionismus die Entwicklung von alternativen Vorstellungen behindert und Überzeugungen diskriminiert werden, dass andere Lebensverhältnisse als die gegebenen überhaupt noch möglich sind: *Technologische Rationalität wird als alternativlos festgeschrieben.* Auch deshalb sind Computerprogramme nicht nur codierte Software, sondern auch *komprimierte Ideologie*. Die Überlegung von Joseph Weizenbaum ist wohl zutreffend, dass »von den vielen Möglichkeiten einer gesellschaftlichen Innovation, die ... [der Computer] dem Menschen eröffnete, ... die verhängnisvollste die [war, den Gesellschaftssubjekten] ... alle Überlegungen in Richtung auf eine wesentliche Veränderung aus dem Kopf zu schlagen.« Diese »Grundsatzentscheidung« hat bewirkt, dass Computer sich als Maschinen der Bürokratie und der Aggression etablieren und nicht ihre emanzipatorischen Möglichkeiten sich entfalten konnten.

In ihrer Tendenz baut die vorherrschende Computerpraxis in einem nicht unerheblichen Maße deshalb alternativen Orientierungen vor, weil sie in intensiver Weise mit dazu beiträgt, dass eine geradezu absurde Form des Existenzkampfes am Leben gehalten wird. Durch seine kapitalismus-spezifischen Einsatz- und Wirkungsweisen wird sichergestellt, dass viel Lebensenergie, fast alle emotionalen und mentalen Potenzen darauf konzentriert werden müssen, »über die Runden zu kommen«. Er sichert die allseitige Verfügbarkeit über die Individuen und befördert eine Tendenz zum mechanischen Funktionieren. Durch die digitalen Vermittlungsverhältnisse wird alle Aufmerksamkeit auf eine unreflektierte Unmittelbarkeit verpflichtet, dabei »individuelle Bedürfnisse ... immer enger an funktionale und ideologische Programme geknüpft.« Es wird dabei zwar beständig »Neues« simuliert, dadurch jedoch nur kaschiert, dass »in den bestehenden Macht- und Herrschaftsverhältnissen alles beim Alten bleibt.« (Jonathan Crary)

Flankiert wird dieses »Grundmuster« der sozialen Reproduktion im Spätkapitalismus durch den *Verfall alternativer kultureller Kompetenzen und intellektueller Orientierungen.* »Kritische« Ansprüche sind zwar weit verbreitet – jedoch handelt es sich oft nur um unreflektierte Selbstbespiegelungsrituale. Dass die aktuellen Verwendungsweisen des Computers einen nicht unbeträchtlichen Anteil an solchen Affirmationstendenzen haben, ist schon durch seine informationstechnologischen Grundprinzipien bedingt, weil der Informatik kein reflexives Weltverhältnis zugrunde liegt, sondern die Rechenmaschinen mit ihren programmierten Abläufen *Gegebenes verabsolutieren* und dadurch einen alltagsvirulenten Eindruck von der Unveränderbarkeit der gesellschaftlichen Verhältnisse »bestätigen«. Mit dem Computer ist zwar (auch) das Versprechen einer intensivierten *Weltaneignung* mitgesetzt – jedoch vorrangig hat seine *gegenwärtige Verwendungsweise* einen Anteil daran, dass in der Alltagswirklichkeit sehr oft das Gegenteil erreicht, das Realitätsbild verzerrt und Manipulationsstrategien ein leichteres Spiel haben.

Auch dann, wenn er nicht explizit dazu eingesetzt wird, unterstützt der Computer herrschende Steuerungs- und Stabilisierungsbedürfnisse. Er flankiert zwar auch soziales und ökonomisches Handeln in einem positiven Sinne, fördert partiell eine effektive Gestaltung von Arbeitsprozessen und minimiert Kommunikationsbarrieren (wenn auch in geringerem Maße als von den Computer-Ideologen unterstellt wird!). Jedoch präjudiziert die Computerlogik zunehmend auch den Wahrnehmungshorizont in einem negativen

Modus, engt die Reflexionsfähigkeit ein und beeinflusst das dazu vermittelte Handeln. Die Maschinen agieren dabei *nicht aus »eigenem Antrieb«* (und werden es auch in der Zukunft nicht tun!), sondern *auf Grundlage der implantierten Programme*. Wenn ihnen »freier Lauf« gelassen wird, kann es jedoch zu Prozessen kommen, die den *Eindruck einer »Verselbständigung des Computers«* vermitteln. Aber es sind immer noch Prozesse in *Abhängigkeit von ihrer Programmierung* und den menschlichen Einsatzpräferenzen. Das ändert jedoch nichts daran, dass, wenn in diese einmal in Gang gesetzten Abläufe nicht *korrigierend eingegriffen* wird, die »Maschinen-Logik« sich in den Vordergrund schiebt, und ein scheinbares »Eigenleben« führt. Dadurch festigt sich ein »Imperialismus der instrumentellen Vernunft« (Joseph Weizenbaum).

»In den ersten Entwicklungsstadien ist eine neue Technologie [zwar] formbar; ihre Form und Verwendung können nicht nur an die Wünsche ihrer Konstrukteure angepasst werden, sondern auch an die Interessen jener, die sie benutzen, und der Gesellschaft insgesamt. Aber sobald die Technologie in physische Infrastruktur, kommerzielle und wirtschaftliche Arrangements und persönliche und politische Normen und Erwartungen integriert ist, wird es sehr schwierig, sie noch zu verändern.« (Nicolas Carr) Die dem Computer inhärenten Reduktionismen können dann prägend werden, wenn er eine systemische Bedeutung erreicht hat. Beim elektronischen Börsenhandel ist das beispielsweise der Fall! Denn um die Wirkung der automatisierten Reaktionen auf das Marktgeschehen nicht zu gefährden, sind korrigierende Eingriffsmöglichkeiten weitgehend ausgeschlossen. Der digitalisierte Börsenhandel ist deshalb mit einem Sportauto zu vergleichen, bei dem die Bremsen ausgebaut wurden und mit dem trotzdem versucht wird, auf einer stark befahrenen Autobahn, einen Geschwindigkeitsrekord aufzustellen. Skandalöse Automatismen charakterisieren auch den Drohnen-Terror. Schon seit Jahren »entscheiden« digitale Auswahl- und Bewertungsprogramme über Leben und Tod.

Sehr plastisch wird eine Tendenz zur (relativen) Verselbstständigung von Computer-Programmen auch beim Einsatz von *CAD-Systemen* (rechnerunterstützten Konstruktions- und Entwurfs-Programmen) deutlich, derer sich Architekten bedienen. Wird in sie blindes Vertrauen gesetzt, »planen« und »entwerfen« sie nach den programmierten technologischen Präferenzen, wodurch die Phantasie und Kreativität der Architekten zunehmend »zurückgesetzt« wird. Durch den als Planungsinstrument und Konstruktionsmaschine eingesetzten Computer finden Kreisbewegungen statt, weil vorrangig schon bestehende Muster reproduziert werden. Modifiziertes und Erneuertes steht deshalb seltener am Ende des Entwurfsprozesses. Es entstehen Bauten gemäß der »Computerlogik«, die oft in keinem Spannungsverhältnis zur Umwelt mehr stehen, in denen sie ihren Platz finden sollen. Der Gestaltungsprozess läuft »alternativlos« und in einer spezifischen Gleichförmigkeit ab. Die quantitative Produktivität der Architekten lässt sich zwar beträchtlich steigern wenn dem Rhythmus der Maschine Priorität zugestanden wird, jedoch bleibt alles auf der Strecke, was phantasiegeleitetes und menschengerechtes Bauen substanziell ausmacht.

Eine *Durchkapitalisierung der Lebensverhältnisse vermittelst der Digitalisierung* findet auf vielen Ebenen und in unterschiedlicher Weise statt. Beispielsweise werden schleichend, aber dennoch nachhaltig, soziale Praxen der »Selbsthilfe«, die im Alltag immer noch existieren, zu einem »Auslaufmodell«, weil in bisher von ihr nicht tangierte Räume eine »Logik des Marktes«, Prinzipien der Verwertung und der ökonomischen Effizienz eindringen und zunehmend von prägender Bedeutung werden. Das ist beispielsweise der Fall, wenn eine Wohngemeinschaft kein Zimmer für einen durchreisenden Bekannten mehr frei hat, weil der überzählige Wohnraum über eine Zimmervermittlungsagentur an Touristen vermietet wurde. Das ist nur ein Beispiel für die vielfältigen Formen, mit denen das Netz tief in das private Leben eindringt, es in negativer Weise verändert und zur Verallgemeinerung kapitalistischer Verwertungsprinzipien beiträgt.

Gleichzeitig werden immer mehr Lebensbereiche der Automation überantwortet, die faktisch den Charakter von Fremdsteuerung haben. Das ist auch bei einem 2015 eingeführten Angebot des Streaming-Dienstes Spotify der Fall: Nach dem bisherigen Auswahlpräferenzen werden den Nutzern automatisierte Musikauswahl-Programme angeboten, die auf deren jeweils aktuelle Stimmungslage abgestimmt werden. »Lege deine Stimmung fest«, lautet die entsprechende Auswahlanordnung.

Viele Beispiele regressiver Computer-Wirkungen hinterlassen auf den ersten Blick den Eindruck zu vernachlässigender Episoden, aber nicht unberücksichtigt bleiben darf, dass sie Teil eines Gesamtprozesses sozialer Destruktion und zivilisatorischer Rückbildungen sind. Wenn die Nachdrücklichkeit der Veränderungen begriffen werden sollen, dann ist, wie Siegfried Krakauer in einer anderen Zeit des zivilisatorischen Verfalls es formuliert hat, »der Ort, den eine Epoche im Geschichtsprozess einnimmt, ... aus der Analyse ihrer unscheinbaren Oberflächenäußerungen schlagender zu bestimmen als aus den Urteilen einer Epoche über sich selbst.«

Gravierend ist die zunehmende Rolle des Internets auch bei der Verallgemeinerung prekärer Arbeitsverhältnisse, weil eine wachsende Zahl von Menschen ihre Arbeitskraft nach den Prinzipien des von Internetportalen organisierten *Unterbietungswettbewerbs* für diverse Dienstleistungen und handwerkliche Tätigkeiten anbieten müssen, bei denen nicht selten derjenige den Zuschlag bekommt, der deutlich unter der Mindestlohngrenze bleibt – was rechtlich zulässig ist, da er ja als »Selbstständiger« handelt, für den diese Schutzregeln nicht gelten. Schon 5 Millionen Erwerbssuchende bedienen sich in der BRD dieser Plattformen. In den Vereinigten Staaten sind es schon deutlich über 50 Millionen. Individuell betrachtet ergeben sich zwar neue Einkommensmöglichkeiten und manchmal werden die Beschäftigten sogar nach festen Stundensätzen bezahlt, aber durch die gleichzeitige Verschärfung der Konkurrenz, auf einem stetig fallenden Niveau.

Man kann sich die Wohnung putzen oder die Wäsche bügeln, auf Abruf auch die Hunde ausführen oder den Garten bewirtschaften lassen. Alle diese Dienste wurden auch in der Vergangenheit angeboten, aber Internet und Smartphone machen es möglich, dass sie nun prompt abgerufen, d. h. diejenigen *unverzüglich* herbeigerufen werden können, die sie ausführen sollen: Mit wenigen *Smartphone-Klicks* können die Kunden die Dienstleister auf Trapp bringen. Die ehemalige Klingel in »herrschaftlichen« Haushalten erlebt eine Renaissance auf hochtechnologischer Grundlage. So wie ehemals die Dienerschaft, müssen auch die modernen Dienstleister immer auf dem Sprung sein, zumal sie nach jedem Auftrag schnappen müssen, wenn sie finanziell über die Runden kommen wollen. Weil sie in der Regel erbärmlich bezahlt werden, sind sie auf jeden Auftrag angewiesen. Selbst wenn die Bezahlung jenseits des Mindestlohns liegt, einer Raumpflegerin für ihren Einsatz 12,50 Euro bezahlt werden, sieht die »Endabrechnung« dennoch bescheiden aus: Denn weder die Pausen, noch die Anfahrt werden bezahlt. »Natürlich« auch keine Sozialversicherungsbeiträge. Die allermeisten, die in dieser Tretmühle der Ökonomie der Miniaufträge stecken, haben kaum Rechte, keine Sicherheit und noch weniger eine Perspektive, die Armutsgrenze mit ihrem Einkommen übersteigen zu können.

Die Portale, die sich ihre Vermittlungen auf Provisionsbasis bezahlen lassen, fungieren gleichzeitig als Disziplinierungs- und Einschüchterungsinstanz, denn die »Dienstleister« werden (für alle Portalnutzer sichtbar) von ihren Auftraggebern bewertet, ohne Möglichkeiten zur Korrektur von Negativeinträgen. Kam es früher bei Streitigkeiten zur Auflösung des Arbeitsverhältnisses, blieb das meist ohne weitere Konsequenzen für den Beschäftigten. Heute verfolgt ihn eine Negativ-Bewertung als digitales Kainsmal. Zuletzt hatten unter solchen Zuständen die Dienstmädchen im Wilhelminischen Deutschland zu leiden, die ein »Dienstbuch« mit den Bewertungen ihrer bisherigen »Herrschaften« mit sich führen mussten. Verlässliche Zahlen für die Bundesrepublik liegen nicht vor, aber in den USA verzeichnen die Vermittlungsdienste hohe Zuwachsraten. Im Politikersprech wird auf die unübersehbaren Probleme dieser Arbeitsvermittlungsformen mit den Formeln reagiert, dass es gelte sie »zu lösen«, aber auch »das Potenzial dieser neuen Techniken anerkannt« und deshalb vermieden werden müsste, »Innovationen zu unterdrücken«. (Hillary Clinton) Mit dieser Positionierung wird vor allem der naheliegenden Möglichkeit, den Arbeitsmarkt-Kanibalismus einzudämmen, ein Riegel vorgeschoben und konzeptionell verhindert, die Abruf-Beschäftigten als Scheinselbstständige zu klassifizieren und ihre Sozialversicherungspflicht durchzusetzen, was selbst in den USA möglich wäre. Alleine in Kalifornien müsste beispielsweise der Fahrgelegenheiten-Vermittler Uber 200 Millionen Dollar Versicherungsbeiträge zahlen, wenn die gesetzlichen Bestimmungen angewandt würden. In einem einzigen US-Bundesstaat wohlgemerkt – und jährlich!

Da korrigierende Tendenzen, gar organisierter Widerstand der Beschäftigten kaum existieren, prognostiziert selbst das *Manager Magazin* die *Ankunftära* eines »digitalen Feudalismus«, in dem es für eine zunehmende Zahl von Erwerbstätigen »weder Sozialversicherung noch Feierabend« gibt. Wer nicht zum kleinen Kreis der »Gewinner« der digitalen Arbeitsvermittlung gehört, muss immer mehr Energie aufwenden, um sich durchzuschlagen.

Von dem Zwang, sich der Konkurrenz mit den billigsten und flexibelsten Arbeitskräfte auszusetzen, sind nicht nur Unqualifizierte betroffen. Zu dem globalen Heer *digitaler Arbeitsnomaden*, die sich von Auftrag zu Auftrag hangeln, gehören zunehmend Informatiker, Konstrukteure, aber auch Rechtsanwälte und Buchprüfer. Schon 2014 waren bei einem der führenden Portale für qualifizierte Beschäftigung (Freelancer.com) aus Australien 13 Millionen Arbeitskraftverkäufer registriert. Darunter gibt es Arbeitssuchende, die auch einen festen Job finden würden und die im Rahmen der Netzvermittlung ein

zufriedenstellendes Einkommen realisieren können. Aber der Anteil von Spezialisten, die auch gut bezahlt werden, wird immer kleiner. Die Tendenz geht
dahin, dass auf den Online-Marktplätzen für Arbeit auch Kreativität, Kompetenz und Intelligenz zu preisgünstigen Ressourcen herabsinken. Hinzu
kommt, dass zu den qualifizierten Freelancern sich auch immer mehr Nied-
riglöhner, mit austauschbaren Qualifikationen gesellen, deren Entlohnungs-
skala nach unten offen ist und die zu einer kümmerlichen Existenz verurteilt
sind.

Ähnliche Entwicklungen zeichnen sich zunehmend auch für kleine und
mittlere Firmen beim Kampf um Aufträge ab. Erste Plattformen, die sich zwischen die Vertragspartner schieben, existieren schon. In den USA sind Amazon und Google bereits in dieses Geschäft eingestiegen. Die Verallgemeinerung dieses »Vermittlungsmodells« auch in Europa dürfte nur eine Frage der
Zeit sein. Zunächst werden es kleine Firmen sein, die unter Druck geraten
und bis in die Nähe der Rentabilitätsgrenze ihre Preise absenken müssen,
wenn sie einen Auftrag ergattern wollen. Ähnliches geschieht heute schon
bei dem deutschen Portal My-Hammer, bei dem individuelle Handwerker-
Dienstleistungen gebucht werden können.

Der Kreis der Arbeitskraftanbieter und Firmen, die sich dem Druck dieser Vermittlungsprozeduren stellen müssen (die *Welt am Sonntag* bezeichnet
sie als »ultimatives Werkzeug für die Abstimmung von Angebot und Nachfrage«), wenn sie Aufträge erhalten wollen, wird sich vergrößern – und die
Macht der großen Internetfirmen zunehmen. Durch den digitalen Vermitt-
lungsmechanismus verfallen die Preise für Aufträge. Die Portale werden
durch ihre Monopol-Positionen auch zunehmend bestimmen, zu welchen
Bedingungen Dienste erbracht werden und wie hoch die Provisionen für
ihre »Dienstleistungen« ausfallen. Nicht zufällig gilt die Vermittlung solcher
Aufträge auf der Basis des Unterbietungswettbewerbs nach den Worten eines
Protagonisten des digitalisierten Kommerzes angesichts eines dramatischen
Rückgangs neuer profitabler Geschäftsideen, als einer der »wenigen richtig
großen Goldtöpfe, die es im Internet noch gibt«.

Es wird im Detail noch zu sehen sein, dass ohne Einsatz des Computers,
eine ganze Reihe sozialer Rückbildungsprozesse, die Verstrickung der Individuen in einem permanenten Bewährungskampf, aber auch die Tendenzen au-
toritärer Formierung nicht in ihrer *gegenwärtigen Intensität stattfinden* würden.
Es hätte sich ohne die Verallgemeinerung des Internets eine neue »Überwa-

chungskultur« mit ihrer spezifischen Intensität im Arbeitsleben ebenso wenig durchsetzen können, wie ohne die digitalen Kommunikationsmedien die grassierenden Formen einer *Arbeit auf Abruf*, auch für festangestellte Lohnabhängige. Es ist gerade die eklatante Zunahme der Verfügung über die Lebenszeit der Beschäftigten, die entscheidenden Anteil an der Verbreitung neuartiger Belastungsformen im Arbeitsleben, bei gleichzeitigen Fragmentarisierungsschüben im Alltag haben. Nicht zuletzt wird durch die »normative Kraft« (mit ihrem Prinzip ständiger Erreichbarkeit) der Smartphones und der Internetkommunikation ein Rhythmus durchgesetzt, dem zu folgen für die betroffenen Subjekte immer anstrengender und zermürbender wird. In unmittelbarem Sinne wird ihre Aufmerksamkeit fremdbestimmt. Die Wahrnehmung und das Verhalten der Menschen wird mit dem *Nonstop-Betrieb der globalisierten Produktions- und Zirkulationsprozesse* synchronisiert und »in eine ununterbrochene Zeitdauer ..., die dem Prinzip permanenten Funktionierens gehorcht«, hineingepresst. (Jonathan Crary) Durchgesetzt haben sich dabei Formen eines ebenso *kontinuierlichen*, wie *mechanischen Funktionierens*, die einen Gegensatz zum rhythmischen Verlauf menschlichen Lebens mit seinen Tätigkeits- und Ruhephasen darstellen. Durch die zunehmende *Fremdverfügung* über den Alltag wird »die persönliche und soziale Identität so umgeformt, dass sie mit der ununterbrochenen Tätigkeit der Märkte, Informationsnetze und anderer Systeme in Einklang gebracht« werden kann. (Jonathan Crary)

Mittlerweile geht es also nicht mehr nur um die Beeinflussung des Konsumverhaltens oder die Prägung von Denkmustern durch die Internet-Praxis, sondern um die grundsätzliche Formierung vieler Lebensbereiche. Die »IT-Revolution« ist mehr als nur in einer Hinsicht totalitär, weil ihre Protagonisten den lückenlosen Zugriff auf die Menschen nicht nur billigend in Kauf nehmen, sondern ihn auch anstreben. Je heftiger sie das bestreiten, um so deutlicher wird diese Tatsache. Faktisch zeichnen sich die Konturen eines digitalen Gefängnisses ab, von dem schon mehr als der Rohbau errichtet ist. Sicherlich ist es möglich, das Smartphone auszuschalten und sich für eine internet-freie Lebenszeit zu entscheiden, aber auch dieses Verhalten hinterlässt Spuren, auch die Verweigerung wird registriert und bewertet.

Die zunehmende Verfügung über die Nutzer wird zwar digital organisiert, hat aber seine *Ursachen jenseits der technischen Anordnungen*. Eine fundamentale Veränderung der Manipulations- und Einflussformen begann »mit der Gegenrevolution der achtziger Jahre und dem Aufstieg des Neoliberalismus, der Vermarktung der Heimcomputer und dem Abbau der Sozialsysteme«. In diesem Kontext nahm der Übergriff auf das Alltagsleben neue, entfesselte Formen an. »Die Zeit selbst wurde monetarisiert und das Individuum, sogar im Kontext des ›arbeitslosen Kapitalismus‹, zum wirtschaftlich Vollzeitbeschäftigten.« (Jonathan Crary)

Ein vorrangiges Ziel ist mittlerweile, auch psychische Prozesse zu erfassen, sowie mentale Reaktionen zu steuern und zu stimulieren. Um einen Leistungsabfall bei Beschäftigten zu verhindern, werden Gemüt und psychische Befindlichkeit registriert, beispielsweise der Herzschlag und der Blutdruck durch Smartphone-Apps registriert und im Gefährdungsfall den Betroffenen Gegenmaßnahmen vorgeschlagen. IT-Technologen reden von den Möglichkeiten »erweiterter Selbstregulierung« – und meinen die technische Steuerung physischer und mentaler Zustände. Die Tatsache, dass es um Programme der *Fremdsteuerung* geht, wird dabei nicht thematisiert. Wer sich beispielsweise seinen Tagesablauf (über einen App-Einsatz) digital strukturieren lässt, wird zunehmend von der technischen Apparatur, ihren Signalen und Vorgaben abhängig. Dass dabei die Fähigkeiten zur Selbstgestaltung des Lebens sich ebenso zurückbilden, wie alltagsrelevante Orientierungsfähigkeiten, wird im Detail noch zu sehen sein.

Durch die »Modernen Kommunikationsmedien« werden die Menschen vor allen Dingen so sozialisiert, dass sie bereit sind, jederzeit auf dem Sprung zu sein, unverzüglich dem Gewünschten zu entsprechen. Die Betroffenen haben deshalb immer weniger die Möglichkeit zum Nachdenken und zur rationalen Wahl. Jedoch ist die Beeinflussung so organisiert, dass trotzdem das Gefühl dominiert, »autonomer« Entscheidungsträger zu sein. Fremdbestimmung wird also durch die *aktive Mitwirkung* in einer sehr direkten Weise sichergestellt, denn faktisch handelt es sich bei den »Sozialen Medien« und digitalen »Impulsgebern« um elektronische Fesseln, die *freiwillig angelegt* werden. Vor allem dem Imperativ jederzeitiger Erreichbarkeit zu folgen, ist zu einem regelrechten Lebensbedürfnis geworden, weil das Gefühl dominiert, dass die unmittelbare Konsequenz, einer unzureichenden Beachtung der »Signale«, vornehmlich auch auf der privaten Ebene, soziale Isolation und Ausschluss bedeutet. Denn wer nicht mehr elektronisch »kommuniziert«, stirbt einen sozialen Tod. »Soziale Netzwerke« stellen Sozialisationsinstanzen dar, die vor allem junge Nutzer (aber nicht nur diese!) mit der Vorstellung vertraut machen, dass es keine privaten Rückzugsräume mehr gibt.

Bei jeder Zugfahrt und an jeder Bus-Haltestelle kann beobachtet werden, dass viele der Wartenden mit einer auffälligen Grundnervosität auf ihre Smartphones und Tablets schauen, um jede eingehende Nachricht unverzüglich zu registrieren und eventuell darauf auch reagieren zu können. Fast die Hälfte der Nutzer gaben bei einer Befragung an, automatisch ihren »Taschencomputer« zu betätigen, wenn sie nichts weiteres zu tun haben. Diese (Pseudo-)Aktivitäten sind Ausdruck einer verbreiteten Angst vor Einsamkeit, vor Ausgrenzung und Isolation, sie sind charakteristisches Merkmal fragmentarisierter Identitätsformen in den »entwickelten Industriegesellschaften«. Auf daraus resultierende Kompensationsbedürfnisse, reagiert in exemplarischer Weise eine japanische Roboterentwicklung mit einem Telenoid genannten Mobiltelefon-System, dessen Geräte von ihren Nutzern wie Babys im Arm gehalten werden und mit denen sie wie mit einem Kleinkind sprechen können, wobei die mimetischen und emotionalen Reaktionen beider Gesprächspartner wechselseitig von den Robotern im Arm des jeweiligen Kommunikationspartners imitiert werden.

Auf den aktuellen Umgang mit den elektronischen Kommunikationsmedien trifft in der Tendenz zu, was Herbert Marcuse in der Verallgemeinerungsphase der Unterhaltungselektronik schon Anfang der 60er Jahre beschrieben hat: »Die Antenne auf dem Haus, das Transistorgerät an jedem Strand, die Musikbox in jeder Bar und jedem Restaurant sind ebensoviele Verzweifelungsschreie – nicht allein gelassen nicht von den Großen getrennt zu werden, nicht zur Leere oder zum Haß oder den Träumen des eigenen Selbst verurteilt zu sein.« Bei den 18- bis 24-Jährigen liegt der Anteil derjenigen, die in diese digitalen *Pseudoaktivitäten* flüchten, um ein *Gefühl der Einsamkeit zu kompensieren*, jedoch auch einer »inneren Unruhe« zu entgehen, bei 73 Prozent. Es handelt sich um Verhaltensänderungen von zivilisatorischer Relevanz, die eine auffällige Besonderheit aufweisen: Grundlegende soziale Standards verändern sich normalerweise innerhalb langer Zeiträume. Mehrere Jahrzehnte sind traditionellerweise die geringste »Maßeinheit«. Dies scheint im Rahmen der »Computer-Kultur« nicht der Fall zu sein, weil veränderte Einstellungsmuster und Verhaltensweisen sich innerhalb weniger Jahre verallgemeinert haben.

In der intensivierten Mediennutzung manifestiert sich, wie schon gesagt, eine Angst vor der sozialen Isolation. Durch die manischen Aktivitäten wird sie zwar nicht überwunden, aber zeitweilig betäubt. Die Intensiv-Nutzer verschaffen sich durch diese (Pseudo-)Aktivitäten ein Gefühl des Existierens und sozialen Eingebundenseins. »Ich twittere, also bin ich!« – um es frei nach einem Philosophenwort zu sagen. »Die Technik wird zu einem Teil ihres Selbst, ihres Körpers, Alleinsein zu einem Zustand, der behoben werden muss. Ohne Smartphone droht das Nichts, eine große, allumfassende Leere.« (Götz Eisenberg) Es passt in dieses Bild, dass von einer beständig wachsenden Zahl von Menschen berichtet wird, die auch nachts regelmäßig aufstehen, um ihre Mail-Eingänge zu überprüfen. Im sozialpsychologischen Sinne handelt es sich bei diesen technik-vermittelten Aktivitäten um libidinös motivierte Ersatzbefriedigungen.

Diese Beschäftigung mit den Mails auch in der Nacht, ist ein für den universalisierten Kapitalismus typisches Verhaltensmuster, weil die Eingebundenheit in seine sozio-ökonomischen Prozesse keine Ruhepausen und Unterbrechungen mehr erlaubt. Die Inanspruchnahme der Individuen zu jeder Tages- und Nachtzeit entspricht einer Marktdynamik, die eine Aufmerksamkeit »rund um die Uhr« erfordert. Dass eine solche Bereitschaft zu ständiger Verfügbarkeit und promptem Reagieren durchgesetzt werden kann, ist alltagskultureller Ausdruck veränderter Machtverhältnisse, Indiz einer gesteigerten Prägekraft des Kapitals, dem es nun möglich ist, bis in die letzten Winkel des Privaten hinein zu wirken, um seine Verwertungsprinzipien durchzusetzen.

Im Berufsleben werden durch den ständigen, nie versiegenden Strom an Mails, Nachfragen und Informationen, an neu definierten Aufgaben und veränderten Zielvorgaben, die Möglichkeiten selbstbestimmter Tätigkeitsgestaltung auch in jenen Bereichen der Arbeitswelt immer geringer, in denen prinzipiell größere Spielräume selbstbestimmter Gestaltung zugestanden wurden.

Weil vieles nun gleichzeitig erledigt werden muss, schleicht sich automatisch auch der Eindruck einer immer »knapper werdenden Zeit« ein. Die Grenze der zumutbaren Belastungen wird nicht zuletzt durch den eine zunehmende Reaktionsschnelligkeit erfordernden Einfluss des Computers und eine weite Aufmerksamkeitsstreuung bewirkende Internet-Nutzung überschritten: Beständig muss man sich neuen Signalen und Problemen zuwenden. Die »Aufmerksamkeitsökonomie« wird auf einen Reaktionsautomatismus reduziert.

Im modischen Jargon als »*multitasking*« bezeichnet, geht es um ein erzwungenes Verhaltensmuster, bei dem es sich in seiner Grundtendenz um eine Art *digitalen Taylorismus* handelt, der nicht nur erzwingt, dass die Menschen mehrere Dinge gleichzeitig machen oder permanent zwischen den verschiedenen Anforderungen hin- und herspringen müssen, sondern der diese Situation auch als »alternativlos« erscheinen lässt. Das ist der vielleicht bemerkenswerteste Aspekt alltäglicher Computernutzung, dass nicht selten ein Gefühl der Überforderung und Hilflosigkeit existiert, die verursachende Rolle der IT-Technologien dabei jedoch kaum in den Blick gerät, bzw. nicht kritisch thematisiert wird.

Die intensive Inanspruchnahme der Aufmerksamkeit bei der Computer- und Internetnutzung karikiert in geradezu handgreiflicher Weise den Mythos, dass mit dem Computer Zeit gespart würde, seine intensive Verwendung die Menschen von Routineaufgaben entlasten und ihnen Freiräume für kreative Tätigkeiten verschaffe. Der Eindruck von Zeitersparnis ist zwar zutreffend – jedoch nur, wenn die einzelnen Arbeitsschritte am Computer isoliert betrachtet werden. Aber die digitale Aufgabenvermittlung und Strukturierung sorgt in der Regel dafür, dass die Arbeitenden immer ein »volles Programm« haben, der Strom der Beanspruchung nie abreist. Partielle Arbeitsersparnis und Ausdehnung auch der quantitativen Arbeitszeit sind bei der Computer-Arbeit meist nur die beiden Seiten der gleichen Medaille.

Die intensive Form der Mehrfachbelastung, ist ein Vorgang permanenter Selbstinstrumentalisierung, der durch *fremde Vorgaben und Anforderungen* stimuliert wird. Sein Preis ist eine konstante psychische Anspannung, denn »mehrere Dinge gleichzeitig zu tun heißt nichts anderes, als ständig abgelenkt zu werden und die Ablenkung wieder unter Kontrolle bringen zu müssen. Die Menschen verlieren buchstäblich all das, was sie von den Computern unterscheidet – Kreativität, Flexibilität und Spontanität –, und sind gleichzeitig immer mehr gezwungen … nach den Vorgaben der Rechner zu funktionieren.« (Frank Schirrmacher)

Gerade dann, wenn sich durch die Computersysteme technische, organisatorische und administrative Abläufe tatsächlich effektiver gestalten, reduziert sich deshalb im Arbeitsleben in der Regel nicht die Beanspruchungsintensität. Gegenüber der Schreibkraft, der Textbausteine zur Verfügung stehen, existiert eine Leistungserwartung, die über die tatsächliche Zeitersparnis durch deren Verwendung hinaus geht. Beispielsweise muss nun auch jeder Journalist neben der originären Textarbeit unter anderem Aufgaben der Satzgestaltung übernehmen. Immer häufiger ist er verpflichtet gleichzeitig für ein Printmedium und die Internetausgabe seiner Zeitung zu schreiben. Je um-

fassender die Abläufe an einem Drehautomaten computergesteuert sind, um
so mehr Maschinen muss der Beschäftigte bedienen und kontrollieren. Was
auf der einen Seite wegfällt, bei digitalisierten Drehautomaten beispielsweise
die permanente Nachjustierung, wird durch eine zusätzliche Inanspruchnahme mehr als kompensiert. Auch für den digital-gesteuerten Lagerarbeiter bedeutete der Computereinsatz Arbeiten bis zum Umfallen. Nicht zuletzt auch
deshalb, weil auf elektronischem Wege unablässig neue Aufgaben definiert
werden.

Der Computer verkürzt zwar den punktuellen Zeitaufwand beim Erledigen vieler Dinge – aber selten nur entstehen dadurch Freiräume, oder gar
mehr kreativ zu nutzende Lebenszeit! Tatsächlich geschieht nicht nur auf der
Ebene subjektiver Wahrnehmung etwas Seltsames, weil von der eingesparten
Zeit kaum etwas übrig bleibt. Es entsteht nicht ohne Grund der Eindruck,
dass Zeitgewinn von der Technik wieder »verschlungen« wird, beispielsweise schon deshalb, weil der Zwang zum permanenten Reagieren existiert, es
die Erwartung gibt, dass Mails unverzüglich beantwortet werden. Stimuliert
wird ein repressives *Kontinuum des Tätigseins*, weil der Kommunikationsfluss
immer wieder nach unverzüglichen Reaktionen verlangt. Es hat sich im Arbeitsleben eine computergesteuerte Dynamik etabliert, wie sie in typischer
Weise durch den Einsatz digitaler Verarbeitungssysteme bei der bundesrepublikanischen Finanzverwaltung beobachtet werden kann. Auch dort gibt
es durch den Computereinsatz zwar die effektivere Gestaltung einzelner Arbeitsschritte und partielle Zeiteinsparung auch aus der Sicht des einzelnen
Beschäftigten. Aber das ist nur die eine Seite ihres Arbeitsalltages. Auf der anderen Seite erweitert sich durch die digitalisierten Kontroll- und Selektionsmöglichkeiten auch das Aufgabenspektrum beständig, weil die eingehenden
Steuererklärungen elektronisch nach Unregelmäßigkeiten durchsucht und
(gegenwärtig noch mit einer sehr hohen Fehlerquote, die zu zusätzlichen Belastungen führt) im Falle von Auffälligkeiten, die entsprechenden Vorgänge
den zuständigen Sachbearbeitern auf ihren Rechner, zum Zwecke der detail-
lierten Überprüfung, überspielt werden. Die Zahl der »Problemfälle« ist für
den einzelnen Steuerbeamten dadurch signifikant gestiegen. Aber vor allem
ist nun auch der Zwang institutionalisiert, immer am »Ball bleiben« zu müssen. Die Beschäftigten sind gezwungen, diesen nie abreißenden Strom von
Überprüfungsdirektiven zeitnah zu bearbeiten, weil vom Rechner ihre Aktivitäten minutiös dokumentiert werden. Durch die Strukturierung der Arbeit

nach der Funktionslogik des Computers werden nicht nur die individuellen Reaktionsmöglichkeiten eingeschränkt, sondern auch das Arbeitstempo determiniert. Das Maschinenprogramm gibt den Arbeitstakt und die Handlungsstruktur in einer Weise vor, wie es früher nur am Fließband der Fall gewesen war.

Multifunktionales Reagieren, immer öfter in Abhängigkeit von computer-*vermittelten* »Impulsen«, hat sich nicht nur in vielen Bereichen der Arbeitswelt als Norm durchgesetzt, sondern seine Konsequenzen machen sich weit über den unmittelbaren Berufskontext hinaus bemerkbar. Das »Multitasking« hat auch *alltagskulturell destruktive Konsequenzen*, weil durch die permanente Mehrfachbeanspruchung durch die diversen Kommunikations- und Informationsmedien (denen auch schon Kinder unterworfen sind) die Lebensabläufe zerstückelt werden und dadurch nicht nur die Fähigkeit zur Konzentration, sondern vor allem auch zur Unterscheidung von Wesentlichem und Unwesentlichem schwindet. Alles drängt sich gleichzeitig auf – und vermittelt den Eindruck gleich wichtig zu sein! Kaum existiert noch die Zeit zum Nachdenken, selten gibt es noch eine Möglichkeit zum Innehalten – und noch weniger zur Reflexion der Sinnhaftigkeit der entgrenzten Aktivitäten und der sich aufdrängenden Reaktionsnotwendigkeiten.

Wer sich bemüht die auf ihn einströmenden »Informationen« dennoch nach Präferenzen zu sortieren, stößt schnell an seine Grenzen, unterliegt latent einer *mentalen Erschöpfung,* deren verbreitete Konsequenz eine Haltung fatalistischer Hinnahme ist. In diesem Zustand wird jeder Orientierungsversuch als »Anstrengung« erlebt, gegenüber der einem sanften Halbschlaf der »Informations-Berieselung« (dem TV-Konsum nicht unähnlich!) oft bereitwillig der Vorzug gegeben wird. Schleichend, aber mit weitreichenden Konsequenzen, verändern sich durch diese Reaktionsweise die kulturellen Standards, schiebt sich eine unbedingte *Geltung des unreflektiert hingenommenen Augenblicks* in den Vordergrund. Jedes Ereignis, jede Nachricht scheint singulär und relevant, auch wenn ihr Kontext immer seltener überhaupt noch nachvollziehbar ist. Der schnelle Wechsel von jeweils neuen »Impulsen« ist vor allem mit dem unerbittlichen Imperativ verbunden, dass nur das jeweils »Neueste« und »Aktuellste« von Bedeutung ist. Diese digitale Informations- und Impulsschwemme verhindert intensiveres Nachdenken und beschädigt die Phantasiepotenziale. Sie »ist insofern eine Tyrannei, als sie uns an der Konstruktion von das Leben bereichernden Erzählungen behindert, indem sie unsere Aufmerksamkeit ablenkt und die Kräfte verzehrt, die wir dieser wichtigen Aufgabe widmen« könnten. (Neil Postmann)

In diesem Zusammenhang ist es auch bemerkenswert, dass sich bei der internet-geprägten »Informationsarbeit« eine unproduktive Ungeduld verallgemeinert hat. Stimuliert durch die bemerkenswerte Geschwindigkeit, mit der die Suchportale die Antworten präsentieren, erwarten die Nutzer generell schnellstmögliche Antworten auf ihre Anfragen. Sie reagieren ungehalten, zunehmend auch nervös, wenn ihnen die Resultate nicht unverzüglich präsentiert werden, wenn gar ein weiteres Insistieren und eine Fortsetzung der Recherche nötig ist, um eine zufriedenstellende Antwort zu erhalten. Dies sind geradezu »treibhausartige« Bedingungen für die Akzeptanz eines Fastfoodwissens, zumal die üblichen schnellen Ergebnispräsentationen zu Dopamin-Anreicherungen im Gehirn führen, die Glücksgefühle hervorrufen. Dies ist ein zusätzlicher Grund, weshalb die »schnelle Information« präferiert und »Frustrationserfahrungen«, die mit intensiven Nachfragen möglicherweise verbunden sind, ausgewichen wird. Schnell gibt man sich mit dem zufrieden, was man vorgesetzt bekommt.

Dominanz technologischer Rationalität

Eine besondere Dramatik der herrschenden Computerverwendung liegt darin, dass mit den IT-Technologien auch andere Ergebnisse und Wirkungen erzielt werden könnten. Die *emanzipatorischen Hoffnungen*, die mit der Verbreitung des elektronischen Rechners verbunden waren, existieren nicht grundlos, haben jedoch in der gegenwärtigen, digital dominierten Welt keine Entsprechung. Im Gegenteil: Zur aktuellen Wirkungsweise des Computers gehört in vielen Bereichen die Verhinderung alternativ-technologischer Entwicklungen und durch Selbstbestimmung charakterisierter Sozialverhältnisse. Stattdessen fördert er die Durchsetzung der Prinzipien eines technologischen Reduktionismus und einer abstrakten ökonomischen Verwertungsrationalität. Der Käfig der verwalteten Welt wird heute aus digitalen Netzen gebildet, es ist die entwickelteste Form jenes »Gehäuses der Hörigkeit«, von der Max Weber gesprochen hat.

Es wird noch ausführlich darüber zu reden sein, in welcher Weise und aufgrund welcher Aspekte seiner Funktionsmechanismen, der Computer die gesellschaftliche *Dominanz des Verdinglichten* und Versteinerten perpetuiert, weshalb er in seiner gegenwärtigen Verwendungsweise das Gegenprinzip zu einem *menschengemäßen Weltverhältnis* repräsentiert, das Herbert Marcuse und Leo Kofler als *erotisches*, als selbstschöpferisches, geistig und emotional befriedigendes, als solidarisch auf den Mitmenschen bezogenes definiert haben und das ohne substanzielle Erfahrungschancen und entwickelte Formen der Selbsttätigkeit, sowie profilierter Selbstbestimmung nicht zu realisieren ist.

Viele der verbreiteten Netzpraktiken fungieren als negative Alternative zu einer unverfälschten Lebendigkeit, denn »lebendig werde ich erst, wenn das Andere da draußen mit mir so in Beziehung tritt, dass ich durch diese Beziehung selbst verändert werde, dass ich mich dabei und darin verwandle. Lebendigkeit ist deshalb Anverwandlung von Welt, nicht bloße Aneignung von Stoff.« (Hartmut Rosa) Die herrschende Computer-Praxis ist ein Ge-

genprinzip zu solchen emanzipatorischen Formen der Weltaneignung. Sie
»spricht den Menschen die Subjekteigenschaften ab und ordnet ihn der Technik unter«: Die Funktionsweise des Rechners objektiviert ihn, »und zieht ihn
in dieselbe Sphäre hinein, in der sich auch die intelligenten Maschinen der
Analysen und Kontrollstrategien befinden.« (Yvonne Hofstetter)

Computereinsatz und Effizienzsteigerung sind heute die beiden Seiten der
gleichen Medaille, ohne dass auch nur noch im Ansatz problematisiert wird,
um *welche* Effizienz es sich dabei handelt und *in wessen Interesse* sie gesteigert
werden soll. Nicht nur die konzeptionellen Ideologen des Computer-Komplexes propagieren die Vorstellung, dass die gegenwärtigen Entwicklungstendenzen der IT-Technologien alternativlos wären: Auch die Nutzer sind in
der Regel in einem Netzwerk von *Unausweichlichkeitsvorstellungen* gefangen
für die es reale Ursachen gibt, weil partielle Verselbständigungstendenzen
aus den gegenwärtigen Organisationsformen der Computer-Verwendung resultieren, die bewirken, dass einmal eingeführte Softwarevarianten nur noch
schwer durch alternative Entwicklungen ersetzbar sind: Wenn ein bestimmtes
Design eingeführt ist und »sich durchgesetzt hat, wird es [vor allem weil sich
viele zusätzliche Anwendungsprogramme an ihm orientieren] zu einer dau-
erhaften Größe, auch wenn es bis dahin ein besseres Design ohne weiteres
seinen Platz hätte einnehmen können.« (Jaron Lanier)

Es dominiert ein blinder Glauben an die »Rationalität« des Computers,
der kaum noch einen Gedanken darüber zulässt, dass seine Resultate defizitär sein könnten, obwohl von Fehlerlosigkeit bei den IT-Technologien am
allerwenigsten die Rede sein kann. Dennoch sind die Rechner mit einer Aura
von Präzision und Zuverlässigkeit umgeben. Nicht deshalb, weil sie es tatsächlich wären, sondern weil es immer schwieriger wird, »Abweichungen«
überhaupt noch erkennen zu können. Denn mit der explosionsartigen Vermehrung der verarbeiteten Datenmengen, potenziert sich gleichzeitig auch
das Unvermögen der Anwender, die Richtigkeit der von den »Geistesmaschinen« aus ihnen gezogenen Schlüsse überhaupt noch bewerten zu können.
Nicht einmal überschlägige Plausibilitätskontrollen sind, vor allem wenn es
um Ergebnisse geht, die in Zahlen ausgedrückt werden, noch möglich. Es tür-
men sich durch den blinden Glauben an den Computer unkalkulierbare *Sys-
temrisiken* auf, denn gerade bei einer umfassenden Zusammenführung großer
Datenmengen und Rechnersysteme, kann ein winziger Programmfehler zu
gravierenden Fehleinschätzungen führen. Es ist zur unhinterfragten Praxis

geworden, durch den Verweis auf die quantitativen Datenreihen Objektivität und Faktizität zu suggerieren, »wo die tatsächliche Bedeutung sich erst aus dem vollständigen (aber nicht verfügbaren) Kontext ergäbe.« (Peter Brödner)

Weil sowohl seine Verfahrensweisen, wie auch die aus ihnen resultierenden Ergebnisse, sich in der Regel einer überprüfenden Rekonstruktion entziehen, hat der Mathematiker Strogatz – zunächst in Hinsicht auf die vom Computer ausgeführten mathematischen Operationen – deshalb von einem »Ende der Einsicht« gesprochen. Aber diese intellektuelle Rückentwicklung ist mit ihren weitreichenden Konsequenzen nicht auf die Mathematik beschränkt, sondern entspricht einem zunehmenden Ausgeliefertsein gegenüber computergenerierten Ergebnissen in vielen Wissensbereichen: Wenn jedoch »das Ende der Einsicht kommt, wird sich die Art, wie wir die Welt erklären, für immer ändern. Wir werden in einer Welt des Autoritarismus feststecken, nur dass die Diktatur nicht mehr aus der Politik oder von religiösen Dogmen kommt, sondern aus der Wissenschaft selbst.« (Steven Strogatz)

Kritische Informatiker stellen sich deshalb die Frage, welche Konsequenzen es hat, wenn auf der Grundlage universaler Vernetzung sich (unvermeidliche) Inkorrektheiten einschleichen und diese sich dann unendlich reproduzieren und potenzieren, weil sie unerkannt bleiben? Korrekturen sind auch deshalb bei fehlerhaften Abläufen und Ergebnissen der Rechenoperationen so schnell nicht zu erwarten, weil nach seiner *implantierten Logik*, das System-Programm folgerichtig arbeitet.

Auf die Frage, warum Computerprogramme sich verselbstständigen, gibt es sicherlich genau so viele Antworten, wie Anwendungsbereiche. Für den militärischen Komplex hat Joseph Weizenbaum schon vor vier Jahrzehnten einen beunruhigenden Hinweis gegeben: »Ich denke da an Systeme zur Auswahl von Kriegszielen, wie sie in Vietnam benutzt wurden, an die Kriegsspiele im Pentagon und so weiter. Diese oftmals gigantischen Systeme werden von Programmierteams in Zeitspannen von vielen Jahren zusammengesetzt. Wenn dann das System schließlich wirklich in Gebrauch genommen wird, sind die meisten früheren Programmierer nicht mehr da oder haben sich anderen Aufgaben zugewandt. Und genau dann, wenn solche riesigen Systeme endlich benutzt werden, kann weder eine einzelne Person noch ein kleines Team von Spezialisten ihre inneren Arbeitsabläufe überblicken. Dies hat Folgen: Entscheidungen werden auf der Grundlage von Regeln und Kriterien gefällt, die niemand (mehr) kennt. Deshalb ist das implantierte System der

Regeln und Kriterien nicht mehr veränderbar. Denn ohne detaillierte Kenntnisse der inneren Arbeitsabläufe solcher Systeme würde jede wesentliche Än-
derung das System lahmlegen.«

In Konflikt- und Krisensituation kann diese »Unübersichtlichkeit« und Un-
kalkulierbarkeit der Computer-Technologie zu katastrophalen Konsequenzen
führen. So arbeiteten 2008 angesichts des Fast-Zusammenbruchs des internationalen Finanzsystems die Rechenmaschinen ungestört weiter – aber auf
der Grundlage von Annahmen die nicht mehr zutrafen und Programmen, die
den sich bedrohlich auftürmenden Problemen nicht mehr angemessen waren.

Die Tendenz zur Verselbstständigung potenziert sich bei vernetzten Systemen, weil die einzelnen Bestandteile von ihrer jeweiligen Vorgeschichte
geprägt, diese jedoch »analytisch nicht mehr bestimmbar« und deren Konsequenzen »auch nicht mehr vorhersehbar« sind. (Peter Brödner) Der Einsatz der Computersysteme kommt dann einem Blindflug gleich. Und zwar
nicht nur bei den zu militärischen Zwecken programmierten Maschinen,
sondern bei allen im Systemverband eingesetzten Computern, also auch im
Rahmen wirtschaftlicher Vernetzungsvorgänge, wie sie beispielsweise beim
sogenannten »Internet der Dinge« im Rahmen des Industrie 4.0-Konzeptes
intendiert sind.

Flankiert werden solche Verselbstständigungstendenzen der »Geistesmaschinen« durch eine weit verbreitete fatalistische Haltung gegenüber dem
Computer, die Vorstellung, dass an seinen Abläufen sowieso nichts zu ändern wäre: »Sollte er ein in unseren Augen falsches Ergebnis liefern, so ist
unserer Vertrauen in die Gesetzmäßigkeit der Maschine so stark, dass wir in
der Regel annehmen, wir hätten bei der Eingabe der Daten einen Fehler be-
gangen.« (Joseph Weizenbaum) Schon an dieser Reaktion zeigt sich, wie groß
die Bereitschaft ist, sich der Maschine als vermitteltem Ausdruck des gesellschaftlichen Über-Ichs zu unterwerfen. Und dennoch, ist das kein Grund, im
Sinne von Günther Anders zu unterstellen, dass »die Technik ... nun zum
Subjekt der Geschichte geworden« wäre. Aber die Tendenzen ihrer relativen Verselbstständigung sind bedenklich und auf einigen Gebieten auch die
Punkte absehbar, wo es kein Zurück gibt, korrigierende Eingriffe nicht mehr
möglich sind, wie es bei den automatisierten Prozessen des digitalisierten
Wertpapierhandels schon heute der Fall ist.

Auch andere technische Anordnungen vermitteln einen Schein von »Selbsttätigkeit«, jedoch verfügen sie nicht über die Fähigkeit, ihre repressive Wir-

kung noch durch *Bilder vermeintlicher Selbstbestimmung* und trügerische Vorstellungen über einen gesellschaftlichen Rationalitätsgewinn zu verschleiern, wie das für den Computer charakteristisch ist. Bei vielen Nutzern ist die unkritische Konzentration auf den elektronischen Rechner zwar Ausdruck einer Technikfetischisierung, aber auch Konsequenz der Wirkungsweise eines digitalen Kosmos, der Weltfluchtbedürfnisse befriedigt: Er wird als Gegen- und Ersatzwelt erlebt, der von den Bedrängungen der realen Lebensverhältnisse entlastet und geeignet ist, das Gefühl eigenständigen Agierens zu vermitteln. Es herrscht bei der Nutzung des Rechners in vielen Fällen, die Logik des Computerspiels auf einer allgemeineren Ebene.

»Wenn sie auch weiterhin so viel Glück haben, wie bei der Bestimmung ihrer Wächter, dann können sie zuversichtlich sein.« (Franz Kafka, Der Prozess)

Auch in Teilen der *Hacker-Szene*, ist eine maßlose Fehleinschätzung über den Status der eigenen Aktivitäten verbreitet. Viele Protagonisten begreifen sich als »Avantgarde«, obwohl sie tatsächlich nur den Entwicklungen hinterherhetzen und sie zu »unterlaufen« versuchen. Die Fähigkeiten eines Eindringens in fremde Systeme, oder die ziellose Verbreitung von Schadsoftware, werden von Netz-Akteuren, ohne dass sie über einen Zielhorizont verfügen und die tatsächlichen Implikationen ihres Tuns reflektieren, als »subversives« Handeln (miss-)verstanden. Bei nicht wenigen dieser Destruktions-Aktivitäten handelt es sich um aktuelle Formen der »Maschinenstürmerei«: Es sind spontane Reaktionen auf gesellschaftliche Bedrängungs- und Anonymisierungserfahrungen, die Destruktionsakte oft hilflose Versuche, sich »symbolisch« in einer Welt der Anonymität und Fremdbestimmung zur Geltung zu bringen. Aber diese aktuelle Variante weist einen entscheidenden Unterschied zu den historischen Formen der Maschinenstürmerei auf: Die gegenwärtigen Protagonisten besäßen die Möglichkeit, Sinn und Zweck ihres Tuns zu reflektieren. Da sie sich jedoch in der Regel einer kritischen Beschäftigung mit ihren Aktivitäten verweigern, bleiben sie Funktionselement des IT-Systems, weil die *Störaktivitäten* und die darauf abgestimmten Gegenmaßnahmen wesentlicher Bestandteil der Selbstreproduktionsdynamik der Netz-Industrie sind, dessen integraler Bestandteil der technologische Aufwand (der Heerscharen von Informatikern das tägliche Brot sichert) ist, der betrieben werden muss, um sie kompensieren und ausschalten zu können.

Es existiert ein Nebel der Pseudo-Subversivität, der seinen spezifischen
Anteil daran hat, dass wesentliche Konsequenzen der herrschenden Verwendungsweisen des Computers verborgen bleiben.

Es dominiert in vielen Fällen bei der Nutzung des Rechners die Logik des
Computerspiels auf einer allgemeineren Ebene. Stimuliert werden Vorgänge
der Selbstunterwerfung, weil der Umgang mit ihm, in scheinbar »selbstbestimmte« Anwendungsformen eingekapselt ist. Allein die Vertrautheit mit
den »Anwendungsoberflächen« vermittelt oft schon ein Gefühl der »Hand-
lungsautonomie« – auch wenn das Denken und die individuellen Reaktionsmuster durch das technische Reglement weitgehend vorgeprägt werden.
Durch die aktive Rolle des Nutzers bei seiner computergerechten »Sozialisation«, geht jene Sensibilität verloren, die nötig wäre, um sich des Charakters
dieses Prozesses bewusst werden zu können. Die von Hegel beschriebene
Dialektik von Herr und Knecht, die ein wechselseitiges Bedingungsverhältnis von Verfügung und Unterwerfung darstellt, findet nun auf einem entwi-
ckelterem technologischen Niveau statt.

Eine wesentliche Konstante bei der Durchsetzung der Illusionen über den
Computer ist die Miniaturisierung der Welt-Bilder. Es wird der Eindruck vermittelt, dass die Realität mit Hilfe der Programmvorgaben voraussetzungslos
überschaubar und deshalb gestaltbar wäre. Nicht vergessen werden sollte in
diesem Zusammenhang, dass die militärischen Propagandaapparate große
Akzeptanz für den letzten Golfkrieg mobilisieren konnten, weil sie es verstanden, ihm in den massenmedialen Darstellungen, das Aussehen eines Computerspiels zu geben. Dieser Effekt hat Modellcharakter.

Es kommt hinzu, dass das Verhältnis des Menschen zum Computer intensiver als zu anderen Maschinen ist und nur noch mit dem affektiv besetzen
Umgang mit dem Auto verglichen werden kann: »Die klassische Maschine
muss durch einzelne Gedankengänge, einzelne Handgriffe lediglich in Gang
gesetzt werden, der Computer muss immer wieder aufs neue erschaffen werden. Immer wieder auf neue verschränkt der Mensch sein Denken, sein for-
mal-logisches Denken, mit dem materiellen Gegenstand.« (Christel Schachtner) Durch die affektive »Beziehung« zum Computer amalgamieren sich
Subjektives und Objektives: In der Wahrnehmung so manchen Nutzers hat
die Maschine Subjekt-Eigenschaften, wird als etwas lebendiges wahrgenommen. Es vermischen sich instrumentelles Handeln mit emotionalen Momenten. Deshalb verändert die Computerpraxis auch die Innenwelt der Subjekte.

Grundsätzlich stellt sich die Frage, ob der Computer und das Internet überhaupt noch kontrolliert, ihre sozio-kulturell regressiven Tendenzen blockiert und »umgebogen« werden können? Schaut man sich ihre Wirkungsweisen genauer an, drängt sich die Frage auf: »Was machen wir mit dem Computer – *und was macht er mit uns?*« Und weiter gefragt: Was haben die konkreten Wirkungen des Computer-Einsatzes mit den immer noch verbreiteten Vorstellungen von seinen vermeintlich positiven Effekten, seinen zugeschriebenen Fähigkeiten zu tun, als Wissensmaschine und Kommunikationsautomat zu wirken?

Stellt man sich diesen Problemkomplexen, wird deutlich, dass jede Positivzuschreibung auch mit negativen Effekten verbunden ist. Ein Beispiel ist die Zunahme personalisierter Kommunikation, bei gleichzeitiger Verallgemeinerung inhaltlicher Oberflächlichkeit und Belanglosigkeit. In seiner Tendenz verbindet das Internet und isoliert zugleich: Man hat hunderte »Freunde« aber kaum noch verlässliche Bezugspersonen. »Social Media erzeugen Zersplitterung, eine Echokammer, Isolation.« (Andrew Keen) Die totale Vernetzung schafft zwar »Verbindungen«, institutionalisiert jedoch gleichzeitig Distanz und konstituiert eine unsichtbare Wand, die Nähe vortäuscht, faktisch sie jedoch verhindert. Vereinsamung hat seine Ursache in der Regel zwar nicht in der Netz-Kommunikation, wird durch diese jedoch oft verstärkt.

Auch als *Informationsmedium* ist das *Internet* eine zweischneidige Sache. Fraglos kann es gute Dienste leisten: Es ist möglich sich mit seiner Hilfe über die Höhe der Inflationsrate und sogar über die historischen Entwicklungstendenzen des Profits zu informieren. Auch auf die Selbstdarstellung fast jeder politischen Gruppierung kann zugegriffen und die versäumte TV-Sendung hochgeladen werden. Aber mit jeder dieser Aktivitäten liefern die Nutzer Daten, die in der geschilderten Weise, den Schnüfflern und Rechercheuren direkt oder über Umwege zur Verfügung stehen.

Alleine schon die Ausspähpraktiken und Erfassungsvorgänge werfen viele Fragen grundsätzlicher Bedeutung auf, jedoch sind die bei einer Analyse der Computer-Wirkungen deutlich werdenden Probleme, noch von viel nachdrücklicherer Natur:

• Werden durch die IT-Technologien tatsächlich neue Erfahrungsräume erschlossen, wie von ihren Propagandisten behauptet wird, oder führen sie zu intensivierten Formen eines intellektuellen Reduktionismus?

- Hat die wissensgesellschaftliche »Dynamik«, für die das Internet zum Synonym geworden ist, zu einer Verbreitung emanzipatorischen Wissens und zu einem fundierten Verständnis der eigenen Lebenssituation geführt?

- In welcher Weise verändert die elektronische Kommunikationsanordnung unsere Weltwahrnehmung und intellektuellen Reaktionsmuster, aber auch unsere sozialen Beziehungsformen?

- Und grundsätzlicher gefragt: Hat die »Wissensgesellschaft« ein subtiles Verständnis der ökonomischen und sozialen Existenzbedingungen oder ein Bewusstsein über wünschenswerte Formen des Zusammenlebens gefördert?

- Stimuliert der Computer die Fähigkeit zum Selbstdenken?

- Was resultiert daraus, dass die Weltwahrnehmung immer »vermittelter« wird und immer mehr von dem was wir elektronisch vermittelt sehen, fern jeder Konkretheit und »Handgreiflichkeit« angesiedelt ist?

- Wie modifiziert sich die Welterfahrung, wenn dem Gefühl, überall sein zu können, die tatsächliche Gebundenheit an einen einzigen Ort gegenüber steht – nämlich den Platz vor dem Computer-Bildschirm?

- Welche Konsequenzen hat es für unsere Differenzierungsfähigkeit und unser Unterscheidungsvermögen, wenn sich alles mit scheinbar gleicher Wichtigkeit aufdrängt, wie es bei den »Informations«-Wellen aus dem »Netz« der Fall ist?

- Welche Konsequenzen hat die Tatsache, dass für viele Menschen das »virtuelle Leben« an die Stelle des wirklichen getreten ist und auf der *individuellen* Ebene die Unterscheidungsfähigkeit zwischen digitalem Schein und Realität rapide abnimmt?

Es wird sich zeigen, wie schwer es ist, auf diese Fragen positive Antworten zu finden! Um jedoch nicht missverstanden zu werden, sei ausdrücklich betont, dass es nicht um eine vordergründige Technikkritik, sondern um die Auseinandersetzung mit gesellschaftlichen Interessen, um die Benennung von Herrschaftskonstellationen geht, die sich der aktuellen Technikvarianten nicht nur bedienen, sondern ihr auch ihren Stempel aufgedrückt und ihre Strukturen geprägt haben: Es reicht also nicht aus, den Sack zu schlagen, wenn der Esel störrisch ist: Die *Kritik des Computers* macht nur Sinn, wenn sie *Kritik der Gesellschaft* ist, die ihn in seiner aktuellen Weise geprägt hat und die sich besonders intensiv gerade seiner fragwürdigen Möglichkeiten im eigenen Reproduktions- und Selbststabilisierungsinteresse bedient. Die »politische Ökonomie ist nicht Technologie«, heißt es in diesem Sinne bei Marx in den »Grundrissen der Kritik der politischen Ökonomie«, womit gemeint ist, dass Gesellschaftskritik sich nicht in der Beschäftigung mit technischen Anordnungen und Konstellationen verlieren darf, sondern fragen muss, welche gesellschaftlichen Bewegungen und Interessenpräferenzen sich in ihnen ausdrücken.

Es werden auch auf den folgenden Seiten notwendigerweise immer wieder technische Aspekte der *Informatisierung* (was zunächst nichts anderes bedeutet als eine Erfassung von Informationen und ihrer Verwaltung und Verarbeitung in Computersystemen) zur Sprache kommen, aber sie sollten nicht darüber hinwegtäuschen, dass es sich bei den behandelten Komplexen im Kern um gesellschaftliche Probleme handelt. »Entscheidend ist es, den Informationsbegriff nicht als ›reine Form‹ (Schmiede), sondern als eine soziale Kategorie zu begreifen, die in ihrem Wesen ein soziales Verhältnis zum Inhalt hat. Dem folgend sind Informationen nicht etwa der Aktivität von Maschinen zuzurechnen, sondern der sozialen Praxis von lebendigen Menschen. Während Maschinen lediglich maschinenoperable Daten verarbeiten, machen erst Menschen – durch ihre subjektive Interpretationsleistung – aus Daten Informationen.« (Andreas Boes/Tobias Kämpf/Barbara Langes/Thomas Lühr)

Es geht vorrangig also darum, den technologischen Kosmos nicht im Sinne abstrakter Strukturen zu thematisieren, sondern zu rekonstruieren, wie Menschen sich auf diese Bedingungen handelnd beziehen. Das ist – im Kontrast zu objektivistischen Vorstellungen (die aktuell immer noch von der Althusser-Schule vertreten werden) – der Dreh- und Angelpunkt auch eines marxistischen Gesellschaftsverständnisses. Ellen Meiksins Wood spricht zutreffenderweise »von einem der ersten Grundsätze des Marx'schen Materialismus: Obwohl die Menschen in konkreten, nicht von ihnen gemachten, materiellen Grenzen arbeiten – inklusive der rein physischen und ökologischen Faktoren –, ist die materielle Welt, so wie sie existiert, für sie nicht einfach nur naturgegeben, sondern ein Modus produktiver *Tätigkeit*, ein System sozialer Beziehungen und ein historisches Produkt.«

Auch aus diesem Grunde sollte die Kritik des Computers nicht als bloße Anklage missverstanden werden, sondern als objektive Bestandsaufnahme, die verdeutlichen kann, dass nicht primär *der Computer* und die ihm zugrunde liegenden Technologien es sind, die zu den negativen Veränderungen der sozialen Beziehungsverhältnisse und ökonomischen Wirkungsmechanismen, intellektuellen Gepflogenheiten und auch alltagskulturellen Standards geführt haben. Es hat Oberflächlichkeit und Manipulation, Weltfluchtbedürfnisse und Trivialisierungsschübe, soziale Selektionsprozesse und intellektuelle Regressionen auch vor dem Internet ebenso gegeben, wie soziale Desintegrationstendenzen, ökonomische Kahlschlagstrategien und kulturelle Desorientierungsvorgänge – jedoch sind durch den Einsatz der IT-Technologien diese negativen Entwicklungen beschleunigt worden. Besonders die universale Vernetzung hat ihren Anteil an der Intensivierung der gesellschaftlichen und kulturellen Widerspruchsentwicklungen, von der Cyberkriminalität und sozialen Beziehungslosigkeit, bis hin zur Gleichgültigkeit gegenüber Arbeitskräften, die nun noch intensiver gegeneinander ausgespielt werden können. Aber das Netz ermöglicht auch, Pädophilie leichter auszuleben und anonyme Verleumdungskampagnen zu organisieren.

Autoritäre Formierungstendenzen

Der Anspruch der elektronischen Erfassungs- und Verarbeitungssysteme alles zu registrieren und alles zu »wissen«, ist keineswegs nur selbst verpflichtendes Programm – es wird auch intensiv an seiner Umsetzung gearbeitet. Es gibt keine Nischen mehr, die ein Verstecken ermöglichen und digitale Abstinenz erfolgversprechend erscheinen lassen. Massenhafter Datenmissbrauch ist alltägliche Realität: Beispielsweise ist »die Art und Weise, wie die Gesundheitsindustrie Medizindaten erhebt, nutzt und mit ihnen handelt, schlimmer, als die Totalspionage der NSA, und kaum jemand weiß darüber Bescheid.« (Deborah C. Peel) Und bei diesem Erfassungsbereich handelt es sich nur um einen von unüberschaubar vielen.

In einigen Fällen mag eine umfassende Dokumentation von Ereignissen und Sachverhalten begrüßenswert sein (Was spricht schon dagegen, so könnte eingewandt werden, wenn das Fahrverhalten eines KFZ-Lenkers aufgezeichnet wird? Denn das Gespeicherte ist ja doch nur bei einem Unfall relevant und schafft dann Rechtssicherheit). Aber jedes neue Terrain der Überwachung und eine immer umfassendere Speicherung und Verarbeitung der abgegriffenen Daten ist eine weitere Stufe auf dem Weg zur *totalen Erfassung*. Wer verkündet, es wäre möglich, angesichts der Big-Data-Wucherungen »datenschutzrechtliche Barrieren« und »digitale Schutzwälle« zu errichten, um ein Recht auf »informationelle Selbstbestimmung« zu verteidigen, ist ein Lügner oder Dummkopf. Die vorgeschlagenen Architekturen angeblichen Datenschutzes dienen dazu, die tatsächlichen Überwachungsverhältnisse zu verharmlosen. Es gibt zwar E-Mail-Verschlüsselungsverfahren, aber deren Anwendung ist so komplex, dass es nur eine geringe Nutzer-Akzeptanz gibt. Und wahrscheinlich ist es nur eine Frage der Zeit, wann auch die von ihnen errichteten Barrieren überwunden werden können.

Wirkungsvoll wird mit den Diskussionen über die »Netzsicherheit« von den zentralen Problemen und viel dringenderen Fragen abgelenkt. Viele Pa-

rolen über »Datenschutz« sind Inszenierungen die an Absurdität nicht zu
überbieten sind: Selbst IT-Multis wie Google und Microsoft haben den Aktivitäten von Hackern nichts entgegen setzen können. Bisher ist es gelungen,
fast in jedes Netzwerk einzudringen, auch wenn es technisch hochgerüstet,
mit allen zur Verfügung stehenden Anti-Virenprogrammen und Firewalls ge-
schützt war. In die Rechner der CIA und des Pentagon sind selbst jugendliche
Hacker in der Lage einzudringen. Google-Autos werden von außen gestoppt,
Herzschrittmacher ausgeschaltet und mit digitalen Impulsen in den Flugverkehr eingegriffen – aber dem normalen Nutzer wird versichert, dass es durch
größere »Umsicht« möglich wäre, für eine wirkungsvolle Datensicherheit zu
sorgen! Das ist schon einmal in der Durchsetzungsphase des Atomkomplexes
und bei den Diskussionen über die Endlagerung von Plutonium-Müll erzählt
worden. Die Realität ist bekannt. Aber *vielleicht* gibt es sogar eine »vollständige Netzsicherheit« – dann aber nur im Rahmen eines totalitären Sicherungs-
systems.

Es wird der Eindruck zu erwecken versucht, dass es sich bei der Verlet-
zung der Privatsphäre und der Ausspähung um »Regelwidrigkeiten« han-
dele, die einen Ausnahmestatus hätten. Jedoch ist das Gegenteil der Fall. In
Frankfurt schöpft beispielsweise der BND die Daten ab, die bei dem dort ins-
tallierten weltgrößten Internet-Knoten zusammenlaufen. Der Datendurchsatz
beträgt drei Terabit in der Sekunde. Spätesten seit 2008 fängt hier der Bun-
desnachrichtendienst im großen Umfang Telefonate, Chats und E-Mails ab.
Bekanntermaßen in Kooperation mit ausländischen Diensten und nach deren Vorgaben. Die US-amerikanische NSA erhielt lange Jahre Datenmaterial
auf der Basis spezifizierter Suchbegriffe. Ziel der Ausspähungen waren auch
europäische Institutionen und deutsche Unternehmen. Staatlicherseits gibt
es das Bemühen, die Überwachung mit neuen gesetzlichen Regelungen ausdrücklich zu legalisieren. Die Bundesregierung vertrat, bis zur öffentlichen
Thematisierung des BND-Skandals im Frühjahr 2015, die Meinung, dass sich
auch bisher alles im rechtlichem Rahmen bewegt habe. Dass überhaupt ernsthafte Maßnahmen gegen die US-amerikanischen Netz-Spionageaktivitäten
erwogen wurden, ist lange her. 2001 standen erfolgversprechende Initiativen
bei der EU auf der Tagesordnung. Nach den Attentaten vom 11. September
dieses Jahres, waren alle Pläne vom Tisch!

Wenn die Bundesregierung als Vassallen-Tribut es zulässt, dass im US-
amerikanischen Auftrag der BND auch deutsche Firmen und europäische Re-

gierungen ausforscht, sind die Initiativen so genannter »Datenschutzbeauftragter« bloße Possenreißerei, Teil eines Systems, mit dem die Öffentlichkeit hinters Licht geführt werden soll.

Bei ihrem realitätsfernen Versprechen werden von den »Netz-Sicherheits«-Illusionisten schon die simpelsten Tatsachen ignoriert, beispielsweise, dass es nur der Zusammenführung weniger (meist allgemein zugänglicher) Daten bedarf, um Profile zu erhalten, die mit relativ geringem Aufwand personalisiert werden können. Das war schon vor Jahrzehnten, während der Zeit der »Volkszählungs«-Kampagnen möglich und verbreitete Praxis. Niemand sollte sich der Illusion hingeben, dass seine Netzaktivitäten anonym bleiben: »Durch die Verknüpfung aller Merkmale, ist es ein leichtes, den jeweiligen Benutzer eindeutig zu identifizieren und ihn im Zweifel namentlich zu benennen.« (Stefan Aust/Thomas Ammann) Hatte vor Jahren die Auffassung, dass der Kampf um die »Datensicherheit« und die Respektierung der Privatsphäre noch nicht entschieden wäre, noch einen Schein von Berechtigung, so sieht nach den *Snowden-Enthüllungen* und dem nicht mehr abreißenden Strom neuer Details der Ausspähpraxis auf allen nur denkbaren Ebenen, die Sache ganz anders aus!

Hinzu kommt, dass mit einer überkommenen Vorstellung von »Privatheit«, die Sache, um die es geht, überhaupt nicht mehr hinreichend erfasst werden kann, weil digital gesteuerte Organisations- und Steuerungsprozesse zunehmend bedeutsam werden, bei denen das Individuum nur noch ein Element in einem von elektronischen Einflussmechanismen durchzogenen Feld ist. Wer beispielsweise Beschäftigung nur noch auf den Tagelöhnermärkten findet, die von den angesprochenen Vermittlungsportalen für »Dienstleistungen« auf Unterbietungspreisniveau organisiert werden, wird weniger hinsichtlich seiner »Datenautonomie« tangiert, sondern in seiner ganzen sozialen Existenz: Er muss seine Haut in der Regel zu besonders ungünstigen Bedingungen zu Markte tragen, weil in der gegenwärtigen Arbeitsmarktsituation, durch die digitalisierten Vermittlungsprozesse die schwache Position der Arbeitskraft-Anbieter und -Anbieterinnen verstärkt wird.

Lässt man die Vielzahl der Enthüllungen über die staatlichen Erfassungsaktivitäten Revue passieren, drängt sich der Eindruck auf, das fast alle Dämme gebrochen sind. Jedoch sind die Bespitzelungen durch die staatlichen Erfassungssysteme nur die Spitze des Eisberges, weil die Bedeutung privatwirtschaftlich motivierter Erfassung von wachsender Bedeutung ist.

Mitlerweile hinterlässt jeder Datenspuren, die weitgehende Schlüsse zulassen – unabhängig davon, ob er sich aktiv am Spurenlegen beteiligt, wie die
Benutzer von Kredit- und so genannten »Kundenkarten«, die sich bei den
Datenverarbeitern großer Beliebtheit erfreuen, weil jeder ihrer Einsätze ver-
wertbare Informationen über das Konsumentenverhalten liefert. Den Kunden
werden kleine Vorteile versprochen – ihr eigentlicher Zweck ist jedoch die
digitale Erfassung und darauf aufbauend seine Kategorisierung nach kommerziellen Gesichtspunkten. Die angewandten Methoden haben schon einen
großen Effizienzgrad erreicht. Aus kleinen Veränderungen des Konsumverhaltens und im Vergleich mit dem Agieren anderer Verbraucher ist es möglich, weitreichende Schlussfolgerungen zu ziehen. Eine Frau zwischen 18 und
40, die beispielsweise regelmäßig parfümierte Körperlotion gekauft hat, und
auf weniger geruchsintensive Marken umsteigt und auch noch gegen ihre
bisherige Gewohnheit mehrmals saure Gurken erwirbt, ist mit einiger Wahrscheinlichkeit schwanger, so dass es lohnend scheint, ihr bald Werbung für
Babynahrung zukommen zu lassen. Oder ein anderes Beispiel: Werden die
Bewegungsprofile von Handybesitzern über einen längeren Zeitraum beobachtet, kann mit 90-prozentiger Wahrscheinlichkeit vorausgesagt werden, wo
sie sich morgen oder in der nächsten Woche aufhalten werden. All das hat
nichts mit Prophetie, sondern mit dem Vergleich der Reaktionsmuster von
immer intensiver erfassten Referenzgruppen zu tun. Die Tendenz einer Vielzahl von Verhaltensweisen, erlaubt zwar keine endgültige Aussage über den
konkreten Einzelfall, aber die erfassten Daten sind so umfangreich, dass bei
einer entsprechenden Bearbeitung, der Verhaltenstrend von einer überwiegenden Zahl der Erfassten prognostiziert werden kann.

Vergleichbare Prognoseverfahren spielen selbst in der US-amerikanischen
Justiz eine zunehmende Rolle: Computerprogramme »entscheiden« auf Basis
der Polizei- und Justizakten gleichgelagerter Fälle über die Sinnhaftigkeit einer vorläufigen Entlassung von Inhaftierten. Auch an den Programmen zur
Verbrechensprävention, die prognostizieren sollen, wer zukünftig eine Straftat begeht, wird intensiv gearbeitet. Teilweise sind sie auch schon im Einsatz.
Nur dass daraus Verhaftungen abgeleitet werden, ist vorläufig noch eine Hol-
lywood-Phantasie, wie sie beispielsweise in dem Science-Fiction-Film »Mino-
rity Report« von Steven Spielberg thematisiert wurde.

Aber in Chicago besucht auch heute schon die Polizei »vorsorglich« jene
Personen, die aufgrund von Computerprognosen als »gefährlich« eingestuft

werden, und hält deren Wohngebiete und Aktionsräume unter (Dauer-)Beobachtung. Durch den Einsatz der digitalen Analyseinstrumente verallgemeinert sich im Rahmen der Verbrechensbekämpfung das Prinzip der *Mutmaßung*. Zunehmend wird dabei der Verdacht auf eine Stufe mit der *Tatsache* einer kriminellen Handlung gestellt. Grenzen zwischen präventivem Handeln und dem *Missbrauch* exekutiver Macht existieren dann faktisch nicht mehr. Tendenzen zum Totalitären sind den bürgerlich-kapitalistischen Verhältnissen grundsätzlich eingeschrieben, aber nun kann vieles, was vor kurzem noch Intention und Programm war, unproblematisch umgesetzt werden.

Die Grenzen der Computerlogik

Die geschilderten Entwicklungen sind Konsequenzen eines intensiven Einsatzes einer Computer-Technologie, die in ihrer jetzigen Form nicht nur autoritäre Formierungen bewirkt, sondern vor allem auch einer mit kapitalistischen Reproduktionsbedürfnissen deckungsgleichen Logik folgt und dessen Organisationsprinzipien von den herrschenden Formen technologischer Rationalität geprägt sind. Aus dieser Konstellation ergibt sich eine entscheidende Konsequenz: Dem Rechner werden zwar universale Fähigkeiten zugesprochen, obwohl er von dem spezifischen Reduktionismus geprägt ist, dass die »Algorithmen des Computers die kulturellen Aspekte unserer Gesellschaft nicht berücksichtigen können.« (Joseph Weizenbaum) Dennoch wird die Logik der »Geistesmaschine« immer häufiger mit menschlicher Intellektualität gleichgesetzt. Das ist jedoch nicht Ausdruck eines »Fortschritts« bei der Entwicklung einer »Künstlichen Intelligenz«, sondern nichts anderes als Indiz der schon erfolgten Angleichung des Denkens an ökonomische und soziale Zwänge.

»Das wird nächstens schon besser gehen,
Wenn ihr lernt alles zu reduzieren
Und gehörig klassifizieren.«
(Johann Wolfgang Goethe, Faust. Der Tragödie erster Teil)

Der auf den Computer-»Horizont« reduzierte Mensch ist der verdinglichte, funktionalistisch geprägte, kurz der *entfremdete Mensch*. Diese Vorstellung korrespondiert zwar mit den realen Verhältnissen im Kapitalismus – und ist dennoch ein Zerrbild, denn der entfremdete Mensch »ist niemals der ganze Mensch, auch innerhalb der allgemeinen Entfremdungssituation nicht.« (Leo Kofler) Die angebliche durch den Computer bewirkte »Revolution im Wissen des Menschen über sich selbst« (Martin Urban) besteht also faktisch in der Festschreibung klassengesellschaftlich geprägter Reduktionismen.

Auf dieser Grundlage eine »Künstliche Intelligenz« mit menschlicher Intellektualität gleichzusetzen, ist Indiz einer verbreiteten Unfähigkeit, den fortgeschrittenen Verfall intellektueller Differenzierungsfähigkeit überhaupt noch registrieren und reflektieren zu können. Wenn beispielsweise von einer zuverlässigen Arbeit von »Roboterjournalisten« die Rede ist, die mittlerweile in passabler Weise über Sportereignisse und das Wirtschaftsgeschehen berichten könnten, spricht das nicht für besonders entwickelte Fähigkeiten des Computers, sondern ist Ausdruck des Kompetenzverfalls bestimmter Medienprodukte, aber auch des intellektuellen Reduktionismus der IT-Ideologien. Übrigens ist die Grundlage dieser »Computer-Arbeit« die Tatsache, dass »Wirtschaftsberichterstattung« in weiten Teilen schon lange auf das Niveau der Dokumentation der Selbstdarstellungen der Konzerne abgesunken ist. Auch Journalisten reproduzieren größtenteils nur, was von den PR-Abteilungen der Wirtschaftsunternehmen in die Welt gesetzt wurde.

Kulturwissenschaftler haben ein verbreitetes Unvermögen festgestellt, ironische Bemerkungen in ihrer doppelsinnigen Bedeutung überhaupt noch erfassen zu können. Deshalb ist es nicht verwunderlich, dass den Computer-Ideologen diese spezifische, für den Rechner nicht zu erschließende Qualität menschlicher Artikulationsformen, ebenfalls verborgen bleibt, bei denen es immerhin um die »Kernkompetenzen« menschlicher Kommunikation geht: Den Einsatz sprachlicher und gestischer Nuancen, den Gebrauch ironischer Sentenzen, habitueller Ausdrucksformen und von Zwischentönen.

Was soll der Computer mit der Aussage anfangen, wenn zwei Freunde nach durchzechter Nacht am folgenden Mittag aufeinander treffen und der Eine zum Anderen sagt »Du siehst ja prächtig aus!«? Wie soll der Computer eine Bemerkung einordnen, wenn er das Gespräch in einem Chefzimmer auswertet, in dem über die Leistungsfähigkeit eines Mitarbeiters geredet wird und ohne weitere Thematisierung des Zusammenhangs, weil er den Beteiligten bekannt ist, von einem der Anwesenden mit resignativem Unterton gesagt wird: »Er hat sein Bestes gegeben« – und damit nichts anderes zum Ausdruck gebracht wird, als dass der Betreffende weit hinter den Erwartungen zurück geblieben ist?

Die Differenz zwischen kulturell geprägten Denk- und Reaktionsmustern, aber auch alltagsspezifischen Besonderheiten und der Computerlogik scheint selbst unterhalb anspruchsvoller Ebenen der Kommunikation unüberwindbar. Nicht zuletzt weil menschliches Denken immer wieder Neues und Überraschendes hervorbringt, der Computer jedoch nur das *reproduzieren* kann, was ihm eingegeben wurde, oder er es sich durch die Verarbeitung von Schrift- und Redemustern selbst »angeeignet« hat. Eine meiner Töchter hatte im Kindergartenalter einmal ein unspezifisches Kribbeln im Handrücken mit dem Bild »Ich habe einen Igel in der Hand« zum Ausdruck gebracht. Schon an dieser kindlichen Phantasie und Kreativität – oder besser gesagt: gerade an ihnen! – würde die elektronische Maschine scheitern, weil sie über keinen »Einblick« in den lebensgeschichtlichen Kontext real kommunizierender Menschen und noch weniger über deren Phantasiepotenzial verfügt: »Die Technik ermöglicht zwar eine beinahe vollständige Dokumentation sämtlicher Signale, die Körper und Geist so von sich geben, löst aber noch lange nicht das Problem ihrer Interpretation.« (Michael Moorstedt)

Das ist auch auf der aktuellen Stufe von digitalen Gesichtserkennungsprogrammen der Fall, also der Erfassung und Kategorisierung mimischer Ausdrucksformen. Ärger und Freude, Überraschung und Trauer, Erwartung und Trotz können tatsächlich auf der Basis millionenfachen Vergleichsmaterials kategorisiert werden, ob jedoch dadurch der Computer in die Lage eines »emotionalen Rechnens« versetzt wird, wie es vollmundig von den kommerziellen Anbietern dieses Verfahrens behauptet und von den Anwendern erwartet wird, steht auf einem anderen Blatt, denn auch auf diesem Gebiet steckt der Teufel im Detail, kommt es wiederum auf die Nuancen und die Doppelbödigkeit vieler Bewegungsmuster der Gesichtsmuskeln und ihrer angemessenen Bewertung an.

Die gegenwärtige Situation sieht also so aus, dass der Computer nicht zuletzt deshalb schnell an Maschinen-»Intelligenz«-Grenzen stößt, weil seine standardisierten Rechenprogramme schon der Mehrschichtigkeit von Äußerungen und Gesten in Alltagskontexten nicht gerecht werden. Aber vor allem scheitern sie an der Tatsache, dass menschliche Kommunikation in ihren wesentlichen Teilen bedeutet, sich in den Standpunkt des Gegenübers hinein versetzen zu können.

Kommt es auf das Erkennen von Doppeldeutigkeiten an, versagt der Computer ebenso, wie bei simplen Fehlern des schriftlichen Ausdrucks: »Es gibt zwei häufige Arten von Wortfehlern. Bei der einen Art entsteht ein Wort, das nicht existiert, Sanne statt Sonne, Mont statt Mond. Menschen können solche Fehler mit neunzigprozentiger Zuverlässigkeit erkennen. Computer sind zu hundert Prozent zuverlässig. Anders sieht es bei Wortfehlern aus, die wirklich etwas bedeuten: Sahne statt Sonne oder Mund statt Mond. Solche Fehler werden, wie Ray Panko von der Universität Hawaii errechnet hat, von Menschen zu 75 Prozent erkannt, von Maschinen überhaupt nicht. Das heißt, so Panko, ›Korrekturprogramme finden genau die Fehler nicht, die auch Menschen nur mühsam finden‹.« (Frank Schirrmacher)

Der Computer braucht Eindeutigkeit und Formalisierung. Bei (lebensweltlich geprägten) Mehrdeutigkeiten hat er Probleme. Je vielschichtiger eine Aussage ist, um so gravierender sind seine Fehlleistungen. Vor literarischer Doppeldeutigkeit und Ambivalenz muss er vollständig kapitulieren. Was soll der Computer auch mit dem wundervollen Satz Jacob Grimms anfangen, der letzte literarische Absichten, aber auch seine altersbedingt reduzierte Lebenserwartung thematisiert: »Die letzte Ernte steht auf dem Halm«? Im Zweifelsfall würde dieser Satz in einem Informations-Dossier für Spekulanten an der Getreidebörse auftauchen! Aber erfreuen wird sie diese Meldung nicht, denn Standing Ovations gibt es an der führenden Chicagoer Rohstoffbörse beispielsweise nur, wenn über eine Missernte irgendwo auf der Welt berichtet wird, weil die Broker aus Erfahrung wissen, dass neue Hungerregionen gut fürs Geschäft sind.

Von der Position einer analytischen Sprachphilosophie aus betrachtet, »versagt« der Computer, wegen der mangelhaften »Präzision« der angeführten Sprachbeispiele. Aber es ist gerade diese spezifische »Flexibilität« menschlicher Artikulationspraxis, die das Gelingen von Kommunikation sicher stellt. Beispielsweise durch gruppeninterne Sprachmuster, die nur den Eingeweihten verständlich sind (so wenn etwa vom Chef als »Elefanten«, oder »Bären« die Rede ist), aber dem Computer verborgen bleiben müssen, der nur in seinem zoologischen Begriffsregister fündig wird.

Auf diesen Komplex der »Sinnverschiebungen« weist auch der *Dekonstruktivismus* hin – jedoch nicht um die Bedingungen gelungener Kommunikation zu reflektieren, sondern in der Absicht, die *Unmöglichkeit intersubjektiver Verständigung* zu behaupten. Es wird nicht analysiert, wie durch sprachliche Flexibilität und Kontextbezug, Kommunikation tatsächlich sicher gestellt bleibt, sondern das Gegenteil unterstellt: Es wird kontrafaktisch von einer »*Iterabilität*« der Sprache, der Tatsache, dass ein Begriff verschiedene Bedeutungen haben kann, als Ursache einer Unmöglichkeit sinnvoller Verständigung ausgegangen. Als absoluter Glaubenssatz vom dekonstruktivistischen »Meisterdenker« Derrida präsentiert und von der Apologie mit großem Eifer reproduziert, gerät noch nicht einmal die naheliegende Frage in den Blick, weshalb es dennoch sprachliche Verständigung gibt (die ja auch der Dekonstruktivist offensichtlich unterstellt, wenn er mit seinen Grundüberzeugungen hausieren geht)?

Die Defizite des Rechners beim »Verstehen« spezifisch menschlicher Kommunikationsvarianten haben bisher bei der Diskussion des Computer-Komplexes nur wenig Aufmerksamkeit gefunden. Durch diese Ignoranz wird gewährleistet, dass die Computer-Technologie mit einem Schleier neutraler »Sachlogik« umgeben bleibt und die Determinanten, die ihre Entwicklung vorangetrieben und ihren funktionalistischen Einsatz sicher stellen, nicht thematisiert werden. *Dadurch wird auch eine Beschäftigung mit informationstechnologischen Alternativen verhindert.*

Besonders bei der Begründung der Möglichkeit einer Entwicklung »Intelligenter Maschinen« wird mit falschen Vorstellungen und vordergründigen Analogien gearbeitet. Das ist unvermeidlich, wenn menschlicher Geist und »Künstliche Intelligenz« als (mindestens) »gleichwertig« erscheinen sollen. Unberücksichtigt bleiben muss deshalb primär die fundamentale Tatsache, dass Denken in seinen Grundlagen kein kontemplativer Akt, sondern in *Prozesse praktischer Weltaneignung* und dabei in Vorgänge der permanenten Modifikation der sozialen Umwelt eingebunden, und dabei in elementarer Weise, zu Denkprozessen und sprachlichen Artikulationsformen vermittelt ist. Auf den Punkt gebracht: Gehirn und Gesellschaft stehen in einem wechselseitigen Beziehungsverhältnis zueinander. Menschliche Intelligenz ist in diesem Kontext Funktionselement des realen Lebens, Existenzbedingung von *konkreten Subjekten in einer gegenständlichen Welt*, die von ihnen verändert wird, aber die sich durch den Prozess der Realitätsbearbeitung auch selbst verändern.

»Dem Tüchtigen ist diese Welt nie stumm«
(Johann Wolfgang Goethe, Faust. Der Tragödie zweiter Teil)

Daraus folgt, dass reale Lebenstätigkeit niemals linear und bis ins letzte »berechenbar« ist, sondern ein Komplex aus kausalen und zufälligen Ereignissen darstellt, charakterisiert durch Offenheit und Unabgeschlossenheit; sie besteht aus rational fixierbaren und ambivalenten Aspekten: Reales Handeln ist durch die Reaktion auf Widerstände und den Wechsel von Perspektiven geprägt.

Der Einzelne verändert nicht nur die Gegenstände und soziale Konstellationen, sondern entwickelt im Arbeitsprozess auch seine eigenen Fähigkeiten.

Sein Handeln ist dabei gleichzeitig »überschreitend«, weil er dabei auch permanent sein Verhältnis zum Mitmenschen (wenn auch jeweils nur in kleinsten Nuancen) modifiziert. Computer-Ideologen gehen jedoch von der trügerischen Vorstellung aus, dass »Denken« ohne zu leben und tätig zu sein, also ohne soziokulturelle Vermittlungsleistungen möglich wäre. Systematisch betrachtet handelt es sich um eine intellektuelle Positionierung, die alles negiert, was humane Intellektualität und den Kern menschlicher Selbstbestimmung charakterisiert.

Faktisch bezieht sich der Mensch auf eine einheitliche, aber vielfach gegliederte Welt, deren Spezifik darin liegt, selbst wiederum Produkt menschlichen Handelns zu sein und eine Objektivation darstellt, die geistige Orientierungen, Wertmuster und normative Maßstäbe (ohne die beispielsweise Kunst nicht »funktionieren« würde) umfasst. Seine Praxis impliziert die »Konstitution von Bedeutung und Sinn auf allen Ebenen gesellschaftlichen Seins. Das Ästhetische, in der Vielfalt seiner Dimensionen, spielt eine zentrale Rolle in diesem Prozess«. (Thomas Metscher)

Bei den Versuchen der Entwicklung einer »Künstlichen Intelligenz«, steht jedoch nicht dieser reale, zu den *Praxiskonstellationen und normativen Orientierungshorizonten* vermittelte Prozess *menschlichen Denkens, Handelns und Gestaltens* als Vorbild im Mittelpunkt, sondern es wird die Verfahrensweise der kybernetischen Maschine zum Vorbild genommen und nach diesem *Modell* »Denken« so definiert, dass diese *Modellkonstruktion* mit den realen menschlichen Reflexions- und Antizipationsprozessen gleichgesetzt werden kann. Computer-»Intelligenz« zielt nicht auf die Stimulierung kreativer Potenzen, sondern auf die Reproduktion *einzelner Aspekte* menschlicher Fähigkeiten, die jedoch von beschränkter Reichweite bleiben, weil sie nur eine isolierte Existenz führen und nicht zum Gesamtkomplex humaner Reflexions- und Artikulationsmöglichkeiten vermittelt sind. Goethe tat also gut daran, seine erste Fassung des Dramas zu korrigieren und die *Menschenschöpfungsphantasie* nicht Faust, sondern dem törichten Wagner zuzuschreiben: »Und solch ein Hirn, das trefflich denken soll, / Wird künftig auch ein Denker machen.«

Es muss, wenn das *Programm* der Künstliche-Intelligenz-Kreateure so plausibel sein soll, um zumindest die Milliardensummen an Forschungsgeldern einsammeln zu können, der Mensch konzeptionell quantifiziert werden. Es muss eine Vorstellung vom Menschen konstruiert werden, aus der alle Aspekte ausgeschlossen sind, die einen *Gegensatz* zum Maschinen-»Geist«, aber

auch zu den herrschenden Verhältnissen der Bedenken- und Rücksichtslosigkeit darstellen. Das Terrain der KI-Forschung ist deshalb durch vergleichbare
intellektuelle Nivellierungstendenzen geprägt, wie sie im Geltungsbereich
»Sozialer Netzwerke« existieren: Um menschliche Intelligenz maschinen-
kompatibel *erscheinen* zu lassen, muss sie konzeptionell in vergleichbarer
Weise herabgesetzt werden, wie die Erwartungen an die Qualität sozialer Beziehungen, wenn ich hunderte Facebook-»Freunde« gewinnen will.

Nur wenn »der Mensch« pseudo-theoretisch auf formal-neuronale Relationen reduziert wird, kann »Intelligenz« auch auf algorithmische Abläufe
reduziert werden. Dann gibt es jedoch keine Basis für eine Perspektive der
Selbstbestimmung und emotionaler Geltungsansprüche mehr. Die *Vorstellung* vom Menschen als *evolutionsgesteuertem Bioautomaten*, charakterisiert
durch eine Lebenstätigkeit ohne Sinn und ohne einen überschreitenden Horizont, wird mit seiner kapitalistisch geprägten Existenzweise identisch, die
eben auch keinen anderen Zweck als die permanente Reproduktion des Gegebenen kennt.

Tatsächlich vorhandene Differenzen zwischen Mensch und Maschine geraten auf dieser Grundlage nicht mehr ins Blickfeld. Beispielsweise die Tatsache, dass die »Geistesmaschine« an die Reproduktion der ihr implantierten
»Informationen« und Anordnungen gebunden ist. Deshalb bleibt ihr der Sinn
neuer und vor allem auch nur aus den konkreten Kontexten heraus verständ-
licher Wendungen und Begriffe verborgen. Sie können, wie zu sehen war, von
ihr inhaltlich nicht erschlossen werden. Noch einmal wird deutlich, dass der
Computer keinen »Sinn« verarbeitet und generiert, sondern *mathematische
Operationen* durchführt, die nur *formal* zu Inhalten vermittelt sind, diese im
Rahmen der digitalen Verarbeitungsprozesse selbst jedoch keine Rolle spielen. Die ironische Konsequenz dieser Tatsache ist, dass sich hinter den immer
wieder angeführten Beispielen der »Maschinenintelligenz« (so die mittlerweile selbst den Schach-Großmeistern überlegene »Wissensmaschine« Wat-
son von IBM) nichts anderes, als eine enorme Programmierungsanstrengung
in Kombination mit hochentwickelten Rechenleistungen verbirgt. Es werden
durch diese Kombination »spektakuläre« Ergebnisse erzielt – aber die technischen Vorgänge und eingesetzten Mittel haben nichts mit den »Konzepten
der Forschung zur ›künstlichen Intelligenz‹ zu tun«. (Peter Brödner)

Die angeführte Igel-Metapher ist nur ein Beispiel für die Grenzen der
Computer-Erfassung und -Verarbeitung menschlicher Reaktionen und Phan-

tasien; sie ist nur ein weiteres Argument gegen die informations-ideologische Fehleinschätzung, dass digitale Analysen in der Lage wären, den »ganzen Menschen« und seine wesentlichen Eigenschaften zu erfassen: Seine Persönlichkeit, seinen Charakter, seine Stärken und Schwächen, seine Potenziale und Angewohnheiten. Werden Intuition und Phantasie ausgeklammert, bleibt nur noch die reine Rechenleistung übrig, die einem starren Schema verpflichtet ist. Ihrem Einsatz liegt die Illusion zugrunde, dass »Daten« bereits ein komplexes Wirklichkeitsbild vermitteln könnten und die Konstruktion von regelmäßigen Abläufen mit den menschlichen Potenzialen gleichzusetzen wären.

»Was ihr nicht rechnet, glaubt ihr, sei nicht wahr,
was ihr nicht wägt, hat für euch kein Gewicht,
was ihr nicht münzt, das meint ihr, gelte nicht!«
(Johann Wolfgang Goethe, Faust. Der Tragödie zweiter Teil)

Der Mensch in seinen *konkreten Existenzformen* erweist sich regelmäßig als nicht schubladen-kompatibel, auch – oder vielleicht gerade! – wenn diese Schubladen digitalen Organisationsprinzipien entsprechen: Er ist eben nicht bis ins Letzte berechen- und ausrechenbar, egal, wie viele Daten über ihn abgeschöpft und algorithmisch bearbeitet werden. Es gibt viele Beispiele dafür, dass Menschen die dafür überhaupt nicht prädestiniert schienen, in Situationen, als ihnen Unzumutbares abverlangt wurde, laut und deutlich »Nein!« gesagt haben. Hätte ein Computerprogramm prognostiziert, dass die Hausfrauen in den römischen Altstadtgassen sich den Nazi-Schergen entgegenstellen und verhindern würden, dass ihre jüdischen Nachbarn abtransportiert werden? Tatsächlich ist eine solche lebensweltliche Widerständigkeit nicht prognostizierbar, weil sie von kaum kalkulierbaren Faktoren und Konstellationen, auch von Zufällen abhängt. Schon bei der Beobachtung kindlicher Lernprozesse zeigen sich Spezifika, die der Computererfassung und -bearbeitung unerschlossen bleiben. So erweist sich jedes Kind, das sprechen lernt, als eine »höchst geheimnisvolle Vorrichtung, die als Input ziemlich unzusammenhängende und unzulängliche Daten eingespeist bekommt und als Output ein erstaunlich einheitliches Ergebnis liefert, das den Input an Quantität und sehr oft auch an Qualität übertrifft«. (Hugh Kenner) Nicht ohne Hintersinn fragt Kenner, ob Shakespeares Lehrer sprachgewandter als der Dichter gewesen wären?

Anhand der spezifischen Lücken der digitalen Bearbeitung der *Spuren des individuellen Lebens* zeigt sich, wie vieles an den Vorstellungen über eine »Künstliche Intelligenz« bloße Ideologie und illusionär ist, weil sie unendlich weit von der menschlichen Lebenswirklichkeit entfernt und spezifische »Gräben« zu überwinden nicht in der Lage ist. Sie scheitert an der Tatsache, dass menschliche Intellektualität ihre unverwechselbare Spezifik im Modus der Selbstbesinnung als Ausdruck einer Amalgamierung von Realitätserfahrung und Eigensinn erreicht.

Die Computer-»Intelligenz« hat große Ähnlichkeit mit einem Musterschüler, oder einem Einser-Juristen, die beide die Buchstaben ihrer Schulbücher und Lehrkompendien exakt wiedergeben können – und denen es dennoch an intellektueller Kreativität fehlt, weil ihre Aufmerksamkeit zu sehr auf das Vorgegebene fixiert ist.

Erfassung, Überwachung und Steuerung

Die Tatsache der kommerziellen Datenerfassung ist zwar allgemein bekannt, ohne dass über deren Umfang und Intensität klare Vorstellungen verbreitet sind. Nicht einmal über die Existenz der größten Adressen- und Personaldatenbanken, die unter den Namen Experian, Acxiom oder Equifax firmieren und jeweils hunderte Millionen Personen- und Haushaltsinformationen gespeichert haben, ist eine breitere Öffentlichkeit informiert. Weltmarktführer bei den Datenausspähern ist das global tätige US-amerikanische Unternehmen *Acxiom*. Informationen von 300 Millionen Amerikanern und unter anderem auch 44 Millionen Deutschen waren schon vor einigen Jahren auf ihren Rechnern gespeichert. Am Firmenhauptsitz sind 23.000 Server im Einsatz.

Den Gepflogenheiten der Marketingbranche entsprechend (der sich in der Regel auch bestimmte Spielarten einer akademischen Soziologie, beispielsweise die »Milieu-« und »Lebensstilforschung«, angeschlossen haben), wird die Bevölkerung in 70 Kategorien und 21 »Lebensabschnittsgruppen« eingeteilt. Menschenverachtender Zynismus ist für diese Tätigkeit der »Konsumforscher« konstitutiv: Nach Angaben der *New York Times* werden die einkommensschwachen Schichten von den Mitarbeitern dieses Datenverwertungsgewerbes intern als »Müll« bezeichnet und offiziell mit negativen Vorzeichen kategorisiert. Solche Abwertungen waren in der Geschichte immer die Basis, aus der sich Vorstellungen über »menschenunwürdiges Leben« und die Strategien zur Vernichtung der mit negativen Vorzeichen kategorisierten Menschengruppen entwickelt haben. Auch schon die »Bevölkerungsplaner« innerhalb der Nazi-Bürokratie, bedienten sich der Frühformen automatisierter Datenverarbeitung und eines abstrakten Kategorisierungssystems.

Nach Einschätzung der *New York Times* dringen die Datenhändler tiefer in das Leben der Menschen ein als die CIA. »Tiefer auch als Google oder Facebook. Die Entschlüsselung des ›Kunden-Genoms‹ – die Zusammenführung sämtlicher Daten wie Alter, Geschlecht, Größe, Gewicht, Bildung oder

Hinweise zur Gesundheit, Kaufinformationen mit dem Zahlungsverhalten, also die Integration der Informationen verschiedenster Unternehmen – ist in den USA legal.« (Barbara Junge) Das ist nur ein Beispiel dafür, dass in den Vereinigten Staaten, wo die meisten global agierenden Internet-Unternehmen ihren Sitz haben und die meisten Daten aus allen Ecken und Enden der Welt zusammenlaufen und miteinander verknüpft werden, es nicht einmal den Versuch gibt, adäquate Datenschutzregeln zu etablieren, unabhängig von der Frage, ob restriktive Rechtsprinzipien überhaupt noch durchsetzbar wären.

Zwar sind im Juni 2015 die direkten Zugriffsmöglichkeiten des US-amerikanischen Ausspäh-Dienstes NSA auf die elektronische Kommunikation der US-Bürger eingeschränkt worden (die Speicherung wird nun offiziell von den Netz- und Plattformbetreibern durchgeführt, auf deren Daten dann die Behörde einen kontrollierten Zugriff hat), jedoch hat sich für die kommerziellen Daten-Händler überhaupt nichts verändert. Sie unterliegen keinerlei Beschränkungen. Sie können alle Aktivitäten und Lebensäußerungen auch von US-Bürgern speichern – und die von Ausländern sowieso. Zu den Erfassungskriterien gehören Geschlecht und Alter, Hautfarbe und diverse Verhaltenspräferenzen, politische Einstellungen, Kaufverhalten, Familien- und Ausbildungsstand, Einkommen, aber auch Krankheitskarrieren. Auch zu den meisten Offline-(also internen)Behördendaten haben diese Unternehmen Zugang.

Bekannt ist, dass alleine von Acxiom für hunderttausende Werbekampagnen passgenaue Profile der Ausgespähten und Kategorisierten schon erstellt wurden. Die Datensätze werden an *jeden* Interessenten verkauft. Den meisten geht es darum, ihre potentiellen Kunden effektiv zu erfassen und in geeigneter Weise ansprechen zu können! Ohne Frage, geht es diesen Akteuren nur ums Geschäft. Dabei ist die Macht- und Einflussakkumulation jedoch ein ebenso willkommener wie zwangsläufiger Nebeneffekt, weil er die kommerziellen Aktionsspielräume erweitert und zusätzliche Möglichkeiten der Gewinnmaximierung bietet. Darum geht es primär: Die großen Datenerfassungs-Komplexe wollen nur Geld verdienen. Aber das wollen die industriellen Waffenschmieden auch. Der Krieg ist eine ebenso ungewollte wie letztlich doch notwendige Begleiterscheinung ihres Geschäftsmodells, so wie die *autoritäre Überformung des Sozialen* eine Konsequenz der profitorientierten Erfassungsaktivitäten auf digitaler Grundlage sind. Wesentliche Etappen auf dem Weg zu einem neuen Totalitarismus sind beschritten, ohne dass es sichtbare Spuren eines Wechsels des Herrschaftssystems gibt. Die

Veränderungen sind im traditionellen Sinne gewaltlos und doch von formierender Kraft.

Zu den Kontrollaktivitäten, die angepasstes Verhalten stimulieren, gehört auch die Überwachung der öffentlichen Räume mit einer Vielzahl von Kameras, deren Bilder nach allen Regeln der Software-Kunst ausgewertet werden. Sie dienen längst nicht mehr der Überwachung der aktuellen Zustände (wie es in den ersten Phasen bei der Überwachung des öffentlichen Raumes in London oder New York der Fall war) und zum Abgleich mit den (Bild-)Datenbanken. Mittlerweile werden sie nach verschieden »Auffälligkeitsmerkmalen« durchsucht, die ein »problematisches« Verhalten *andeuten könnten*, denn schon lange geht es nicht mehr darum, ob jemand tatsächlich etwas illegales tut. »Vorsorglich« wird nach einer Abweichung von der Norm gesucht.

Entsprechende Software durchforstet die aufgezeichneten Bilder und analysiert die Verhaltensweisen. Nach programmierten Merkmalen werden die Überwacher auf Abweichungen vom »Normalverhalten« hingewiesen. Diese Vorgehensweise »löst Automatismen aus und sorgt so für verstärkte Aufmerksamkeit durch die Beobachter. Auch nur marginal abweichendes Verhalten, wie etwa im Eilschritt im Einkaufzentrum zum gewünschten Laden zu hasten, löst mit hoher Wahrscheinlichkeit automatisch eine intensivierte Beobachtung und Aufzeichnung aus.« (Constanze Kurz/Frank Rieger)

Wer die Absicht hat, mit seinem Partner ein Schäferstündchen im Wald zu verbringen, sollte sich zwar nicht davon abhalten lassen, sich jedoch der Umstände seiner Freiluftaktivitäten bewusst sein, dass nämlich bereits über 100.000 von Jägern installierte Minikameras in deutschen Wäldern im Einsatz sind.

Trotz der mittlerweile großflächigen Überwachung vor allem städtischer Räume bleiben die Resultate dennoch hinter den Erwartungen zurück. Sie sind sogar als bescheiden zu werten: In London, einer Stadt mit der weltweit wohl umfangreichsten Videoüberwachung, hat von jeweils 1.000 Kameras bisher nur eine bei polizeilichen Ermittlungen eine Rolle gespielt. Aber das ändert natürlich nichts an den einschüchternden Wirkungen, die von Video-Überwachungssystemen ausgehen. Auch in anderen Ländern ist bei den Überwachungs-Protagonisten Ernüchterung eingetreten, weil dort die Ergebnisse ebenfalls hinter den Erwartungen zurück geblieben sind. Hoch ist beispielsweise noch die Fehlerquote, weil die Erfassung von Personen von günstigen Bedingungen (Aufnahmewinkel, Lichtverhältnisse) abhängt.

Besonders die Ergebnisse der *biometrischen Erfassungssysteme*, mit denen intendiert ist, jede in den Polizeidatensystemen als gesucht gespeicherte Person auch aus einer Masse herausfiltern zu können, müssen als sehr bescheiden angesehen werden. *Das ist sicherlich aber kaum mehr als ein Zwischenergebnis.* Es wird Weiterentwicklungen geben, die den hochgesteckten Erwartungen entsprechen werden, durch automatisierte Gesichtserkennungsverfahren jede erfasste Person mit den Datenbänken und den Fahndungsdateien abgleichen zu können. »Die Technik zur Gesichtserkennung und Digitalisierung des Informationsaustauschs«, ermöglichen dann einen Paradigmenwechsel bei der Personenerfassung; sie »eröffnen die Aussicht, von rein passiven und defensiven Sicherheitszwecken, für die diese Technik bislang umgesetzt wurde, in eine neue Ära aktiver Identifizierung und Lokalisierung von Personen überzugehen.« (Reg Whitaker)

Im Vordergrund der Entwicklung von digitalen Erfassungssystemen steht jedoch nicht nur das Bestreben, soziale Situationen zu erfassen: Es geht nicht nur um das Erkennen und die Einschätzung aktueller Problemlagen, sondern auch darum, deren Entstehen prognostizieren zu können. »Dieses Risikodenken führt zu einer ganz neuen Form der Überwachung von Bevölkerungsgruppen, ihrer *vorausschauenden Verwaltung aus der Distanz*. Das panoptische System Benthams, das durch Foucault Bekanntheit erlangt hat, setzt noch die Kopräsenz von Überwachendem und Überwachtem voraus. Mittlerweile lässt sich eine mögliche Gefahr ganz unabhängig von der Person ausmachen, die sie verkörpert. Die Risikogruppen werden durch die Dekonstruktion der Individuen konstruiert: An die Stelle von Menschen aus Fleisch und Blut tritt das Gewölk statistischer Korrelationen« (Manuel Castells), dessen Verwendung in Regulierungszusammenhängen, direkt oder indirekt das Verhalten beeinflussen soll. Aber alleine schon die Verallgemeinerung der Überwachung führt zur Veränderung der sozialen Verkehrsformen.

Mit den entwickelten Überwachungssystemen wird nicht mehr das Handeln (der »Krawall«, die Straftat) beobachtet, sondern versucht die »ordnungsgefährdende«, bzw. die kriminelle Absicht zu antizipieren, etwas Geplantes zu vereiteln: »Unsere soziale Welt hat sich um ein Netzwerk erweitert, in dem alle nötigen Informationen zur Konstruktion aller möglichen und denkbaren Risikoprofile zirkulieren.« (Manuel Castells) Dabei ist jeder prinzipiell verdächtig – doch am verdächtigsten macht sich, wer »normal« sich verhält. Ihm wird unterstellt, dass diese Unauffälligkeit Ausdruck seines Bemühens ist,

»unentdeckt« zu bleiben, weil er womöglich etwas im Schilde führt. Es wird deshalb nicht überwacht, was mit einiger Plausibilität als verdächtig gelten könnte, sondern *wer überwacht wird, gilt automatisch als verdächtig*. Einen konkreten Anlass dazu bedarf es nicht mehr.

Die reale Entwicklung ist jedoch über die Benthamsche Konstruktion, bei der die Überwacher anonym bleiben, schon hinaus: Dort wo (wie in manchen Regionen der USA) die Überwachungskameras im unmittelbaren Wohnumfeld installiert sind, finden wechselseitige Beobachtungen statt – und zwar in Permanenz. So wie die Kamera des Nachbarn auf mein Haus gerichtet ist, so die meinige auf sein Anwesen. Durch diese privaten Initiativen wird auch die Polizei unterstützt. Beispielsweise in New Orleans, wo die privaten Umfelderfassungen in einer privat organisierten Zentrale gebündelt und die Beobachtungen im Bedarfsfalle den Behörden zur Verfügung gestellt werden.

Information oder Wissen?

Was den Computerprogrammen konkurrenzlos gelingt, ist die Aufnahme und Verarbeitung formalisierter Informationen und Vorgaben. In diesem Rahmen nehmen sie Texte und Kommunikationselemente, Formeln und Lehrsätze in ihrer eindimensionalen »Unmittelbarkeit« auf, um sie auf dieser Abstraktionsstufe zu fixieren. Dieses Verfahren entspricht den Denkmustern, die bei der Computer-Entwicklung Pate gestanden haben und die gleichermaßen das wirtschaftliche Handeln im Kapitalismus prägen, jedoch auch einer militärischen Logik entsprechen. Das hat zur Folge, dass unter diesen Bedingungen entwickelte »Software ... die Grenzen des Denkens und der Handlungen für ihre menschlichen Betreiber keineswegs aus[dehnt], sie verengt sogar den Blickwinkel.« (Nicholas Carr)

An seinen eigenen Maßstäben gemessen, arbeitet ein Computerprogramm jedoch (fast immer) folgerichtig: Es kennt keine Umwege, keine intellektuellen Abnormalitäten, keine Sprünge und normativen Bedenken – es fehlt ihm also alles, was humane Intellektualität, das menschliche Reaktionsspektrum, aber auch das individuelle Kreativpotenzial charakterisiert. Weil eine formalisierte »Intelligenz« dominiert, fehlt es dem Computer-Programm an allem, was zur Entwicklung *neuer Erkenntnisweisen* notwendig ist, also jene Phantasie und spontane Kombinatorik, durch die *aus bestehenden Wissensbeständen neue Erkenntnisweisen* herauswachsen, denn »im Spitzenbereich intellektueller Leistungen [aber keinesfalls nur dort] hilft die Intelligenz kaum, um herausragende Genies von allen anderen zu unterscheiden. Die größten Denker scheinen geistige Fähigkeiten zu besitzen, die über das rationale Denken im engeren Sinne hinausgehen. Ihre Fähigkeiten lassen sich nicht fest umreißen, sie sind ganz und gar wolkenartig.« (David Brooks)

»Wir erleben Myriaden Sekunden, und doch wird's immer nur eine, eine einzige, die unsere innere Welt in Wallung bringt, die Sekunde, da (Stendal hat sie beschrieben) die innere, mit allen Säften schon getränkte Blüte blitzhaft in Kristallisation zusammenschießt – eine magische Sekunde ... Keine Algebra des Geistes kann sie errechnen, keine Alchemie der Ahnung sie erraten«. (Stefan Zweig, Verwirrung der Gefühle)

Denken ist oft nur innovativ am Rande des Risikos, ein grandioser Irrtum oft weiterführend als die sterile Wahrheit, weil aus ihm ein Widerspruchsbewusstsein resultieren kann, dass den Reflexionsprozess erneut vorantreibt. Hätte sich Albert Einstein strikt an den physikalischen Lehrbüchern seiner Zeit orientiert, hätte es keine Relativitätstheorie (jedenfalls keine von ihm entwickelte) gegeben. Wahrscheinlich wäre sie auch nicht entstanden, wenn er in seiner Gymnasialzeit ein »Musterschüler« gewesen wäre und er sich dem intellektuellen Reglement des Physik- und Mathematikunterrichts bedingungslos unterworfen hätte. Einstein hat seinem Denken Sprünge erlauben müssen, um das angeblich Undenkbare zu konzipieren. Das macht den Kern des schöpferischen Denkens aus, die Dinge in einem neuen Licht, die Welt gewissermaßen mit anderen Augen zu sehen. Intensive Erfahrung und Erkenntnis sind keine bloß auf ein Objekt bezogene Vorgänge, sondern verändern auch das Subjekt und dessen Realitätsverhältnis.

Von den »Künstliche-Intelligenz«-Ideologien wird dies ignoriert. Sie gehen von einer ausschließlich regelbasierten »Geistestätigkeit« aus. Sie müssen von ihr ausgehen, weil nur sie unproblematisch digital dupliziert werden kann. Aber menschliche Intelligenz und Kreativität kann nicht auf standardisierte Muster verkleinert werden.

Menschliche Erkenntnis resultiert oft daraus, dass der *Phantasie* freien Lauf gelassen wird und auch partielle Unklarheiten zunächst in Kauf genommen werden, denn schöpferische Prozesse laufen nicht nur kausal ab. Manches muss zunächst vage strukturiert sein, weil dies der Vieldeutigkeit des Lebens und der sozio-kulturellen Sachlage entspricht. Daraus resultierende »Abweichungen« sind nicht nur das Privileg der Kunst, sondern eng mit allen kreativen Denkprozessen verbunden. Es ist gerade ein »niedriges Präzisionsniveau« (John von Neumann), das es dem menschlichen Gehirn ermöglicht, Erkenntnisdurchbrüche zu erzielen, weil es die Bedeutung von Abweichungen erkennt und eine Ahnung davon entwickelt, welche neuen Erkenntnispfade sich aus ihnen ergeben, auch wenn sie dem bestehenden »Reglement« widersprechen.

Es ist eine Fähigkeit menschlichen Denkens, etwa bei der Sozialanalyse, Indizien mit Fakten in Beziehung zu setzen, um Strukturen zu erkennen, die mit

den »präzisen« Methoden logisch-positivistischer Sozialforschung (in deren
Rahmen Rechenmaschinen schon früh zum Einsatz kamen) unerkannt bleiben müssen. Mit dem Fragebogen und den mit ihm erfassten »Meinungen« ist
beispielsweise eine herrschende Klasse theoretisch nicht dingfest zu machen,
denn die Täuschung des sozialen Umfelds ist eines ihrer Existenzprinzipien:
Was sie über sich sagt, hat wenig mit ihrer sozialen Realität und Machtposi-
tion zu tun.

Schöpferisch und erkenntnisfördernd ist ein sozialanalytisches Vorgehen,
wenn es empirische »Eckdaten« mit Strukturierungsprinzipien und einem
entwickelten Wissen gesellschaftlicher Bewusstseinsformen in Beziehung
setzt, dabei jeden Schematismus vermeidet und im Rahmen des Prozesses kreativer Reflexion die Grenzen einer *unmittelbaren* Wahrnehmung überschreitet.
Kreatives Denken muss sich auch selbst in Frage stellen, wenn es existierende
Reflexionsbarrieren neutralisieren will; es muss kritisch gegenüber seinen Re-
sultaten sein und auch Grenzen seiner Reflexionsmöglichkeiten in Erwägung
ziehen. Prinzipiell muss es für neue Erfahrungen und Anregungen offen sein.
Erst diese Flexibilität des Geistes, »die sowohl bewusstes als auch unbewuss-
tes Denken, Vernunft und Inspiration umfasst, erlaubt uns Menschen begriff-
liches, kritisches, metaphorisches, spekulatives und geistreiches Denken – sie
schafft uns die Freiheit für Logik und Phantasie.« (Nicholas Carr)

Es ist nicht das starre Schema, sondern die minimale Abweichung, die
auch das Alltagsleben, vor allem die berufliche Praxis charakterisieren. Kaum
eine Arbeitsaufgabe wäre zu bewältigen, wenn strikt den Vorgaben gefolgt,
ein »Dienst nach Vorschrift« absolviert würde. Alltagshandeln ist zwar vom
Schatten der Fremdverfügung überdeckt, in seinen Haupttendenzen und in
seiner unmittelbaren sozialen Wirkung reproduktiv – aber nicht ausschließlich. Gerade ein existenzsicherndes Reproduktionshandeln muss »flexibel«
sein, weil es auf permanent sich verändernde Umstände mit modifizierten
Handlungsmustern reagieren muss. Deshalb bedeutet Alltagspraxis nicht
bloß Wiederholung, sondern enthält Momente der Abweichung und besitzt
immer auch einen verändernden Charakter.

Weil menschliche Intellektualität durch das *Prinzip des Überschreitens* geprägt ist, wird es bei der Entwicklung »Künstlicher Intelligenz« nicht ausreichen, nur bestimmte intellektuelle Abläufe, sowie humane Verhaltensmuster
zu reproduzieren. Ein solches Verfahren bleibt prinzipiell hinter der menschlichen Fähigkeit zurück, immer Neues, bisher nicht Gekanntes, manchmal

auch vorher »Undenkbares« zu generieren: »Die erste Grundlage philosophischer Forschung ist ein kühner freier Geist.« (Marx) Der Mensch hat das Fliegen nicht erlernt, solange er sich strikt an die »natürlichen Vorbilder« flügelschlagender Vögel hielt. Diese falsche Unmittelbarkeit hat lange ein Verständnis der aerodynamischen Zusammenhänge verhindert. Die Besonderheit menschlicher Artikulationsformen und Erkenntnisgewinnung liegt also darin, immer schon einen Schritt weiter zu sein, Neues zu denken und auch Verdrängtes zu verarbeiten. Das geschieht zwar auf der Grundlage eines bisherigen Wissens, ist aber nicht immer aus diesem vollständig abzuleiten oder zu erklären. Begreifen bedeutet im optimalen Fall auch, von etwas ergriffen zu werden und ein »metaphysisches« Bedürfnis, ein Erkenntnisverlangen jenseits eines platten Empirismus und vordergründigen »Nützlichkeit« zu befriedigen, beispielsweise wie mit Goethes Faust zu fragen: »Wo fass' ich dich, unendliche Natur?« Dem setzt Goethe als Negativprinzip das Bestreben Mephistos entgegen, aus Faust einen eindimensionalen »Realisten« zu machen, ihn durch seine Einflussarbeit so zu konditionieren, dass er nicht mehr danach strebt zu begreifen, was »die Welt, im Innersten zusammenhält«, sondern sie in ihrer Unmittelbarkeit akzeptiert. Inhaltlich bedeutet diese »positivistische« Positionierung die Verkleinerung der Rolle des Erkenntnissubjektes bei der intellektuellen Weltaneignung.

Entscheidender Bestandteil menschlicher Intellektualität ist die Fähigkeit zu moralischen Erwägungen und Reaktionen; es existiert ein geradezu existenzieller Zwang, sich mit den sozialen und normativen Implikationen des Handelns auseinanderzusetzen. Die beschworene »Intelligenz« nach Programmierer-Status ist schon deshalb nicht menschliche Intelligenz, weil sie von jeglicher Emotionalität abgetrennt bleibt, die ethischen Entscheidungen immer auch mit zugrunde liegt. Wer menschliches Denken auf Informationsverarbeitung reduziert, verfehlt deshalb dessen Spezifik in elementarer Weise: Er redet über etwas anderes als er vorgibt!

Es ist zwar auf der Grundlage von Rechenoperationen möglich, auch bestimmten normativen Problemkonstellationen zutreffende »Antworten« zuzuordnen; diese mechanisierten Abläufe entsprechen jedoch nicht den realen *ethischen Entscheidungssituationen*, weil diese meist ambivalenter Natur sind. *Die* richtige Entscheidung gibt es in der Regel nicht – und oft muss das »kleinere Übel« gewählt werden. Deshalb sagte Hegel, dass der historisch handelnde Mensch immer »schuldig« wird. Er wird auch deshalb »schuldig«, weil sich die Konsequenzen seines Handelns immer erst im Nachhinein herausstellen, aber nicht selten auch offen bleibt, ob der gewählte Weg der angemessenste war, eine andere Entscheidung nicht doch die sinnhaftere Variante gewesen wäre. Vernunft, so hat Herder diesen Aspekt bezeichnet, erweist sich immer als eine »spätere Vernunft«. Menschliche Praxis ist also von Ambivalenzen geprägt, es gibt ebenso Schwebezustände, wie auch Widersprüche (vor allem auf der individuellen Ebene) die aus einer aktuellen Perspektive als unlösbar erscheinen. Eine humane Reaktionsmöglichkeit ist es auch, den Dissens zu ertragen, die Mehrdeutigkeit zu akzeptieren – und trotzdem eine Entscheidung zu treffen.

Die ganze menschliche Lebensform ist von Wertmustern, einer Unterscheidungsaktivität zwischen dem Wünschbaren und zu Vermeidenden geprägt. Die normative Reflexion und ethische Entscheidung ist für den Menschen also keine beliebige »Option«, sondern irreversibler Bestandteil seiner Lebenstätigkeit. Es gehört zur Spezifik seiner Existenz, dass »der im geschichtlichen und sozialen Raum agierende und zur ständigen Entscheidung gedrängte Mensch innerhalb seiner ideellen Seinsweise sittliche Normen aufstellen muss, soll Handeln für ihn überhaupt möglich und sinnvoll werden.« (Leo Kofler)

Gegen diese Überlegungen kann eingewandt werden, dass die Annahme dieses »besonderen« Charakters menschlicher Reaktionen bisher gültig war, aber in Zukunft ausreichende Rechnerkapazitäten und weiterentwickelte Programme zur Verfügung stünden, um traditionelle Defizite der Computer-Logik zu kompensieren. Aber eine solche *Hoffnung*, ist noch keine Antwort auf die entscheidende Frage, ob jede menschliche Regung »formalisiert«, in einer Regel »aufgehoben« werden kann: Ist menschliches Denken, vor allem aber, sind die Emotionen und normativen Reaktionen des Menschen, die zum Denken vermittelt sind, überhaupt prinzipiell »berechenbar«? Aber gerade dann, wenn die Antwort mit hinlänglicher Sicherheit positiv ausfallen würde (wofür es jedoch keine Anhaltspunkte gibt!), stellt sich um so dringender die Frage, ob das wünschenswert ist und ob solchen Entwicklungen nicht ein Riegel vorgeschoben werden müsste. Dass ein unmissverständliches »Nein« und ein daraus resultierender Stopp bei großtechnologischen Entwicklungen möglich ist, hat der Umgang mit der Kernenergie, aber auch die Regulierung der Reproduktionsbiologie in Deutschland gezeigt: Dem Klonen des Menschen ist ein gesetzlicher Riegel vorgeschoben worden.

Es geht nicht um die technische Frage, welche Reaktionen und Antizipationen, welche Phantasiepotenziale und Emphatieressourcen der Menschen sich »rekonstruieren« lassen, sondern welche Grenzziehungen bei den technologischen Entwicklungen sinnvoll sind! Aber für die avancierten Computer-Ideologen und die Zauberlehrlinge einer »Künstlichen Intelligenz« stellen sich diese Fragen grundsätzlich nicht. Das hat mit dem weltanschaulichen Koordinatensystem zu tun, dem sie verpflichtet sind, der Dominanz einer technologischen Rationalität und der damit verbundenen Geringschätzung realer Lebensansprüche.

Die Haltung der tonangebenden KI-Ideologen korrespondiert mit der Auffassung, dass »die menschliche Rasse ... nicht das Wichtigste im Universum« ist. (Douglas Hofstedter) Was denn aber wichtiger als der Mensch und die aus seinen Existenz- und Selbstverwirklichungsansprüchen abgeleiteten humanistischen Orientierungen und Entfaltungsansprüche wären, wird nicht verraten. Es wird die Möglichkeit einer »besseren Welt« versprochen, in der für den konkreten Menschen, seine Lebens- und Entfaltungsansprüche kein Platz mehr ist. Faktisch bedeutet diese Verweigerung, sich den realkapitalistischen Vorstellungen über den instrumentalisierten Menschen zu unterwerfen und die Ideologeme über die Unvermeidlichkeit seines Verfalls, sowie die Notwendigkeit seiner Funktionalisierung und Fremdbestimmung zu akzeptieren.

»Natürlich«, so wird behauptet, wird die humanistische Perspektive nur um des »wissenschaftlichen Fortschritts« willen negiert, wie es Daniel Dennet formuliert hat: »Wir müssen unsere Ehrfurcht gegenüber dem Leben loswerden, um weitere Fortschritte in der künstlichen Intelligenz machen zu können.« Nichts anderes ist tatsächlich den bedenkenlosen Ideologen einer »Künstlichen Intelligenz« kritisch vorzuhalten. Keineswegs zufällig korrespondiert ihre Haltung mit den gegenwärtigen Grundmustern bürgerlichen Legitimationsdenkens, von dem, um die Priorität einer ökonomischen Verwertungsrationalität zu gewährleisten, die nur um den Preis der Hinnahme menschlicher Deformationen zu legitimieren ist, grundsätzlich in Frage gestellt werden muss, dass die »Wurzel für den Menschen« nur der Mensch selbst (Marx) sein kann.

Verborgen hinter einer meist pseudo-progressiven Fassade ist der »Abschied« vom Menschen von den »Meisterphilosophen« des Postmodernismus vorbereitet worden. Von der »Sinnlosigkeit der individuellen Existenz«

(Giorgio Agamben) ist ebenso die Rede, wie von einem sich im Geflecht von »Wissen«, »Diskursen« und »Macht« (Foucault) verflüchtigendem Subjekt, dass als weitgehend von anonymen Kräfte konditioniertes dargestellt wird. Das »Subjekt verfällt«, wird konstatiert. Das könnte als analytische Feststellung über herrschende Formen der Fremdbestimmung und verwertungsorientierter Instrumentalisierung von Subjektivität durchaus Plausibilität besitzen und Ausdruck eines gesellschaftskritischen Realismus sein, wenn gleichzeitig die Ursachen dieser (Selbst-)Entfremdungsprozesse und ihre personale Leidensdimension thematisiert würden. Aber das unterbleibt – und soll unterbleiben! Stattdessen wird die Subjektbedrängung als »eine in der Geschichte der Menschheit bislang unerhörte Gelegenheit« (Agamben) zu einer Neupositionierung stilisiert, die in nichts anderem, als einer Akzeptanz der Subjektauflösung und einer »identitätslosen Singularität« bestünde. Es böte sich angeblich die Chance ein tradiertes Streben nach Identitätsstrukturen zu überwinden und in einer »singulären Äußerlichkeit« (Agamben) aufzugehen. Der identitäts- und profillose Mensch, der widerstandslos gegen alle Zumutungen geworden ist, grenzenlose Anpassungsfähigkeiten besitzt und über eine bedenkenlose Unterordnungsbereitschaft verfügt, der Mensch als werbestrategisch manipulierter, aber vor allem auch funktionalisierter, wie er in der Manager-Literatur nicht konsequenter stilisiert (und gefordert!) werden könnte, wird zum erstrebenswerten Ausdruck einer »kommenden Gemeinschaft« (Agamben) verklärt. Bemerkenswert ist, dass solche herrschaftskonformen Positionierungen auch in linken Diskussionen ihre Wirkungen nicht verfehlen und beispielsweise auch in einer Zeitschrift, die sich der *Marxistischen Erneuerung* verschrieben hat, zum Ausdruck einer zeitgemäßen »linken Philosophie« verklärt werden.

Mensch oder Maschine?

Die Konstruktionsprinzipien des Computers korrespondieren mit einem mentalen Reduktionismus, der für die kapitalistische Verwertungslogik charakteristisch ist und die beide ihre Wurzeln in einer spezifischen *abendländischen Rationalitätstradition* haben. Eine prägnante Ausprägung hat diese Disposition in Taylors erstmals 1911 erschienenem Buch über die Prinzipien der »Wissenschaftlichen Betriebsführung« gefunden, mit dem in der Perspektive eines »rationalen« Fabriksystems ein striktes System der Arbeitsteilung propagiert wird. Seine Ratschläge entsprechen dem, was zur Kernstruktur des »kapitalistischen Denkens« gehört, nämlich die Überzeugung, dass das »erste, wenn nicht das einzige Ziel menschlichen Strebens und Denkens … die Effizienz [ist, und] ebenso die Vorstellung, dass eine technische Kalkulation dem menschlichen Urteil in jeder Hinsicht überlegen sei und dass man grundsätzlich der menschlichen Urteilskraft nicht trauen könne, weil sie durch Unklarheit, Mehrdeutigkeit und nutzlose Komplexität beeinträchtigt werde; dass die Subjektivität dem klaren Denken hinderlich sei; dass etwas, das sich nicht messen lasse, entweder nicht vorhanden oder wertlos sei«. (Neil Postman)

Schon alleine diese Auflistung zeigt, dass Digitalisierung im Prinzip die *Taylorisierung intellektueller Aktivitäten* bedeutet und diese Fixierungen gleichzeitig auch die Vorstellung implizieren, dass technische Regelsysteme menschliches Denken nicht nur ersetzen können, sondern es auch zu begrüßen sei, wenn das geschähe. Diese Positionierung dokumentiert, dass der Orientierungshorizont der hegemonialen Entwicklungskonzepte einer »Künstlichen Intelligenz« einer von der Vernunft abgeschiedenen »Rationalität« verpflichtet und konstitutiv zu der irrigen Vorstellung vermittelt ist, dass sich menschliches Denken prinzipiell auf Algorithmen (also auf Rechenanweisungen, nach denen der Computer agiert) und die mit ihnen verbundenen mechanischen Abläufe reduzieren lasse.

Wie sieht die tatsächliche Ausgangslage aus? »Das Gehirn besteht – neben anderen Zellarten – aus geschätzten 100 Milliarden Neuronen, die über eine geschätzte Billiarde Synapsen miteinander in Verbindung stehen. Dazu kommt eine schier unüberschaubare Zahl von Botenstoffen (Amine, Neuropeptide, Aminosäuren und Gase), welche die Nervenübertragung durch Wechselwirkung mit einer Hundertschaft verschiedener Rezeptoren orchestriert und reguliert. Und nicht zu vergessen: Ebenso viele Hormone, zuständig für mittel- und langfristige Modulation biologischer Vorgänge, sowie Tausende von Regulationsgenen. Ganz zu schweigen von spezifischen Transportmechanismen, molekularen Speicherorganen und einer ganzen Armada von Enzymen. Zudem mehren sich die Hinweise, dass nicht nur Neuronen, sondern auch ganz andere Zelltypen des Gehirns für Bewusstseinsprozesse, insbesondere für Gedächtnisfunktionen fundamental wichtig sein könnten«. (Felix Hasler)

Selbst wenn es gelänge, das *biologische Gerüst des Gehirns* und die zu ihm vermittelten biochemischen Funktionsprozesse zu rekonstruieren, dürfte das spezifische »Arbeitsniveau« der Bewusstseinstätigkeiten noch lange nicht erreicht sein. Es gibt in der Hirnforschung begründete Ahnungen über Wirkungskorrelationen, aber kein Wissen über konkrete Funktionszusammenhänge. Im Verhältnis des tatsächlichen Erkenntnisstandes zu den realen Gehirnfunktionen, verhält es sich nicht anders, als wenn ein Familienvater die Skizze eines Autos aufs Papier wirft und dann seinen Kindern sagt: »Freut euch darauf, morgen können wir damit in den Urlaub fahren.«

»Computer«-Intelligenz ist also weit davon entfernt, die geistigen und kreativen Perspektiven realer Menschen erweitern zu können. Tatsächlich wird mit ihr nur das realisiert, was sich Taylor schon von seinen Prinzipien der kontrollierten Arbeitsteilung erhofft hat, dass nicht zuerst der Mensch, sondern die Maschine kommt, weil angeblich Arbeit und organisatorische Abläufe dann am effektivsten seien, wenn sie technologisch bestimmt werden und menschliche Regungen und Selbsttätigkeitsansprüche ausgeschaltet bleiben, bzw. der technischen Apparatur untergeordnet werden: »In der Vergangenheit kam der Mensch zuerst. In der Zukunft muss das System zuerst kommen.« (Frederick Taylor)

Der Blick auf seine Entwicklungsgeschichte lässt deutlich werden, dass dem Computer eine Amalgamierung von militärischer Logik, abstrakten kapitalistischen Verwertungsprinzipien und eben dieser Geist des Taylorismus zugrunde liegt. Diesen Einflüssen auf den Grund zu gehen und ihre konkreten Wirkungsweisen im informationstechnologischen Kontext zu ergründen, wäre die Aufgabe einer Archäologie *gesellschaftlicher Tiefenstrukturen*, die noch nicht einmal in Ansätzen existiert. Sie müsste sich damit beschäftigen, wie diese konstitutiven Einflüsse in die Konstruktion der Rechenmaschine eingegangen sind, auch wenn auf digitaler Grundlage nicht mehr, wie nach den Vorstellungen Taylors, die mechanischen, sondern die intellektuellen Abläufe fragmentarisiert und das Reaktionsspektrum der Subjekte geprägt werden sollen.

Vor allem die militärischen Präferenzen spielten nicht nur eine wichtige Rolle bei der Entwicklung der Computertechnologie, sondern auch deren zunehmender Einsatz in der Arbeitswelt korrespondierte unmittelbar mit militärischen Bedürfnissen: Als die Idee einer forcierten Automatisierung betrieblicher Abläufe in den Jahren nach dem 2. Weltkrieg zum Programm wurde, waren viele US-amerikanische Industriebereiche von intensiven Arbeitskämpfen geprägt: In den meisten »Produktionssektoren kämpften Führungskräfte und Gewerkschaften [gegeneinander], und am stärksten waren die Spannungen oft in Branchen, die für die militärische Aufrüstung im Kalten Krieg für die Regierung von zentraler Bedeutung waren. Streiks, Arbeitsniederlegungen und Bummelstreiks waren an der Tagesordnung ... Militärische und industrielle Planer sahen in der Automatisierung eine Möglichkeit, das Gleichgewicht der Macht wieder herzustellen.« (Nicholas Carr) Durch diese Entwicklungsphase wurden Standards gesetzt, die auch in späteren Zeiten prägend blieben.

Von der militärischen »Geburtshilfe« ist der informationstechnologische »Überbau« immer gezeichnet geblieben, denn durch den Einfluss der militärischen Logik hat sich ein anmaßendes Rationalitätsverständnis als Funktionsprinzip durchgesetzt, welches sich auch darin äußert, dass, wie Hannah Arendt es formuliert hat, »ein äußerst irrationales Vertrauen in die Berechenbarkeit der Realität zum Leitmotiv der Entscheidungsfindung wurde«. Es war ein durchaus passender Name, als IBM seinen ersten kommerziellen Großrechner *Defense Calculator* nannte. Die ganze Produktionslinie ging ausnahmslos an das Pentagon und US-amerikanische Waffenproduzenten.

Der US-Militärkomplex war auch die Vermittlungsinstanz bei der Entwicklung des Internets. Seine formal dezentrale Organisationsstruktur sollte es gegenüber russischen Atom-Attacken immunisieren. Es war übrigens der Vietnam-Krieg, bei dem die Computertechnologie zum ersten mal umfassend und die militärischen Aktionen strukturierend zum Einsatz kam. Auch schon diese *Computer-Praxis* war mit einer ebenso maßlosen wie realitätsfernen Absicht verknüpft: Die Kontroll- und Überwachungsfähigkeiten des elektronischen Rechners sollten den Vietcong das Fürchten lehren und einen US-amerikanischen Sieg garantieren. Der Ausgang der Geschichte ist bekannt. Dass imperiale Akteure auch aus Schaden nicht klug werden, haben die USA dann nochmals in Afghanistan und im Irak demonstriert: Die elektronischen High-Tech-Waffen sollten eine finale »Lösung« ermöglichen. Tatsächlich haben sie das Gegenteil erreicht.

Auf der neuesten, von militärischen Absichten geprägten Eskalationsstufe kommt heute dem *Internet* eine tragende und exklusive Rolle zu: Durch die weltweite Überwachung von Telefonverbindungen und der Netz-Kommunikation durch die NSA (National Security Agency: US-amerikanischer Geheimdienst, der für die weltweite Überwachung und Entschlüsselung elektronischer Kommunikation zuständig ist) werden die Bodenkoordinaten für die Drohnenschläge gegen vermeintliche und tatsächliche »Terroristen« errechnet. Weil die Feinde des Imperiums überall sein können, sind besonders jene verdächtig, die nicht auf den ersten Blick als solche identifizierbar sind. Deshalb ist jeder ein potenzieller Kandidat für die Ausspähaktionen: Die gesamte Menschheit steht mittlerweile unter Dauerbeobachtung. Von dieser Praxis geht gleichzeitig das unmissverständliche Signal aus, dass jeder Widerstand gegen das imperialistische Zentrum zwecklos ist. Dazu wollen die NSA-Akteure ihren Beitrag leisten, der nach den internen Vorgaben als Sicherstellung einer »globalen Informationsvorherrschaft« definiert wird, durch die eine ökonomische und militärische Hegemonie der USA flankiert wird. Es ist mittlerweile realisiert worden, was die Behörde im Jahre 2000 programmatisch verkündet hat: Die NSA müsse, um ihre »offensive und defensive Mission zu erfüllen, regelrecht ›im Netzwerk leben‹.« Damals war damit noch vorrangig der Zugriff auf die Glasfaserkabel gemeint, die den ganzen Planeten umspannen und durch die der Löwenanteil der weltweiten Kommunikation läuft. Die Telekommunikationsmultis, von denen diese Netze betrieben werden, leisteten bereitwillige Hilfe bei der umfassenden Abschöpfung an den von ihnen kontrollierten Knotenpunkten. An dieser »Hilfsbereitschaft« hat sich bis heute nichts geändert.

Es ist evident, dass dieses Streben der US-Administration nach der Verwirklichung ihrer »totalitären Fantasie nur in Kooperation mit jenen amerikanischen Firmen möglich [ist], die eine Vorherrschaft über das Netz ausüben. Und tatsächlich kooperieren die heutigen Dotcom Unternehmen mit dem Geheimdienst und profitieren von dieser Zusammenarbeit ... Microsoft hat freiwillig Hintertüren in die Software installiert, um der NSA zu ermöglichen, die Käufer des Produkts auszuspionieren. Firmen mit etwas größerem Skrupel, Google beispielsweise, haben den Datenverkehr auf ihren Servern lieber verstohlen vom Geheimdienst kopieren lassen.« (Richard Barbrook) Trotz der unterschiedlichen Intensität der Hilfsdienste sind die Internet-Multis allesamt nichts anderes, als das trojanische Pferd des Geheimdienstkomplexes.

Die enge Verbindung zwischen administrativem und privatem Sektor wird – wie in den USA allgemein üblich – durch den kontinuierlichen Transfer von Mitarbeitern staatlicher Institutionen in die Stabsabteilungen der großen Internetfirmen sicher gestellt. Die regelmäßige Abwanderung von Behördenmitarbeitern in den privaten Sektor (aber auch umgekehrt) wird von beiden Seiten als vorteilhaft angesehen, sorgt für einen regelmäßigen Informationsaustausch und eine kontinuierliche Abstimmung der Aktivitäten.

Herausgebildet hat sich im Rahmen dieser Kooperationsbeziehungen, ähnlich wie vormals bei der Plutonium-Industrie, auch ein vergleichbarer alltagsutopischer »Überbau« mit entsprechenden Propagandaparolen: Stand am Beginn des »Atomzeitalters« das Versprechen, dass dank der gebändigten Kernfusionen, die Kosten für Energie bald »gegen Null tendieren« würden (weil beispielsweise in jedes Auto, ja selbst in Staubsauger kleine Atommeiler eingebaut würden, die Antriebsenergie fast ohne Kosten liefern könnten) wurde dieses Argument einer kostenlosen Beglückung aller – diesmal mit »Informationen« und »grenzenloser Kommunikation« – bei der Verbreitung des Internets nochmals strapaziert. Es hat in dem einen, wie in dem anderen Fall, ein böses Erwachen gegeben.

Auch in einem anderen Punkt weisen die Entwicklung der Atom- und Computer-Industrie weitgehende Parallelen auf: Es ist jeweils die Entwicklung der problematischsten Technikvarianten vorangetrieben worden. Durchaus vorhandene, weniger gefährliche Alternativen bei der Atomenergiegewinnung wurden vermieden, weil es primär um die Erzeugung waffenfähigen Plutoniums ging und die Energieerzeugung ein willkommener Nebeneffekt war, um die Kosten gesellschaftlich »geräuschloser« umlegen zu können. Auch die Organisationsprinzipien des Internets sind nicht alternativlos. Ihre jetzige Formen werden jedoch für die Durchsetzung herrschender Interessen als die geeignetsten angesehen.

Auch bei Netz-Aktivisten, bei denen sich ein kritisches Bewusstsein entwickelt hat, ist das Wissen über die Langzeitkonsequenzen der Prägekraft des militärischem Kalküls bei der Entwicklung und Organisation des Internets, immer noch unterentwickelt. Dabei gäbe es für eine intensive Nachdenklichkeit einen besonderen Grund: Der militärische Komplex, der sich normalerweise gegenüber der Öffentlichkeit abschottet, hat niemals ernsthafte Anstrengungen unternommen, den Zugang zu dem von ihm finanzierten und nach seinen Präferenzen und Bedürfnissen entwickelten und strukturierten Internet zu reglementieren.

Für diese *zugestandene »Freiheit des Netzes«* gibt es auch noch einen anderen, bisher nur selten reflektierten Grund: Es soll via Internet weltweit die Sichtweise des Hegemons und in der *Sprache des Imperiums,* der »freie Geist Amerikas« transportiert werden. Sollen die jeweils »neuesten Feinde« via Internet destabilisiert werden, bedarf es zum Schein unreglementierter Kommunikationsnetze. Schon seit Jahren werden insbesondere von der US-Administration weltweit Protestbewegungen gesteuert – und die »Neuen Medien« spielen eine zentrale Rolle dabei.

Computer-Ideologie

Trotz des skandalösen Charakters der Erkenntnisse, hat es bei der Entlarvung des Ausspäh- und Überwachungskomplexes mehr Irritationen, denn ein kritisches Hinterfragen und stimulierende Erschütterungen gegeben. Zwar sind die Internet-Propagandisten, die einst von einem neutralen und transparenten und anonymen Medium, vom *Netz als Demokratisierungsmaschine* und soziale Vermittlungsinstanz sprachen, wortkarg geworden und es ist fraglich, ob sie zu ihrer früheren blauäugigen Rede und ihren bedenkenlosen Propagandaformeln zurückkehren können, denn die Zeit vor und nach Snowden unterscheidet sich elementar: Ehedem war die netzkritische Beschäftigung auf Indizien angewiesen, hat sich aufgrund empirischer Anzeichen mit wahrscheinlichen Tendenzen und potenziellen Möglichkeiten der Überwachung und Kontrolle beschäftigt. Deshalb haben die Einschätzungen die Sachverhalte auch sehr oft verfehlt, denn diese waren meist weit gravierender als auch die kritischsten Netz-Beobachter es sich haben vorstellen können! Allgemein gab es mehr ein Ahnen denn gesichertes Wissen darüber, was im Argen lag. Nach den Snowden-Enthüllungen haben sich die Verhältnisse in einer so eklatanten Weise geklärt, dass eigentlich eine Diskussion darüber hätte entstehen müssen, ob unkontrollierte Kommunikation auch nur noch denkbar ist, denn allen abwiegelnden »Datenschutz«-Initiativen zum Trotz, können die »Dienste«, allen voran die NSA, in alle Systeme eindringen, die ihnen Daten zu liefern versprechen. Sie haben das Internet zu einem rechtsfreien Raum gemacht, und die Fähigkeit entwickelt fast alle Schutzvorrichtungen zu unterlaufen.

Eine kompromisslose und illusionsfreie Thematisierung dieser Tatsache gibt es im Rahmen der hegemonialen Computer-Diskurse jedoch nur selten. Konsequenzen für die grundsätzliche Einschätzung der IT-Technologien werden daraus nur selten gezogen. Immer noch dominiert eine unreflektierte Hinnahme jeder Entwicklungsvariante der digitalen Techniken und ihre po-

sitive Einschätzung als Ausdruck eines beständigen »Fortschritts«. Es gehört
ebenso zum konstitutiven Bestandteil der »Internet-Kultur«, immer noch
von einer grenzenlosen Freiheit der Kommunikation auszugehen (was ja in
einem formalen Sinne auch nicht falsch ist!) – aber auch schon bevor bekannt
wurde, dass der elektronische »Postbote« jede Nachricht registriert und im
»Bedarfsfalle« mitliest, hätte eben die Tatsache ein ungutes Gefühl hervorrufen
müssen, dass die Knotenpunkte der Netzkommunikation von jenen Kräften
organisiert und kontrolliert werden, die auch bei den militärisch orientierten
Entwicklungskonzepten des Internets eine federführende Rolle gespielt haben.

Ein Nebeneffekt ist übrigens, dass diese Akteure auch in der Lage wären,
wenn es nötig würde, die Internet-Kommunikation vollständig stillzulegen,
weil eben ein großer Teil des globalen Mail-Verkehrs Knotenpunkte in den
USA durchläuft. Das ist jedoch nicht der einzige Aspekt, der es nahe legt anzunehmen, dass die »Freiheit des Internets« schon immer eine Illusion war.
Deshalb die Frage, die einmal rhetorisch gemeint war, um den basisdemokra-
tischen Charakter der digitalen Kommunikation zu unterstreichen, noch einmal ganz anders und mit einer realistischeren Schwerpunktsetzung gestellt:
»Wem gehört das Internet?«

Wird dieser Fragestellung nachgegangen, zeigt sich schnell der Mono-
polcharakter auch der technologischen Infrastruktur des Netzes. Dies ist kein
Zufall, sondern ein Charakteristikum des IT-Komplexes: Das *Streben der IT-
Wirtschaftsakteure und konkret der Netz-Organisatoren nach dem Monopol* besitzt
letztlich einen Notwendigkeitscharakter. Es resultiert aus der realistischen
Einschätzung der großen »Player«, dass sie nach immer intensiverer Kontrolle
streben müssen, wenn sie ihre führende Position nicht einbüßen wollen. Sie
sind ebenso motiviert, wie auch vorangetrieben von der Einsicht, dass sie
»unmöglich das Wissen der Welt organisieren können, wenn sie weder die
Sensoren kontrollieren, die dieses Wissen generieren, noch die Gateways, die
es passiert. Was bedeutet, dass sie auf allen Levels – Betriebssystem, Daten,
Indizierung – präsent sein müssen, um sich die Kontrolle über den gesamten
sprichwörtlichen ›Stapel‹ zu sichern.« (Evgeny Morozov) Um diese Kontrolle nicht zu gefährden, wird von den IT-Protagonisten jegliche Kontrolle der
technologischen Organisationsprozesse strikt abgelehnt.

Diese *Ablehnung jeglicher Regulation* von Netzaktivitäten ist die gemeinsame Orientierungsbasis der kommerziellen Akteure in den Zentren und an
den Schalthebeln der IT-Ökonomie und eines überwiegenden Teils der Netz-

Aufklärer, deren Orientierungshorizont von der Illusion des Internets als Vermittlungsinstanz dezentraler und unzensierter Kommunikationsprozesse geprägt ist. In Abhängigkeit von diesem Illusionismus wird noch nicht einmal die konsequente organisatorische Sicherstellung der »Netzfreiheit« gefordert. Stattdessen begnügen sich die Netz-Aktivisten meist mit dem moralischen Appell, die Schnüffelpraxis zu beenden, um das Internet als Möglichkeitsraum »herrschaftsfreier Kommunikation« nicht zu gefährden. Die tatsächlichen Konfliktlinien entziehen sich ihrer Aufmerksamkeit – und wohl auch ihres Verständnisses. Sie vertreten eine abstrakte *Ethik des Sollens*, vertrauen auf den Appell als Korrektiv auch bei fundamentalen Fehlentwicklungen. Politischen »Organisationsfragen« und einer Thematisierung wirksamer Gegenstrategien gehen sie aus dem Weg. Aufklärung durch Entlarvung ist der Anfang und der Endpunkt ihrer zweifellos bewundernswerten und partiell auch wirkungsvollen Interventionen, die aber eine beschränkte Reichweite haben, weil sie fast ausschließlich auf die »Selbstheilungskräfte« der entlarvten Institutionen und der anderen beteiligten Apparate setzen. Das System, das diese Wucherungen hervorgebracht hat, stellen sie grundsätzlich nicht in Frage, sondern hoffen auf dessen Reformierung an »Haupt und Gliedern« aus eigenem Antrieb.

Der Computer als das Werkzeug, sowie das Netz als Möglichkeitsraum der Ausspähungen und Erfassungen, werden von ihnen auch deshalb nicht nachdrücklich problematisiert, weil die IT-Strukturen unhinterfragte *Bestandteile ihrer Lebenspraxis* und Referenzpunkte ihres Selbstverständnisses sind: Sie verstehen »das Internet als ihr ureigenstes Refugium, als einen Ort dezentraler und unzensierter Kommunikation, in denen sie sich frei von den Fesseln eines analogen Alltags, weitgehend unreglementiert entfalten und selbst verwirklichen« können (Marcel Rosenbach/Holger Stark). Die »Freiheits«-Versprechen des Netzes werden wörtlich genommen und auch durch gegenläufige Erfahrungen nicht erschüttert, weil viele Internetkritiker politisch mit der »Informatiker-Elite« ein »libertäres« Selbstverständnis in dem Sinne verbindet, dass jegliche regulatorische Eingriffe in das Netzsystem und die IT-Industrie abgelehnt werden. »In allen möglichen Ausprägungen wird die Ablehnung von Werten wie Gemeinschaft und Kooperation damit begründet, dass Freiheit frei sein müsse von jeder Abhängigkeit, während wir in Wahrheit eine weit umfassendere Unterwerfung unter die ›freien‹ Marktmechanismen erleben.« (Jonathan Crary)

Auf das politische Koordinatensystem übertragen, vertreten viele der Netz-Kritiker, in ähnlicher Weise wie die organischen Intellektuellen des Silicon Valley, eine in der Form unkonventionelle Variante des *Neoliberalismus*, für den jegliche Regulation sozialer, technologischer und ökonomischer Prozesse nicht nur höchst fragwürdig, sondern geradezu verwerflich ist. Nicht nur gesetzliche Beschränkungen (gleich welcher Art) und jede Regelsetzung werden diskriminiert. Die Silicon-Valley-Ideologie verkörpert mit neuer Konsequenz das neoliberale Credo von individueller Verantwortung und asozialer Selbstbezogenheit. Durch die Deutungsmacht und Prägekraft des IT-Komplexes werden die neoliberalen Orientierungen in einer bisher nicht gekannten Geschwindigkeit und mit neuer Intensität vorangetrieben – ohne dass von ihnen explizit gesprochen wird.

Eine der Konsequenzen dieser Offensive ist, dass gesellschaftliche Mitgestaltung bei den digitalen Zukunftsprojekten auch von tendenziell kritischen IT-Akteuren noch nicht einmal in Sonntagsreden thematisiert wird; Markt- und Einflusskontrolle sind für sie ein Tabu-Thema und der Kapitalismus das »Ende der Geschichte«. Mit ihren grundlegenden Positionen korrespondieren die IT-Ideologen mit dem elementaren Bedürfnis der kapitalistischen Eliten von allen sozialen Verpflichtungen »entlastet« zu sein und globale Bewegungsfreiheit zu besitzen. Prinzipiell gilt ihnen der gegenwärtige Gesellschaftszustand als unüberschreitbar.

Selbst gegenüber totalitären Positionierungen des IT-Establishments, wie beispielsweise des Netz-Multimillionärs Peter Thiel (Mitbegründer des PayPal-Zahlungssystems) sind sie sprachlos, der von einem Kampf zwischen Politik und Technologie auf Leben und Tod zum Zweck der Stabilisierung der herrschenden Gesellschaftsordnung spricht: »Das Schicksal unserer Welt liegt vielleicht in den Händen eines einzelnen Menschen, der den Mechanismus der Freiheit erschafft oder verbreitet, den wir brauchen, um die Welt zu einem sicheren Ort für den Kapitalismus [!] zu machen.« Dass demokratische Partizipation ausgedient, selbst ihre Modellfunktion verloren hat, wird unmissverständlich vom Spitzenmanagement der IT-Industrie betont und ist auch immer deutlicher aus den Denkfabriken des Silicon Valley zu hören: Demokratie sei »eine veraltete Technologie …; sie hat Reichtum, Gesundheit und Glück für Milliarden Menschen auf der ganzen Welt gebracht. Aber jetzt wollen wir etwas Neues ausprobieren.« (Randolph Hencken)

Gleichzeitig herrscht ein unreflektierter, rein technokratisch geprägter Zukunftsoptimismus mit normativer Wirkung, der mit einem Zwang zum »positiven Denken« verbunden ist. Ob das jeweils »Neue« jedoch sinnvoll, der gesellschaftliche Gesamtaufwand für die »Innovationen« und die soziokulturellen Kosten gerechtfertigt sind, wird nicht reflektiert. Das »Neue« und die »Innovation« werden als Werte an sich angesehen. Deshalb werden von den Propagandisten einer absoluten »Netz-Freiheit« auch »Eingriffe des Kapitals ins Alltagsleben des Silicon Valley … übersehen …, die folgenreicher sind als Eingriffe der NSA in unsere Bürgerrechte … Dieser Diskurs rührt nicht an Themen wie Eigentümerschaft oder an weiter gefasste politische Fragen zum Markt.« (Evgeny Morozov)

Die IT-Protagonisten weigern sich, die grundlegenden Fragen nach der Verfügung über die digitale Infrastruktur überhaupt nur aufzuwerfen. In einem wesentlichen Punkt korrespondiert dieser Reduktionismus mit einer elitären Grundhaltung: Der gewöhnliche Nutzer besitzt gemäß dieser Vorstellungen vorrangig den Status eines Konsumenten, der die Möglichkeiten in Anspruch nehmen soll, die ihm in immer schnelleren Entwicklungsschüben geboten werden. Was Marx über die Entfremdungskonstellation innerhalb der industriellen Produktion gesagt hat, dass der Arbeiter zum »Anhängsel der Maschine« degradiert wird, gilt auch für die gewöhnliche Computer-Anordnung: Für den »User« ist nur die Rolle des *Nachvollzugs eines Vorgegebenen* vorgesehen.

Bei vielen Verteidigern der »Netz-Freiheiten« bleibt selbst die simple Tatsache ausgeblendet, dass die staatliche Schnüffelpraxis sich der von Google, Microsoft und Co. geschaffenen Infrastruktur bedient und ohne diese »offizielle« Seite des Netzes, die verdeckten Aktivitäten es wesentlich schwerer hätten, den gegenwärtigen Erfassungsgrad des Nutzerverhaltens und eine mit ihm korrespondierende Verarbeitungstiefe der Daten zu erreichen. Ignoriert wird abermals die Tatsache, dass Internetnutzung auch ohne die staatlichen Aktivitäten ein *Synonym für Datenerfassung, Speicherung und Verarbeitungen* nach den verschiedensten Präferenzen ist.

Wie ein roter Faden, so belegen die Snowden-Enthüllungen, durchzieht die enge Zusammenarbeit zwischen den Behörden und den großen IT-Firmen die Geschichte des Internets. Alleine der Service eines US-Telekommunikationsunternehmens, das den Ermittlungsbehörden zum Kopf-Preis von 30 Dollar monatlich die exakten GPS-Daten ihrer Kunden zur Verfügung stellt, soll jährlich millionenfach in Anspruch genommen werden.

Es spricht nicht gegen die honorigen Absichten, die Konsequenz und den Mut, die Snowden, Assange und Manning mit ihren Entlarvungs-Aktionen bewiesen haben, aber ignoriert werden sollte dennoch nicht, dass sie mit den tonangebenden Akteuren des kommerziellen IT-Systems nicht nur die »libertäre« Grundauffassung verbindet, sondern auch die Überzeugung, dass alle sozialen und zivilisatorischen Probleme technisch lösbar wären. Jede Katastrophenentwicklung auf unserem Planeten ließe sich verhindern – so Google Verwaltungsratschef Eric Schmidt –, wenn man nur alle Menschen ans Breitband-Netz anschlösse – und damit automatisch dem Google-Erfassungs- und kommerziellen Verwertungssystem ausliefern würde. Aber es gehört keine große Reflexionsarbeit dazu, um zu erkennen, dass heute technologische Kompetenz zwar im Überfluss vorhanden ist, jedoch Lösungsperspektiven für die soziale Ungerechtigkeit, die Fragen von Armut und Verelendung und die forcierte Militarisierung der Welt nicht existieren.

Dennoch besitzen die gegenwärtigen Enthüllungs- und Entlarvungsaktivitäten eine neue Qualität, obwohl über deren langfristige Wirkungen und Konsequenzen noch kein klares Urteil möglich ist. Bemerkenswert ist natürlich die computertechnologisch begründete Möglichkeit, auch in bisher verschlossene Bereiche des Herrschaftswissens und in die Räume illegaler Tätigkeiten einzudringen. Ist dies erst einmal gelungen, kann bekanntlich das ganze Material mit einem einzigen Computerbefehl extern gespeichert und ohne großen Aufwand weltweit verbreitet werden.

Partiellen Zugriff auf die sorgsam gehüteten »Geheimnisse« staatlicher Apparate, aber auch von Banken und Konzernen, hat es immer gegeben, ebenso wie deren Verbreitung mit politischer Aufklärungsabsicht. Aber nun ist die Abschöpfung manchmal so umfassend, dass sich aus der Quantität eine *neue Qualität* ergibt, weil Strukturen und Zusammenhänge oft alleine schon durch die Faktenpräsentation sichtbar werden. Hinter keiner Propagandaformel kann sich mehr verstecken, wer beispielsweise intensive Wirtschaftsspionage bei »Partnern« und »Freunden« betreibt oder wer illegales Geld verschiebt. Aber offensichtlich ist auch, dass diese Aktivitäten des herrschenden Blocks fatalistisch von einer Bevölkerungsmehrheit, ebenso wie von den Regierungen der betroffenen Länder hingenommen werden. Der Verweis auf die bedrohte »Sicherheit« wird als Rechtfertigung der Ausspähungen allenthalben akzeptiert.

Alleine schon die Tatsache, dass die Enthüllungen über das absurde Ausmaß der Bespitzelungen weitgehend ein »Medienereignis« geblieben sind und zu keinem politischen Schock geführt haben, lässt sich als Aufforderung an die Überwachungsinstanzen begreifen, so weiterzumachen wie bisher. Und das werden sie wohl auf der Grundlage einer Art »sicherheitspolitischen« Konsenses auch tun. Der Überwachungsstaat muss nicht länger im Verborgenen agieren, weil ihm die Gleichgültigkeit der Ausgespähten sicher ist. Weitgehende Übereinstimmung besteht darüber, dass, »wer nichts zu verbergen hat, sich auch keine Sorgen« vor dem staatlichen Röntgenblick machen müsse. Die permanente, unsichtbare *Präsenz des »Großen Bruders«* wird von den meisten Netz-Nutzern verdrängt und seine »schützende Hand« wenn nicht begrüßt, so doch hingenommen.

Von den Computer-Ideologen wird die universale Erfassung sogar ausdrücklich akzeptiert und als Grundlage eines neuen Sicherheitssystems angesehen: »Manche reden davon, dass wir wegen Facebook dabei sind, unsere Privatsphäre zu verlieren. Das ist wahrscheinlich gut so. Ohne Privatsphäre kann man nicht verbergen, dass man etwas Böses vorhat. Man kann sich nirgendwo mehr verstecken.« (Peter Dimandis) Das ist die Logik des Konzentrationslagers!

Computereinsatz ohne Alternative?

Alle berechtigte Skepsis angesichts der Negativeffekte ändert jedoch nichts an der Tatsache, dass die Verwendung des Computers und die Internet-Kommunikation sich verallgemeinert und gesellschaftlich »normalisiert« haben – letztlich *der Computer aus dem Alltag nicht mehr wegzudenken* ist. Die kombinierten Datenverarbeitungs- und Kommunikationstechnologien sind auch zu Schlüsselfaktoren für die ökonomischen Bereiche, mit intensiven Ausstrahlungen auf die sozialen und kulturellen Prozesse in ihrer Gesamtheit geworden: Der Computer ist kein isoliertes Hilfsmittel mehr, sondern durchdringt die gesamte technische und soziale Infrastruktur – und zwar mit einer zum Totalitären neigenden Tendenz. Im Rahmen dieser Ausdehnungstendenz haben sich Denk-, Verhaltens- und Reaktionsmuster festgesetzt, die als »alternativlos« wahrgenommen werden.

Diese Entwicklungen zurückdrehen zu wollen, käme dem Versuch gleich, die sozio-kulturellen Reproduktionsvorgänge zum Stillstand zu bringen: »Der Computer wird zum unentbehrlichen Bestandteil jeder Struktur, sobald er so total in die Struktur integriert ist, so eingesponnen in die verschiedenen lebenswichtigen Substrukturen, dass er nicht mehr herausgenommen werden kann, ohne unweigerlich die Gesamtstruktur zu beschädigen.« (Joseph Weizenbaum)

Zum Einsatz des Computers gibt es keine Alternative mehr! Da er mittlerweile auf allen sozialen Ebenen eine zentrale Vermittlerrolle spielt, ist es jedoch um so wichtiger, seine gegenwärtigen Verwendungsweisen zu thematisieren und seine destruktiven Effekte zu analysieren – um auf dieser Grundlage eines konkreten Wissens nach seinen alternativen Potenzialen und sozialverträglichen Einsatzweisen zu forschen. Die besorgte Frage, wie gesellschaftlich mit dem Computer umzugehen sei, impliziert jedoch die Notwendigkeit, das Problemfeld in allen seinen Facetten zu erfassen. Gerade weil es *nicht um die abstrakte Negation der digitalen Technologien geht*, aus objektiven Gründen nicht gehen kann, muss mit Nachdruck der Frage nachgegangen werden, wie die *logizistische Eindimensionalität* des Computers und die daraus resultierenden fragmentarisierenden und formatierenden Wirkungen auf die menschliche Intellektualität und die sozio-kulturellen Prozesse überwunden werden können. Aber nicht ignoriert werden kann, dass diese Beschäftigung in einer schwierigen, Resignation stimulierenden Situation stattfindet, weil niemand plausible und *zukunftsfähige Lösungen* anzubieten hat.

Wenn die Ursachen der antizivilisatorischen Tendenz gegenwärtiger Internet-Praxis begriffen, aber auch die sozial wünschenswerten Einsatzweisen des Computers thematisiert werden sollen, muss es auch darum gehen, die »Quellencodes« des IT-Komplexes sichtbar zu machen, d. h. die sozio-ökonomischen Strukturen zu thematisieren, die für das Computer-Geschäft prägend sind und die sich in »einer erbarmungslosen Abfolge von Programmieren und Kopieren, Erfinden und Enteignen, [sowie] juristischen und ökonomischen Manövern« (Sabine Horst) auswirken.

Zweifellos wird es ein langer Weg sein, progressive Veränderungsperspektiven zu erarbeiten, aber das sollte kein Hindernis sein, Vorstellungen über die *Notwendigkeit solcher Transformationen* zu thematisieren. *Computer-Kritik* muss aber deutlich konkreter werden, als das gegenwärtig der Fall ist und alle Facetten gegenwärtiger IT-Praxis, einschließlich ihrer sozio-ökonomischen »Verstrickungen« und ihrer regressiven Entwicklungsperspektiven, umfassen. Trotzig nur auf eine »andere Sichtweise« zu verweisen, wie es in einer marxistischen Zeitschrift zu lesen war, ohne kaum mehr als ansatzweise den gegenwärtigen Wirkungszusammenhang von Computer und Gesellschaft begriffen zu haben, reicht nicht aus. Das wirkt angesichts der aufgetürmten Probleme nur noch lächerlich und weltfremd, auch wenn man sich zur Überspielung seiner gravierenden inhaltlichen Defizite, um die Imitation eines Informatiker-Jargons bemüht.

Im Rahmen einer sozialistischen Kritikperspektive muss nicht nur die spezifische Einsatzweise des Computers im gegenwärtigen Kapitalismus thematisiert werden, sondern auch ins Bewusstsein gehoben werden, dass eine menschen- und zivilisationsgerechte Funktionalität nur durch die grundsätzliche Modifikation seiner Organisationsprinzipien, und zwar auf der Basis einer Umwälzung der gesellschaftlichen (Macht-)Verhältnisse, die diese geprägt haben und perpetuieren, möglich sein dürfte. Zwar ist keine der regressiven und anti-sozialen Konsequenzen des Computer-Einsatzes als unum-

kehrbar anzusehen, aber wenn ihnen Einhalt geboten werden soll, muss ihnen mit Nachdruck entgegen gearbeitet werden. Es wird nicht ausreichen den
manifesten Entzivilisierungseffekten normative Postulate entgegen zu setzen
und alles auf die Karte sogenannter »Reformstrategien« zu setzen. Letztlich
geht es auch um wesentlich mehr, als nur die *formelle Vergesellschaftung* der
Rechenmaschinen. Auch die bloße Veränderung des sozio-ökonomischen
Kontextes wird angesichts der Ausgangs- und Problemlage nicht ausreichen:
Die Konstruktionsprinzipien der IT-Technologie selbst und die Struktur der
Software müssen zukunftsfähigen Zielsetzungen genügen.

Fraglos ist es unverzichtbar, gewissermaßen als Basisbedingung, wenn
nicht nur der Wirkung der digitalen Destruktionskräfte Einhalt geboten werden, sondern der Computer auch seine positiven Potenziale entfalten soll,
eine grundlegende Veränderung der sozio-ökonomischen Macht- und Verfü-
gungsverhältnisse durchzusetzen. Denn nur dann wäre es möglich, nicht nur
zwischen nützlichen und sozial schädlichen Konsequenzen der Geistesmaschinen zu differenzieren, sondern bei den negativen Perspektiven auch die
unvermeidlichen Konsequenzen zu ziehen, nämlich die »Einsatzbeschrän-
kung«, aber auch die grundsätzliche »Zurücknahme bereits vorhandener
Technologien« zu organisieren. Und zwar nicht nur »in einem punktuellen
›taktischen‹ Sinn, sondern als grundlegender, ›strategischer‹ Akt – also permanent« (Thomas Metscher). Denn nachdem die historischen Chancen der
Veränderung verpasst (man kann auch sagen leichtfertig verspielt wurden),
ist es fraglich ob es *noch* zutrifft, dass »die fortschreitende Vergesellschaftung
des Produktionsprozess, ... die positiven Ansätze der künftigen Ordnung
schafft«, wie Rosa Luxemburg es in »Sozialreform und Revolution« formuliert hat.

Dem praktischen Handeln muss jedoch eine »Umwälzung der Den-
kungsart« vorangehen und dabei in Rechnung gestellt werden, dass die dem
Computer *implantierte technologische Rationalität, die mit der ökonomischen Verwertungsrationalität im Kapitalismus korrespondiert,* ein Gegensatzprinzip zu
elementaren menschlichen Lebensinteressen und den Erfordernissen solidarischer Vergesellschaftung darstellt. Es muss beharrlich darauf verwiesen
werden, wie elementar die Computer-Logik und ein *kapitalistischer Quanti-
fizierungsmodus* sich amalgamiert haben und deshalb auch keine Rede davon sein kann, dass die »Zivilisation vorwärts schreitet«, wie der Philosoph
Alfred North Whitehead in seinem Buch »Einführung in die Mathematik«

unterstellt hat, wenn »sie die Zahl der wichtigsten Operationen erhöht, die wir ausführen können, ohne über sie nachzudenken.« Tatsächlich ist das Gegenteil der Fall.

Es ist offensichtlich, dass gerade im Windschatten der Computerisierung ein formalistischer Reduktionismus große Zustimmungswerte besitzt. Mittlerweile ist sogar in geisteswissenschaftlichen Disziplinen von der Notwendigkeit einer »*digitalen Vermessung der Kultur*« die Rede: Die computergestützte Datensammlung und ihre Bearbeitung nach formalen Kriterien, soll dabei zur neuen Königsdisziplin mit Namen »Digital Humanitas« avancieren. Es ginge dabei, so wird gesagt, um die Durchsetzung innovativer Forschungsansätze, wo tatsächlich nur die effektive Organisation wissenschaftlicher Hilfstätigkeiten, wie das Sammeln, Ordnen und Vergleichen gemeint ist.

Allen Ernstes wird in diesem Kontext behauptet, dass durch die elektronische Bearbeitung seiner Texte, beispielsweise der »literarische Stil Shakespeares« genauer charakterisiert werden könne. Faktisch geht es jedoch nur darum, Wort- und Satzlängen, sowie die Häufigkeit und Verteilung bestimmter Wendungen und Begriffe zu registrieren. Der Sprache ihre heimlichen Botschaften und Andeutungen zu entlocken, den »zwischen den Zeilen« verborgenen Sinngehalt zu entschlüsseln entspricht nicht mehr dem Programm dieses »kulturwissenschaftlichen« Reduktionismus.

Es ist mit den Verfahren der Computer-Analyse sicherlich in Maßen möglich, eine genauere Datierung von Texten vorzunehmen, aufgrund der Wortwahl, der Länge von Sätzen im Vergleich zu sicher datierten Dichtungen, zu unterscheiden, welcher früher oder später entstanden ist. Aber was ist durch eine solche Verfahrensweise über den Kerngehalt des Schreibens und des Denkens Shakespeares, über seinen Weltanschauungshorizont, seine inhaltlichen Absichten zu erfahren?

Von den Wissenschaftsbürokraten, wird die intellektuelle Beschränktheit dieses Vorgehens nicht als ein Problem angesehen, sondern zu einer neuen Form der »Gelehrsamkeit« (so Gerhard Lauer) in einer digitalisierten »Wissensgesellschaft« stilisiert. Tatsächlich kann sie jedoch nicht einmal als eine Schrumpfform dessen gelten, was ursprünglich unter Wissenschaft und Intellektualität verstanden wurde. Denn diese neue »Gelehrsamkeit« soll nicht mehr dazu dienen, mit Hilfe der Literatur-Beschäftigung sozio-kulturelle Selbstverständigungsprozesse zu begleiten und zu verstehen, oder sich mit Sinnfragen und den inhaltlichen Dimensionen der Literatur auseinander zu

setzen, sondern formelle Abläufe und Regelmäßigkeiten in Texten zu dokumentieren. Faktisch geht es um die Abwendung von einer direkten Auseinandersetzung mit konkreten Fragestellungen und somit letztlich um die
Gleichgültigkeit gegenüber den weltanschaulichen Implikationen künstlerischer Aktivitäten! Bemerkenswert ist, mit welcher Sorglosigkeit, intellektuelle
Selbstdemontage als »wissenschaftlicher Fortschritt« und Kompetenzgewinn
verkauft wird.

Den Urhebern solcher intellektuellen Weltfluchtstrategien ist bewusst,
dass sie ihr Programm nur umsetzen können, wenn von den Texten als Literatur im traditionellen Verständnis Abstand gehalten wird. Unter dem
Schlagwort eines »distant reading« soll Literaturgeschichte folgerichtig »bald
schon etwas anderes sein als das, was sie jetzt ist«: Sie solle zu »einer Literaturgeschichte aus ›zweiter Hand‹ werden, zu einem Patchwork aus den
Ergebnissen anderer Forscher, und zwar ohne die direkte Lektüre einzelner
literarischer Texte.« (Franco Moretti) Dadurch, so lautet eine affirmative Interpretation dieser intellektuellen Selbstdemontage, solle »nun (fast) die gesamte Kultur zugänglich« werden. (Gerhard Lauer) Dieses Verständnis ist ein
genaues Spiegelbild der Formalisierungstendenzen der Computer-Logik, der
für sie konstitutiven Distanz zu inhaltlichen Orientierungshorizonten.

Auf Grundlage der Digitalisierung wird die »Forschung« zwar in die Lage
versetzt, immer zu wissen, wo etwas steht und wie häufig es wiederholt wird
– ohne die Chance zu besitzen, es zu begreifen. Mehr als ein einschlägiger
Hegel-Satz zum Ausdruck bringt, lässt zu diesen Vorgängen sich nicht sagen:
»*Daran, woran es dem Geiste genügt, ist die Größe seines Verlustes zu ermessen.*«

Auf dem Wege einer formalisierten Text-Beschäftigung die Flucht vor den
inhaltlichen Implikationen der Kultur zu organisieren, kann übrigens nach einem halben Jahrhundert als erneuter Versuch gewertet werden, die konkreten
*sozio-kulturellen Entwicklungen intellektualistisch auf formale, letztlich inhaltsleere,
von der Realität »entlastete« Abläufe zu reduzieren.* Der historische Vorläufer fir-
mierte unter dem Begriff »Strukturalismus« und wurde von seinen Protagonisten als ein Verfahren definiert, das sich unter Absehung von deren Inhalten, *ausschließlich* mit den formalen Organisationsprinzipien kultureller Komplexe, literarischer Artikulationsformen oder von Denksystemen beschäftigt.
Gefordert wurde die Konzentration der theoretischen Aktivitäten auf eine
formale Selbstbezüglichkeit, sowie die Strukturierungsprinzipien von Denkprozessen unter *Ausgrenzung* ihrer *Realitätsaspekte*. Ein Wirklichkeitsbezug

sollte kein Kriterium bei der Bewertung sprachlicher Artikulationsformen sein. Ideologiekritisch betrachtet, wird den formalen intellektuellen Organisationsmustern ein Vorrang zugesprochen um sich mit den antagonistischen Inhalten der sozio-kulturellen Entwicklung nicht mehr auseinander setzen zu müssen: Geschichtliche Bezüge sollen unberücksichtigt bleiben – und wenn es unvermeidlich ist, den handelnden Menschen dennoch zur Kenntnis zu nehmen, solle er theoretisch »wie eine Bauernfigur im Spiel des Signifikanten« behandelt werden, wie es der Pseudo-Psychoanalytiker Jacques Lacan dekretiert hat. Im *Strukturalismus als Weltanschauung* bleibt folglich alles unberücksichtigt und wird systematisch negiert, was auch dem Logizismus der Computer-Ideologie zum Opfer fällt: »Die Dialektik. Das Tragische. Das Gefühl und die Leidenschaft. Ganz bestimmt das Individuelle und vielleicht ein großer Teil des Sozialen. All das sinkt ab in den Bereich des Residualen und muss sich ducken vor der weltumspannenden Technizität und schließlich verschwinden.« (Urs Jaeggi)

Dynamik der Selbstunterwerfung

Ernsthafte Versuche, die fragwürdigen Seiten der Computer-Praxis zu thematisieren, stoßen regelmäßig auf Widerstand, weil die kombinierten Rechen- und Kommunikations-Technologien untrennbar mit vielen Lebensäußerungen und alltäglichen Bewältigungsstrategien verbunden sind. Sie bilden einen lebensweltlichen Orientierungsrahmen, durch den viele Nutzer mittlerweile auch ihre soziale Identität definieren. Sie unterwerfen sich willig dem technologisch vermittelten Reglement, weil die Computerwelten für sie *Realitätsersatz und Projektionsfläche für »Lebenssinn«* geworden sind; sie orientieren sich an dem Versprechen von intensiviertem Weltbezug und sozialer Gemeinschaft, also letztlich von »Geborgenheit« und Anerkennung.

Es ist offensichtlich, dass die Zugriffsintensität des IT-Komplexes auf den Alltag ihren Höhepunkt noch lange nicht erreicht hat. Möglicherweise ist aber heute schon eine Situation entstanden, in der andere Zustände für eine Mehrheit prinzipiell undenkbar geworden sind und sich gar nicht mehr so einfach formulieren lässt, weshalb andere Modelle der Realitätsverarbeitung und der Kommunikation erstrebenswerter wären, da der Einsatz dieser Technologien auch unser Denken und unsere Lebensweise bestimmen. Die Frage, wie wir eigentlich Leben wollen, wie Authentizität und Selbstbestimmung realisiert werden können, spitzt sich dramatisch zu.

Die Chancen einen Perspektivenwechsel durchzusetzen sind dadurch, dass die digitalen Erfassungs- und Beeinflussungsnetze mittlerweile als Bestandteile individueller *Selbstoptimierung* verstanden werden, nicht größer geworden: Die Nutzer setzen beispielsweise sogenannte Apps (kleine Anwendungsprogramme für die Smartphones) ein, um ihren Tagesablauf zu *strukturieren und zu kontrollieren*. Beispielsweise um zu überprüfen, was sie im Rahmen ihres Fitness-Programms körperlich geleistet haben. Aber auch das ist nur eine Zwischenstufe: Die Zielprojektion geht von der »Überwindung« gegenwärtiger Geräteabhängigkeit durch molekulare Computer und biometrische Sensoren aus.

Vieles was mittlerweile auf Knopfdruck festgestellt werden kann, dient zur Selbstmotivierung: Habe ich schon die geplanten 10.000 Schritte hinter mich gebracht und bei meiner Nahrungsaufnahme »maßgehalten«? Aber auch Informationen über den Stand der individuellen »Zufriedenheit« sind abrufbar. Möglich ist mittlerweile eine fast vollständige Dokumentation sämtlicher Signale, die Körper, Psyche und Geist aussenden. Immer öfter werden auf diesem Weg auch die Aktivitäten jenseits der Erwerbsarbeit einer strikten (Selbst-)Kontrolle unterworfen. Bin ich körperlich fit genug? Ist es mir gelungen, meine allgemeine Leistungsfähigkeit zu steigern und meinen Gesundheitszustand zu stabilisieren?

Noch werden die digitalen Selbstoptimierungsprogramme freiwillig absolviert – aber lange wird das nicht so bleiben: Die Krankenkassen sind auf dem Sprung, um zunächst durch Prämiensenkungen angelockte Teilnehmer für diese digitalen Überwachungsprogramme zu finden. Aber mit ihren geschäftlichen Ambitionen halten sie nicht hinterm Berg: Sie wollen ein neues System der Prämiengestaltung auf Grundlage der permanenten (Gesundheits-)Kontrolle der Versicherten durchsetzen und mit Hilfe einer »individuellen Prämiengestaltung« auf Basis des kontinuierlichen Informationsstroms gesundheitsrelevanter Daten, auch endgültig das Solidarprinzip zertrümmern. Hat sich das Prinzip biologischer Kontrolle einmal durchgesetzt, dürften die sozialen Wucherungen dieses Überwachungssystems grenzenlos sein. Bei jedem Einstellungsverfahren dürfte die gesundheitliche »Risikoklasse« des Bewerbers eine entscheidende Rolle spielen.

Auch aus einem anderen Grund, ist dieser Modus der Selbstobjektivierung nicht unproblematisch: Permanente Selbstbeobachtung, die von kritischer Reflexion abgeschnitten ist, führt nicht zum angestrebten Autonomiegewinn, sondern verstärkt latente Verunsicherungsgefühle und eine daraus resultierende Unterwerfungsbereitschaft. Sie führt zu keinem selbstbestimmten Weltverhältnis, weil die »Arbeit am eigenen Profil« in der Regel ununterscheidbar mit den »Erwartungen des Marktes«, mit den gestiegenen Anforderungen der Unternehmen an die Lohnabhängigen gebunden ist. Es handelt sich in vergleichbarer Weise (wenn auch mit anderer Intensität und mit anderen Mitteln) um Vorgänge einer »Zuchtwahl, die sich unter dem Druck der sozialen Verhältnisse vollzieht«, wie sie Siegfried Krakauer als charakteristisch für den Prägungsprozess des Angestellten-Typus im ersten Drittel des 20. Jahrhunderts beschrieben hat.

Angestrebt wird von den bemühten Subjekten die Vermittlung eines Eindrucks von »Kompetenz«, wie sie den Erwartungen der Unternehmen entspricht. Um diese Wirkung zu erreichen, wird das Leben vorgegebenen »Maßeinheiten« angepasst; beispielsweise sammelt man laufend zurückgelegte Kilometer und »Gesundheitspunkte« wie ein Eichhörnchen die Haselnüsse.

Die sich selbst »optimierenden« Subjekte sind bemüht, ihre körperlichen, aber auch psycho-sozialen Voraussetzungen zu verbessern, um unbeschränkt leistungsfähig und mobil, entgrenzt und flexibel zu sein – *und auch so zu wirken*. Diese Orientierungen sind Reaktionen auf das sich verallgemeinernde Prinzip, dass nur der Erste etwas gilt. Der Preis für diese Konkurrenzpositionierung, so zu sein, wie es von Anderen erwartet wird, ist über die körperliche Ertüchtigung hinaus, die Ausbildung eines »Marketing-Charakters« und die Erosion der Ich-Identität.

Aber ein Gefühl der Sicherheit will sich dennoch nicht einstellen, weil es unklar bleibt, ob die angestrebten Ziele erreicht wurden, denn permanent verändern sich die Erwartungen und Anforderungen an das Niveau der Selbstobjektivierung. Aber gerade diese *Ambivalenz* ist der Dreh- und Angelpunkt bei der Durchsetzung einer neuen Architektur sozialer Disziplinierung, durch die garantiert wird, dass Fremdverfügung und Selbstunterwerfung eine Symbiose bilden. Die elektronische Selektion und Steuerung ist elementares Medium zur Sicherstellung sozialkonformen Verhaltens durch *verinnerlichte Selbstzwangsmechanismen* geworden. Sie bilden nach wie vor die Grundlage der Anpassung. Die Selbstdisziplinierung ist also nicht verschwunden, wie zunehmend in sozialpsychologischen Kontexten zu hören ist, sie wird jedoch (im historischen Vergleich) wieder stärker durch Fremdzwänge flankiert. Pointiert ließe sich die Gewichtsverlagerung mit dem Motto illustrieren, dass »Vertrauen« an Grenzen gestoßen ist und »Kontrolle« deshalb an Bedeutung gewonnen habe. Verallgemeinert hat sich eine Verhaltensdisposition, die Henri Lefebvre als »*Entfremdung zweiten Grades*« bezeichnet hat: Ein Zustand der Fremdverfügung, in dem die Menschen sich eingerichtet haben, den sie als alternativlos empfinden und in dem sie sich heimisch fühlen, weil sie »die Funktionsimperative des Systems als ihre ureigensten Impulse« (Götz Eisenberg) begreifen. Entfremdung ist zwar nicht aufgehoben, aber sie wird nicht mehr wahrgenommen.

Frühere Phasen und Formen der Selbstunterwerfung werden auch von *Michel Foucault* thematisiert. Aber seine Herangehensweise ist an das strikte

Bemühen (das der unkritischen Rezeption als unhinterfragbarer kategorischer Imperativ gilt) gekoppelt, die sozio-ökonomischen Ursachen dieser Vorgänge der Subjektprägung *nicht* zu thematisieren. Die ihnen zugrunde liegende »*Macht*« solle auf keinen Fall als institutionelle Anordnung begriffen werden, die zur »Erhaltung und Reproduktion der ökonomischen Verhältnisse« diene (Foucault), sondern als ein differenzlos, alle gesellschaftlichen Ebenen durchdringendes und gleichzeitig klassenunspezifisches Wirkungsprinzip, dessen Ursachen *nicht identifiziert werden könnten.*

Eine solche intellektuelle »Selbstbeschränkung« ist zwingend geboten, wenn dieser Prozess repressiver Selbstformatierung als »alternativlos« erscheinen, den Foucaultschen Argumentationsbedürfnissen gemäß, jede Vorstellung von einem nicht-entfremdeten, nicht-reglementierten, nicht der »Macht« unterworfenen Individuum verhindert werden und die sozio-kulturelle Subjektkonstitution mit *Unterdrückung* gleichgesetzt werden soll, damit (worauf es Foucault in erster Linie ankommt!) Geschichte als irreversible Reproduktion von Herrschaftszuständen und Unterdrückungsformen stilisiert werden kann: »Die Menschheit ... verankert alle ihre Gewaltsamkeiten in Regelsystemen und bewegt sich so von Herrschaft zu Herrschaft« (Michel Foucault) – und zwar als irreversibles Kontinuum. Die vorgebliche »Kritik der Macht« (Foucault) und die Legitimationsmuster herrschender Dominanzverhältnisse werden durch dieses Interpretationsmanöver deckungsgleich.

Die gegenwärtigen Vorgänge der Selbstunterwerfung sind Reaktionen auf einen zunehmenden Existenzdruck, der jedoch weitgehend *verdrängt* und sich als Sorge um die eigene biologische Effizienz und psychische Stabilität (»Selbstmotivation«) zum Ausdruck bringt. Damit liegen diese *individualistischen Verarbeitungsmuster sozialer Widerspruchserfahrungen* ganz im Trend eines wissenschaftlich kaschierten Bemühens, von den gesellschaftlichen Ursachen psychischer Bedrängnis, von Versagensängsten und Depressionen durch konsequent *biologische Betrachtungsweisen* abzulenken, die beispielsweise in der Psychiatrie, bei gleichzeitiger Abwertung psycho-sozialer Sichtweisen, hegemonial geworden sind. Psychisches Leid wird vorrangig biologisch interpretiert.

Dem Bemühen akademischer Sozialforscher vergleichbar, die eskalierenden Prozesse von Verarmung und sozialer Ausgrenzung als Vorgänge »jenseits« ihrer klassengesellschaftlichen Ursachen darzustellen, werden psychische Dysfunktionalitäten von einer Mehrheit der Psychiater nicht mehr im

Kontext sozialer Bedrängungen und gesellschaftlich verursachter Entfremdungszustände betrachtet, sondern vorrangig auf neuronale Defekte reduziert: »Depressionen und Angst werden jetzt im synaptischen Spalt zwischen
Neuronen verortet und genau dort behandelt« (Hennric Jokeit/Ewa Hess) –
und zwar vorrangig medikamentös. Die Frage, ob nicht die Lebensumstände
verändert werden müssen, wenn einer personalen Destabilisierung entgegen
gearbeitet werden soll, taucht noch nicht einmal mehr als Problembewusstsein am Horizont auf. Interessengruppen, im konkreten Fall die Pharmaindustrie, setzen alles daran, dass der biologische Reduktionismus hegemonial
bleibt, weil er die Grundlage ihres Geschäfts ist.

Ähnlich verhält es sich auch mit der *konzeptionellen* Verkleinerung der
menschlichen Intelligenz im Rahmen informationstechnologischer Zu-
kunftsprojekte. Denn nur durch die *Abwendung vom konkreten Menschen* und
der Vieldimensionalität seiner Existenzweisen, haben die von ihr propagierten Entwicklungsperspektiven jenes Profil und jene »Ausstrahlung«, die nö-
tig sind, um die angestrebten Milliardeninvestitionen vom Staat und privaten
Geldgebern zu erhalten. Die Inszenierung von Chancen zur Entwicklung
»Künstlicher Intelligenz« sind eine Kernaktivität dieses Geschäftsmodells.
Ähnlich war es auch bei dem vorherigen Boom der Gen-Technologie, deren
Protagonisten grundlegende Entwicklungen verkündeten, jedoch *keines* ihrer
Versprechen einlösen konnten. Die Total-Sequenzierung des menschlichen
Erbgutes ist gelungen, jedoch die Bedeutung des genetischen Codes für den
menschlichen Körper immer noch weitgehend ein Buch mit sieben Siegeln.
Die versprochene Hilfestellung beim Kampf gegen Krebserkrankungen, Aids
und Herzinfarkten hat die Genforschung ebenso wenig geliefert, wie sich die
Prognosen bestätigt haben, dass die Umsetzung ihrer Erkenntnisse zur Mini-
mierung von Obdachlosigkeit, Gewaltverbrechen und Drogensucht beitragen
könne.

Der aktuellen, auf das Körperliche konzentrierten Selbstmotivationsspi-
rale liegt die neoliberale Grundüberzeugung zugrunde, dass jeder *noch besser,*
noch effektiver, noch erfolgreicher sein kann, er aber auch alles einsetzen muss,
nicht nur um mitzuhalten, sondern auch um sich selbst zu übertreffen. *Ent-*
grenzungen auf der Subjektebene, bei deren Organisation die digitalen Apparate eine immer größere Rolle spielen, werden dadurch ebenso zum Prinzip,
wie sie es bei den ökonomischen Ausdehnungsstrategien der Fall sind, die
irreversible Begleiterscheinung des Selbstverwertungsprozesses des Kapitals

sind. Im Rahmen digitaler Selbstüberwachung und Autostimulation, ist die Kehrseite dieser »Selbstoptimierung« die Selbstentmündigung.

Besonders auffällig bei diesen Vorgängen ist, dass der Grenzbereich zwischen Optimierungsstreben und Überforderung immer schmaler – und immer öfter auch überschritten wird; denn in der Regel reicht es nicht aus »gut« zu sein, man muss besser als die Anderen und in der Lage sein, sie zu überholen und auszustechen. (Selbst-)Überforderung hat dabei eine strukturelle Bedeutung, weil sie die Konsequenz eines latenten Bewährungsdrucks ist. Das *leistungsgesellschaftliche* »*Über-Ich*« wirkt unsichtbarer als in der Vergangenheit, ist jedoch nicht verschwunden, sondern wird durch die Illusion, dass die (digital stimulierte) Selbstoptimierung Ausdruck individueller Autonomie sei, wirkungsvoll überlagert.

Der Anstieg von psychischen Erkrankungen ist die Kehrseite eines zunehmenden Zwangs zur Selbstüberbietung und Selbstinstrumentalisierung. Sie sind die Symptome einer »Gesellschaftsform, die die unablässige Akkumulation und Optimierung von sozialen, ökonomischen, kulturellen und körperlichen Ressourcen erfordert, um die schimärische Verheißung lebendiger Weltbeziehungen aufrechterhalten zu können« (Hartmut Rosa) – aber um den Preis mentaler Desorientierungen und vermehrt auch psychischer Dysfunktionalitäten. Gleichzeitig gilt jedoch für die Subjekte der Imperativ, alle Anzeichen von Überforderung zu verbergen, denn niemand ist sozial gefährdeter als jemand, der den Eindruck vermittelt, seinen Leistungszenit überschritten zu haben und »angeschlagen« zu sein.

Mehr als nur ein sozialer Nebeneffekt der Selbstoptimierung innerhalb einer solchen »Konkurrenzfiguration« (Norbert Elias) ist die Festigung entsolidarisierender Einstellungsmuster und die Verallgemeinerung der Überzeugung, dass jeder auf sich selbst gestellt und »seines Glückes Schmied« ist. Eine herrschaftstechnologisch nicht unbedeutende Konsequenz ist auf der individuellen Verarbeitungsebene auch die Verallgemeinerung des Eindrucks, dass dieses Streben dennoch »selbstbestimmt« und Ausdruck einer personalen »Autonomie« sei. Dadurch werden die strukturelle Macht und die individuelle Unterwerfung weitgehend deckungsgleich. Die Subjekte sind »bis in ihre innersten Verhaltensweisen hinein mit dem identifiziert, was mit ihnen geschieht. Subjekt und Objekt sind ... versöhnt. Der Prozess zehrt davon, dass die Menschen dem, was ihnen angetan wird, auch ihr Leben verdanken ... Der Kitt, als der einmal die Ideologien wirkten, ist von diesen einerseits in die übermächtig daseienden Verhältnisse als solche, andererseits in die psychologische Verfassung der Menschen eingesickert.« (Theodor W. Adorno) »Lebensweltliche« Lücken, die ein kritisches Hinterfragen dieses Zustandes stimulieren könnten, werden durch diese Praxis der Selbstunterwerfung kleiner, auch wenn sie *nicht ganz verschwinden*. Dennoch verfestigt sich tendenziell der Eindruck einer Alternativlosigkeit der herrschenden Alltagspraxis: »In dem Maße, wie es einer Herrschaft oder einer übergeordneten ideologischen Instanz gelingt, sich mit diesen Selbstführungen zu verbinden, in ihrem Namen aufzutreten, sie für bestimmte Zwecke zu mobilisieren, kann sie sich mit Strukturen des Alltagsverstandes verbinden und erhält einen so starken Resonanzboden, dass eine bloß intellektuelle Kritik nicht mehr dagegen ankommt.« (Jan Rehmann)

Der entwickelte Kapitalismus perpetuiert und stabilisiert sich also, in dem er an bestehende (Selbst-)Entfremdungszustände anschließt und sie nach seinen Bedürfnissen instrumentalisiert und zwar zunehmend durch den Einsatz der Computer-Technologie. Es war vom jüngeren Marx also kurzschlüssig gedacht, als er unterstellte, dass mit der Verallgemeinerung kapitalistischer Zustände und Prinzipien, durch die von ihnen ausgehenden Zumutungen, die Menschen »gezwungen [wären], ihre Lebensstellung, ihre gegenseitigen Beziehungen mit nüchternen Augen anzusehen.«

»Der Knecht singt gern ein Freiheitslied
Des Abends in der Schenke:
Das fördert die Verdauungskraft
Und würzet die Getränke.«
(Heinrich Heine)

Wie geschildert, sind die *Selbstmanagementstrategien als Unterwerfungshandlungen* zunehmend an die Verwendung digitaler Technik gebunden. Gerade wenn man den selbstgesetzten Leistungsansprüchen nicht gerecht zu werden vermag, wenn die »Selbstoptimierung« defizitär bleibt und Selbstzweifel sich bemerkbar macht, wird von den »Selbstoptimierern« die Hoffnung auf die nächste Generation digitaler Selbstüberwachungsapparate gesetzt. Aber vielleicht ist »Selbstüberwachung« auch der falsche Ausdruck für diese Vorgänge der Selbstobjektivierung und der Ermöglichung einer wirksamen Erfassung der eigenen Lebenstätigkeit. Denn je umfassender die Körperfunktionen und psychischen Reaktionsweisen elektronisch dokumentiert werden, um so in-

strumentalistischer wird das Verhältnis der Subjekte zu ihrem eigenen Körper und so geringer wird auch langfristig die individuelle Verfügungspotenz
über ihn. Denn je intensiver die elektronischen Erfassungssysteme eingesetzt
werden, um so mehr verfallen die subjektiven Fähigkeiten der Selbstbeobachtung und der Selbststeuerung. Um so größer wird dann wiederum die Abhängigkeit von den Erfassungs- und Steuerungssystemen und das Bestreben
sie einzusetzen.

Neoliberalistische Denkmuster dringen durch diese Formen der *Selbsttätigkeit* nicht mehr nur einfach in den Alltag ein, sondern werden mit einer
Lebenspraxis deckungsgleich, zu deren Konstante das ständige Fragen nach
der Effizienz des Handelns und der Leistungsfähigkeit des eigenen Körpers
geworden ist. Herrschaftskonforme Orientierungen sind also nichts dem sozialen Handeln mehr Zugeordnetes, sondern mit ihm deckungsgleich geworden. Es ist deshalb von einer *neuen Stufe der Verschmelzung von Technik und
Herrschaft*, objektiver Unterdrückung und (Selbst-)Verwertungsrationalität zu
reden.

Um die Mentalitäten der Menschen und ihre Reaktionsmuster an die Erfordernisse eines veränderten Modells der Kapitalverwertung anzupassen, ist
es also nicht mehr notwendig, unmittelbar auf sie einzuwirken. Es hat sich
erübrigt, zu ihrer Sozialisierung nach den Erfordernissen einer veränderten
Arbeitspraxis Inspektorenkommandos in die Wohnviertel der Lohnabhängigen zu schicken, wie es Henry Ford im frühen 20. Jahrhundert praktizierte,
um die »korrekte Lebensweise« und alltagskulturellen Verhaltensmuster im
Einklang mit den Arbeitsanforderungen an seine Arbeiter zu kontrollieren
und durchzusetzen, denn »arbeitsmarktkonforme« Verhaltensmuster eig-
nen besonders die »Aufstiegsorientierten« sich heute selbstständig an. Auf
gestiegene Leistungsanforderungen und verbindliche Opportunitätsmuster
reagieren sie mit den geschilderten Strategien der Selbstdisziplinierung und
Selbstformatierung. Demonstrativ ist man dabei auch bemüht, sich in Szene
zu setzen, um seinem Leistungsspektrum Aufmerksamkeit zu verschaffen.

Aber in dem Bemühen sich durch »Stilisierung« zu unterscheiden, setzt
sich eine Tendenz zur Vereinheitlichung, einer warenästhetisch kaschierten
Uniformierung durch, weil der *Zwang zur Unterscheidung* eine immer intensivere kommerziell geprägte Überbietungsdynamik provoziert, weil die eingesetzten Imageprodukte sich schnell verallgemeinern, zur Massenware und
als Distinktionsmittel ungeeignet werden. Gearbeitet wird an einer Fassade

von Individualität, die ihrer Realisierung im Wege steht, denn der Konformismus bleibt gerade deshalb prägend, weil er geleugnet wird. Auch darum
verbirgt sich hinter den vordergründig bunten und »differenzierten« Formen
der Selbstpräsentation »eine gespenstische Vereinheitlichung und gleichzeitige Verarmung der Ausdrucksformen.« (Götz Eisenberg) Vordergründig geht
es um die Demonstration von »Authentizität«, worin sie besteht, bleibt jedoch
im Dunkeln: »Je weniger Individuen, desto mehr Individualismus.« (Theodor
W. Adorno)

Eng verbunden mit dem Bemühen personaler Ertüchtigung und markt-
konformer Optimierung durch digitale Hilfsmittel ist der steigende Konsum
von Psychopharmaka. Realisierte die Pharmaindustrie beispielsweise in den
Vereinigten Staaten mit Antidepressiva 1985 einen Umsatz von 500 Millionen
Dollar, konnte sie sich schon Anfang des neuen Jahrhunderts eines Umsatz-
volumens von 24 Milliarden Dollar erfreuen. Jeder achte US-Amerikaner konsumiert mittlerweile regelmäßig Psychopharmaka. Unter den US-amerikanischen Studenten soll es mittlerweile mehr Psychopharmaka-Konsumenten als
Raucher geben.

Oft wird die Einnahme stimulierender, aber auch beruhigender Substan-
zen als unvermeidlich angesehen, um die berufliche Funktionalität aufrecht
zu erhalten. Nach einer Studie aus dem Frühjahr 2015 nutzen etwa 3 Millionen Deutsche Medikamente um am Arbeitsplatz leistungsfähig zu bleiben. Man fühlt sich gezwungen das Durchhaltevermögen medikamentös zu
steigern oder wenigstens ein erreichtes Leistungsniveau sicherzustellen, aber
auch um etwas gegen die sozial erzeugte Angst, sowie eine daraus resultierende unspezifische »Unruhe« zu unternehmen und überhaupt noch einen
betäubenden Schlaf zu finden. Das psycho-pharmakologische Gehirn-Doping
ist nicht nur weit verbreitet, sondern es hat auch ein regelrechter Einstellungswandel stattgefunden: Deutlich ist die Hemmschwelle gesunken, zu diesen
»Notankern« zu greifen: »Vor 25 Jahren wäre den meisten Leuten die Vorstellung, täglich ein Medikament einzunehmen, das die globale Hirnchemie
verändert, wie ein Science Fiction Alptraum vorgekommen. Sicher wäre bei
vielen Menschen Bedenken darüber aufgekommen, was dies mit ihrer Psyche
anstellt. Wie kann es sein, dass diese natürliche Sorge verschwunden ist?«
(Ian Gold/Lauren Olin)

Wem es jedoch trotz der körperlichen Selbstertüchtigungen und den
pharmakologischen »Optimierungsversuchen« nicht gelingt, seine Angst

zu betäuben, den ständig steigenden Anforderungen nicht mehr genügen zu können, ist für depressive Erkrankungen prädestiniert, wird schnell zum Kandidaten für jene 4 Millionen Bundesbürger umfassende Gruppe, die unter behandlungsbedürftigen Depressionen leiden. In seiner Konsequenz handelt es sich bei den psychischen Zusammenbrüchen um ein ebenso stummes, wie hilfloses »Nein!« zu den *Zumutungen der Expansions- und Leistungsgesellschaft.* Zufall ist es nicht, dass sich innerhalb eines Zehnjahreszeitraums der Anti-Depressiva-Konsum verdoppelt hat. Alleine 1,5 Millionen Menschen gelten in der Bundesrepublik als schlaf- und beruhigungstablettensüchtig.

Klassenspezifische Verwendungsweisen des Computers

Die Konsequenzen der gesellschaftlichen Verallgemeinerung der Computertechnologie können nur hinreichend begriffen werden, wenn in Rechnung gestellt wird, dass dessen Verbreitung sozial nicht homogen ist, es klassenspezifische Trennungslinien und sozio-kulturelle Barrieren gibt, die alleine schon die Setzung eines großen Fragezeichens hinter viele der optimistischen Computermythen nahelegen. Bei näherer Betrachtung wird schnell deutlich, dass die Computernutzung im Alltag einem komplizierten Geflecht von Abkoppelungstendenzen, Differenzierungsformen und Überschneidungen entspricht: Informiert sich der Studienrat im Internet über freie Plätze für eine Opernaufführung in Verona oder die genaue Definition der Kategorie »Brutto-Sozialprodukt«, so der Sozialrentner über eine Straßenbahnverbindung für seinen nächsten Arzttermin. Beide vereint vielleicht noch der gelegentliche Besuch eines Porno-Portals.

Aber mehr noch: Der Eine kann eine berufliche Laufbahn auf Grundlage seiner IT-Qualifikationen gründen, während ein Anderer zum Opfer der digital flankierten »Umstrukturierungen« in der Arbeitswelt wird, während ein Dritter aufgrund des elektronisch organisierten Auswahlverfahrens, durch das in tiefe Schichten seiner Biographie eingedrungen wird, überhaupt keine Chance einer beruflichen (Re-)Integration mehr besitzt, wenn er einmal »aus dem Tritt« geraten ist. Während die »Glücklichen« durch die digitale Vernetzung lukrative Entwicklungs- oder Konstruktionsaufgaben erhalten, müssen die strukturellen »Verlierer« (die eine immer größer werdende Gruppe bilden) auf den Unterbietungsplattformen ihre Arbeitskraft und Kreativität zu einem ständig fallenden Preis zu Markte tragen. Ein Portal in den USA hat aus dieser Situation die Konsequenzen gezogen und 2014 eine Untergrenze von 3 Dollar pro Arbeitsstunde eingeführt!

Es darf mittlerweile auch als gesichert gelten, dass, anders als es immer noch kolportiert wird, durch die Internetnutzung keine Bildungsbarrieren abgebaut, sondern sogar zementiert werden: Der »Sohn aus gutem Hause« weiß, weil er angeleitet wurde, die Möglichkeiten des Netzes bei Wissensrecherchen und als Hilfsinstrument beim Lernen zu nutzen. Die Tochter einer Verkäuferin informiert sich jedoch vorrangig (die durchaus vorhandenen Ausnahmen, setzen diese Grundtendenz leider nicht außer Kraft) über die Beziehungsverhältnisse eines Schlagersängers und die Teilnahmebedingungen einer Casting-Show: Es dupliziert sich bei einer solch schichtenspezifischen Computernutzung was schon vom Fernsehkonsum bekannt ist: Dass sich ein defizitäres Bildungsniveau durch spezifische Formen der Mediennutzung verfestigt.

Dass vom Internet kompensatorische Wirkungen auf klassen- und schichtspezifische Benachteiligungen ausgehen könnten, ist illusorisch, zumal der sich selbst überlassene Nutzer in ständiger Gefahr schwebt, sich in den Weiten des Internets zu verlieren, weil ihm die nötigen Orientierungsmaßstäbe und Recherchenanleitungen fehlen. Ohne intellektuellen Kompass ist der Weg zu verlässlichen und die eigene Urteilsfähigkeit fördernden Informationen äußerst dornenreich, in der Regel auch vergeblich. Der kleine Angestellte, der sich von einem Vertreter in den 60er und 70er Jahren ein vielbändiges enzyklopädisches Lexikon andrehen ließ, machte sich zwar Illusionen über dessen Rolle für den »Bildungsaufstieg« seiner Kinder, wusste jedoch immerhin noch einigermaßen was er sich inhaltlich mit diesem Kauf »eingehandelt« hatte. Dessen kann sich der Nutzer von »Internetwissen« so ohne weiteres nicht sicher sein, weil Information und Täuschung, rationale Erklärung und Obskurantismus im Netz eng beieinander liegen und sich kaum in ihren Präsentationsformen unterscheiden. Vorherrschend ist eine inhaltliche Unschärfe, die eine Gleichrangigkeit von Banalem und Gehaltvollem vortäuscht.

Nicht nur, weil die Datenmengen weiter wachsen, wird es immer schwieriger das Wesentliche vom Unwesentlichen zu trennen, sondern prinzipiell steht die gewöhnliche Netzpraxis der Chance im Wege, solche Fähigkeiten qualitativer Selektion überhaupt zu entwickeln. Durch die nicht abreißende und weitgehend unstrukturierte »Informations«-Flut wird ein intensives Nachdenken alleine nicht gefördert. Im Gegenteil: Weil die Aufmerksamkeitsräume weitgehend mit Botschaften und Signalen ohne direkten Lebensbezug und inneren Zusammenhang gefüllt werden, wird das Eigendenken und die Entwicklung alternativer Orientierungen erschwert. Die Informationsschwemme konstituiert Pseudokontexte, ohne Orientierungs- und Handlungsrelevanz. Sie erfüllt ihren machtkonformen Zweck, wenn sie die Aufmerksamkeit fesselt und bohrendes Fragen verhindert. Niemandem ist das so bewusst wie den konzeptionellen Köpfen der Internet-Industrie. Es gehe, so ein führender Google-Mitarbeiter um die Beherrschung der »Aufmerksamkeitsökonomie«. Gemeint ist damit die Strukturierung der Wahrnehmung und die Präjudizierung der Reaktionsmuster. Ein Vorhaben, dass seinen vorläufigen Höhepunkt in dem Projekt der *Google-Brille* findet, von der noch ausführlich die Rede sein wird. Es geht um *Großprojekte der Beeinflussung* individueller Verhaltensweisen, letztlich um die »Herstellung von Formen sozialer Willfährigkeit«. (Jonathan Crary) Diese Absicht steht im Zentrum vieler Netz-Dienste, die so strukturiert sind, dass sie nur funktionieren können, wenn die Nutzer wesentliche Teile ihrer personalen Selbstbestimmung als Tauschobjekt zur Verfügung stellen und sich auf einen Verhaltensmodus bloßen Reagierens einlassen.

»Natürlich gibt es auch Perlen im Internet. Um die jedoch zu finden, braucht der Benutzer eine gewisse Kompetenz. Man muss sich für einen Fachbereich entscheiden, in dem man sich bestens auskennt. Man muss so viel wissen, dass man in der Lage ist, eine gute Frage zu formulieren. Wenn ich ins Internet gehe, mit einer Frage über Grammatik«, würde es nicht genügen, »in eine Suchmaschine einfach den Begriff ›Grammatik‹ hineinzutippen. Ich muss schon eine spezifische Frage haben, und dann kann es sein, dass ich auf etwas komme, was mich zu etwas Neuem führt usw. Das ist natürlich kein Schrott, aber das einfache Surfen, bei dem man einem Link nach dem anderen verfolgt, das willkürliche Surfen, das führt sehr schnell zum Anhäufen von Müll.« (Joseph Weizenbaum)

Ohne Vorwissen ist der Umgang mit der »Wissensmaschine« Internet mit der Aktivität an einem »Einarmigen Banditen« vergleichbar. Wie beim Geldspielautomaten landet man den einen oder anderen Treffer. Das stimuliert die Hoffnung, vielleicht doch zu den finalen Gewinnern zu gehören. Aber erfahrungsgemäß zerfließt jeder Gewinn auch wieder schnell, befindet sich der Spieler unverzüglich auf der Verliererstraße. Ähnlich ist es bei der unstrukturierten Nutzung des Internets als Informationsmedium: Partiell verlässliche Informationen gehen im Meer des Belanglosen, Desorientierenden und oft auch Obskuren unter. Auch was subtil und bedenkenswert ist, unterliegt den spezifischen Reproduktionsmustern des Netzes und hat in der Regel nur eine geringe »Halbwertzeit«.

Bloße »Informiertheit« repräsentiert noch keine Wissenskompetenz. Sie kann eine Grundlage dafür sein, aber um sie zu erreichen, bedarf es der Vertiefung und intensiver intellektueller Verknüpfungsvorgänge, die durch die digitale Präsentationsweise eher verhindert und verzögert, denn gefördert werden. »Informationen« aus dem Netz sind schnell zu erhalten, »aber wahres Wissen, vor allem die Art von Wissen, die tief im Gedächtnis verankert wird und sich als Fähigkeit manifestiert, ist schwer zu erwerben. Man muss dazu heftig und lange mit einer anspruchsvollen Aufgabe ringen.« (Nicholas Carr) Nur als Ergebnis intellektueller Anstrengung speichert sich Wissen im Gedächtnis ab und führt auch zu neuronalen Verknüpfungen, die einen »Erinnerungseffekt« gewährleisten. Es gibt zwar auch bei der netzvermittelten Informationsgewinnung und -verarbeitung Verknüpfungen mit dem vorhandenen Wissen, aber die Verarbeitungstiefe und die Festsetzungsintensität sind geringer als bei konventionellen Formen der »Wissensarbeit«. Es geht nicht darum, dass die Inhalte möglicherweise problematisch sind (das ist ein zusätzliches Problem), sondern dass die digitalen Vermittlungsprozeduren den Horizont reduzieren und die Wahrnehmung kanalisieren, eine Tendenz zur Oberflächlichkeit und zur Konzentration auf das Punktuelle fördern. Reflektives »Wissen befähigt zur Distanz, zur kritischen Einschätzung von Situationen, zur Bildung einer eigenständigen Meinung und zur Durchdringung der Welt. … Das Abfragen eines Begriffs in einer Suchmaschine in Echtzeit hingegen setzt keinen Bildungsprozess in Gang« (Markus Jansen), sondern erzeugt den fragwürdigen Eindruck einer unverrückbaren »Faktizität«. Viele computer-vermittelten Lernprogramme bewirken ähnliche Konsequenzen.

Die sozio-kulturelle Selektionswirkung von Computer und Internet duplizieren und potenzieren sich auf internationaler Ebene: Mittlerweile nutzen über 50 Prozent der Weltbevölkerung das Internet. Auch wenn dieser Anteil in den nächsten Jahren steigen wird, bedeutet das immer noch, dass sich im Zuge der Verbreitung des Computers der technologische Abstand zwischen Peripherie und den kapitalistischen Metropolen vergrößert. Die mit der Computerisierung in den 90er Jahren geweckte Hoffnung auf die Verbesserung der globalen Entwicklungschancen hat sich in der damals unterstellten Eindeutigkeit als Illusion erwiesen. Es ließen sich viele salbungsvolle Worte zitieren, mit denen der Ausbreitungsprozess von Computer und Internet begleitet wurde, jedoch sie sind meist rhetorische Nebelgebilde geblieben, mit denen selbst die auffälligsten Entwicklungsprobleme verhüllt wurden.

Wie ungleich der Zugang zur Internet-Welt tatsächlich verteilt ist, wird schon dadurch deutlich, dass gegenüber den 75 Prozent der Europäer, die das Internet nutzen, weniger als 20 Prozent der Afrikaner einen Netzzugang haben. Das mag sich in der Zukunft ändern, der Computer auch in ärmeren Weltgegenden und auch in den Slums so selbstverständlich werden, wie es heute das Fernsehgerät und das Handy ist – aber Slums sind es dann immer noch und das Elend und die Perspektivlosigkeit werden dadurch nicht minimiert.

Es wäre denkbar, dass in den Zonen der Bedürftigkeit am Rande des imperialistischen Weltsystems das Internet als Fenster dienen kann, das einen Blick in eine andere Welt ermöglicht. Diese »Horizonterweiterung« kann aber auch zur Verstärkung vorhandener Resignation und zu normativen Irritationen beitragen, weil die Menschen Ungleichzeitigkeiten ausgesetzt werden, die von ihnen »nicht einfach verarbeitet werden können. Die Globalisierung der Medien trägt kulturelle Fragmente und Lebensstilschnipsel in Winkel, in denen man bis vor wenigen Jahren nicht einmal wusste, dass es Industriegesellschaften gibt.« (Harald Welzer) Es sollte auch nicht unbedacht bleiben, dass ohne Satellitenkommunikation und Internet, sich terroristische Netzwerke nicht so unproblematisch hätten etablieren und ihre spezifische »Ausstrahlung« hätten entwickeln können.

Ein digitaler Anschluss allein wird in vielen Regionen nichts an den ökonomischen und zivilisatorischen Abkoppelungstendenzen ändern, die düstere ökonomische Perspektive kaum erhellen, bestehende Abstände zwischen den verschiedenen Zonen der imperialistischen Weltordnung wahrscheinlich sogar vergrößern. Nur »kulturlinke Vordenker« vertrauen noch den »großen Erzählungen« der herrschenden Apparate, nach denen das Internet und der Computer eine wohlstandsfördernde Wirkung hätten, die globale Ungleichheit beseitigen und Selbstorganisationsprozesse erleichtern würden. In der Tendenz dürfte das Gegenteil der Fall sein und sich eine sozio-kulturelle Spaltung in bisher nicht bekanntem Umfang festigen: Die neuen digitalen Kommunikationsnetze schaffen einen sozialen Raum der »Inklusion«, dem die Sphäre der »Exklusion«, also des Ausschlusses als einer sozio-kulturellen Sphäre mit großer Beharrungstendenz gegenüber steht, die von der »entwickelten« Welt wirkungsvoll abgetrennt ist, und dessen Grenzen für viele immer unüberwindlicher werden.

Es haben sich zwar neue Zentren der IT-Industrie in »peripheren« Regionen gebildet. Nicht nur, aber überwiegend werden sie von einem *Cyber-*

Proletariat im Dienste der Metropolenökonomien bevölkert. Gemessen an den gewöhnlichen Lebensverhältnissen in diesen Ländern nehmen die dortigen Beschäftigten zwar »privilegierte« Positionen ein, gelten aber im internationalen Vergleich als »Billig-Arbeiter«, von denen auch ein zunehmender Druck auf die IT-Beschäftigten in den kapitalistischen Hauptländern ausgeht, die zur Verschlechterung ihrer Arbeitsmarktlage und zur Destabilisierung ihrer sozialen Position beiträgt.

Information oder Erkenntnis?

Dass bei der Verbreitung und Übermittlung von Informationen das IT-System heute eine kaum noch wegzudenkende Rolle spielt, ist evident. Gerade auch wer bestrebt ist, den Mächtigen »auf die Finger zu schauen«, möchte auf die Möglichkeiten, die das Netz bietet, nicht verzichten, denn die Aufdeckung ihrer Machenschaften wäre ohne die entwickelte Rechnertechnologie kaum in der praktizierten Intensität gelungen.

Es sollten aber auch in dieser Hinsicht nicht die Tatsachen ignoriert werden: Es können zwar die Aktivitäten der Handlanger der Herrschenden in den Fokus gerückt und es kann skandalisiert werden, wenn staatliche Instanzen gegen ihre eigenen Prinzipien verstoßen. Aber den tatsächlichen *Machteliten* ist mit den Methoden der Entlarvung alleine nicht beizukommen. Die Geschäfte des ganz großen Geldes, die *Transaktionen des internationalen Finanzkapitals* und die ökonomischen Einflussstrukturen, die jenseits jeglicher öffentlicher Kontrolle existieren, bleiben trotz aller »Transparenz« weitgehend unangetastet, selbst in ihrer tatsächlichen Wirkungsweise unthematisiert. Vor allem praktisch werden die Möglichkeiten des ungehemmten, grenzenlosen und unkontrollierten Agierens der globalen Finanz- und Kapitalgruppen nicht tangiert. Und da es ums »große Geld« und die Sicherstellung der Kapitalverwertung geht, werden auch die Aktivitäten in den Graubereichen politisch und juristisch legitimiert. Ihr Umfang ist nicht zu unterschätzen, aber ihre »Kerngeschäfte« tätigen die Mega-Kapitaleliten vor aller Augen und mit Hilfe der elektronischen Netze! Auch wenn sie sich in Grenzbereichen bewegen, haben in der Regel ihre Investitionsentscheidungen und finanzpolitischen Aktionen immer noch einen legalen Charakter, sind durch das bürgerliche Rechtssystem abgesichert.

Zu den positiven Seiten des Internets gehören auf den ersten Blick auch die Suchsysteme, die sich mit erstaunlicher Geschwindigkeit entwickelt haben. Aber wie schon angesprochen, haben auch sie zwei Gesichter: Sie ermöglichen einen schnellen Zugriff auf »Informationen«, haben aber auch eine zentrale Funktion bei der Selektion von Wissen und der Reproduktion eines formierten Denkens. Sie sind zuverlässig, wenn beispielsweise nach dem Umfang der Armut in den Metropolenländern gefragt wird. Präsentiert werden dann umfangreiche statistische Angaben. Um jedoch eine Erklärung darüber zu finden, warum gerade in den entwickelten Ländern Armut und Reichtum im Gleichschritt wachsen, warum die Ausdehnung der Bedürftigkeitszonen die Konsequenz eines wachsenden Reichtums ist, stellt sich schon als ein deutlich komplizierteres Vorhaben dar. Das Internet verweigert sich kritischen Nachfragen nicht, aber zufriedenstellende Antworten sind in der Regel nur auf der Basis eines entsprechenden Vorverständnisses zu erhalten. Notwendig ist die Fähigkeit im Sinne des Hinweises von Weizenbaum, die »richtigen Fragen« zu stellen, bei deren Formulierung meist sogar schon die kompetenten Autorinnen und Autoren oder verlässliche Portale bekannt sein müssen, wenn die Suche zu befriedigenden Ergebnissen führen soll. Denn wer ohne Vorwissen fragt, verliert sich schnell im Netz und wird Opfer seines Verweisungssystems, denn in vielen Fällen ist das, »was wir im Internet finden, … nicht das, was wir wirklich suchen, sondern das, was die Software glaubt, dass wir es suchen. Man könnte es auch so sagen: Gezeigt wird, was wir sehen sollen.« (Markus Morgenroth) Deshalb ist die in kritischer Absicht gestellte Frage »Werden uns die Algorithmen bald beherrschen?« falsch adressiert. Denn das Problem ist ein anderes. Es kulminiert darin, dass Google über den Charakter und die Einsatzprinzipien der Algorithmen bestimmt und somit die Tendenz der Antworten präjudiziert.

Die Netzangebote erwecken den Eindruck, als ob sie für den Nutzer maßgeschneidert wären, tatsächlich jedoch, wird er durch diese geprägt, denn wie jede Software, werden auch die Suchmaschinen durch verdeckte Schwerpunktsetzungen gesteuert: Sie »geben bei der Bearbeitung unserer intellektuellen Anfrage der Beliebtheit und der Aktualität den Vorrang vor Meinungsvielfalt, Stringenz der Argumentation oder der Qualität des Ausdrucks.« (Nicholas Carr) Hinzu kommt, dass nur die wenigsten Fragesteller beurteilen können, ob die übermittelten »Informationen« zuverlässig sind – und noch weniger, ob die in den Vordergrund geschobenen Seiten und Portale die wirklich relevanten sind, aber auch von welchem Interesse sie determiniert werden.

Bemerkenswert ist, wie bereitwillig die meisten Nutzer, auf der Suche nach »Google-Wissen«, sich diesen spezifischen Strukturierungsprinzipien unterwerfen: Es wird als beachtenswert hervorgehoben, was eine Mehrheit interessiert. Konstitutives Organisationsprinzip der Suchportale ist der Herdeneffekt: Eine Seite wird aufgerufen, weil sie schon von vielen anderen präferiert wurde und entsprechend dieser Aufmerksamkeit sich ihr Platz in der Nachfragehierarchie festigt oder sogar verbessert. Alternatives Wissen und meist auch differenzierte Sichtweisen werden durch diese Organisationsprinzipien zwangsläufig verdrängt. Dass Suchmaschinen Nachrichten und Hinweise filtern, ist eine unbestreitbare Tatsache. Und Selektionen mögen auch notwendig sein, aber nach welchen Regeln das geschieht, wird verschwiegen. Die manipulative Wirkung ist aber offensichtlich.

Ich will ein Beispiel aus eigener Erfahrung anführen. Die von Heike Frieauf, Thomas Metscher, Thomas Richter und mir verfasste Studie »Ästhetik der Unterwerfung. Das Beispiel Documenta« gehört weltweit zu den wenigen Büchern, die sich kritisch mit der Prägekraft des kulturbürokratischen Komplexes und der Dominanz eines ästhetischen Pseudoavantgardismus am Beispiel des Kasseler Kunstevents *Documenta* beschäftigen. Diese Veröffentlichung gehört zu den wenigen, die sich der übermächtigen Welle einer unkritischen Akzeptanz des herrschenden Kunstbetriebs entgegenstellt. Dennoch tendiert die Chance für den Google-Nutzer gegen Null, Hinweise auf dieses Buch zu finden, wenn er nicht schon den Titel kennt, oder direkt nach den Autoren sucht. Auf den jeweils ersten 10 Seiten bei den Suchanfragen unter den Stichworten »Documenta-Kritik«, »Kritik der ästhetischen Moderne« oder auch »Kritik der modernen Kunst« wird er keine Hinweise darauf finden. Es gibt nicht nur keinen Hinweis auf die »Ästhetik der Unterwerfung«, sondern es fehlt überhaupt jeder Verweis auf kritische Positionen über den Komplex des ästhetischen (Pseudo-)Modernismus. Was angezeigt wird, hat mit den Suchanfragen nicht das geringste zu tun. Sinnigerweise erscheint jedoch schon auf der ersten Seite bei den Ergebnissen auf die Anfrage mit Hilfe der genannten Stichworte ein Hinweis auf eine Webseite die Ratschläge auf die Frage verspricht, ob »man sich ein eigenes Urteil über moderne Kunst erlauben« dürfe. Auf die gewichtige Tradition der *Kritik moderner Kunst und Literatur*, also auf Georg Lukács, Konrad Farner, Leo Kofler, Thomas Metscher und viele Andere, finden sich keine Angaben.

Trotz seiner offensichtlichen Defizite vermag das System des Internet-Wissens den meisten Nutzern dennoch Vertrauen einzuflößen, weil es *nicht nur* auf die Oberflächlichkeit und Unzuverlässigkeit festgelegt werden kann.

Es lässt sich auf der Basis entsprechender Fertigkeiten und eines entwickelten Reflexionshorizontes produktiv nutzen. Dem Kundigen öffnet sich eine Welt des Fach- und Faktenwissens, auch viele intellektuelle Schätze. Für den durchschnittlichen »User« existieren diese jedoch nicht, sondern in der Regel nur die »Antworten«, die auf der ersten, bestenfalls noch der zweiten Seite der Liste mit den Suchergebnissen erscheinen. Noch nie war es so einfach sich zu »informieren«, aber auch nie war die Gefahr so groß, sich im Netz der *Ununterscheidbarkeit* und der *Unübersichtlichkeit* zu verfangen.

Während durch das technische Reglement, im »wissensgesellschaftlichen« Einflussbereich ein aufgeklärtes Weltverhältnis, ebenso wie die Entwicklung von Differenzierungsfähigkeit und Unterscheidungskompetenz verhindert wird, redet *der postmoderne Zeitgeist* in einem affirmativen Sinne von einer entwickelten Stufe der Reflexionsfähigkeit und verbreitet das Zerrbild einer angeblich bunten Vielfalt von Horizonten und Wissensformen, durch die frühere Monokulturen eines technokratischen Denkens überwunden worden wären. Die Realität sieht jedoch anders aus: Wenn auch eher aus Gedankenlosigkeit, denn aus Kalkül, unterwerfen sich viele den Netz-Mechanismen, mit denen ihre Aufmerksamkeit gelenkt wird und durch die ihnen nahe gelegt wird, Informationen nicht um ihre eigene Bedeutung zur Kenntnis zu nehmen, sondern weil viele Andere sie für wichtig halten und sie gemäß der Nachfragehäufigkeit vorrangig platziert werden. Routinen und Automatismen, die mit herrschenden Denkmustern korrespondieren, sind deshalb die prägenden Momente der Internet-Suche. Das Raffinierte dieser Manipulationsanordnung besteht darin, trotzdem einen Eindruck von Neutralität und auch eines »selbstbestimmten« Agierens bei den Nutzern zu erzeugen.

Einen noch konsequenteren, durch unmittelbare Eingriffe geprägten Manipulationsmodus gibt es bei Facebook. In den Vereinigten Staaten wird ein Algorithmus eingesetzt, der negative Nachrichten als weniger wichtig behandelt und sie automatisch nachrangig platziert. Wesentliche Realitätsbereiche und möglicherweise zum Nachdenken anregende Ereignisse bleiben dadurch ausgeklammert. Angesichts der Tatsache, dass in den USA dreißig Prozent der Menschen (mit steigender Tendenz) ihre Informationen *ausschließlich* über Facebook erhalten, handelt es sich um einen Manipulationsvorgang von größter Relevanz.

Es kristallisiert sich eine *neue Vermittlungsform des beherrschten Bewusstseins* heraus. Neu ist diese Wissensformierung nur in dem Sinne, dass seine

Distributionsform sich verändert hat. Inhaltlich geformt wird es immer noch von alltagskulturellen Verzerrungen, die von den tradierten massenmedialen Bewusstseinsapparaten und eingespielten Ideologieproduzenten flankiert und verstärkt werden. Hinzu kommt eine positivistische Wissenschaft, deren affirmative Stellungnahmen (etwa, dass durch »Lohnzurückhaltung« Arbeitsplätze geschaffen werden und militärische Intervention »den Frieden sichern«) von diversen ideologischen Instanzen, einschließlich des Medienkomplexes popularisiert werden.

Die »Wirklichkeitsbilder«, die das unmittelbare Produkt einer oberflächlichen Netznutzung sind, haben meist einen fragmentarischen und zusammenhanglosen Charakter, fügen sich jedoch in tradierte Weltbildmuster ein. In Kombination mit ihnen »bestätigen« sie den alltäglichen Horizont eines fetischisierten Alltagsbewusstseins. Den Gesellschaftssubjekten wird also noch einmal bestätigt, was sie sowieso schon verinnerlicht haben. In der Hauptsache repräsentiert das Internet-Wissen kaum mehr als »der Herren eigene(n) Geist, in dem die Zeiten sich bespiegeln«, wie es treffend in Goethes »Faust« heißt.

Bei den Netzinformationen zu aktuellen Fragen handelt es sich oft um »diskursive« Kreisbewegungen. Viele Meldungen entstammen den Verlautbarungen eines Boulevard-Journalismus, der auch im Netz seinen festen Platz hat, prominent präsentiert wird und für den Verkürzung sowie die sachfremde Zuspitzung Programm ist. Das Geschäftsprinzip ist noch unerbittlicher als bei den Print-Medien: Alle 3 Stunden muss mit einer neuen »Sensation« oder einem aktuellen »Skandal« aufgewartet werden. Da bleibt für Sorgfalt, abwägende Distanz und Nachdenklichkeit wenig Zeit. Aufgrund der knappen Personallage gibt es für Recherche keinen Raum. Der Blick der Informations-Akteure auf die Realität ist deshalb durch netz-gefilterte »Nachrichten« geprägt, also durch die schon von anderen Netz-Portalen geprägte Sichtweise auf die »Ereignisse«. Oft werden Nachrichten präsentiert, die über diverse Stufen ihren Weg durch diesen Medienkosmos gemacht haben und dabei ohne sachliche Rückversicherung immer wieder verändert wurden, um Originalität und eigene Recherche vorzutäuschen. Die unter Zeit- und Erfolgsdruck stehenden Textarbeiter in den Rumpf-Redaktionen greifen bereitwillig nach diesen unausgegorenen, nicht abgesicherten Meldungen und Kolportagen, die ihren Ursprung in Vermutungen haben und nach einigen Vermittlungsstufen im Netz als »Tatsachen« gelten. Bei der Mehrzahl dieser Internet-Angebote wird auf eigene Recherche und Fakten-Überprüfung verzichtet, Journalismus also

nur vorgetäuscht. Aber die meisten pseudo-journalistischen Kopflanger machen sich sowieso keine Illusionen darüber, dass sie *Teil der Unterhaltungsin-
dustrie* sind.

Nicht viel anders verhält es sich mit der *Blogger-Szene*. Unbestreitbar ist,
dass es bemerkenswerte Sichtweisen und Beiträge gibt. Aber sie repräsentieren nicht den Haupttrend. Die Mehrheit von ihnen bietet alles andere denn
eine professionelle Informationsvermittlung und seriöse Meinungsdistributi-
on. Es gibt keine redaktionelle Instanz für die Qualität und keine Absicherun-
gen des Wahrheitsgehalts – jedoch eine überwiegend gut- und leichtgläubige
User-Gemeinschaft. Deshalb verbreiten sich Desinformationen, Irrtümer und
Lügen im Netz wie Bakterien in der kalten Jahreszeit.

Subtile Erklärungen zu zentralen gesellschaftspolitischen Fragen waren
auch vor der Verbreitung des Internets nicht unproblematisch zu erhalten.
Aber nun gibt es die Situation, dass von vielen, sehr vielen Menschen die
unproblematisch zu erlangenden Hinweise bei Google und die Wikipedia-
Einträge, vor allem auch die Blogger-Verlautbarungen schon als der Weisheit
letzter Schluss angesehen werden. Das gilt oft auch bei den Antworten auf
alltagsrelevante Informationsbedürfnisse. So verlassen sich zunehmend vor
allem junge Menschen bei Krankheiten, vor allen bei psychischen Bedrängungen, auf die »guten Ratschläge« (hinter denen sich nicht selten anonyme Pro-
duktwerbung der Pharmaindustrie verbirgt) aus dem Internet. Durch diese
Einflüsse ist die Bereitschaft zur Selbstmedikation, vor allem bei Psychopharmaka beträchtlich gewachsen. Die gesetzlichen Regeln auch bei verschrei-
bungspflichtigen Medikamenten haben faktisch keine Gültigkeit mehr, weil
sie unproblematisch unterlaufen werden können.

In seinen langfristigen Konsequenzen bewirkt der netzspezifische Ver-
mittlungsprozess einen Kontrollverlust über die Informationen und den
ihnen zugrunde liegenden Entstehungsvorgängen. Es ist mehr als nur eine
provokante Rhetorik, wenn der US-amerikanische Autor Nicholas Carr als
Resultat aufmerksamer Selbstbeobachtung die Frage aufwirft, ob »Google
uns dumm (macht)«: »Während der letzten Jahre hatte ich das unangenehme
Gefühl, dass irgendwas oder irgendjemand mit meinem Hirn spielt, die neuronale Architektur umbaut, meine Erinnerung umprogrammiert. Ich denke
nicht mehr, wie ich zu denken gewohnt« war.

Tatsache ist, dass in der Regel die Strukturierungsprinzipien des »Netz-
Wissens« von der Maschine präjudiziert, und nicht vom Nutzer erarbeitet

werden. Eine der Konsequenzen dieser Konstellation ist der Verfall eines
kritischen Realitätsbezugs. Das hat gravierende, herrschaftskonforme Konsequenzen: Es »bedeutet, dass die Verflüchtigung historischen Wissens nicht
mehr von oben durchgesetzt werden muss. Die alltäglichen Bedingungen der
Kommunikation und des Informationszuganges gewährleisten eine systematische Auslöschung des Vergangenen, die zum Bestandteil der phantasma-
tischen Konstruktion von Gegenwart wird.« (Jonathan Crary) Erschwerend
kommt aber noch hinzu, dass durch die Computernutzung (nicht nur durch
die Google-Dienste) neuronale Regressionsvorgänge stimuliert werden, sich
das Gehirn verändert, die Fähigkeit zur Konzentration und zur Unterscheidung sich *strukturell* zurück entwickeln.

Politik, Protest und digitale Kommunikation

Die regressiven Seiten der Netz-Realität sollten natürlich kein Hinderungsgrund sein, alternatives Wissen und progressive Orientierungen auch im Internet zu verbreiten. Aber wenn am Ende nicht Resignation und ein Gefühl der Ohnmacht dominieren soll, muss das im Bewusstsein einer beschränkten »Reichweite« geschehen. Der notwendige Realismus fehlt aber gerade in den »alternativen« Diskussionen über das Netz. Immer noch dominiert das Bild von der Internetkommunikation als Emanzipationsautomatismus, ist eine Vorstellung von den »Neuen Medien« als selbsttätig ihre progressiven Wirkungen entfaltende Demokratisierungs- und Aufklärungsinstanz verbreitet. Doch in dieser Hinsicht ist Vorsicht geboten, denn nicht unberücksichtigt bleiben darf, dass die zweifellos vorhandenen positiven Seiten des Einsatzes digitaler Medien für progressive Bewegungen, meist auch eine bedenkliche Kehrseite haben.

Sehr deutlich wurde das 2015 bei ihrem Einsatz anlässlich der Mobilisierungskampagne zur Wahl von Jeremy Corbyn zum Vorsitzen der britischen Labour Partei. Der Leiter der digitalen Pro-Corbyn-Aktivitäten sprach von eindeutig positiven Wirkungen. Aber die tatsächlichen Effekte können kaum zuverlässig eingeschätzt werden, weil gerade im Rahmen dieser Mobilisierungskampagne für den linken Flügelmann von Labour in besonders intensiver Weise auch traditionelle Formen der Mobilisierung und der Botschaftsübermittlung angewandt wurden: Corbyn füllte landesweit die Säle und Hallen, weil die »Mobilisierungskampagne Aktivitäten kombinierte, die eine Anwesenheit von Menschen zur selben Zeit am gleichen Ort erforderten, wie Wahlveranstaltungen und Demonstrationen, mit der Nutzung ›Sozialer Medien‹«. (Christian Fuchs)

Es ist jedoch nicht ausgeschlossen, dass die Anti-Corbyn-Kampagnen, die vorrangig über die »Sozialen Medien« organisiert wurden, nicht mindestens eben so wirksam waren wie die digitalen Pro-Corbyn-Aktivitäten – und zwar aus einem Grund, den der Labour-Wahlkampfmanager Benn Seller als positiven Gesichtspunkt hervorgehoben hat, dass nämlich »Soziale Medien wie ein sehr großes Pub seien, in dem jeder gleichzeitig« reden könne. Darin sollte ein linker Aktivist aber eher ein Problem sehen. Auf Stammtischniveau und in einer Wirtshausatmosphäre lassen sich vorzüglich reaktionäre Parolen und Denunziationen artikulieren. Darauf ließe sich zwar mit progressiven Schlagworten reagieren, die jedoch im besten Fall nur Zustimmung bei den schon Überzeugten fänden, aber kaum jemand zum Nachdenken anregen würden.

Aber subtile Überzeugungsarbeit ist schon aus technischen Gründen kaum möglich, denn mit den 140 Zeichen die für Twitter-Botschaften zur Verfügung stehen, ist eine Tendenz der Fragmentarisierung und Banalisierung von Kommunikation präjudiziert. In diesem Rahmen lässt sich zwar wirksam rechte Propaganda verbreiten, aber keine angemessene Gegenargumentation formulieren, von der Lerneffekte ausgehen könnten. Die Parole »Die Flüchtlinge belästigen unsere Frauen!« (sie besteht immerhin schon aus fast 50 Zeichen!) erzielt problemlos ihre Wirkung auf das angesprochene rechte Klientel. Nicht zuletzt, weil die Aussage mit verfestigten Weltbildmustern korrespondiert, die in diesen Kreisen eine prägende Bedeutung haben. Auch wenn »getwittert« wird »Die Arbeitslosen sind faul!« dann »bestätigt« diese Verleugnung ebenfalls verbreitete Stereotypen, die medial immer wieder »aufgefrischt« werden. Auch darauf ließe sich mit Gegenparolen reagieren, aber eine notwendige argumentative Auseinandersetzung ist in diesem Rahmen nicht möglich. Diese Tatsache sollte bewusst sein, wenn die erbaulichen Geschichten von den »progressiven Wirkungen« der »Sozialen Medien« erzählt werden. Vor allem steht auch dieser Entwicklungsstrang erst am Anfang und nichts spricht dagegen, dass durch die Netz-Kommunikation auch faschistoide Massenbewegungen organisiert werden können. Schon heute stellt durch das Internat vermittelte rechte Propaganda einen nicht zu vernachlässigenden Einflussfaktor dar.

Aus einem realistischen Problembewusstsein ist jedoch nicht auf eine prinzipielle Nutzlosigkeit der »Sozialen Medien« zu schließen: »Natürlich bedeutet politisches Engagement, dass man sich der vorhandenen Werkzeuge und technischen Möglichkeiten kreativ zu bedienen weiß. Das darf aber nicht in der Vorstellung münden, dass das Heil in den Werkzeugen selbst liegt. Lenin, Trotzki und ihre Genossen hatten alle im Jahre 1917 verfügbaren Kommunikationstechniken verwendet. Sie hatten sie aber nie zu privilegierten und sakrosankten Determinanten einer ganzen Konstellation historischer Ereignisse hochstilisiert«. (Jonathan Crary)

Jedoch ist die Zahl derjenigen nicht sehr groß, die realistische Vorstellungen über die nur *beschränkten progressiven Wirkungsmöglichkeiten* der neuen Kommunikationsmedien besitzen, sich keine Illusionen darüber machen, dass die Plattformen und digitalen Vermittlungsstrukturen nicht nur zur Mobilisierung mit progressiver Tendenz einsetzbar sind, sondern in einer bisher kaum gekannten Intensität auch *gegen* Protest- und Aufstandsbewegungen instrumentalisiert werden können.»Die Polizeibehörden der globalen Weltordnung können sich nur beglückwünschen, wenn sich Aktivisten bereitwillig über das Internet organisieren und im Cyberspace einkesseln, wo staatliche Überwachung, Sabotage und Manipulation viel leichter auszuüben ist als in lebendigen Gemeinschaften und Orten, an denen echte Begegnungen stattfinden.« (Jonathan Crary)

Noch immer wird der *Arabische Frühling* als Erfolgsgeschichte der »Sozialen Medien« dargestellt, weil sie angeblich bei der Massenmobilisierung und der inhaltlichen Ausrichtung der Protestaktionen eine entscheidende Rolle gespielt hätten. Mittlerweile ist bekannt, von welcher interessierten Seite die Illusionen über die demokratiefördernde Rolle der Internet-Kommunikation verbreitet wurden: Von einer Allianz von Silicon-Valley-Protagonisten und Akteuren der US-amerikanischen Außenpolitik-Administration:»Ein Gutteil des Geredes über den Arabischen Frühling als Heraufkunft eines neuen Stils von digitalem Protest war nur die upgedatete Version einer Modernisierungstheorie, die uns glauben lassen soll, [dass] der Einsatz hochentwickelter Medien ... zu intellektueller Emanzipation, mehr Respekt vor den Menschenrechten usw.« führe. (Evgeny Morozov)

Es hat durch die Verwendung der »Sozialen Medien« bei der einen oder anderen Aufstandsbewegung so etwas wie einen Überrumpelungseffekt gegeben. Dass auf diese Weise die Herrschenden überrascht werden konnten, gehört zweifellos jedoch der Vergangenheit an, denn die »Gestaltungsmöglichkeiten«, die sich aus der Universalität und Anonymität der digitalen Medien ergeben, haben mittlerweile die hegemonialen Kräfte in allen Systemen entdeckt. Verwunderlich wäre es, wenn sie keine »digitalen Einsatztruppen« mit dem vorrangigen Ziel einer desorientierenden Einflussnahme (nicht zuletzt nach dem Vorbild der US-amerikanischen »Dienste«) aufgebaut hätten. Jedenfalls hat, wer manipulieren, desorientieren und verunsichern will, im

Netz ein fast grenzenloses Betätigungsfeld und findet dort die besten Voraussetzungen: Die Anonymität in Verbindung mit einem großen Verbreitungs-
grad. Schon während des Arabischen Frühlings »wurden ›Rädelsführer‹ bei
den Demonstrationen über soziale Netzwerke identifiziert und anschließend
verhaftet.« (Stefan Aust/Thomas Ammann) Aus dem Westen stammende
Überwachungs- und Erfassungstechnik waren willkommene Hilfsmittel bei
diesem Vorgehen.

In etlichen Ländern sind die herrschenden Apparate aber auch schon
einen entscheidenden Schritt weiter, existieren Aktivitäten zur Revolutions-
und Aufstandsprävention auf der Basis der Auswertung von Internetdaten.
Aber als Ruhekissen für die Herrschenden eigenen sich solche Aktivitäten
nicht, weil die digitale Kommunikation eben keine notwendige Bedingung
bei der Konstitution und für die Handlungsfähigkeit alternativer Bewegungen darstellt. Sie kann ein willkommenes Hilfsmittel sein, ist aber nicht das
wesentliche Element bei der Organisation ernsthafter Aktionen, in der Regel
noch nicht einmal bei ihrer Vorbereitung, bei der die individuelle Motivationsstruktur, sowie die Art und Weise ihrer Entwicklung und Festigung eine
wesentlich größere Rolle spielen als die technischen Kommunikationsformen.
Bekanntlich hat es ja schon Revolutionen vor der Verbreitung der Smartphones gegeben.

Es ist grundsätzlich zu fragen, ob eine Emanzipationsbewegung ohne die
unmittelbare Begegnung, den intellektuellen und emotionalen Austausch
auf der persönlichen Ebene existieren und sich entfalten kann. Denn die Aneignung von Inhalten ist bei der politischen Sozialisation die eine Seite, eine
andere von fundierender Bedeutung ist jedoch die Verbindung der Wissens-
elemente mit den eigenen Erfahrungen und deren Inbezugsetzung zum Er-
lebnishorizont der Anderen. Der persönliche Austausch ist dabei ein unver-
zichtbares Element.

Kommunikation ist für alternative Bewegungen zweifellos von zentraler
Bedeutung, jedoch nicht in der Form bloßer Übermittlung von Informationen, Botschaften oder gar Direktiven. Sie muss einen substanziellen Charakter haben, und den hat sie nur dann, wenn sie auf *gemeinsamen Erfahrungen*
und den mit ihnen verbundenen *kollektiven Reflexionen* darüber beruht, was
sie politisch bedeuten. »Stehen die Netzwerke nicht im Dienst vorhandener
Beziehungen, die sich gemeinsamer Erfahrung und Nähe verdanken, reproduzieren sie nur die ihrer Nutzung innewohnenden Trennungen, Intranspa-

renzen, Vorstellungen und Eigennützigkeiten. Jeder soziale Aufruhr, der in erster Linie sozialen Medien entspringt, muss historisch ephemer und folgenlos bleiben.« (Jonathan Crary)

Ein typisches Beispiel ist die *Occcupy-Bewegung*, die (in ihrer Mehrheit) zwar aus Aktivisten mit zündenden Parolen, großer Internet-Affinität und beträchtlicher *Netzwirkung*, aber ohne programmatische Orientierung und letztlich auch ohne ein konkretes Wissen darüber bestand, gegen welche sozialen Kräfte und ökonomischen Strukturen sich ihr Protest richtete. Auch intensive Netz-Kommunikation konnte diese Defizite nicht kompensieren. Aufschlussreich ist eine Interview-Passage des Occupy-»Vordenkers« David Graeber: »Manche haben uns angepöbelt, manche waren nett. In der US-Notenbank Fed hatten wir sogar einige Fans. Einer sagte mir: ›Wir haben zwei Monate versucht, herauszufinden, was ihr Typen eigentlich genau wollt. Als wir merkten, dass ihr nichts Bestimmtes verlangt, fanden wir das brillant.‹«

Lernautomat oder intellektuelle Deformationsmaschine?

Weder das Platzen des Traums einer angeblich harmonischen Wirtschaftsentwicklung durch die Wirkungen einer »Neuen Ökonomie«, noch die zunehmenden Kenntnisse über den Erfassungssumpf, haben das in der Öffentlichkeit dominierende positive Bild von Rechner und Internet nachhaltig beschädigen können. Die positiven Einschätzungen sind weitgehend veränderungsresistent, weil sich schon früh die IT-Technologien mit den avancierten Lebensentwürfen von sozialen Aufsteigern amalgamiert hatten: Die Aneignung von IT-Kompetenzen in Kombination mit internetvermittelten Selbstinszenierungen wurden von ihnen schnell als wichtiges Mittel im sozialen Existenzkampf erkannt. Sein Echo findet dieses Verständnis von Computerkompetenz als soziales Unterscheidungsmittel noch heute in der Forderung von Mittelschichtseltern, ihren Nachwuchs in der Schule (und am besten schon im Kindergarten) systematisch mit Computer- und Internet-Techniken vertraut zu machen – allen empirischen Erhebungen zum Trotz, die wenig vorteilhaftes über die Computer-Praxis bei Kindern und Jugendlichen berichten: Denn je größer die Rolle des Computers als pädagogisches Vermittlungsmedium ist, um so ambivalenter, wenn nicht sogar fragwürdiger sind die Konsequenzen. Beispielsweise deshalb, weil durch das computer-vermittelte Lernen ein Sachverhalt nicht so in die Tiefe gehend verarbeitet wird, wie es bei den »menschengeprägten« Methoden der Wissensvermittlung der Fall ist. Ein persönlich agierender Lehrer stimuliert Lernprozesse und vermittelt Wissen auch über emotionale Signale, die eine intensivere Verarbeitung des Stoffes bewirken, als die Tastatur und Bildschirmkontakte es ermöglichen. Durch das Fehlen eines realen Gegenübers wird die Entwicklung von *Resonanzverhältnissen* verhindert, deren Abwesenheit Hartmut Rosa als charakteristisch für *Entfremdungszustände* beschrieben hat. Aber es existiert ein signifikanter Unterschied: Werden in »gewöhnlichen« Entfremdunsgkonstellationen Resonanzbeziehungen gestört und minimalisiert, werden sie im Kontext der Digital-Pädagogik von vornherein ausgeschlossen.

Durch Pädagogen vermitteltes Lernen korrespondiert mit qualitativen Entwicklungsprozessen des Gehirns, mit intensiveren Formen des Selbstdenkens, mit Assoziationen und Antizipationen. Computer-Lernen hat dagegen die Tendenz, die Aufmerksamkeit auf das Vorgegebene, die Konzentration auf eine fragwürdige »Faktizität« zu unterstützen, wodurch die Wahrnehmungspotenziale zusammenschrumpfen. Übrig bleibt deshalb oft ein »Wissen« ohne tiefere Verankerung und mentale Breitenwirkung: Die Verknüpfungen mit anderem Wissensressourcen und Speicherregionen im Gehirn bleiben unterentwickelt.

In der Regel ist computervermittelte Wissensaneignung kaum geeignet ein intensives Nachfragen zu fördern: »Informationsarbeit« vor dem Bildschirm stellt deshalb in wesentlichen Belangen ein Gegensatzprinzip zur gedanklichen Erfassung und Durchdringung von Sachverhalten dar. Der Computer fördert die Praxis eines erfahrungslosen Lernens, bei dem die Aneignungseffekte gering bleiben, weil nur ein enges Spektrum mentaler und emotionaler Fähigkeiten stimuliert werden. Erreicht wird eine funktionalistische Zurichtung der Lernenden, zu dessen unmittelbaren Konsequenzen der Verlust der Fähigkeit intellektueller Selbsttätigkeit und umfassender Weltaneignung gehört.

In einer OECD-Studie aus dem Jahre 2015 wird die Problematik digitalisierter Wissensvermittlung pointiert auf den Punkt gebracht: Auch die stärkste Technik kann selbst schwachen Unterricht nicht ersetzen: Computer-Lernen bleibt *regelmäßig hinter der Intensität herkömmlicher Formen der Wissensaneignung zurück*. Die *negative Beeinflussung der* Aneignungsfähigkeit und -intensität drückt sich auch in reduzierten neuronalen Verknüpfungen und damit zusammenhängenden verschlechterten Gedächtnisleistungen, aber auch in unterentwickelten Phantasieressourcen aus.

Das Computer-Lernen repräsentiert ein Gegenprinzip zum Lernen als sozialem Prozess, das durch gegenseitige Anregungen und im Idealfall als Vorgang wechselseitiger Hilfe funktioniert. Soziale Lerneffekte können zwar auch mit dem Computer stimuliert werden. Aber dass die digitale Wissensvermittlung projektbezogen und in Lerngruppen stattfindet, entspricht seltener der Realität. Meist befördert die Computer-Pädagogik soziale Isolationstendenzen.

Bezeichnend ist, dass die Forderung nach einer intensiven pädagogischen Verwendung des Computers in der Bundesrepublik vor dem Hintergrund

einer katastrophalen bildungspolitischen Situation stattfindet, einer strukturell defizitären Ausstattung der Schulen mit Lehrpersonal, vor allem jedoch
auch der destruktiven Wirkungen eines »dreigliedrigen« Schulsystems, das
als *soziale Selektionsanordnung* funktioniert, sowie einer finanziellen Unter-
ausstattung des bundesrepublikanischen Bildungssystems, die sich oft noch
in der Morbidität der Schulgebäude ausdrückt.

In dieser Situation soll der Computer *kompensatorisch* zum Einsatz kommen und die bildungspolitischen Defizite ausgleichen – aber dazu ist er am
allerwenigsten geeignet. Er ist nicht prädestiniert die gravierenden finanziellen, personellen und konzeptionellen Lücken zu füllen. Sein Einsatz würde
weder die defizitären Pädagogik-Konzepte kompensieren, noch die fehlenden Lehrkräfte ersetzen, sondern die desolate Situation in den Schulen noch
verstärken, denn die »Digitalisierung« von Elementen des Unterrichts könnte
nur zu positiven Effekten führen, wenn sie von einer ausreichenden Zahl qualifizierter Lehrerinnen und Lehrer flankiert würde. Dies ist nicht vorgesehen.
Von den bildungspolitischen Akteuren wird stattdessen gehofft, die Mangelsituation durch technologische Hilfsmittel überspielen zu können.

Dennoch provozieren die *Forderungen nach einem verstärkten Computereinsatz im Bildungssystem* nur geringen Widerspruch und ernsthafte Fragen nach
deren Sinnhaftigkeit sind selten. Nicht nur, weil sie mit der unreflektierten
Computerfixierung einer breiten Öffentlichkeit korrespondieren, sondern
auch, weil sie von der IT-Industrie mit wirkungsvollen Einflussstrategien
flankiert werden. Mit welchem Nachdruck, aber auch mit welcher Skrupellosigkeit unter Ausnutzung der Anonymität des Netzes Meinungsmache betrieben und interessengeprägte Sichtweisen verbreitet werden, wird durch
das Netz-Portal *Der Lehrerfreund* deutlich. Finanziert von Lernsoftware- und
Computerfirmen, wird Produktplacement hinter der Fassade pädagogischer
Ratschläge und Hilfestellungen unter Ausschaltung jeglicher kritischer Reflexion betrieben. Auf die neurobiologischen Forschungsergebnisse über die
negativen Seiten des Computer-Lernens reagiert der *Lehrerfreund* mit der Bemerkung, dass ja jedes Kind anders auf die jeweiligen pädagogischen Ver-
mittlungsmethoden reagiere. Was in so weit richtig ist, dass es sowohl bei
Positiv-, wie auch bei Negativ-Konsequenzen eine bestimmte Variationsbreite
gibt, sich dadurch an der Grundtendenz der Ergebnisse jedoch nichts ändert.
Die Frage drängt sich auf, ob von dieser *ideologischen Einflussinitiative* die
deutschen Lehrerinnen und Lehrer falsch eingeschätzt werden, oder ob sie

tatsächlich so dämlich sind, dass die präsentierten Phrasen auf sie nicht ohne Wirkung bleiben?

Es wäre auch aufschlussreich, einmal konkret die von IT-industrieller Seite organisierten Ideologiekampagnen gegen die Aufklärungsarbeit Manfred Spitzers über die digital vermittelten Regressionstendenzen (»Digitale Demenz«) unter die Lupe zu nehmen. Es würde dann in einer geradezu beschämenden Weise deutlich werden, wie tief diese *organisierten Desinformationsaktivitäten* trotz ihrer intellektuellen Dürftigkeit, auch in »kritische« Diskussionszusammenhänge haben eindringen können. Aber aufschlussreich wäre auch eine Analyse der Reaktionsmuster der bürgerlichen Medien: Nach anfänglich wohlwollenden Beschäftigungen mit den Spitzer-Publikationen über die problematischen Seiten der Konzepte »Digitaler Bildung«, gab es bald eine Trendwende, gewannen die ablehnenden bis denunziatorischen Stimmen die Oberhand. Das Ganze sah wohl nicht zufällig nach einer »Konzertierten Aktion« aus.

Als Kehrseite der ideologischen Einflussaktivitäten wird auf der intellektuellen Schwundstufe des *Lehrerfreundes* und ähnlicher Produkt-Placement-Aktivitäten der Computer als Allheilmittel bei allen pädagogischen Problemlagen angepriesen. Wie gesagt, fallen solche Initiativen auf fruchtbaren Boden, weil die manipulativen Botschaften von Mittelschichteltern, die für ihre Kinder »nur das Beste wollen«, bereitwillig aufgegriffen werden. Auch aus ihren Alltagserfahrungen, dass die auf sich allein gestellten Kinder sich leicht in den »Computer-Welten« verlieren, in denen auch Killerspiele eine große Rolle spielen, werden von den Eltern schulpflichtiger Kinder ebenso wenig die naheliegenden Schlüsse gezogen, wie aus dem Bericht der Suchtbeauftragten der Bundesregierung, dass »etwa 250.000 der Vierzehn- bis Vierundzwanzigjährigen ... als internetabhängig, 1,4 Millionen als problematische Internetnutzer« gelten müssen. Konsequenzen der Internetsucht sind schulische Leistungsdefizite und soziale Isolationstendenzen. Aber auch jenseits der unmittelbaren Gefährdungszonen hat die Medien-Beschäftigung der Jugendlichen einen bedenklichen Umfang erreicht. Bei einer Befragung von Neuntklässlern wurde eine tägliche Nutzungsdauer von 7,5 Stunden festgestellt.

Wie gesagt, ist der Zustand des gegenwärtigen Bildungssystems in der Bundesrepublik desolat – aber das Computer-Lernen ist kein therapeutisches Mittel dagegen, sondern ein Versuch die Defizite zu verschleiern und letztlich auch zu zementieren, zumal *innerhalb des Bildungssystems* kaum praxisgerechte Vorstellungen darüber existieren, welche Reformschritte notwendig wären, um Lernen effektiver und kindgerechter organisieren zu können. In dieser Situation unterstützt der Computer die Prinzipien des gescheiterten Schulsystems, werden von den digitalen Lern-Programmen dessen Widersprüche und Paradoxien (beispielsweise die soziale Selektionswirkung) nur verstärkt.

Es geht beim Computer-Lernen und den gewöhnlichen Aneignungsformen von Internet-Wissen um *Kenntnisvermittlung* in einem Modus, der mit dem gewöhnlichen Konsumverhalten korrespondiert. Dominierend ist der schnelle Erwerb und ein unverzüglicher »Verbrauch«. Dieser Vorgang der Wissensdistribution repräsentiert ein Gegenprinzip zur intellektuellen Aneignungsarbeit, bei der es auf die Verknüpfung mit Wissenssubstanzen und Erfahrungswerten, letztlich auch die geistige »Inbesitznahme« ankommt. Subtile Vermittlungseffekte sind beim digitalen Informationserwerb jedoch meist unterentwickelt.

Eine erste Nachdenklichkeit macht sich auch schon »in der Höhle des Löwen« bemerkbar: Der Präsident des Massachusetts Institute of Technology bezeichnet zwar das Online-Lernen und den Einsatz von Online-Kursen als »Zukunft des Lernens« – aber nur als Ausbildung für Externe, nicht für Studierende am MIT. Online-Kurse mit Zertifikaten hätten zwar einen Wert für Job-Bewerbungen, es werde aber keinen MIT-Master online geben, weil man dazu Teil der Gemeinschaft auf dem Universitäts-Campus sein müsse. Das ist eine Stellungnahme, die auch ein soziales Absonderungsbedürfnis zum Ausdruck bringt: Die Vorteile der Präsenzlehre und des gemeinsamen Lernens sollen denen vorbehalten bleiben, die es sich leisten können. Nicht weniger aufschlussreich ist auch, dass in den (digital-)technik-affinen Vereinigten Staaten aufgrund einer längeren Erfahrung mit dem Computer-Lernen, Laptop- und Tabletklassen mangels Nutzen wieder aufgelöst werden, während der Deutsche Bundestag (auf der Basis von »Denk«- und Artikulationshilfen der IT-Industrie) bereits Grundschüler dem Netz ausliefern will.

Fraglos gibt es positive Effekte des Computereinsatzes auf einigen pädagogischen Feldern, die jedoch überschätzt werden. Bezeichnend ist, dass die Argumente, die im Umlauf sind, meist identifizierbare Urheber aus dem Kreis der Computer- und Software-Industrie haben. Ihre in den Vordergrund geschobenen Schlagworte lauten »Medienkompetenz« und »Digitale Bildung«, die in den Lehrplänen einen privilegierten Platz einnehmen sollen. So früh wie möglich soll mit der Arbeit am und mit dem Computer begonnen und eine »digitale Grundbildung« vermittelt werden. Aber auffällig ist das Fehlen eines qualifizierten Bildungskonzeptes, das dem Computerlernen einen *sinnvollen* Platz zuweisen würde. Stattdessen wird die *Vermittlung von Anwenderfertigkeiten privilegiert*. Es geht also den Propagandisten des »Computer-Lernens« nicht um Bildung im Sinne von intellektueller Kompetenzerweiterung, sondern um die Umsatzsteigerung bei der Hard- und Software. Entsprechend dürftig fallen auch die Begründungsversuche für eine »Digital-Offensive« aus: Der Computer böte nach den Worten von Software-Verkäufern, »enorme Potentiale für das lebensbegleitende Lernen über alle Altersgruppen der Bevölkerung hinweg« und würde ein »flexibles, zeit- und ortsunabhängiges Lernen« fördern. Aber: Das gilt genauso für jedes konventionelle Buch. Wer durch Kommunikationstechnik das »individualisierte und kooperative Lernen erleichtern« will, müsste mit größerem Recht mehr Lehrer und Betreuer einfordern. »Denn zwei Prämissen gelten für jedes Lernen: Jede(r) muss, was er oder sie wissen und können möchte, selbst lernen. Lernen ist Eigenleistung. Zugleich lernen Menschen von und mit anderen. Lernen ist immer auch ein sozialer Prozess. Dazu braucht man keine Technik, sondern die Präsenz aller Beteiligten.« (Ralf Lankau)

Die Argumente *gegen eine Technisierung der Lernprozesse* sind schwerwiegend, denn die digitalen Orientierungsprozesse sind eng mit dem Verfall von Fähigkeiten verbunden, die unverzichtbar sind, sich in der Welt ohne technische Hilfsmittel orientieren zu können: »Vom Rechnen bis zum Korrigieren, von der Fähigkeit, Stadtpläne zu lesen, bis zum Auswendiglernen von Telefonnummern – die Computer nehmen uns so viel ab, dass wir im Laufe der Zeit in unseren Gehirnen die entsprechenden Abteilungen verkleinert, geschlossen und die Nervenzellen in Vorruhestand geschickt haben.« (Frank Schirrmacher)

Es geht also nicht darum, ob man »Freund« oder »Feind« des Computers ist, sondern um den Realismus, mit dem die digitalen Überformungen des Alltags und die computer-geprägten Veränderungen der Subjekte betrachtet werden. Die präformierende Wirkung des Computers ist auch kein »finales« Argument gegen die Verwendung der elektronischen Maschinen zum Wissenserwerb, jedoch ein Hinweis auf deren Grenzen und die Erinnerung daran, dass es leichtfertig wäre, der »Geistesmaschine« eine privilegierte Stellung im Bildungssystem einzuräumen, wie es die interessendominierten Appelle zu seinem frühen Schul-, gar Kindergarteneinsatz intendieren.

Dominanz des Sekundärwissens

In vielen Bereichen hat der Computer das Verhältnis zu Texten und zur Schrift gravierend verändert. Nicht zuletzt deshalb, weil computer-unterstützt mit großer Regelmäßigkeit, digitalisierte Texte (die präziser als Vorlagen zu bezeichnen wären) in ihren Grundzügen oder sogar unverändert in andere Textzusammenhänge übernommen werden. Im Gesundheitswesen ist das bei der Führung der Krankenakten zur gängigen Praxis geworden: Regelmäßig werden zur Dokumentation der Behandlung Passagen aus anderen Akten mit ähnlich gelagerten Fällen übernommen. Das Kopieren von Textelementen aus anderen Kontexten führt jedoch zur Schematisierung und Oberflächlichkeit. Diese mittlerweile Standard gewordenen *Vorgänge der Duplizierung* bergen die Gefahr in sich, den Besonderheiten des konkreten Falls nicht mehr gerecht zu werden. Eine US-amerikanische Studie über die Konsequenzen elektronischer Patientenakten spricht von zunehmenden Ungenauigkeiten und »Dequalifizierungserscheinungen«, weil Besonderheiten der einzelnen Krankengeschichten eliminiert werden. Die Eintragungen über das Krankheitsbild werden stereotyper; sie wirken bei einer Vielzahl von Patienten – trotz eines in entscheidenden Punkten differenten Gesundheitszustandes – durch die Verwendung von Textbausteinen auf Grundlage älterer Eintragungen fast identisch. Die für das ärztliche Handeln wichtigen Differenzierungen gehen verloren und die Beschreibungen des konkreten Falls werden indifferent.

In der medizinischen Praxis zeigt sich, dass die »Präzision« der elektronischen Datenerfassung und -verwaltung ihre Grenzen hat und in nicht unwesentlichen Teilen eine Selbsttäuschung der mit ihnen Arbeitenden ist. Bei der handschriftlich geführten Krankenakte war am Umfang der jeweiligen Eintragungen schon zu erkennen, wie lange der Arzt sich mit den Patienten beschäftigt hatte. Mittlerweile werden jedoch vor allem kurze Behandlungszeiten durch umfangreiche Textbausteine kaschiert, die eine Zuwendungsintensität vortäuschen sollen, die es nicht gegeben hat. Mit der rein quantitativen

Umfangszunahme der Aufzeichnungen, steigt auch die Wahrscheinlichkeit, dass die relevanten Aspekte durch die gleichförmige Erscheinungsform der Dokumentation, vom Nebensächlichen überdeckt werden. Alle Eintragungen sehen gleich aus und erschweren eine verlässliche Orientierung, die früher meist schon durch unterschiedliche Handschriften und eine differente Ausführlichkeit möglich war. »Das Durchblättern von herkömmlichen Behandlungsakten mag heute überholt und ineffizient erscheinen, aber ein Arzt kann sich schnell einen guten Überblick über die viele Jahre dauernde Krankengeschichte eines Patienten verschaffen. Die Darstellung von Informationen am Computer ist weniger flexibel und verhindert daher oft einen Blick auf die ganze Vorgeschichte.« (Nicholas Carr)

Mehr als nur ein Nebeneffekt bei der Computernutzung in der Arztpraxis ist die Tatsache, dass die automatisierten Programme sich regelrecht zwischen Arzt und Patienten schieben: Der in der elektronischen Akte während des Patientenbesuchs vertiefte Arzt, schaut länger auf den Computerbildschirm als auf seinen Patienten. Nachweislich sinkt in dieser Konstellation der Aufmerksamkeitslevel ihm gegenüber ab. Der Effekt ist nicht nur eine unpersönlichere, sondern auch weniger gründliche Patientenversorgung gerade dann, wenn der Computer auch noch »mitdenkt« und Behandlungs- und Verschreibungsvorschläge macht, denen die Ärzte dann oft ohne weitere Hinterfragung folgen. Gefördert werden unreflektierte Reaktionsmuster nicht zuletzt auch deshalb, weil die Prozesse schneller ablaufen als es bei den konventionellen Diagnoseverfahren der Fall ist, bei denen die persönliche Abwägung zwischen verschieden Therapiemöglichkeiten (die ihre Zeit fordert!) eine entscheidende Rolle spielt.

Die Praxis des »Überschreibens« und der *Sekundärverwendung von Texten* ist nicht nur in der medizinischen Praxis ein Problem. Überall wo mit Texten gearbeitet wird, spielt diese Vorgehensweise eine zunehmende Rolle. Sie ist regelmäßig auch bei routinierten Schreibern, wenn man die Primärtexte kennt, derer sie sich bedient haben, zu erkennen: Sie machen sich nicht in einem direkten Sinne des Plagiats schuldig – aber sie paraphrasieren die Vorlage, verändern ihren Duktus und Rhythmus, nehmen Umstellungen vor – reflektieren jedoch oft nur unvollständig den ursprünglichen Inhalt. Die bearbeitende Übernahme bleibt ein Produkt der »zweiten Hand«. Nicht in jedem Einzelfall, aber in seiner Tendenz resultiert aus diesem Verfahren eine intellektuelle Verflachung. »Serielle« Textproduktion verdrängt oder überlagert die originäre geistige Arbeit. Aber auch hierbei sind intellektuelle Tiefflugakrobaten zur Stelle, die von einem »neuen kulturellen Paradigma« mit erweiterten Artikulationsmöglichkeiten sprechen.

Gegenwärtig schließt die erste Generation ihr akademisches Studium ab, für die digitale »Textvorlagen« schon während ihrer Schulzeit von prägender Bedeutung waren. Meist haben sie die Netzfunde nicht direkt als ihre eigenen Arbeiten ausgegeben, sich jedoch intensiv der Praxis des verändernden und verschleiernden »Überschreibens« bedient und dabei ihre Technik so weit verfeinert, dass auch entwickeltere Kontrolltechniken ihnen nichts anhaben konnten. In einer neuen Intensität hat sich Oberflächlichkeit und ein *Positivismus des Sekundärwissens* festgesetzt: Früher galt Wissen als ein Persönlichkeitsmerkmal, heute gibt man sich mit der internetvermittelten »Informiertheit« zufrieden. Selbst die Phrase, dass man nichts wissen muss, sondern es ausreicht, Kenntnis darüber zu besitzen, wo das Wissen zu finden sei, wird weitgehend akzeptiert. Mit »Bildung« im Sinne der *Ausbildung eigener Kompetenzen* hat dies nichts zu tun, denn dazu muss etwas *erworben, verarbeitet und abgespeichert* werden.

Ein illustratives Beispiel für einen kollektiven Fertigkeitsverlust, ist die auffällige Rückentwicklung der Fähigkeiten zum Kopfrechnen, seitdem der Taschenrechner aufgrund des Verfalls seines Anschaffungspreises zum Alltagsgegenstand geworden ist. Bekommt in ähnlichem Umfang bei der Wissensvermittlung die Computerverwendung einen Exklusivitätsstatus, beginnt sich die Gehirnstruktur umzubauen: Sie wird auf einen *Modus des bloßen Akzeptierens und mechanischen Reagierens* festgelegt.

Diese Formatierungstendenz ist der unmittelbare Ausdruck der Strukturierungsprinzipien der Computertechnologie, die durch den *Befehl als Grundprinzip aller Programmiersprachen* geprägt ist. Wer programmiert, muss deshalb so »denken wie der Computer«, wie eine Programmiererin es ausgedrückt hat: Sie müsse sich bei ihrer Arbeit ihm »unterordnen«, *seiner* Logik entsprechen. Durch diesen Mechanismus bewirkt der Computer eine sozio-kulturelle Gleichschaltung, fördert seine *unreflektierte Nutzung* eine Formierung des Denkens und des Handelns. Die technische Apparatur ist zwar nicht Ursache dieses Unterwerfungsprozesses, jedoch eine *prägende* Vermittlungsinstanz, die nach der gleichen Funktionslogik strukturiert ist, die in der ökonomischen Sphäre, wie in den alltäglichen Lebensbezügen dominant geworden ist.

Die *Computerlogik* repräsentiert einen eigenen Kosmos, auch wenn sie nicht von den realen Abläufen gänzlich abgeschnitten ist, denn wenn ein Pro-

gramm funktionieren soll, muss es in der Lage sein, Realitätsmomente »abzubilden«. Dass geschieht jedoch in einer formalisierenden, um nicht zu sagen
schematischen Weise. Die Wirklichkeit (weil sie sich permanent verändert) erzwingt immer wieder Korrekturen an den Bildern, die von ihr gemacht werden, aber die Programmstrukturen haben in der Computerwelt eine Tendenz
zur Konstanz und Beharrung.

Gegenüber den realen Verhältnissen, mit denen sie konfrontiert wird,
bleibt das computergenerierte Bild das Primäre; es bleibt von der Realität
nicht unbeeinflusst, ist jedoch mit ihr nicht deckungsgleich: Es handelt sich
bei dem computervermittelten »Weltbild« und der sozialen Realität um zwei
Strukturebenen, mit jeweils eigenständiger Geltung. Darin liegt aber nicht der
Kern des Problems. Denn diese Tatsache gilt auch für jede theoretische Aussage über soziale oder kulturelle Gegebenheiten. In der Computerpraxis bleibt
aber diese Differenz regelmäßig unberücksichtigt. Als Konsequenz wird das
digitale (Ab-)Bild von der Realität, mit der Realität gleichgesetzt.

Sehr intensiv geschieht das beispielsweise mit den bunten Bildern über
das menschliche Gehirn, mit denen die Neurobiologie publikumswirksam arbeitet. Es wird durch diese Vorgehensweise der Eindruck erweckt,
dass man die Gehirn-»Tätigkeit« direkt verfolgen könne und wie bei einer
Röntgen-Aufnahme (bei der Knochen sichtbar werden) reale Gehirnströme
abgebildet würden. Aber dem ist nicht so, denn was sichtbar wird, ist ein
Konstrukt, das Ergebnis digital verarbeiteter Einzelinformationen: »*Neuroimaging-Bilder* sind nicht einfach unscharfe und grobpixelige Fotografien
des Gehirns bei der Arbeit, sondern das Ergebnis einer Vielzahl von Prozess-Schritten. Bis zum endgültigen Bild muss eine lange Reihe von technischen Entscheidungen getroffen werden. Von der Verarbeitung der Scanner-Rohdaten bis hin zu den abschließenden statistischen Berechnungen.«
(Felix Hasler)

Sachlich angemessener müsste von einer Illustration neuronaler Vorgänge gesprochen werden. Hinzu kommt, dass viele der Programme, die bei dieser bildhaften Konstruktion zum Einsatz kommen, als sehr fehlerhaft gelten.
Dennoch werden mit ihrer Hilfe eine ganze Reihe Analyseschritte vollzogen,
bei der die Computerregeln die später sichtbaren Konstrukte stark beeinflussen. Das unscharfe Maschinenbild tritt an die Stelle realer Differenzierungsprozesse: Unberücksichtigt bleiben Wirklichkeitsfacetten, die durch den Raster der »Computerlogik« fallen.

Da formalisierte Abläufe die Grundlage der Computeraktivität sind, resultiert daraus der Effekt, dass der elektronische Rechner kein bloßes Medium, sondern – einmal in Gang gesetzt – Akteur ist. Das schließt nicht aus, dass der Nutzer in gewissem Maße seine eigenen Absichten realisieren kann. Auch der Fließbandarbeiter kann sich häufig Freiräume schaffen, ja er muss es sogar, wenn er an den strikten Leistungsvorgaben nicht scheitern will. Dem Computer würde die verbreitete Akzeptanz verloren gehen, wenn nicht ein *Beziehungsverhältnis von vorgegebenen Reaktionsimperativen und selbsttätigen Gestaltungsmöglichkeiten* existieren würde: Bei ihrer unreflektierten Verwendung potenzieren sich die Fremdbestimmungseffekte gerade deshalb, weil der Einsatz der IT-Technologien auch Momente der »Selbsttätigkeit« enthält.

Fremd- und Selbstbestimmung befinden sich jedoch in keinem »Gleichgewichtszustand«, denn die präjudizierende Wirkung des Computersystems dominiert: Die Reaktionsmuster bleiben trotz ihrer Variationsbreite »maschinenzentriert«. So wie es in der Frühzeit der Computerentwicklung intendiert war, Soldaten durch die Anpassung an die elektronische Maschine so zu funktionalisieren, dass sie auch in Extremsituationen reaktions- und handlungsfähig bleiben, so durchläuft auch heute noch jeder Nutzer diesen Prozess einer Sozialisation nach den einengenden Maßstäben der »Computer-Logik« und des *Software-Reglements, das abstrakt-deterministischen Mustern verpflichtet* ist und hierarchische Systematiken zementiert. Durchgesetzt wird das Gegenteil eines sich an Widersprüchen und Wechselbeziehungen orientierenden Denkens und Reagierens.

Der Schematismus der sich durchsetzt, ist unerbittlich: »Auch Journalisten müssen im Netz längst nach algorithmischen Regeln schreiben, die das Denken dem Computer unterwerfen. Texte müssen nach Pyramidenstrukturen verfasst werden, in denen das Neue nach oben gehört, der Hintergrund nach unten; Schlüsselbegriffe werden vorgeschrieben und Wortlisten angelegt, und dies alles nur, damit Google die Texte findet. Je besser die Google-Codes werden, desto präziser die Werbung, die sie mit den Gedanken verbinden können – ein einziger Metatext, der etwas völlig anderes geworden ist als das, was wir bisher kennen.« (Frank Schirrmacher) Soll ein Text wahrgenommen werden, muss er also nach den Regeln und den Erfassungsprinzipien der Suchsysteme gestaltet werden. Ist diese Anpassung erfolgreich, wird das digitale Erfassungsraster ein weiteres Mal »bestätigt«, die bestehenden Selektionsprinzipien gefestigt. Diesem Wirkungsmechanismus unterwerfen sich (gezwungenermaßen) gerade die professionellen Schreiber.

Durch Computer und Internet hat sich deshalb ein neuer kognitiver Stil durchgesetzt, der von einer Tendenz zur Komprimierung und Kategorisierung geprägt ist. Das Resultat ist Oberflächlichkeit, auch weil Zwischentöne verloren gehen und der erwähnenswerte, aber nicht zentrale Aspekt ausgeklammert bleibt. Die Kehrseite dieser Entwicklung (vor allem aus dem Blickwinkel des isolierten Nutzers) ist die schon thematisierte Tendenz, alle Netz-Informationen als prinzipiell gleichwertig anzusehen. Durch den Verlust der Fähigkeit, das Wesentliche vom Unwesentlichen zu unterscheiden, bleibt das Verständnis der sozialen und kulturellen Sachverhalte unterentwickelt.

Netzaktivität als Lebensprinzip

Dass es erst des Paukenschlags der Snowden-Enthüllungen bedurfte, um eine weitgehend vorbehaltlose Zustimmung zum Internet und zum Computer zumindest zu relativieren, ist so unverständlich nicht: Zu attraktiv sind die propagierten Perspektiven einer Erleichterung und Verbesserung der Arbeits- und Lebensverhältnisse durch seine Verwendung. Auch dem Umgang mit dem elektronischen Medium selbst, kann in vielen Bezügen eine Attraktivität nicht abgesprochen werden, zu deren wesentlichen Aspekten die Vermittlung des Gefühls einer grenzenlosen »Freiheit«, in Form einer intensiven »Gestaltungs- und Kommunikationskompetenz« *im Rahmen der Computerwelt* und der Internetnutzung gehört. Sobald jedoch konkret dem Versprechen einer Universalisierung der Kommunikation und der Erweiterung des Informationshorizonts auf den Grund gegangen wird, zeigt sich schnell, dass diese Effekte nicht in der versprochenen Weise existieren, die »Neuen Medien« letztlich nur Mittel zum ganz profanen Zweck der Datenerfassung als Grundlage der Profitmaximierung sind.

Um welchen Umfang der Erfassung (auf deren Basis die Beeinflussung organisiert wird) es sich handelt, verdeutlichen die bloßen Zahlen. Alleine bei Facebook sind über 1,5 Milliarden Menschen registriert, die täglich 10 Milliarden Nachrichten verschicken und zu den schon gespeicherten 350 Milliarden Bildern, täglich 250 Millionen weitere verbreiten. Diese Quantität ist die Basis, um inhaltlich aussagefähige Profile der Nutzer zu konstruieren, aus denen ihr Verhalten abgeleitet werden kann. Als Problem wird dieser Zustand jedoch nur von einer Minderheit angesehen. Die Mehrheit lässt sich bereitwillig von der scheinbar kostenlosen Nutzung vieler Internet-Angebote täuschen. *Scheinbar kostenlos*: Denn kostenlos ist kaum etwas im Internet, das meiste muss in der harten Währung der Preisgabe eigener Daten, der Akzeptanz einer umfassenden Kontrolle der Netzaktivitäten und mit einem immer massiveren Eindringen in die Privatsphäre (zunächst noch) durch die Inflation von Werbe-»Botschaften« bezahlt werden.

Das größte Hindernis für ein kritisches Begreifen des Internets und des Computerkomplexes ist der Gewöhnungseffekt, der bewirkt, dass die Manipulation des Denkens, der Wahrnehmungsfähigkeit und des Handelns durch die Digitalisierung schon weit fortgeschritten ist und in den meisten Fällen überhaupt nicht mehr wahrgenommen wird, weil geistige Formierung nicht mehr durch eine direkte Einflussnahme organisiert wird, sondern durch die alltägliche Mediennutzung selbst stattfindet. Das fängt auf einer einfachen, scheinbar harmlosen Ebene an: Wem ist es bewusst, dass er die Vorteile des Navigationssystems in seinem Auto, mit einer Rückbildung seiner geographischen Orientierungsfähigkeit bezahlen muss? Wer zweifelt noch an der Sinnhaftigkeit und Objektivität der Reihenfolge bei den »Antworten« der Suchmaschinen? Wer stellt die Richtigkeit von Rechenoperationen, die vom Computer durchgeführt werden, in Frage? Wer reflektiert, dass die »Netz-Kommunikation« ein Austausch aus der Distanz und zunehmend auch in der Form täuschender Anonymität ist, und kein fundiertes soziales Beziehungsverhältnis? Wem ist der Einfluss der ihn erreichenden Werbeimperative auf sein Konsumverhalten bewusst? Wem ist es geläufig, dass Wikipedia-Einträge zunehmend durch manipulative Eingriffe geprägt sind? Wo wird mit der sachlich gebotenen Nachdrücklichkeit darüber diskutiert, dass in vielen Bereichen der Computerwelt Orientierung und Desorientierung, Information und Manipulation eng beieinander liegen?

Bei den kommerziellen Schaltungen im Kontext von Suchportalen mag eine manipulative Grundtendenz manchmal noch ins Auge springen, aber in anderen Sektoren der Computerwelt ist das offensichtlich nur selten der Fall, trotz weitreichender Wirkungen der vorherrschenden Computer-Praxis: »Machen wir uns nichts vor: Die Manipulation unseres Lebens geht mit einer Manipulation unseres Denkens einher ... Nach und nach sickert die Big-Data-Logik mit ihren Bewertungen und Kategorisierungsmechanismen in unsere Köpfe ein. Unsere Wertmaßstäbe, unser Solidaritätsgefühl, unsere Empathie, alles wird im Sinne der mathematischen Berechenbarkeit und Effizienzsteigerung umprogrammiert.« (Markus Morgenroth)

Wie weit bei der Computerpraxis und dem Internetgebrauch Realität und Projektion in der Regel auseinander liegen wird sofort offensichtlich, wenn in Erinnerung gerufen wird, mit welchen Versprechen die computer- und internet-zentrierte (und inszenierte!) »Neue Ökonomie« vor knapp zwei Jahrzehnten die öffentliche Wahrnehmung dominierte – und wie wenig davon realisiert wurde. Penetrant verkündet wurden Prognosen über ein »Ende der Konjunkturzyklen«, oder auch Behauptungen über den »Tod der Inflation«.

Aber die (unerfüllt gebliebenen) Versprechen und Erwartungen waren auch ganz »handgreiflich« und alltagsbezogen: Sollte nicht auch ein Ende des berufsbedingten Reisens durch die neuen, technisch vermittelten Kommunikationsmöglichkeiten gekommen sein? Die Statistik belegt die Fragwürdigkeit auch dieser Prognose – die übrigens schon einmal formuliert worden war, nämlich 1877, als das Telefon gerade das Licht der Welt erblickt hatte. Denn »wenn jede Person in einer fernen Stadt« mit einem solchen Kommunikationsapparat ausgestattet sei, wie damals im *Scientific American* postuliert wurde, würde geographische Mobilität überflüssig werden. Solch einer »Fernsicht« wollten die Lobredner über den Nutzen des Internets in dessen frühen Verbreitungsphase nicht nachstehen: In immer neuen Varianten wurde davon gesprochen, dass es der Garant für die Schaffung neuer Arbeitsplätze, die Voraussetzung einer Intensivierung demokratischer Prozesse und zunehmender alltagskultureller Selbstgestaltungsmöglichkeiten sei.

An diese Episoden sollte man sich angesichts der »Großen Erzählungen« über die angeblichen Quantensprünge bei der Entwicklung »Künstlicher Intelligenz«, der baldigen vollständigen Überflügelung menschlicher Denkfähigkeiten durch den Computer und einer Tendenz der Verselbstständigung von Robotern gegenüber ihren Kreateuren und Programmierern, wieder erinnern.

Ob die Bespitzelungsskandale noch eine kritische Bewegung stimulieren, wie anfänglich prognostiziert und erhofft wurde, bleibt abzuwarten. Aber zur Herausbildung einer konsequenten Kritikhaltung reicht es nicht aus, sich nur in den verbreiteten Vorstellungswelten über den Computer zu bewegen, auch wenn sie einen latent skeptischen Charakter haben. Aber Skepsis ist noch keine Kritik, bestenfalls eine Vorstufe davon in dem Sinne, wie René Descartes es formuliert hat, dass »an allem zu zweifeln [sei], worin man auch nur den geringsten Verdacht einer Ungewissheit antrifft«. Soll dieser Zweifel jedoch wirksam werden, so fährt Descartes fort, müsse er in »die Erforschung der Wahrheit« überführt werden.

Ein kritisches Verständnis der Computer-Praxis kann nur über mehrere Vermittlungsstufen und eine umfassende Auseinandersetzung mit dem Problemkomplex gelingen, weil durch die herrschenden Einstellungsmuster und intellektuellen Verarbeitungsweisen in der Regel sicher gestellt bleibt, dass bloß skeptische Haltungen in einem Nebelschwarm assoziativer Begriffe gefangen bleiben und oft mit technologisch-deterministischen Fortschrittsvorstellungen verknüpft sind, die weitgehend einen erfahrungsresistenten Charakter haben und in Begriffen wie *Wissens-* und *Informationsgesellschaft*, *Netzwerk-* und *Digitalökonomie*, sowie *kommunikativer Netzpartizipation* (früher war vom *Cyber-Space* und den *Datenautobahnen* die Rede) kulminieren.

Schirrmacher hat angesichts dieser leichtfertigen Begriffsdistribution auf der Grundlage von Schlagworten, von einem »Kidnapping von Begriffen« gesprochen. Sie sind meist so allgemein und vordergründig, dass ihnen niemand widersprechen kann. Sie korrespondieren mit den offensichtlichen Seiten der Computer- und Internet-Aktivitäten – und verhindern gerade deshalb, dass den Sachverhalten tatsächlich auf den Grund gegangen wird. Fast alle diese Begriffe haben eine manipulative Grundtendenz. Aber je nichtssagender und assoziativer sie sind, um so größer ist ihre Anschlussfähigkeit an technologisch-utopische Alltagshoffnungen auf ein »anderes Leben«, das von den technischen Innovationen erwartet wird.

Eine der letzten Wortschöpfungen ist die »Cloud«, die »Wolke«, mit der in typischer Weise Prozesse der Zentralisation und Monopolisierung, also faktisch der Macht- und Einflusszusammenballung, mit einem assoziativen Kunstwort verschleiert werden: Der *Begriff täuscht Schwere- und Ortlosigkeit* vor, obwohl es sich faktisch um einen Prozess der Auslagerung von Speicherkapazitäten und Softwareangeboten an von den Multis organisierten und kontrollierten Orten geht – auch wenn keine Transparenz darüber besteht, wo sie sich im Einzelfall befinden. Um das Zerrbild von einem Bedeutungsverlust materieller Ressourcen verbreiten zu können, wird mit Nachdruck versucht, auch noch die Computer-Hardware dem öffentlichen Blick zu entziehen: Um den unzutreffenden Eindruck einer Dominanz des »Immateriellen« im IT-Technologischen Einflussbereich aufrecht zu erhalten, wird systematisch ausgeblendet, dass es bei diesem Projekt um riesige, in Fabrikhallen untergebrachte Serverbatterien geht, die wie Militärstützpunkte oder Atomkraftwerke bewacht werden. Aber an der verbreitenden Wirkung dieses Täuschungsmanövers ändert das nichts, wird auch in tendenziell kritischen Zusammenhängen dieser irreführende Begriff in leichtfertiger Weise verwandt und die Faktizität der Monopolisierungsprozesse ignoriert.

Mögen die vom IT-Diskurs benutzten »Neuwörter« (Hacks) zwar den tatsächlichen Sachverhalten wenig angemessen sein, machen sie dennoch Sinn:

Sie täuschen vor, eine Sache adäquat zu bezeichnen; sie befriedigen dadurch
ein gesellschaftliches Orientierungsbedürfnis, ohne jedoch zu sachlicher Klarheit zu führen. Sie wirken dadurch im Interesse hegemonialer Kräfte, denen
ein entwickeltes Verständnis der technologischen Vorgänge, gar sachliche
Transparenz ungelegen käme.

Die verschleiernde Nomenklatur hat die Wirkung einer Gedankenpolizei.
Alleine schon durch die verbreitete Akzeptanz der Begriffe, wird in die Tiefe zielendem Fragen ein Riegel vorgeschoben. Die Scheinevidenz der Wortschöpfungen wirkt wie ein »faktisches Verbot nicht nur der Kritik am obli-
gatorischen Technikkonsum, sondern auch der Frage, wie die vorhandenen
technischen Möglichkeiten und Voraussetzungen menschliche und soziale
Bedürfnisse statt der Interessen von Kapital und Empire befriedigen können.« (Jonathan Crary) Deshalb lassen sich die Wissens- und Meinungsappa-
rate die Begriffs- und (Pseudo-)Theorieproduktion auch einiges kosten, was
konkret bedeutet, dass nicht wenige Computer- und Internet-Intellektuelle
von der Schöpfung verschleiernder Begriffe und der Distribution eines darauf
aufbauenden falschen Bewusstseins gut leben können. Ihre Wirkung stellen
sie sicher, in dem sie sich als »kritisch« maskieren, obwohl sie faktisch als
ideologische Kopflanger für die herrschenden Interessen fungieren: Sie sind
Bestandteil eines Diskurses der Macht – gerade dann, wenn es ihnen nicht bewusst ist. Sie reden demonstrativ von den »Möglichkeiten des Widerstandes«
gegen die digitalen Vereinnahmungs- und Manipulationstendenzen, jedoch
beschränken sich ihre Konzepte und »Ratschläge« zur »informationellen
Selbstbestimmung« auf technische Modifikationen des Gegebenen, dessen
Wirkungslosigkeit nur zu offensichtlich ist.

Da dieses diskursive Blendwerk sich schnell abnutzt, muss es zügig immer wieder durch neue, ebenso assoziative, wie letztlich nichtssagende Neuschöpfungen ersetzt werden. Aus der »New Economy« ist heute die »Industrie
4.0«-Schablone oder ganz allgemein die »Digitale Gesellschaft« geworden.
Auch Konferenzen und offiziöse Stellungnahmen in großer Zahl schaffen es
nicht, die Begriffshüllen mit überzeugenden Inhalten zu füllen, gar ihre theoretische Fundierung oder historische Einordnung vorzunehmen. Sie bleiben
ebenso diffus wie die Prozesse, auf die sich die Begriffe beziehen und haben
deshalb ihren Anteil daran, dass deren antagonistischer Kern unbegriffen
bleibt. Das entspricht exakt den Verschleierungsbedürfnissen der herrschenden Eliten.

Impulse für eine neue Nachdenklichkeit gehen mittlerweile jedoch von den »normativen« Zwängen (arbeits-)alltäglicher Computer- und Netz-Nutzung selbst aus, konkret von dem Druck, immer »auf dem Laufenden« sein zu müssen, woraus eine neue Zwangsanordnung sich entwickelt hat. Diesen Einflussverhältnissen sich zu entziehen, wird für den Einzelnen jedoch immer schwieriger, weil auch privat sich dupliziert, was im Arbeitsleben zur Norm geworden ist: Die Beeinflussung und Steuerung durch den Takt von E-Mail-Eingängen und computer-übermittelten Vorgaben.

Endlos ist mittlerweile der elektronische Nachrichtenstrom, der einen Büroarbeiter erreicht. Selten ist die Anfrage eines Kunden oder die Anordnung eines Vorgesetzten »abgearbeitet«, schon stauen sich weitere Aufgaben und Nachfragen in der Warteschleife. Eine schnellere Reaktion als zu früheren Zeiten ist meist geboten, weil bei der Internetkommunikation unverzügliche Antworten erwartet werden. Noch so intensives Arbeiten führt kaum dazu, dass der »Pegelstand« des Unerledigten sich absenkt.

Verallgemeinert hat sich durch die Omnipräsenz der digitalen Techniken nicht nur ein *schleichendes Gefühl der Überforderung*, sondern auch der Eindruck, möglicherweise etwas wichtiges zu verpassen, wenn den Nachrichteneingängen nicht auf der Spur geblieben wird. Aber sie einfach zu ignorieren bringt keine Entlastung, denn der Nachrichten- und Anfrage-Pegel stagniert ja nicht, wenn der Computer ausgeschaltet wird, sondern wächst beständig an und wirkt nur noch bedrohlicher, wenn er dann wieder zur Kenntnis genommen wird.

Da die Netz-Kommunikation mittlerweile für viele zu einem wichtigen, wenn nicht sogar zum wichtigsten »Realitäts«-Zugang geworden ist, verhindern solche Erfahrungen nicht, sich auch privat der »Neuen Kommunikationsmedien« zu bedienen – und zunehmend zu unterwerfen. Sie sind das trojanische Pferd, mit dem wesentliche Maßstäbe und Verhaltensmuster des Arbeitslebens ungefiltert in den Alltag eindringen können.

Viele, und keinesfalls mehr nur junge Menschen, hängen am Smartphone wie Drogensüchtige an der Nadel. Bei den unter 25-Jährigen beträgt die tägliche Beschäftigungsdauer mit ihrem Taschencomputer über 4 Stunden. Fällt das Gerät einmal aus, ist der Empfang gestört oder der Akku leer, werden die Nutzer zunächst unruhig, dann regelrecht nervös. Sie zeigen Symptome wie Kettenraucher, denen die Zigaretten ausgegangen sind. Auch bei einem Rendezvous schauen sie intensiver auf ihre »Kommunikationsgeräte« denn in die Augen des Partners. Sie sitzen gemeinsam in einem Raum, sogar an einem Tisch gegenüber – und befinden sich doch jeweils in einer anderen Welt. Es wird permanent »kommuniziert«, aber dennoch nur ein konstitutives Schweigen perpetuiert.

Aber um Missverständnissen vorzubeugen: Nicht durch die Digitalisierung werden soziale Beziehungsverhältnisse problematisch, jedoch durch die technische Vermittlung existierende Entfremdungsverhältnisse zementiert und vor allem die Entwicklung eines kritischen Bewusstseins über diesen Zustand verhindert. »Statt die reichen und differenzierten Möglichkeiten des direkten persönlichen Kontakts zu nutzen, bevorzugen … [die Teilnehmer an den »Sozialen Netzwerken«] enge und einseitige Kommunikationswege: die beschränkten Ausdrucksmöglichkeiten von SMS, die undeutlichen Signale von am Telefon geschrienen Worten. Wieder steigt der Unternehmerprofit, während sich die Qualität zwischenmenschlicher Beziehungen verschlechtert.« (Ursula Huws) Mit welchen fatalen Konsequenzen das geschieht, schildert Götz Eisenberg in seinem Buch »*Zwischen Amok und Alzheimer. Zur Sozialpsychologie des entfesselten Kapitalismus*«: »Auf einem Spaziergang begegnet mir eine heutige Kleinfamilie. Vater und Mutter – beide so um die dreißig Jahre alt – stecken ihre Köpfe zusammen und schauen auf das Display ihres Smartphones. Sie lachen über etwas, was dort zu sehen ist. Das Kind – ein etwa vierjähriger Junge – trottet traurig und verloren hinterher. Plötzlich erwacht das Kind aus seiner Lethargie und ruft: ›Schau mal Papa, was ich gefunden habe!‹ ›Was hast du denn nun schon wieder gefunden?‹, reagiert der Vater genervt. Ohne den Fund des Sohnes wirklich in Augenschein zu nehmen, sagt er über die Schulter: ›Ja, das ist toll.‹ Die Eltern wenden sich erneut dem Smartphone zu, das Kind bleibt einsam zurück. Es hat soeben die schmerzvolle Lektion erteilt bekommen: ›Das Geschehen auf dem Display ist den Eltern wichtiger als ich und meine Entdeckungen in der realen Welt.‹ Bei nächster Gelegenheit wird das Kind sein eigenes Smartphone erhalten und in der Folge lernen, seine sozialen Beziehungen ins Internet zu verlagern und sich in die digitale Welt zurückzuziehen.«

In einem ganz handgreiflichen Sinne erweisen sich die digitalen »Kommunikationsmittel« als Instrumente sozialer Distanzierung: Sie schaffen »Verbindungen«, konstituieren jedoch gleichzeitig auch eine unsichtbare, Nähe verhindernde Wand. Was auf dem Spiel steht, ist ein Verlust der Fähigkeit zu Empathie und Interaktion.

Fragt man vor allem junge Leute, welche Rolle dieser zunehmend alles andere verdrängende Kommunikationsmodus (der seinem Inhalt und seiner Form nach ein Vorgang *manischer Selbstbeschäftigung* ist) für sie hat, wird deutlich, dass die Angst im Vordergrund steht, sozial an den Rand gedrängt zu werden. Sie werden getrieben von dem Gefühl, dass das Leben an ihnen »vorbeiläuft«, wenn sie nicht permanent »online« und »empfangsbereit« sind.

Trotz seiner problematischen Seiten wird der »Rechner« nicht zu unrecht als hilfreich bei der Bewältigung von Alltagsanforderungen empfunden. (S)eine problematische Attraktivität liegt auch darin, dass er dem Nutzer eine überschaubare und scheinbar nach seinen individuellen Präferenzen gestaltbare Welt anbietet: Realitätssegmente werden miniaturisiert, der Eindruck erweckt, dass sie beherrschbar und manipulierbar wären. Der Computer vermittelt bei so mancher Beschäftigung nicht nur den Eindruck einer eigenverantwortlichen und kreativen Tätigkeit, sondern bietet auch eine Alternative gegenüber einem verbreiteten Gefühl des *Kontrollverlustes* in den realen sozialen Räumen. Nicht vergessen werden sollte in diesem Zusammenhang, dass es den US-amerikanischen Propagandaapparaten gelang, große Akzeptanz für den Golfkrieg zu mobilisieren, weil sie es verstanden, ihm in den Propagandadarstellungen das Aussehen eines Computerspiels zu geben.

Auch dass er zu einem primären Unterhaltungsmedium geworden ist und in den jüngeren Altersgruppen sogar das Fernsehen weitgehend verdrängt hat, trägt zur positiven Bewertung des Computers bei. Ein besonders gravierender Aspekt ist die Tatsache, dass für viele, nicht nur junge Menschen, die Computer-Welten und der Internet-Kosmos zum Realitätsersatz geworden sind.

Es finden im Kontext der Computer-Verwendung Vorgänge freiwilliger Unterwerfung und intellektueller Selbstdomestizierung statt, die einen »Sieg« der literarischen Prognostik von Aldous Huxley (»Schöne neue Welt«) über George Orwells Schreckensszenarien in seinem Roman »1984« bedeuten: »Orwell warnt davor, dass wir von einer von außen kommenden Macht unterdrückt werden. Aber in Huxleys Version braucht man keinen Großen Bruder, um die Menschen ihrer Autonomie, Vernunft und Geschichte zu berauben. Er glaubte, dass die Menschen ihre Unterdrückung lieben und die Technologien bewundern werden, die ihnen ihre Denkfähigkeiten nehmen. Orwell hatte Angst vor denjenigen, die Bücher verbieten würden. Huxley hatte Angst davor, dass es gar keinen Grund mehr geben könnte, Bücher zu verbieten, weil es niemand mehr geben könnte, der sie lesen wollte. In ›1984‹ werden Menschen kontrolliert, indem man ihnen Schmerzen zufügt. In der ›Schönen neuen Welt‹ werden die Menschen kontrolliert, indem man ihnen Freude« bereitet. (Neil Postmann)

Die das Internet und die Computerwelten umgebende Aura lässt sich jedoch keinesfalls nur als Ideologie begreifen. Die digitalen Apparate vermitteln auch eine Verheißung, die partiell in der Alltagspraxis (in welch unvollkommener Form dies auch der Fall sein mag) auch eingelöst werden: Sie ermöglichen den schnellen Zugriff auf Information, bieten zeitsparende Lösungen für so manches Organisationsproblem und erleichtern die Kommunikation über alle geographischen Grenzen hinweg.

»Hinzu kommt noch, dass der Türhüter seiner Naturanlage nach freundlich zu sein scheint, er ist durchaus nicht immer Amtsperson.« (Franz Kafka, Der Prozess)

Die Computer-Ideologien treffen also nicht ohne Grund auf eine große *Zustimmungsbereitschaft*, wenn sie dem Rechner die Fähigkeit zuschreiben, bei der Lösung nicht nur drängender (Alltags-)Probleme behilflich sein zu können. Angesichts dieser Ausgangslage ist es fast verständlich, dass eine kritische Beschäftigung mit dem Computer auf nur verhaltene Akzeptanz, nicht selten auch auf Gegenwehr stößt. Hinzu kommt, dass die intellektuellen Wortführer der Computer-Ideologie fast immer erfahrungsresistent sind – und dennoch auf vielen Feldern den Ton angeben. Schnell gerät eine reflexive Haltung zur informationstechnologischen Entwicklung in eine Außenseiterposition, liefert sich (übrigens bis weit in linke Diskussionen hinein) dem *Vorwurf der Maschinenstürmerei* aus. Aber eine (kapitalismus-)kritische Beschäftigung mit dem Computer darf dieser Gegenwind natürlich eben so wenig verhindern, wie die Überprüfung des Realitätsgehalts der verbreiteten positiven Einschätzungen und Projektionen, die den Prozess der Computer-Verbreitung und -Verallgemeinerung von Beginn an begleitet haben.

Immerhin gibt es mittlerweile nicht wenige Überlegungen darüber, wie mit den negativen Seiten der Digitalisierung umzugehen sei. Wenige Konzepte gehen jedoch von einem entwickelten Verständnis über die Machtverhältnisse aus, die der Digitalisierung zugrunde liegen und von ihr stabilisiert werden. Sie verschwenden keinen Gedanken daran, wie der Einfluss der herrschenden Kräfte, die an der Aufrechterhaltung der bestehenden Zustände interessiert sind, überwunden werden kann.

Alle Gespräche mit IT-Ideologen, seien es nun Repräsentanten der großen Konzerne oder die diversen Spielarten netzaffiner Intellektueller, weisen
eine abwiegelnde Tendenz auf. Bereitwillig akzeptieren sie Bedenken über
die »problematischen Entwicklungen« der Digitalisierungsprozesse – und
flüchten gleichzeitig hinter die Schutzwälle unverbindlicher Formeln über
die Notwendigkeit, dafür »Lösungen zu finden« – ohne auch nur ansatzweise
die herrschenden Grundprinzipien des IT-Systems in Frage zu stellen. Ihre
»Lösungsvorschläge« bestehen in dem Appell, die als grundsätzlich positiv
stilisierten Entwicklungen nicht zu behindern und sie durch »Ethikkommis-
sionen« zu flankieren.

Die Tatsache, dass es sich auch um Machtfragen und um mächtige Gegner
handelt, denen alleine mit der »Kraft des besseren Arguments« kaum beizukommen sein wird, bleibt auch in den meisten »kritischen« Überlegungen
ebenso unberücksichtigt, wie die Tatsache, dass die Digitalisierung des Sozialen von einer kapitalistischen Reproduktionslogik so lange unterstützt und
vorangetrieben wird, wie diese nicht explizit in Frage gestellt wird. Unthematisiert bleibt, dass »die Alternative erkämpft werden muss!« (Hans Heinz
Holz)

Dialektik gesellschaftlicher Selbstaufklärung

Für die Herrschenden hat immer die Gefahr bestanden, dass ihre Legitimationsmuster von unangepassten Individuen beim Wort genommen wurden. Mittlerweile haben sich jedoch die technischen Möglichkeiten der Offenlegung und Entlarvung im Sinne *gesellschaftlicher Selbstaufklärung* dramatisch entwickelt. Gerade weil der Computer den herrschenden Kräften als Erfassungs- und Manipulationsinstrument dient, kann er auch zu dem Zweck gesellschaftlicher Selbstaufklärung eingesetzt werden.

Und vielleicht ist Snowden auch ein Beispiel dafür, dass Adorno mit seiner Hoffnung auf einen Rest *unverfügter Subjektivität* recht hatte, es trotz aller manipulativen und zu Anpassung drängenden Tendenzen, doch immer wieder Individuen gibt, die sich dem Konformismus und der intellektuellen Gleichmacherei entziehen. Sie lassen sich nicht davon abhalten, Zeugnis über ihren oppositionellen Geist abzulegen, auch wenn sie ihre persönliche Existenz in die Waagschale werfen müssen – übrigens in ähnlicher Weise, wie es bei einer prekär beschäftigten und alleinerziehenden Mutter der Fall ist, die sich bei einem Textil-Discounter »erdreistet«, einen Betriebsrat installieren zu wollen und die Einhaltung von Arbeitsschutzbestimmungen fordert.

Es hat diese stillen Helden immer gegeben, es hat einen *Georg Elser* gegeben, der nicht »unpolitisch« war, wie manchmal kolportiert wird, sondern nur politische Organisationen gemieden hat. Aber gerade dieses Einzelgängertum hat ihm 1939 die Durchführung seines (misslungenen) Attentats auf Hitler ermöglicht – akribisch vorbereitet und durchgeführt von einem Menschen, der einsam (aber beeinflusst von sozialistisch-antimilitaristischer Propaganda!) für sich beschlossen hatte, dass es mit dem kriegerischen Treiben und dem verbrecherischen Tun der Faschisten ein Ende haben müsse. Nicht unähnlich sieht die Motivationsstruktur auch bei Snowden aus.

Durch die Entlarvung und die Dokumentation ihrer Aktionen können die Akteure der Bespitzelung und anderer staatlicher Handlungen der Illegalität nun selbst zu Betroffenen einer aufklärenden Ausspähung werden. Es ist also möglich, das System mit seinen eigenen Waffen zu schlagen!

Man nennt diesen Prozess gewöhnlich »Demokratisierung«, aber fraglich bleibt, ob die Vorgänge tatsächlich diese Qualität besitzen, denn mit nennenswerten Reaktionen einer breiteren Öffentlichkeit sind die »Enthüllungen« nur selten verbunden. Vor allem machen die verdeckt arbeitenden Kräfte meist weiter wie bisher, werden trotz offenkundiger Rechtsverstöße, nicht zur Verantwortung gezogen. Selbst ob es gelingen wird, ihnen die Arbeit auch nur zu erschweren, ist eine offene Frage. Es sieht jedenfalls nicht danach aus. Es ist nicht ausgeschlossen, dass die Befürchtungen Edward Snowdens zu Beginn seiner Aufklärungstätigkeit berechtigt waren: »Die größte Angst, die ich habe, wenn ich an das Ergebnis dieser Enthüllungen für Amerika denke, dass sich nichts ändern wird.« Das Dramatische dieses Zustandes ist, dass sich in ihm nicht nur eine Gleichschaltung des Denkens, sondern auch der sozialen Reaktionsmuster manifestiert.

Dass von den »Diensten« so weiter gemacht wird wie bisher, sie so agieren können, als ob überhaupt nichts geschehen wäre und es sowohl diesseits als auch jenseits des Atlantiks es nicht so aussieht, als ob sie auch nur ansatzweise politisch zur Verantwortung gezogen würden, ist eine bedenkliche Erfahrung. Der Eindruck drängt sich auf, dass mit jeder Enthüllung auf einer neuen Bedeutungsstufe die inkriminierte Praxis nach dem Motto »Nun wissen es alle, dann können wir auch weiter machen«, nicht nur fortgeführt wird, sondern sogar »Normalitätsstatus« und eine legitimatorische »Weihe« erhält. Von der BRD-Politik wurde im Frühjahr 2015 diese Gelegenheit beim Schopfe gepackt und auf dem Höhepunkt des Datenskandals die Vorratsdatenspeicherung beschlossen.

Sprach man 2013 noch von einem »Prism-Skandal« (Prism ist das Programm, mit dem die NSA auf alle relevanten Teile der Internet-Kommunikation zugreifen kann), wird mittlerweile offen und mit legitimatorischen Effekten darüber geredet, dass die so gewonnenen Daten einen wesentlichen Teil der »sicherheitsrelevanten« Informationen ausmachen, die täglich dem US-amerikanischen Präsidenten vorgelegt werden. Die Reaktion der US-Administration war angesichts der begrenzten Entrüstung über die Ausspähskandale innerhalb ihrer Logik auch folgerichtig: Die NSA soll massiv ausgebaut, ihre Schnüffelfähigkeit potenziert werden.

»Manche sagen nämlich, dass die Geschichte niemandem ein Recht gibt, über den Türhüter zu urteilen. Wie er uns auch erscheinen mag, ist er doch ein Diener des Gesetzes, also zum Gesetz gehörig, also dem menschlichen Urteil entrückt.« (Franz Kafka, Der Prozess)

Dass von der übergroßen Bevölkerungsmehrheit die Bespitzelungs- und Überwachungsaktionen achselzuckend registriert und resigniert zur Kenntnis genommen werden, ist eine ernüchternde Tatsache: Sie ermöglicht es den »Diensten« ohne nennenswerte Einschränkung oder auch nur Zurückhaltung, ihre Ziele weiter zu verfolgen. Größtenteils handelt es sich um Ziele, die die Behauptung, dass es bei den Ausspähaktionen vorrangig um die »Terrorabwehr«, Waffenschiebereien oder Geldwäsche ginge, eine weiteres Mal Lügen straft: Von Enthüllungsrunde zu Enthüllungsrunde wurde immer offensichtlicher, dass die USA sich mit illegalen Machenschaften auch wirtschaftliche und politische Vorteile zu verschaffen bemüht sind. Einen zentralen Platz bei den Ausspähungen nimmt die Industriespionage ein.

Nach den Snowden-Papieren, können NSA, CIA und Pentagon sich auch bei diesen Aktivitäten auf die Hilfe privater IT-Unternehmen verlassen, die prächtig daran verdienen. In welchem Umfang diese für staatliche Auftraggeber tätig sind, wird dadurch deutlich, dass schon fast 900.000 ihrer Mitarbeiter als staatliche Geheimnisträger zertifiziert sind! Mit von der Partie sind Unternehmen, die beispielsweise auch in dem irakischen Gefängnis Abu Graib Folter-Spezialisten für Verhöre bereitgestellt haben.

Durch den BND-Skandal im Frühjahr 2015 ist immerhin die Spitze des Eisbergs sichtbar geworden. Wie erfolgreich die Aktivitäten auf dem Feld der Ausspähungen im Wirtschaftsinteresse sind, kann nur erahnt werden, weil intensive Enthüllungen noch auf sich warten lassen. Jedoch ist Industriespionage (mit dem Schwerpunkt der bei den globalen Konzernen verfolgten Forschungs- und Entwicklungsaktivitäten) ausdrücklich auf einer von Präsident Obama abgesegneten Prioritätenliste für die Arbeit der Geheimdienste aufgeführt, die von Snowden ebenfalls veröffentlicht wurde. Bereitwillige Hilfsdienste auch bei der Ausspähung deutscher Firmen hat, wie schon erwähnt, der BND geleistet – mit Wissen der Bundesregierung.

»›Es ist sonderbar‹, sagte Fräulein Bürstner, ›dass ich gezwungen bin, Ihnen etwas zu verbieten, was Sie sich selbst verbieten müssten, nämlich in meiner Abwesenheit mein Zimmer zu betreten.‹« (Franz Kafka, Der Prozess)

Trotz des kriminellen Charakters ihrer Aktivitäten wurden in der BRD nicht einmal die *zwingend* vorgeschriebenen juristischen Maßnahmen gegen die Ausspäher ergriffen. Um sie zu verhindern, wurde in Deutschland die Bevölkerung von der Regierung systematisch getäuscht und belogen. Die Reaktion der Öffentlichkeit auch auf diesen *Rechtsnihilismus*, ist resignatives Schweigen. Bedenklich sollte ebenfalls stimmen, dass auch den privaten Akteuren ihre Komplizenschaft mit den staatlichen Diensten nicht zum Nachteil gereicht. Obwohl sich die Fragwürdigkeit des Datenumgangs bei Google mittlerweile herumgesprochen hat, hält der Suchmaschinengigant seinen dominanten Marktanteil (weltweit liegt er bei 90 Prozent, in Deutschland beträgt er sogar fast 95 Prozent!), bleibt sein Monopol unangefochten.

Es gab jedoch während der Verbreitungsgeschichte des Computers nicht nur die affirmativen Bewertungstendenzen und die Haltungen der unreflektierten Hinnahme – auch kritische Stimmen meldeten sich schon früh zu Wort. Sie haben die Computer-Entwicklung fast von Beginn an begleitet. Seit den frühen neunziger Jahren gab es auch schon kritische Einschätzungen der digitalen Netzwerke. Es wurden Bedenken artikuliert, dass sie zu Instrumenten der sozialen Kontrolle sich entwickeln könnten. Begleitet wurde die Skepsis schon damals durch psychologische Experimente, die das Manipulationspotenzial der Netz-Kommunikation belegten. Es wurde thematisiert, wie das individuelle Verhalten durch die digitalen Vermittlungsprozesse sich negativ verändert, ohne dass diese Verschiebungen von den Betroffenen wahrgenommen werden. Die Erfahrung in den letzten zwei Jahrzehnten hat dieses kritische Internet-Verständnis bestätigt.

Kapitalismuskonforme Funktionalität des Computers

Über den Überwachungssumpf hinaus, sollte auch im Falle des Computers die kapitalistische Präformierung der Produktivkraftentwicklung nicht auf die leichte Schulter genommen werden. Es lehrt die historische Erfahrung, dass nicht davon ausgegangen werden kann, dass destruktive Technologie-Effekte mit der Veränderung der Besitzverhältnisse alleine schon abgestreift werden könnten: »Jubel über große technische Fortschritte ist allemal nichtig, wenn die Klasse und der Zustand der Klasse nicht mitgedacht werden, für die diese Wunder geschehen.« (Ernst Bloch)

Es ist schon angesprochen worden, in wie elementarer Weise aus ihren (militärisch determinierten) Entwicklungsbedingungen deformierende Impulse in die Strukturen der Software eingegangen sind. Es kommt jedoch noch der bisher nur selten thematisierte Aspekt hinzu, dass zusätzlich zur »programmatischen« Präformierung durch einen militärischen Geist, auch die Strukturen der PC-Technik durch ihre Entstehungsbedingungen geprägt sind. Als Ausdruck der isolierten Entwicklungsarbeit von »Einzelkämpfern«, die bei ihrer Arbeit immer das Patentrecht im Auge haben müssen, um die eigenen Verwertungs-Möglichkeiten nicht zu gefährden, besitzt der Computer einen »fragmentarischen« Charakter. Er funktioniert deshalb bis heute auf Grundlage eines riesigen Flickwerks von technologischen Segmenten. Die einzelnen Elemente müssen »aneinandergeknüpft« werden, damit das Ganze funktionieren kann. Der Gesamtkomplex hat deshalb einen »unorganischen« Charakter. Schon auf Ebene seiner technischen Grundlagen ist die Computertechnologie also in einer spezifischen Weise von ökonomischen Verwertungsprinzipien geprägt: Die durch den Konkurrenzdruck sowie durch die normierende Wirkung des Patentrechts zu erklärende technologische Fragmentarisierung sind Kainsmale ihrer konkurrenzgesellschaftlich determinierten Entstehungsbedingungen.

Durch diese Ausgangslage sind regressive Wirkungen mitgesetzt, die nicht alleine durch die Veränderung des Verfügungsmodus beseitigt werden können, obwohl das die Voraussetzung jeder qualitativen Veränderung der Technologie und ihrer Anwendungsweisen ist. Mit einer progressiven Veränderung der Gesellschaft wären die Chancen einer humanen, an Vernunftprinzipien orientierten Gestaltung der Computer-Technologie zwar verbessert, aber automatisch dürfte eine solche Transformation dennoch nicht vonstatten gehen. Die humanisierte Gesellschaft muss sich ihre menschengerechten Maschinen ebenso erst erarbeiten, wie neue Formen der Arbeitsorganisation ohne Klassenspaltung, ohne Über- und Unterordnung, ohne die strikte Trennung von Kopf- und Handarbeit.

Die unter den Gesichtspunkten einer Reglementierung menschlichen Verhaltens, der Instrumentalisierung humaner Phantasie und der autoritativen Strukturierung des Arbeitshandelns entwickelte »Geistesmaschine«, ist mehr als eine bloß »formale« Hülle, die ohne große Veränderungen mit verschiedenen Inhalten gefüllt werden kann, weil ihre klassengeprägten Entstehungsbedingungen nicht nur in ihren Anwendungsweisen, sondern eben auch in ihrer technischen Organisationsform zum Ausdruck kommt. Es kann in diesem Zusammenhang nicht nachdrücklich genug auch an die Entwicklungsgeschichte des Computers zunächst im militärischen Kontext erinnert werden.

Mit den IT-Technologien verhält es sich prinzipiell nicht anders als mit den Kernkraftwerken, bei deren Verbreitung die Herstellung waffenfähigen Plutoniums im Vordergrund stand. Die Energieerzeugung war willkommenes, die Kosten auf eine breitere Basis stellendes »Abfallprodukt«. Durch diese Konstellation war es möglich, die Milliardensummen für die Atomrüstung gesellschaftlich »umzulegen«.

Noch in anderer Hinsicht erinnert der Computer an die Durchsetzungsphase der Kernenergie, die ebenfalls durch eine Welle der Befürwortung, geradezu der Euphorie geprägt war, die jedoch nichts anderes zum Ausdruck brachte, als Ignoranz gegenüber den tatsächlichen Problemen. Einer Ignoranz, die nicht nur das Problembewusstsein von Politikern, »Experten« und Technikern prägte, sondern auch in der Bevölkerung verbreitet war. »Nur eine kleine, wenn auch prominente Schar von Einzelpersonen, Organisationen und Bewegungen verwies auf die dieser Energieform inhärenten hohen Risiken, insbesondere die ungelöste Frage der Entsorgung abgebrannter Kernbrennstäbe, sprich des Atommülls. Gebaut wurden die Kernkraftwerke trotzdem.

Die Kritiker verglichen dieses Vorgehen mit dem Start eines Flugzeuges, dessen Ziel ein noch nicht gebauter und noch nicht einmal geplanter Landeplatz ist. Inzwischen ist der Himmel voll mit solchen Flugzeugen und nach wie vor kein Landeplatz in Sicht.« (Meinhard Miegel) Das ist ein treffendes Bild, das auch zur Charakterisierung der sozio-kulturellen Langzeitfolgen von Big Data und den Projekten einer »Künstlichen Intelligenz« geeignet ist.

Durch die mikroelektronischen und informationstechnologischen Entwicklungsschübe sind zunächst für das Kapital die dringend benötigten Verwertungsmöglichkeiten jenseits bisheriger Sektoren entstanden. »Immaterielle« Betätigungsfelder haben eine größere Bedeutung erlangt und Nachfrageschübe nach neuen Rechnerkapazitäten, Softwareprogrammen und erneuerten Kommunikationssystemen stimuliert. Vor allem für den kultur-industriellen Komplex entwickelten sich mit der Ausdehnung des Internets ganz neue Aktionsfelder und Kapitalverwertungsmöglichkeiten. Die tendenzielle »Materialitäts«-Reduktion der Warenkörper in diesem Kontext, ist jedoch keine neue Entwicklung, sondern konstanter Aspekt einer warenästhetisch überformten Konsumgüterproduktion.

Auch wenn im Spätkapitalismus in vielfältiger Weise die Bedeutung des stofflichen Aspekts der Waren hinter ihrer werbestrategischen Stilisierung zurücktritt und der symbolische »Gebrauchswert« des Warenkörpers größere Bedeutung erhält, wird dennoch der materielle Charakter des Stoffwechselprozesses zwischen Mensch und Natur nicht suspendiert: Materialität bildet die Grundlage, der die »virtuellen« Aspekte mehr oder weniger funktional zugeordnet sind. Es ist richtig, wenn André Gorz sagt, dass »lebendige Wissensarbeit ... nicht greifbar Materielles« produziert. Aber es ist reine Phantasterei, von ihr zu sagen, dass sie »vor allem in der Netzwerkökonomie [anzutreffen sei, als] ... Arbeit des sich selbst als Aktivität produzierenden Subjekts«.

Es hat eine Zunahme von »Wissen« als elementarem Bestandteil des Produktionsprozesses gegeben, jedoch ist das schon seit den Anfängen der industriellen Revolution der Fall, auch wenn dessen Bedeutung größer geworden ist, Quantität und Qualität sich potenziert haben und das Geistig-Konzeptionelle gegenüber dem Mechanischen eine zunehmende Bedeutung erhalten. Aber die Behauptung, dass mittlerweile »*lebendiges Wissen* des Individuums mehr zählt als die Maschinenlaufzeit« (André Gorz), überzeichnet ein weiteres Mal die gegenwärtige Situation und ignoriert das wechselseitige

Bedingungsverhältnis von industrieller Produktion, sowie Entwicklungs-, Planungs- und Leitungstätigkeit als ihrer unabdingbaren Voraussetzungen.

»Wissen«, oder um es in einem adäquateren Begriff auszudrücken *Kopfarbeit*, steht an der Wiege des Industrialismus. Intellektuelle Vorbereitung und praktische Umsetzung erscheinen dem oberflächlichen Blick meist als separierte Momente. Dennoch repräsentieren sie nur gemeinsam das *industriegesellschaftliche Paradigma*. Da für die Kontrolle und Steuerung des Produktionsprozesses die Kopfarbeit immer bedeutsamer wurde, entstanden fortlaufend komplexere Informationssysteme, die teilweise jedoch »unsichtbar« blieben, weil sie arbeitsorganisatorisch »neben« der Produktionssphäre angesiedelt waren und zunehmend gänzlich »ausgelagert« wurden. Durch diesen Prozess wurden die unpräzisen Vorstellungen über die Bedeutungszunahme »immaterieller« Wirtschaftsvorgänge gefördert.

Parallel zu diesem Vorgang gab es auch die Reduktion von lebendiger Arbeit im unmittelbaren Produktionsbereich, jedoch nicht in einem solchen Umfang, dass als kausale Konsequenz, der *Gesellschaft die Arbeit* ausgegangen wäre. Das ist zwar eine griffige, jedoch nicht minder fragwürdige Formel, die aber angesichts des gegenwärtigen *Rückgangs auskömmlicher Beschäftigungsformen* eine große Überzeugungskraft besitzt. Jedoch ist der Abbau »regulärer« Beschäftigungsverhältnisse nur die eine Seite der Arbeitsmarktentwicklung, denn alleine schon die Tatsache, dass vom kapitalistischen Industriesystem immer mehr lebendiges Arbeitsvermögen aktiviert wird, sollte nachdenklich stimmen. Die üblichen Diskussionen über die Zunahme der »Dienstleistungen« führen zwar in die Irre, weil unberücksichtigt bleibt, dass viele von ihnen *produktionsbezogen* sind; jedoch ist ihr Umfang und ihre kontinuierliche Zunahme über einen langen Zeitraum auch Ausdruck der stabilen Bedeutung lebendiger Arbeit für die Aufrechterhaltung des gesellschaftlichen Reproduktionsprozesses – auch wenn das auf der Grundlage veränderter Proportionen und modifizierter Organisationsweisen geschieht.

Übrigens: Wäre »Wissen« (ebenso wie ein großer Teil der »Dienstleistungen«) innerhalb des Industriesystems nicht der materiellen Produktion zugeordnet, bliebe es ein Rätsel, weshalb parallel zur Zunahme der »Wissensarbeit« Jahr für Jahr mehr Strom und Wasser verbraucht, mehr Plastikgrundmasse und mehr Stahl produziert wurden und die Öl- und Gasförderung immer weiter forciert wird. Es liegt nicht an der Bedeutungszunahme einer »immateriellen Produktion«, dass jeden Tag 50.000 Hektar Wald gerodet und

100 Arten ihre Existenzgrundlage verlieren. Es spricht auch nicht für den Siegeszug des »Immateriellen«, dass weltweit die Zahl privater Kraftfahrzeuge kontinuierlich weiter wächst (und nebenbei gesagt, durch den Individualverkehr weltweit jährlich 1,4 Millionen Menschen getötet werden!), ja gerade explodiert, so dass es Ausdruck betriebswirtschaftlicher Rationalität ist, wenn Exxon jährlich fast 40 Milliarden Dollar in die Suche nach neuen Öllagerstätten investiert. Auch seine Konkurrenten engagieren sich in ähnlichem Umfang. Alleine an Plastikgrundmasse werden in Jahresfrist mehr als 300 Millionen Tonnen produziert und dabei eine Verdoppelung des weltweiten Ausstoßes innerhalb von 10 Jahren prognostiziert.

Alle Konzepte der Entkopplung des kapitalistischen Wachstums vom Ressourcenverbrauch haben sich als Illusion erwiesen. Ein »grüner Kapitalismus« ist nicht mehr als eine leicht durchschaubare Propagandaformel. Nicht zuletzt auch deshalb, weil ein möglicher Effizienzgewinn immer wieder sofort in erweiterte Produktion investiert wird. Selten auch entspricht das ökologische Profil »grüner Produkte« den Darstellungsformeln der Industrie (und den illusionären Vorstellungen »kritischer Verbraucher«). Meist werden bei der »Ökobilanz« nur selektive Daten zugrunde gelegt. Ein an Absurdität grenzendes Beispiel ist das »Ökopapier« aus Altmaterial, dessen Aufbereitung wesentlich umweltschädlicher, als eine konventionelle Papierherstellung ist. Auch eine ehrliche Gesamtrechnung beim Elektroauto weist keine ökologischen Vorteile auf, wenn alle Umwelt-Belastungsfaktoren bei Produktion, Stromerzeugung, des Straßenbaus und nicht zuletzt auch der Entsorgung der Batterien berücksichtigt werden.

Die tatsächlichen Sachverhalte sprechen auch nicht dafür, dass, wie Gorz behauptet, »der um die Verwertung großer Mengen von fixem Sachkapital zentrierte Industriekapitalismus ... immer schneller von einem postmodernen Kapitalismus abgelöst [wird], bei dem die Verwertung von so genanntem immateriellem Kapital im Mittelpunkt« stünde. Tatsache ist, dass auch jene Branchen, die als »postindustriell« klassifiziert werden, weitgehend in das System materieller Produktion eingebunden sind. Weite Bereiche der »postindustriellen Ökonomie« würden ohne die Einbettung in die industriellen Basisstrukturen, ihre Vorleistungen und flankierenden Aktivitäten, einfach keinen Sinn ergeben.

Nur ein Beispiel von vielen: Ein Auto ist oft ein Image-Träger, seine »immateriellen« Dimensionen, sein Design und seine »symbolischen« Ausdrucksformen tragen wesentlich zu seinem Markterfolg und der *Mehrwertrealisation* bei. Gleiches gilt für die elektronischen Bestandteile, die heute »organisch« zu diesen Produkten gehören. Aber die elektronischen Steuerungssysteme und alle anderen informationstechnologischen Bestandteile sind irreversibel an das *materielle Produkt* und seine traditionelle Funktionalität, den Transport von Menschen und Gütern gebunden. Im Gleichschritt mit den immateriellen »Applikationen« ist übrigens gerade bei den Autos die Vernutzung von Rohstoffen gestiegen, sind die Produkte größer, schneller und »gewichtiger« geworden: Bei der Markteinführung wog ein VW-Golf 750 Kilogramm. Das letzte Modell 1,2 Tonnen! Das ist der reale Hintergrund der Tatsache, dass jeder 7. Arbeitsplatz in Deutschland von der Automobilindustrie abhängt.

Immer noch gilt, dass kaum jemand Auto fahren wird, weil er dabei ins Internet gehen oder Musik hören kann. Er nutzt die Medienangebote, weil er Auto fährt. Und das wird auch gerade dann so bleiben, wenn das Kalkül aufgeht, das Google mit seinen sich selbst steuernden Fahrzeugen verbindet: Die intensive Beschäftigung der Insassen mit seinen Internet-Diensten.

Es liegt diesen Entwicklungsstrategien der IT-Multis auch die Einsicht zugrunde, dass die Geschäftsmodelle innerhalb einer »immateriellen Ökonomie« schon bald an ihre Grenze stoßen könnten und deshalb zur Sicherung der in kürzester Frist errungenen Marktmacht, auch ein vermehrter Einfluss auf die traditionellen Wirtschaftssektoren notwendig ist. Es muss, so die plausible Überlegung, auch Kontrolle über die relevanten Prozesse materieller Produktion erreicht werden, wenn die bisherigen Geschäftsmodelle weiter funktionieren sollen.

Durch das herrschende System der Arbeitsteilung mit seiner strikten Trennung von Produktentwicklung, Vertrieb und Marketing auf der einen und der Produktion auf der anderen Seite wird oft der Eindruck erzeugt, dass die organisatorisch getrennten Bereiche nichts mehr miteinander zu tun hätten. Diese Praxis, die Tatsache einer Verlagerung der Schwerindustrie, ebenso wie auch die Produktion elektronischer Konsumgüter in die neuen Freibeuterzonen des Kapitals, zu deren vollständigem Verschwinden zu stilisieren, reicht nicht nur aus, um bürgerliche Sozialwissenschaftler zu täuschen, die eifrig bemüht sind, den Illusionismus über angeblich *postindustrielle Gesellschaftszustände* am Leben zu erhalten, sondern eignet sich auch dazu, das Wissen um die Ausbeutung lebendiger Arbeit als Existenzgrundlage der bürgerlichen Verhältnisse vergessen zu lassen. Beides funktioniert nach dem Prinzip: Aus den Augen, aus dem Sinn. Faktisch sind jedoch die ausgelagerten *Produktions-bereiche* dem auf das nötigste Verwaltungs- und Planungs-Personal reduzierten Konzernkopf in den Metropolenländern funktional zugeordnet.

Die entwickelten Informationstechnologien sind die Voraussetzung dieser Neustrukturierung der Weltwirtschaft; sie sind dabei behilflich, die an den verschiedensten Orten zu jeweils günstigsten Bedingungen produzierten Halbfabrikate und Module zum richtigen Zeitpunkt und in der richtigen Menge zur Endmontage zusammenführen zu können. Dieses *Netz der internationalen Arbeitsteilung* bildet das »Geheimnis« einer »körperlosen Ökonomie«, die tatsächlich existiert – jedoch nur an der Spitze des Produktionssystems, in den Kommandozentralen des Kapitals.

Ihre Existenzbedingung ist die breite Basis der materiellen Produktion: Alleine bei *Foxconn*, dem größten chinesisch-taiwanesischen Hersteller von Elektronik- und Computerbauteilen, der viele der großen Holdings in den imperialistischen Hauptländern, z. B. Apple, beliefert, sind 1,2 Millionen Menschen beschäftigt. Sie sind der lebende Beweis eines *globalen Wachstums der Arbeiterklasse*, Ausdruck einer Entwicklung die nicht trotz, sondern wegen des Computers und seinen spezifischen Einsatzmöglichkeiten stattfindet. Denn die kombinierten Kommunikations- und Informationstechnologien sind unabdingbar, um die neuen Arbeitskraftpotenziale optimal zu verwerten, das von ihnen Produzierte in den Kreislauf einer internationalisierten Ökonomie integrieren zu können.

Siegeszug der immateriellen Produktion?

Wenn nicht alle Zeichen trügen, befinden sich die Geschäftsstrategien der Digital-Ökonomien an einem Wendepunkt, existiert ein Zwang der Erweiterung der Geschäftsfelder über die tradierten Computer-, Software- und Informationsbereiche hinaus. Neue »Goldminen« auf dem Sektor der digitalen Ökonomie werden zwar immer noch entdeckt, aber immer seltener und mit geringerer Ertragsquote. Um im Bild zu bleiben: Meist sind es nur noch »Silberminen«, die erschlossen werden können. Deshalb versucht Google, wie gesagt, jetzt auch in der »Realökonomie« Fuß zu fassen, um die Beschränkung auf den Nichtraum der Algorithmen, mit den sich verschlechternden Profitperspektiven, zu überwinden. Wie auch viele andere Unternehmen aus der IT-Branche versucht das Suchmaschinen-Management auf den Feldern materieller Produktion deshalb nicht nur Fuß zu fassen, sondern mit weitreichenden Strategien, das Heft an sich zu reißen. Primäres Ziel ist zwar die Verbesserung der Vermarktungschancen ihrer digitalen Produkte, aber dazu wird eben auch ein verstärkter Einfluss im Bereich materieller Konsumgüter-Produktion als unverzichtbar erachtet. Eigentlich müsste diese Entwicklung auch den Digitalisierungs-Ideologen zu denken geben, die von der unvermeidlichen Verdrängung des *Industrie-Paradigmas* sprechen! Denn von dessen Bedeutungsverlust kann keine Rede sein, auch wenn die »immateriellen« Aspekte im Wirtschaftsleben ein größeres Gewicht bekommen haben. Aber diese Entwicklungen finden in der geschilderten Weise im Rahmen und auf Grundlage materieller Produktionsprozesse statt.

Zwei Zahlen, auch wenn sie nur Schlaglichtcharakter haben, können das verzerrte Bild über das Verhältnis der »immateriellen Wirtschaftsbereiche« zu den »klassischen« industriegesellschaftlichen Basissektoren korrigieren. Im Finanzzentrum Frankfurt gab es 2012 im Bankensektor 73.000 Beschäftigte. Für die nächste Zukunft wird jedoch mit einer großen Entlassungswelle gerechnet, besonders bei den klassischen Geldinstituten sind sie schon im Gange. Ihr dürften zehntausende dieser Arbeitsplätze zum Opfer fallen. Die 2015 verkündete Umstrukturierung der Deutschen Bank bildet nur die Spitze des Eisberges: Alleine zwischen 2008 und 2015 sind von den bundesdeutschen Banken und Sparkassen über 30.000 Arbeitsplätze gestrichen worden und zehntausende werden noch folgen.

Im Hamburger Hafen waren 2012 jedoch 150.000 Menschen beschäftigt, obwohl das Löschen der üblich gewordenen Containerschiffe nur noch wenige Stunden dauert, während früher für konventionelle Frachter mehrere Tage benötigt wurden. Für viele, die dort ihrer Erwerbsarbeit nachgehen, stellt der Computer ein selbstverständliches Arbeitsmittel dar, das jedoch nicht dazu eingesetzt wird, Bits und Bytes zu distribuieren, sondern die Ein- und Ausfuhr von Autos und Kohle, Werkzeugmaschinen und Holz, Spielzeug und Unterhaltungselektronik, Südfrüchten und chemischen Produkten, Waffen und Fahrrädern zu organisieren. Durch die Weltwirtschaftskrise ist der Seetransport von Handelsgütern zwar besonders stark beeinträchtigt worden, vorbei sind einstweilen die Zeiten zweistelliger Zuwachsraten, aber selbst 2012, das als Krisenjahr gilt, hatte das maritime Frachtgewerbe um fast 6 Prozent zugelegt. Die angeblich zur »Immaterialität« tendierende Wirtschaftstätigkeit sieht realiter so aus, dass von der Deutschen Bahn alleine für die Stahlindustrie in der Bundesrepublik 70 Millionen Tonnen Rohstoffe und Fertigprodukte transportiert werden. Pro Bundesbürger umgerechnet jährlich also fast 1 Tonne.

Aufschlussreich ist auch ein Blick auf den LKW-Einsatz: 2009 gab es in der Bundesrepublik 2,3 Millionen Lastkraftwagen, im Jahr 2012 waren 2,5 Millionen dieser Nutzfahrzeuge angemeldet. Umgerechnet ist also für weniger als 35 Bundesbürger jeweils ein LKW unterwegs – zusätzlich zu den Transportmitteln Flugzeug, Frachtschiff, Eisenbahn und Kleintransporter (die beispielsweise bei den Paketdiensten in großer Zahl im Einsatz sind). Alleine in der Kurier-, Express- und Paketdienst-Branche gibt es in der Bundesrepublik gegenwärtig ca. 300.000 Beschäftigte – mit stark steigender Tendenz. Und beim LKW-Einsatz, sind nicht einmal die ausländischen Speditionen berücksichtigt, die im Auftrag deutscher Firmen unterwegs sind. Im internationalen Vergleich ist die Zahl der in der Bundesrepublik registrierten LKW deshalb auch gering: In Frankreich gab es im Jahr 2013 rund 6,6 Millionen Nutzfahrzeuge (LKW und Busse) und in Spanien waren es ca. 5,1 Millionen, auf die Einwohnerzahl dieser Länder umgerechnet, also auf jeweils weniger als 15 Bewohner ein Transportfahrzeug im Dauereinsatz.

Während wirklichkeitsfremde Theoretiker vom »Siegeszug« einer Ökonomie ohne relevanten Ressourcenverbrauch reden, explodieren nicht nur die Transportkapazitäten, sondern wächst weltweit auch die Vernutzung von Rohstoffen und steigt der Energieverbrauch. Alleine das Volumen der für die Internetkommunikation eingesetzten Energie hat schwindelerregende Höhen erreicht. Die Internationale Energieagentur beziffert den IT-bedingten Energieverbrauchs auf 8 Prozent der globalen Stromerzeugung. Erwartet wird bis zum Jahre 2025 eine Verdoppelung.

Es gehört auch zur Realität der »digitalisierten Ökonomie«, dass weltweit gegenwärtig über 40 Millionen Tonnen Elektro-Schrott anfallen. Jährlich wohlgemerkt! Auf jeden Bundesbürger entfallen davon knapp 22 Kilo, die zu einem nicht geringen Teil illegal entsorgt werden. Regelmäßig werden dabei im beträchtlichen Umfang unkontrolliert Giftstoffe freigesetzt. Unter anderem Blei, Quecksilber und Kadmium. Die mit der Entsorgung des Elektronikschrotts beschäftigten Arbeiter (zum großen Teil in Peripherieländern) sind dabei ebenso gefährdet, wie die Umwelt.

Und wer erinnert sich nicht noch an die Prognosen über die Ausbreitung des »papierlosen Büros«. Tatsächlich jedoch hat die Kombination von Computer und Drucker an jedem Arbeitsplatz, die Papierflut unaufhörlich anschwellen lassen: 2011 wurden weltweit 3 Billionen Seiten Papier ausgedruckt. Durch digitale Videokonferenzen, so eine weitere vollmundige Prognose, sollte die Zahl von Geschäftsreisen signifikant abnehmen. Tatsächlich haben sie sich zwischen 1990 und 2010 mehr als verdoppelt. Vor allem jedoch wächst der Hunger der Weltwirtschaft auf Mineralien, Erze, fossile Brennstoffe und Biomasse. Ein UN-Bericht geht bis zum Jahre 2050 von einer weltweiten Verdreifachung des Rohstoffverbrauchs auf dann jährlich 140 Milliarden Tonnen aus. Auf der Konsumentenebene drückt sich das unendliche Wachstum materieller Güter darin aus, dass sich in den USA der Kleidungsverkauf alle zehn Jahre verdoppelt und der durchschnittliche Haushalt nicht über einen Fernseher verfügt, sondern sechs Flachbildschirmgeräte im Betrieb hat. Dominanz einer »Schwerelosen Ökonomie«? Faktisch läßt sich diese Vorstellung nur aufrechterhalten, wenn die industriegesellschaftliche Basis der dominanten ökonomischen Prozesse, bei denen die IT-Sektoren nur ein Segment sind, nicht vollumfänglich zur Kenntnis genommen wird. Geschieht dies jedoch, ist kaum zu übersehen, dass sich »hinter dem Image der Informations- und Kommunikationstechnologien als modern und sauber ... sich ein globales Produktionsnetzwerk [versteckt], das auf harter manueller Arbeit basiert – von der Gewinnung von Mineralien wie Kobalt oder Zinn in Minen im Kongo und in Indonesien, bis hin zum Zusammenführen von Computerteilen an Fließbändern in Südamerika oder Osteuropa. In starkem Gegensatz zum modernen Design der oft heißbegehrten Elektronikartikel erinnern die Arbeitsbedingungen in der Produktionskette der Elektronikindustrie an die Kindertage des industriellen Kapitalismus ... Geringe Löhne, verpflichtende Überstunden, 70-Stunden-Woche, überfüllte Schlafsäle, mangelnde Sicherheitsausrüstung, soziale Isolation, prekäre Arbeitsverträge, Verbot von Gewerkschaften, militärischer Managementstil und Erniedrigung sind in vielen Fabriken an der Tagesordnung.« (Marisol Sandoval)

Ein Blick auf die Realität des Industriesystems lässt also deutlich werden, dass in allen Segmenten der Arbeitswelt die materielle Produktion und mit ihr verbunden das menschliche Arbeitsvermögen (und nicht selten auch Arbeitsleid!) immer noch die Basis des ökonomischen Geschehens sind. Es wird zwar lebendige Arbeit selektiver als in der Vergangenheit in Anspruch genommen, doch ergibt ohne ihre fundierende Bedeutung auch ein hochtechnologisches Produktionssystem mit seinen Wissenskomplexen und mikroelektronischen Vermittlungsstrukturen keinen Sinn. Will man überhaupt diese Begriffe im üblichen Sinn verwenden, muss hervorgehoben werden, dass »Wissen« und »Information« nicht separat existieren, sondern innerhalb des gegenwärtigen Industriesystems im wesentlichen nur in Kombination mit materiellen Produktionsvorgängen.

Es macht die Unterscheidung von materiellen und immateriellen Elementen der Produkte sowieso immer weniger Sinn, weil mittlerweile die Grenzen auch innerhalb der Produktkörper verschwimmen. Deutlich wird das bei Vorgängen der Verschmelzung digitaler Informationsträger und Funktionselemente mit den materiellen Produkten. Dadurch wird es zunehmend »unmöglich, Grenzen zwischen ›Gütern‹ und ›Dienstleistungen‹ zu ziehen.« (Manuel Castells) Die mit der Formel *Industrie 4.0* bezeichnete Tendenz zur digitalen Vernetzung der einzelnen Produktionsstufen ist deshalb vornehmlich die Fortsetzung (in welchem Umfange eine Intensivierung stattfinden wird, muss sich erst noch zeigen) eines schon seit mindestens zwei Jahrzehnten existierenden Prozesses auf einer neuen Intensivierungsstufe. Oder gegenüber der propagandistischen Begleitmusik, mit der das Konzept begleitet wird, negativ formuliert: Es stützt sich nicht wirklich auf neue wissenschaftliche Grundlagen, sondern aktualisiert technologische Systemsegmente, »deren Entwicklung schon lange massiv gefördert und vorangetrieben« werden. (Peter Brödner)

Ein verzerrtes Verständnis der Proportionen von materiellen und immateriellen Dimensionen der Produktion entsteht auch dadurch, dass im Unterschied zu herkömmlichen Produktionsweisen sich die Orte, wo die *materiellen Bestandteile* entstehen und wo sie zusammengeführt werden (also die Endmontage von Vorprodukten stattfindet), oftmals weit auseinander liegen. Die für das Industriesystem »tragende« Bedeutung des Materiellen wird dadurch jedoch nicht gemindert. Eine Überlegung von Wolfgang Fritz Haug in diesem Zusammenhang bringt die tatsächlichen Relationen auf den Punkt, auch wenn sie vielleicht nicht unbedingt auf den E-Book-Bereich zutrifft, den er beispielhaft anführt: Viele Kosten einer so genannten »digitalisierten Produktion« würden nur verlagert, »in die Gesellschaft exportiert«, wie Haug sagt. »Sie erscheinen nicht mehr punktuell zusammengezogen, sondern über viele Punkte in Raum und Zeit verteilt ... Es sollte nicht überraschen, wenn der Stoffdurchsatz bei digitaler Produktions- und Distributionsweise von Büchern aufgrund des dafür erforderlichen Geräteparks insgesamt größer wäre als beim herkömmlichen Druck- und Bindeverfahren. Dafür sorgt allein schon die rasante technische und ästhetische Veraltung der Geräte zusammen mit dem Energieverbrauch.«

Auch beim Internethandel dürften sich die Relationen ähnlich darstellen, zumal dessen Infrastruktur parallel zum konventionellen System der Warendistribution existiert. Es wird zwar der eine oder andere bisherige Anbieter verdrängt, manchmal verschwinden sogar ganze Branchen, aber insgesamt dürfte sich in den meisten Industrieländern der Aufwand für den Warenabsatz erhöht haben. Verwiesen sei nur an die hohe Rückgabequote beim Internet-Versandhandel.

Eine von vielen Fragen bei der Beschäftigung mit computergesteuerten Wirtschaftsabläufen ist die nach den tatsächlichen ökonomischen Effekten: Ist überhaupt schon einmal seriös errechnet worden, welche (*Gesamt-*)Kosten dadurch entstehen, dass die einzelnen für den Fertigungsprozess benötigten Komponenten, oft mehrfach den Planeten umkreisen, bis sie den Ort der Endmontage erreichen? Selbst für die einzelnen Bestandteile relativ kleinformatiger Produkte, wie z. B. für einen elektrischen Rasierapparat oder eine Küchenwaage, werden einzelne Bestandteile an Dutzenden, weit auseinan-

derliegenden Standorten produziert und dann zur Endmontage zusammengeführt. Die Transportkosten haben sich zwar verringert, sind jedoch nicht
verschwunden. Und noch weniger die ökologischen Belastungen, die durch
die globalisierte Ökonomie verursacht werden. Selbst in den Jahren nach dem
Ausbruch der Weltwirtschaftskrise ist die weltweite LKW-Produktion um
jährlich 8 Prozent gestiegen und die Wachstumschancen für die Transport-
branche werden als günstig eingeschätzt. »Schwerelose Ökonomie«?

Natürlich ist jedes dieser Fahrzeuge mit Funkverbindungen, Navigationssystemen und Bordcomputern ausgestattet; sie können durch diese Elemente
jedoch nicht definiert werden. Die mikroelektronischen Bestandteile haben
auch beim Bau von Nutzfahrzeugen zwar zugenommen, aber »Immaterialität« und digitale »Aufrüstung« dienen nur dem einzigen Zweck: Den Transport materieller Güter zu gewährleisten. Auch Küchenherde der gehobenen
Kategorie sind heute elektronische Wunderwerke – aber durch die »materi-
alisierte« Elektronik wird das Kochen als ihr Hauptzweck nicht suspendiert,
auch wenn ihr Erwerb manchmal nur dazu dient, einen »gehobenen Lebens-
stil« zu demonstrieren.

Ein Ende des quantitativ determinierten Wachstums ist übrigens auch
deshalb nicht abzusehen – und darin liegt die Ironie dieser ganzen Geschichte –, weil durch viele Aktivitäten der so genannten »Neuen Ökonomie«, durch
die von ihr vorangetriebenen warenästhetischen Aufrüstungen und permanenten technologischen »Erneuerungen«, aufwendigen Markenstrategien
und elektronisch unterstützten Werbefeldzüge, der Konsum angeheizt wird.
Nicht selten wird auch durch technologische Manipulationen die Brauchbar-
keitsspanne von Konsumgüter künstlich verkürzt, um ihre Lebenszeit den
»Erneuerungs-«Intervallen anzugleichen. Ohne den Einsatz digitaler Technik
wäre auch das globale Betrugsmanöver des VW-Konzerns zur Vortäuschung
niedrigerer Schadstoffwerte bei Dieselautos nicht möglich gewesen.

Der Computer spielt jedoch nicht nur seine Rolle bei der Planung und der
Organisation dieser Betrugsmanöver und künstlicher »Verschleißprozesse«:
Er selbst ist durch seine tatsächlichen oder vermeintlichen »Innovationen«
im Quartals- und nicht selten schon im Monatsrhythmus, zum Inbegriff eines Warenkörpers mit schnell abnehmenden Gebrauchswerteigenschaften
geworden, der lange vor seiner tatsächlichen Unbrauchbarkeit eine Neuan-
schaffung nahe legt. In den ersten Jahrzehnten seiner Verbreitung bestand
der Zwang, wenn man »auf dem Laufenden« sein wollte, sich im Zweijah-

resrhythmus einen neuen PC zuzulegen, weil die neuen Softwaregenerationen höhere Speicher- und Verarbeitungskapazitäten erforderten. Gerade die elektrotechnologischen Branchen haben das Wegwerfprinzip auf die Spitze getrieben. Auch jeder technische Defekt bei Telefonen und Computern bedeutet in der Regel ein endgültiges Aus. Vor allem werden die Konsumenten animiert, im Jahresrhythmus nach einem neuen Handy zu gieren. Die funktionierenden Geräte aus dem Vorjahr verschwinden in der Schublade oder auf der Müllhalde.

Aber auch unabhängig von warenästhetischem Verschleiß, lässt die technische Entwicklungsdynamik einen Laptop (und die mobilen Kommunikationsgeräte allemal) schon nach 5 Jahren wie Relikte aus dem Computer-Steinzeitalter aussehen. Den technischen »Tod« gibt es auf allen Ebenen des Einsatzes elektrotechnologischer Geräte: Es wird zwar, wenn ein Computerzentrum gebaut wird, noch eine fünfjährige Abschreibungsvariante gewählt, aber faktisch ist die technologische Infrastruktur sehr oft schon nach einem Jahr veraltet. Beträchtlich ist auch der Umfang vor allem auch an Software-Entwicklungen, die niemals die Marktreife erlangen, sich nicht durchsetzen können oder schnell von neuen Produkten überholt werden. Sie landen in großer Zahl regelmäßig auf der marktwirtschaftlichen Müllhalde der verlorenen Illusionen. Gerade Softwareentwicklung ist ein permanenter Prozess, der durch ständige Veränderungen charakterisiert ist. Mit Hochdruck muss an Neuentwicklungen und »Variantenvielfalt« gearbeitet werden. Von der Geschwindigkeit, mit der neue Produkte auf den Markt geworfen werden, hängt nicht nur der kommerzielle Erfolg, sondern das wirtschaftliche Überleben der IT-Firmen ab.

Um den Konkurrenten zuvorkommen zu können, werden übrigens mit großer Regelmäßigkeit auch unausgereifte, noch mit vielen Fehlern behaftete Versionen der neuen Produktgenerationen ausgeliefert. Jeder Nutzer eines Microsoft-Betriebssystems kann ein Lied davon singen. Immer wieder weisen die Neuentwicklungen nach der Markteinführung gravierende Fehler auf. Aber Microsoft hat es als einer der ersten Anbieter verstanden, aus der Mangelhaftigkeit seiner Software eine Säule seines Geschäftsmodells zu machen: Durch die Vernetzung mit den Computern aller Nutzer von Microsoft-Software, ist der Konzern in der Lage, die Fehler fortwährend zu korrigieren und die Lücken durch Updates zu schließen. Es kann nicht deutlich genug gesagt werden, dass die Grundlage dieses Fehlermanagements der *systema-*

tische Zugriff auf alle Computer ist, die mit dem Windows-Betriebssystemen arbeiten, sobald sie ans Netz angeschlossen werden. Dazu brauchen sie noch nicht einmal eingeschaltet zu sein. Seit 2006 ist es Microsoft möglich, auch in abgeschaltete Systeme einzudringen.

Bei dem im Frühsommer 2015 auf den Markt gekommenen Betriebssystem *Windows 10* von Microsoft, sind die Ausspähfunktionen übrigens noch weiter ausgebaut worden. Die neueste Variante überwacht noch gründlicher und noch umfassender als seine Vorgänger die Nutzer. Schon nach wenigen Tagen wurde deutlich, dass es sich bei der weiterentwickelten Software um ein regelrechtes Erfassungssystem handelt. Registriert werden die Postadresse des Nutzers, sein Geschlecht und die Telefonnummer, aber auch alle seine digitalen Kontakte. Die Microsoft-Kunden werden aber nicht nur umfassend ausgespäht, sondern auch nach wirtschaftlichen Gesichtspunkten kategorisiert. Internethändlern, die auf diese Informationen gegen Bezahlung zugreifen können, ist es möglich für jeden Kunden »flexible« Preise zu berechnen. Während bei solventen Interessenten höhere genannt werden, wird versucht die weniger wohlhabenden mit vermeintlichen »Sonderangeboten« zu ködern.

Zwar können bestimmte Einstellungen des Betriebssystems von den Nutzern verändert werden, jedoch um den Preis, dass einige Anwendungen dann nicht mehr zur Verfügung stehen. Nur eine Minderheit verfügt jedoch über die technischen Fertigkeiten, um entsprechende Modifikationen an der Installation überhaupt vorzunehmen zu können. Die überwiegende Mehrheit ist der Schnüffel- und Manipulationssoftware schutzlos ausgeliefert.

Die kombinierten Datenverarbeitungs- und Informationstechnologien haben ihren spezifischen Anteil an der repressiven Reproduktion des Kapitalismus durch die Erzeugung künstlicher Bedürfnisse, »welche die veralteten Formen des Kampfes ums Dasein verewigen« (Herbert Marcuse): Durch den Einsatz des Computers können die Produktionszyklen verkürzt und ohne die Grundprinzipien der Massenproduktion in Frage zu stellen, flexibel reagiert und unverzüglich aktuellen Trends entsprochen werden. Eine Konsequenz ist, dass auch das neueste Produkt schon recht bald »alt aussieht« und der Wunsch nach etwas »Modernerem« sofort wieder angestachelt werden kann, auch wenn es mit den angeblichen »Innovationen« sehr oft nicht weit her ist, es sich nur um oberflächliche Modifikationen des schon Existierenden handelt. Agiert wird unbewusst nach einer Maxime aus der Bibel-Offenbarung des Johannes: »Und siehe, ich mache alles neu, damit man des Vorigen nicht mehr gedenke.«

Das gilt nicht nur für den Konsum-, sondern auch für den Investitions-
güter-Bereich. Schon Mitte der 90er Jahre hatte die OECD auf diesen Aspekt
hingewiesen: »Die wachsende Bedeutung von EDV- und Zusatzgeräten, bei
denen Überalterung und Verschrottung besonders rasch eintreten, hat dazu
beigetragen, dass offenbar allgemein ein Trend zu Investitionsgütern mit
kürzerer Lebensdauer im Unternehmenssektor festzustellen ist. Dieser Trend
fand in vielen Ländern seinen Ausdruck in stetig steigenden Abschreibungs-
raten«.

Am Rande sei vermerkt, dass statt der Aushebelung des Wertgesetzes, von
dem beispielsweise bei Gorz in Anlehnung an den italienischen Operaismus
gesprochen wird, schon bald nach dem Absturz des »Neuen Marktes« dessen
banale Existenzbedingungen deutlich wurden: Die Goldgräberperspektive
der Spekulanten hatte die Selbstausbeutungsbereitschaft der Beschäftigten in
der Internet-Ökonomie zur Voraussetzung. Die Protagonisten der »Internet-
Revolution« waren Angehörige einer Generation, die die »Maßstäbe« des
neoliberalen Zeitalters verinnerlicht hatten und denen die Vereinzelung ebenso wie die Akzeptanz sozio-struktureller Bedrängnisse und Zumutungen zur
zweiten Natur geworden war. Vorangetrieben von der abstrakten Utopie des
Geldes und der quasi-religiösen Vorstellung einer automatischen Reichtumsvermehrung, entwickelte sich eine Bereitschaft zum Arbeiten »bis zum Umfallen«: Selbstausbeutung wurde zur Grundlage der meisten Geschäftsmodelle im IT-Sektor. Das war nicht nur in der Anfangszeit so, sondern ist bis
heute eine Konstante geblieben.

In den massenmedialen Darstellungen wird in der Regel die Realität der
Arbeitswelt in der IT-Industrie nicht nur verschwiegen, sondern bereitwillig
auch die Selbstdarstellung der Multis übernommen, die ein Bild von der Arbeit in der Internet- und Software-Industrie als Tätigkeiten in einem großen
Freizeitpark verbreiten. Ja, es gibt das kostenlose Kantinenessen und die Fit-
nessclubs tatsächlich. Und bei den führenden Unternehmen für einen Teil der
Beschäftigten auch eine überdurchschnittliche Bezahlung. Die Firmen bieten
diese Standards, um die Besten ihrer Profession an sich zu binden. Aber von
ihnen wird auch ein bedingungsloser Arbeitseinsatz erwartet. Regelmäßig
wird dabei (beispielsweise durch die betrieblichen »Freizeiteinrichtungen«)
der *Zwang als Freiheit inszeniert*. Die neueste Variante besteht in »innovativen«
Unternehmen darin, den Mitarbeitern zuzugestehen, so lange Urlaub zu machen, wie sie es für nötig und angemessen halten. Die unmittelbare Konse-

quenz ist jedoch ein Absinken der Urlaubsrate, weil die Beschäftigten mit dem Freizeitverzicht ihre besondere Leistungsbereitschaft demonstrieren wollen und von ihnen dieses Verhalten als ein Mittel zur Sicherung ihres Beschäftigungsverhältnisses angesehen wird. In den Büros der IT-Multis kann man nach Berichten von Besuchern an den Gesichtern und dem Durchschnittsalter ablesen, wie groß der herrschende Bewährungsdruck und auch die von ihm verursachte Personalfluktuation ist: Kaum einer der Anwesenden ist älter als 30. Länger als 3 Jahre ist von den Programmierern kaum jemand bei Firmen wie Google und Facebook beschäftigt. Viele überstehen schon das erste Jahr nicht – entweder weil sie das Handtuch werfen, oder »aussortiert« werden. Angesichts der Kürze der Karriere relativieren sich dann auch die zeitweiligen Spitzeneinkommen im 100.000 Dollar-Bereich.

Auf den ersten Blick sieht es eindrucksvoll aus, dass ein Viertel der 33.000 Microsoft-Beschäftigten es bis zum Millionär gebracht haben. Aber für die Mehrheit der Lohnempfänger in der Computerindustrie haben sich die Versprechen, durch Aktienoptionen zu Reichtum zu gelangen, als Illusion erwiesen. Im Rückblick ergibt sich eine aufschlussreiche Rechnung: Das Wachstum und die spektakulären Anfangserfolge der »Neuen Ökonomie« sind zu einem großen Teil durch einen extrem niedrigen Preis für die Arbeitskraft der »Internet-Arbeiter« möglich gewesen. Eine Untersuchung der Beschäftigungsverhältnisse in Internetfirmen der USA kommt zu dem Ergebnis, dass die realen Einkommen (durch den späteren Werteverfall der Aktienoptionen, was die Regel, und nicht die Ausnahme war) bei höherer Arbeitsbelastung nur etwa halb so hoch wie in traditionellen Medien-Betrieben waren. Diese elementaren Tatsachen sind nur selten bis in die medialen Darstellungen über das »Beschäftigten-Paradies« IT-Industrie vorgedrungen, obwohl gerade »die Protagonisten der Internet-Ökonomie, die Produzenten der profitablen Geistesblitze [die ersten] waren, die der Blitz des Marktes traf, als die Papiere am Neuen Markt deflationierten. Hatten sie doch niedrige Löhne in Kauf genommen, und sich in Erwartung ständig steigender Kurse mit Aktienoptionen ihres Arbeitgeberbetriebs bezahlen lassen, des Glaubens, dass auch für sie ›der Weg vom Mitarbeiter zum Millionär‹ in kurzer Zeit machbar sei.« (Wolfgang Fritz Haug)

Seit der Traum von der mühelosen Reichtumsvermehrung sich als wenig realitätsgerecht erwiesen hat, wird auch deutlich, wie gravierend die Beschäftigungs- und Einkommenbedingungen in der Computer-Industrie differieren:

Zwar verdiente 2012 in Silicon Valley ein Softwareentwickler durchschnittlich 121.000 Dollar. Bei Spitzenunternehmen wie Apple sogar noch deutlich mehr. Aber diese Gruppe zählt nach Tausenden, die der Beschäftigten der »zweiten Klasse« nach Hunderttausenden und der »dritten« nach Millionen. Arbeiten letztere beispielsweise bei den chinesischen Zulieferern zu Hungerlöhnen, gehören in die zweite Kategorie, die schlecht bezahlten Verkäufer in den Computerläden oder das Wachpersonal der Firmenzentralen in den USA. Ein Wachmann bei Apple bekommt erst nach 3 Jahren eine Woche Urlaub und kann sich eine normale Wohnung, die leicht 2.000 Dollar Monatsmiete verschlingt, nicht leisten. Zu Tausenden haust dieses »Fußvolk« der IT-Industrie nachts in ihren Autos auf Parkplätzen oder in wild aufgeschlagenen Zelten. Dieses Gefüge kann durchaus als charakteristisch für die »Neue Arbeitswelt« angesehen werden: »Privilegierung« existiert auf einem festen Fundament der *Prekarität*. Während Apple, Google und Facebook ihre kreativen Köpfe mit hohen Gehältern ködern, kämpfen auch »junge Start-up-Unternehmer und die Angestellten von Vertragsunternehmen … täglich um ein menschenwürdiges Leben. Selbst dann, wenn sie voll beschäftigt sind. Die Ameisen des World Wide Webs sind zu obdachlosen der digitalen Industrie geworden.« (Lorenz Hemicker)

Schon zu Boom-Zeiten des Neuen Marktes wussten kritische Beobachter (beispielsweise Bill Lessard und Steve Baldwin in ihrem Bericht »Computersklaven. Reportagen aus der Ausbeuterfirma Internet«) nur wenig über die medial kolportierten Wunderdinge zu berichten: Von einem »entspannten« und »selbstbestimmten« Arbeiten, einem selbstvergessenen und kreativen Tätigsein ohne Existenz- und Leistungsdruck, kombiniert mit fürstlichen Gratifikationen, haben sie in der realen IT-Welt nicht viele Beispiele gefunden. Über den tatsächlichen und nicht propagandistisch idealisierten Arbeitsalltag in der Digital-Wirtschaft berichteten sie, dass vom größten Teil der Beschäftigten, die in den Basis-Bereichen der IT-Industrie tätig sind, beispielsweise endlos Datensätze in die Tastaturen getippt werden müssen. Überarbeitet, leicht ersetzbar, schlecht entlohnt, unter enormem Zeitdruck stehend, schaffen sie es nie, ihre Arbeit in dem vorgegebenen Zeitrahmen fertig zu stellen. Ist die Aufgabenstellung anspruchsvoller, bilden das Rückgrat der meisten Firmen Zeitarbeiter, die mit komplizierter Software und Betriebssystemen beschäftigt sind, ohne eine Anstellungsgarantie über das jeweilige Projekt hinaus zu besitzen. Das hört sich doch irgendwie nach *ganz gewöhnlichen kapitalis-*

tischen Arbeitsverhältnissen an! Charakteristisch für alle Tätigkeitsbereiche ist eine kaum regulierte Arbeitszeit und die Verschmelzung der Berufstätigkeit mit dem privaten Leben: Nicht bezahlte Überstundenarbeit hat sich schnell als Grundlage der Internetindustrie etabliert.

Es ist charakteristisch für den »IT-Kapitalismus«, dass die Grenzen der digitalen Techniknutzung im Betrieb und zwischen dem privaten Alltag fließend geworden sind. Wer administrative Tätigkeiten ausübt und früher »die Akten« in Ausnahmefällen mit nach Hause genommen hatte, schaut sich heute regelmäßig nach Feierabend die Eingänge im elektronischen Postfach an und schleppt aber auch sonst die Probleme, die es im Beruf zu lösen gilt, mit in einen vermeintlichen Feierabend. Infolge dieser verbreiteten Praxis, werden in beiden Lebenskontexten zwangsläufig auch die *Tendenzen der Fragmentarisierung und Zersplitterung* prägend – jedoch als problematische Entwicklung immer weniger wahrgenommen, weil der Prozess der Gewöhnung (in einem Zeitraum von 2 Jahrzehnten) schleichend stattgefunden hat und die elektronische Überformung des Lebens als »Normalität« empfunden wird. Bleiben die Mail-Eingänge aus und das Handy stumm, schleicht sich ein Gefühl der Isolierung und des »Lebensverlustes« ein.

Kontrolle und Beeinflussung

Unterentwickelt blieb durch die verbreitete Ignoranz gegenüber den problematischen Tendenzen der »Informationsgesellschaft« lange Zeit das Verständnis dafür, wie intensiv durch den Computer nicht nur die ökonomischen Vermittlungsschritte im Interesse der Kapitalverwertung optimiert werden und mit welchem Nachdruck durch computergestützte Rationalisierungsprozesse und Organisationsmodifikationen der ökonomischen Abläufe, die Lohnabhängigen unter Druck gesetzt werden, sondern mit welcher Geschwindigkeit die kombinierten IT-Technologien sich auch zu einem effektiven *System der sozialen Kontrolle* entwickelt haben – und zwar diesseits und jenseits der Arbeitswelt. Zwar wurden einige der staatlichen Aktivitäten (Stichwort »Datenspeicherung«) kritisch begleitet, dass jedoch die ganz gewöhnlichen Strukturen der Internetkommunikation zunehmend zu einem Netz der Erfassung degenerierten, blieb lange Zeit unausgesprochen – obwohl bekannt war, dass es das Hauptgeschäft der wichtigsten Netzakteure ist, in der beschriebenen Weise Daten zu sammeln, sie nach Mustern zu durchsuchen und sie hinsichtlich bestimmter Fragestellungen zu sortieren, damit sie (zunächst) nach kommerziellen Verwertungspräferenzen (vorrangig für Werbeaktivitäten und Beeinflussungsstrategien) aufbereitet werden können.

Es geht zunehmend nicht nur um die Erfassung der Wünsche der Menschen und die Stimulierung von Konsumentscheidungen, sondern um die *Erfassung aller ihrer Lebenstätigkeiten*, ihrer *Einstellungsmuster und wahrscheinlichen Verhaltensweisen*. Entsprechende Aktivitäten sind die Basis der Geschäftsmodelle der Google- und Facebook-Betreiber. Sämtliche Aktivitäten und Lebensäußerungen der Individuen werden von ihnen als kontinuierlicher Datenstrom behandelt, der abgeschöpft und nach Beeinflussungspräferenzen bearbeitet und strukturiert wird.

Als eines der neuesten »Errungenschaften« der elektronischen Vernetzung wird die Überwachung der Wohnung und die Bedienung der Haushaltsgeräte über Internet und Handy angesehen. Die kommerziellen Potenziale dieser Digitalisierung hat Google veranlasst, Anfang 2014, für über 3 Mrd. Dollar einen Thermostat-Hersteller in den USA zu erwerben, der diese Dienste anbietet. Aber Google geht es nicht um den alltäglichen Komfort, der mit diesen Funktionen verbunden sein soll; dieser ist nur vorgeschoben, stellt die Fassade dar, hinter der neue Formen der Erfassung organisiert werden sollen: Es geht vorrangig um die Daten, die bei den alltäglichen Aktivitäten der Nutzer dieser Dienste anfallen. Sie werden zentral gespeichert und systematisch ausgewertet: Wie verhalten sich die Menschen in ihrem Haus? Wann betreten und verlassen sie es? Jede Bewegung wird erfasst, um (zunächst) Werbebotschaften optimaler platzieren zu können. Aber in der Tendenz geht es um mehr: Er wird ein ganz neuer Kosmos der Registrierung und Beeinflussung geschaffen: »Wenn man Google mit einem Wort beschreiben könnte, dann mit dem Ausdruck ›absolut‹. Das Lexikon definiert ›Absolutismus‹ als ein System, in dem die herrschende Macht keiner geregelten Kontrolle durch irgendeine andere Instanz unterworfen ist.« (Shoshana Zuboff) Mit anderen Worten hat diese Tatsache auch der Vorstandsvorsitzende des Springer-Konzerns Mathias Döpfner zum Ausdruck gebracht. »Wir haben Angst vor Google.« Nur ist bei ihm dieser Satz von der Sorge motiviert, dass durch die Monopolstellung des Konkurrenten für seine Firma zu wenig vom Werbekuchen übrig bleibt.

Wenn nun auch die *Daten-Brille Google Glas* sich durchsetzen sollte, dann ergeben sich noch ganz andere Werbe- und Beeinflussungsmöglichkeiten, denn dann kennt der »*Große Bruder*« nicht nur die Bewegungsprofile der Menschen, sondern kann auch kontrollieren, wohin sie blicken und wie lange ihre Blicke jeweils darauf verweilen. Es geht nicht mehr nur darum, das Denken und Wollen gleichzuschalten, angestrebt wird auch die *Vereinheitlichung des Blicks auf die Welt*. Die Wahrnehmungsprozesse werden strukturiert um zu präjudizieren, was der Nutzer über seine Umgebung denken soll.

Eine Vertrautheit mit der sozialem Umwelt kann sich auf der Grundlage der Fremdverfügung nur noch schwer entwickeln, weil Flüchtigkeit eines ihrer konstitutiven Prinzipien ist. »Wer fortwährend damit beschäftigt ist, Bilder aufzunehmen, sieht in Wirklichkeit überhaupt nichts.« (Erich Fromm) Es gibt keinen Ruhepunkt, auf dem der Blick verweilen kann, weil die Aufmerksamkeit (in dem Hinweise und »Botschaften« auf die Innenseite der Glasfläche projiziert werden) immer wieder auf etwas »Neues« gelenkt wird. Das kognitive Weltverhältnis bleibt oberflächlich, wird geprägt vom Eindruck einer Vergänglichkeit, der mit dem konsumistischen Wegwerfprinzip korrespondiert.

Durch die digitalen Systeme der Aufmerksamkeitsteuerung ist intendiert, die letzten Lücken der Kommerzialisierung zu schließen, auch die verbliebenen Nischen einer unverfügten Subjektivität zu versperren. Subjektive »Widerspenstigkeiten«, die Werbepsychologen bisher zur Verzweiflung getrieben haben, beispielsweise weil Konsumenten zwar ein Produkt positiv bewerten, es aber trotzdem nicht kaufen, sollen unterlaufen werden. Es geht letztlich um die »Resteverwertung« jener Zeit, die nach einer fünfstündigen audiovisuellen Berieselung (das ist der Durchschnittswert in den USA) noch übrig bleibt.

Werbung dringt durch diese Verfahrensweise nicht mehr von Außen in das Leben ein, sondern wird nun der ständige Begleiter der Alltagswahrnehmung und des Alltagshandelns, sie wird tendenziell *mit der Lebenspraxis identisch*. Im wahrsten Sinne des Wortes wird ins Blickfeld geschoben, was (zunächst einmal!) im ökonomischen Interesse von Restaurants und Kaufhäusern, Eisdielen und Autovermietern liegt. Nichts wird mehr dem Zufall und einer individuellen Inspiration überlassen, sondern die Wahrnehmung auf elektronischem Weg vorstrukturiert. Die Umgebung bekommt den Charakter einer Projektionsfläche für computergesteuerte Konsumenten-Informationen.

Dabei soll es jedoch nicht bleiben. Projiziert werden sollen auch Hinweise darauf, was an der Umgebung auch sonst noch beachtenswert ist. Auch dadurch verliert die Realitätserfassung ihren fließenden und tendenziell auch kreativen Charakter; sie wird auf Momentaufnahmen verkleinert. Ein lebendiges Umfeld erstarrt zu Bildern mit Werbebotschaften und selektierten »Sehenswürdigkeiten«.

Um jedoch in den »Genuss« solcher »Dienstleistungen« zu kommen, muss nicht erst eine Google-Brille aufgesetzt werden: Jeder Smartphone-Besitzer kann sich heute schon mit Hilfe spezifischer Apps solcher Dienste bedienen. Er wird dann an keinem Kaufhaus mehr vorbei kommen, ohne Hinweise auf personalisierte Kauf-Empfehlungen zu erhalten. Bisher sind die messbaren, sich im Kaufverhalten niederschlagenden Ergebnisse solcher Interventionen eher bescheiden, denn durch das reale, von den Steuerungsabsichten oft stark abweichende Verhalten wird deutlich, dass die digital erarbeiteten Annahmen und Aussagen über menschliches Verhalten (immer noch) sehr unzuverlässig sind, auch wenn Google und Facebook ihren Werbekunden etwas anderes erzählen.

Dennoch tendiert diese digitale Organisationsform der *Wahrnehmungser-fassung* zum Totalitären, auch wenn mit dieser Google-Entwicklung zunächst nur beabsichtigt ist, möglichst viele Momente aus dem Alltag der Menschen zu erfassen, um gezielt Werbeangebote zu unterbreiten. Aber im Kern geht es bei dieser Kontrolle über die individuelle Aufmerksamkeit, um die Durchsetzung einer Welt-Sicht, bei der die Zeit neutralisiert und die personale Identität in Frage gestellt wird. Die Menschen bewegen sich zwar weiterhin in realen Räumen, aber ihre gesteuerte Wahrnehmung verpflichtet sie auf etwas Imaginäres: *Die reale Welt mit ihren konkreten Menschen und ihren realen Beziehungen wird auf eine Randerscheinung,* auf eine »Restgröße« reduziert. Es wird verhindert, dass der Augen-Blick zum Welterlebnis mit reflexiven und abwägenden Momenten werden kann. Stattdessen wird das von digital übermittelten Impulsen (an)geleitete Individuum einer virtuellen Zwangsordnung überantwortet, von der Konsequenzen für das reale Handeln ausgehen sollen.

Noch ist es jedoch nicht ausgemacht, ob die Google-Brille sich flächendeckend durchsetzen wird, denn selbst in den Vereinigten Staaten hat es Widerstand gegen das Projekt gegeben, wurde der Verkauf eines ersten Modells gestoppt. Aber wenn es nicht diese Variante ist, dann wird mit anderen technischen Apparaturen versucht werden, solche Gleichschaltungseffekte zu erzielen, beispielsweise mit der Implantation von Minicomputern direkt in die menschlichen Körper. Mehr als nur erste Versuche gibt es schon und aufbauend auf ein individuelles Streben nach »Selbstoptimierung«, dürfte auch eine allgemeine Akzeptanz erlangt werden können.

Eine Zwischenstufe sind die Computer-Uhren, mit denen die Digitalisierung ganz nah an den menschlichen Körper herangerückt ist. Die Implantate unter der Haut sind dann nur noch der nächste »logische« Schritt einer Verschmelzung von Mensch und Apparaten, um seine biologischen Daten zu kontrollieren, aber auch um ihn über elektronische »Impulse« zu steuern.

Nicht unwahrscheinlich ist, dass eine allgemeine Akzeptanz der digitalen Brille sich über ihren Einsatz in der Arbeitswelt entwickeln wird. Dort scheint ihre Einführung kaum mehr aufzuhalten zu sein, weil sie Arbeitsvorgänge unterstützt und »Produktivitätsimpulse« verspricht. Vermittelst der Brille wird beispielsweise ein virtueller Konstruktionsplan über ein zu bearbeitendes Aggregat gelegt und dem Nutzer angezeigt, welche Teile bei einem Reparaturvorgang als nächste demontiert werden oder welche Schrauben angezogen werden müssen. Neben diesen Lenkungsimpulsen ergeben sich natürlich auch ganz neuartige Möglichkeiten der Überwachung der Arbeitenden. In der Logistikbranche sind Datenbrillen schon im Betrieb, bei denen für die Lagerarbeiter die Anweisungen über die nächsten Arbeitsschritte auf die Brillen-Innenseite projiziert werden: Sie weisen den Beschäftigten die optimalen Wege durchs Lager, kontrollieren gleichzeitig aber auch deren Aktivitäten.

Die Langzeitwirkung solcher Systeme digital vermittelter Fremdsteuerung kann nicht dramatisch genug eingeschätzt werden, denn die grundsätzliche Bereitschaft sich lenken zu lassen, führt auch zunehmend zur Unfähigkeit, zwischen den digitalen Projektionen und der wirklichen Welt zu unterscheiden. Dadurch werden die elektronischen Krücken für die Nutzer immer (lebens-)wichtiger, weil sie es schleichend verlernen, so wie das bei den Navigationssystemen im Auto der Fall ist, »eigene Wege« zu finden und sich selbstbestimmt zu bewegen. Der digital vorgegebene Rhythmus wird deshalb zur Bewältigung der Alltagsangelegenheiten immer unverzichtbarer. Ein Zustand *digital verursachter Blindheit* ist abzusehen, ein Zustand, in dem die Menschen ohne elektronische Hilfestellung und Anleitung immer unzureichender sich in den sozialen Verhältnissen zurecht finden können.

Das Benthamsche Panoptikum (in dem jeder beobachtet wird, ohne die Beobachter wahrnehmen zu können) erlebt durch die informations-technologischen »Innovationen« seine Wiedergeburt: Die Beobachtung der Umwelt durch den Brillennutzer ist gleichzeitig ein Vorgang der *Erfassung seiner Perspektive und seiner Aufmerksamkeitspräferenzen* durch den »Großen Bruder«. Die Beobachtung der Anderen und der Umwelt fällt mit der Registrierung dieser Aktivitäten zusammen. Mit seinen ganz gewöhnlichen Lebensaktivitäten liefert der Brillennutzer die Informationen, die zur Steuerung seiner Aufmerksamkeit notwendig sind. Faktisch schließt sich dadurch der Kreis von Fremdbestimmung und Selbstentfremdung, denn »sensorische Verarmung und Reduktion der Wahrnehmung auf Gewohnheit und gesteuerte Reaktion ist das unvermeidliche Resultat der alleinigen Ausrichtung auf die Vielzahl der konsumierten, organisierten oder akkumulierten Produkte, Dienste und ›Freunde‹.« (Jonathan Crary) Deshalb stellt dieser Modus mehr als nur eine veränderte Form *digitaler Steuerung* dar – er repräsentiert einen regelrechten »Sprung«, weil ein »Ausweichen« kaum noch möglich sein wird. Dennoch wird gleichzeitig die Illusion der »Wahlfreiheit« am Leben erhalten, weil jeder ja »autonom« entscheiden kann, ob er die offerierte Krawatte kauft, oder die gelobte Bratwurst verzehrt.

Ohne Frage, das Interesse der Anbieter solcher Systeme wie der Computer-Brille liegt in der *Konsumentenführung*. Die Absicht ist eine kommerzielle, es soll gezielt Werbung platziert und den Menschen bei »Problemen« geholfen werden, die ihnen selbst noch gar nicht in den Sinn gekommen sind. Aber die Konsequenzen für den Nutzer gehen bei diesen Formen der digitalen Lenkung über die gewöhnliche Werbebeeinflussung hinaus, weil diese mit anderen Versuchen, Aufmerksamkeit zu erringen, konkurrieren müssen. Beim Brilleneinsatz haben die Einblendungen jedoch einen exklusiven Charakter, sind geeignet den Nutzer gezielt auf einzelne Produkte und Angebote hinzuweisen.

Das sieht auf den ersten Blick unproblematisch aus, weil wie gesagt, letztlich jeder noch entscheiden kann, ob er den »Ratschlägen« folgt. Aber der Teufel steckt auch hier im Detail. Durch die besondere Intensität der personalisierten Werbung und durch einen zunehmenden Umfang, werden die Empfänger der Botschaften nicht nur von der Außenwelt abgeschottet, sondern auch zu Gefangenen ihres eigenen Geschmacks. Der »Empfehlungsmechanismus« sorgt dafür, dass die Aufmerksamkeit auf das konzentriert wird, was schon einmal die Aufmerksamkeit erregte: Sie werden vorrangig mit dem konfrontiert, was sie auch schon in der Vergangenheit bevorzugt haben.

Es ist konstitutiver Bestandteil dieses Systems, dass mit jeder bejahenden oder verneinenden Lebensäußerung wiederum Daten anfallen, die ebenfalls verarbeitet und zur Grundlage neuer Bewertungen und daran anschließend neuer Werbeoffensiven in der Absicht werden, Konsumimpulse zu stimulieren. Eine der Konsequenzen dieses Verfahrens ist eine spezifische *Verengung der Weltwahrnehmung* des nach kommerziellen Präferenzen *gelenkten Menschen*. Sein Interesse reduziert »sich auf ein Spektrum aus vorsortierten Möglichkeiten. Er erhält Angebote, die vermeintlich zu ihm passen; Informationen, die vermutlich seinen Interessen entsprechen; Handlungsoptionen, die von mächtigen Akteuren als besonders effizient, besonders sicher oder besonders profitabel eingestuft werden.« (Juli Zeh)

Es ist offensichtlich, dass wir erst am Anfang der Entwicklung einer digitalen Lebensführung, eines lückenlosen Netzes von *Lenkungsimpulsen und lebenspraktischen Navigationen* stehen. Noch sind es Kaufentscheidungen, die präjudiziert werden, aber es werden immer stärker auch Lebensentscheidungen auf der Grundlage der Abtrennung der Subjekte von ihren realen Lebensverhältnissen und biographischen Besonderheiten beeinflusst. Noch geschieht das auf einer niedrigen Ebene, etwa wenn der an die elektronischen Erfassungssysteme angeschlossene Mensch den Hinweis erhält, dass er bald mit seiner täglichen Fitnesseinheit beginnen müsse. Hat sich solch eine digital gesteuerte »Begleitung« des Lebens durchgesetzt, wird auch die Bereitschaft wachsen, sich noch umfassender »führen« zu lassen, weil es im konkreten Fall ja um die Gesundheit und indirekt auch die berufliche Leistungsfähigkeit geht. Aber dabei wird es nicht bleiben, wenn das elektronische Coaching und andere Formen der Verhaltenssteuerung zum allgemeinen Prinzip geworden sind.

Und tatsächlich werden die Systeme der Nutzerführung permanent weiter entwickelt, die Methoden der Fremdverfügung weiter »verfeinert«. 2015 ist der Google-Dienst einer automatischen Beantwortung von E-Mails eingeführt worden. Welche Konsequenzen ein solches Automatisierungsangebot hat, kann jeder heute schon ermessen, der mit Behörden und Firmen korrespondiert, die auf seine Post mit Textbausteinen reagieren. Selten nur wird auf die thematisierten Sachverhalte eingegangen, wird der Inhalt der Korrespondenz auch nur einigermaßen hinreichend erfasst. Nicht erst langfristig wird in ähnlicher Weise die automatisierte Mail-»Kommunikation« zu einem Austausch bloßer Sprachblasen, zur Institutionalisierung eines »aneinander Vorbeiredens«, zur kommunikativen Degradierung aller Beteiligten als Konsequenz des elektronisch gesteuerten »Austausch«-Prozesses führen.

Computereinsatz und gesellschaftliche Entwicklung

Alleine schon durch die bloße Bestandaufnahme der sozio-kulturellen Auswirkungen des IT-Einsatzes wird deutlich, dass Computer und Gesellschaft mittlerweile nur noch als *Systemzusammenhang* begriffen werden können, es kaum noch ein Segment und eine Facette des Sozialen, Ökonomischen und Kulturellen ohne die spezifischen (Ein-)Wirkungen der kombinierten Computer- und Kommunikationstechnologien gibt. Auch die fraglos vorhandenen *positiven Aspekte* der IT-Technologien können nicht über die schon angesprochenen destruktiven und formierenden Wirkungen hinwegtäuschen. Immer muss in Rechnung gestellt werden, dass auch die *sichtbaren Akteure*, die wahrscheinlich im Internetdschungel mittlerweile zunehmend von den im geheimen Agierenden an den Rand gedrängt werden, also die Googles, Facebooks und Microsofts sich schon wesentlichen Alltagsbezügen bemächtigt haben, beziehungsweise mit negativen Konsequenzen auf sie einwirken und durchdringen. Google beispielsweise strukturiert mit seinen Algorithmen (auch ohne Einsatz einer Brille!) den Blick auf die Welt mit großer Konsequenz. Die Arbeitsweise der Suchmaschine präjudiziert in einer bisher unbekannten Intensität, was als relevant oder weniger wichtig zu gelten habe. Die ihr implantierten Strukturierungsprinzipien wirken nachdrücklich und sind kaum noch ins Wanken zu bringen. Nicht hinterm Berg gehalten wird mit der Absicht, die Welt auf dieser Basis neu zu ordnen, immer weitere Bereiche »google-kompatibel« zu gestalten, also den eigenen Geschäftsinteressen unterzuordnen.

Es ist für die Dramatik der Situation bezeichnend, dass selbst sehr kritische Analysen der globalen Netzstrukturen durch die realen Entwicklungen regelmäßig übertroffen wurden und Internet und perfektioniertes Überwachungs- und Lenkungssystem heute als synonyme Begriffe benutzt werden müssen. Und dennoch gilt das Internet für eine Mehrheit der Nutzer immer noch als neutrales Medium von scheinbar technologischer Unschuld.

Aber die IT-Kapitalisten wissen natürlich was sie tun, denn sonst würden sie die Kernabsicht ihres Geschäfts nicht systematisch verschweigen: »Facebook-Erfinder Mark Zuckerberg spricht in jedem Interview davon, es gehe auf Facebook nur darum, Menschen miteinander zu vernetzen und Erlebnisse miteinander zu teilen. Nie spricht er von Datenanalyse, intelligenten Auswertungen und transparenten Netzwerkbeziehungen. Dieses eigentliche Rückgrat des Unternehmens bleibt auf den ersten Blick verborgen.« (Svea Eckert) Nur intern und gegenüber der Geschäftskundschaft wird Klartext geredet. Zum Beispiel auf der Seite *facebook for busines*: Es soll durch die unsichtbaren Ausspähungen, so wird dort verkündet, ein Profil jedes Nutzers erarbeitet werden, um mit maßgeschneiderten Werbeinterventionen auf ihn einwirken zu können. Auch Google-Gründer Larry Page hat für die Schnüffelpraxis seines Konzerns eine verharmlosende Sprachregelung gefunden, denn letztlich gehe es doch nur um das »Teilen von Informationen« (!) und das könne doch »auch geradezu transformativ sein und uns auf wichtige neue Wege führen.«

Diese Reaktion ist verständlich, denn informationelle Selbstbestimmung und Datenschutz passen nicht ins Geschäftsmodell, sie stellen eine regelrechte Bedrohung dar, denn der Profit lässt sich bei den führenden Portalen nur sichern und vermehren, wenn ihre Erfassungsnetze immer größer ausfallen und immer engmaschiger geknüpft werden, damit die Nutzer immer umfassender ausgeforscht, immer mehr Daten abgegriffen und einer kommerziellen Nutzung zugeführt werden können. Die Internet-»Dienstleister« sind also um des Profit willens bemüht, immer tiefer in das Leben der Menschen einzudringen. Macht und daraus resultierender gesellschaftlicher Einfluss mögen nicht intendiert sein – aber sie sind unvermeidliche Effekte ihrer »Geschäftsmodelle«.

Kritikwürdige Aspekte bei dem Siegeszug der Computertechnologie gibt es viele – und wie hervorgehoben wurde – ebenfalls kritische Stimmen (auch wenn die Warner meist nur den Status von »einsamen Rufern in der Wüste« intellektueller Gleichschaltung hatten). In den Diskussionen über den Computer haben sie bis heute nur eine randständige Bedeutung. Aber vergessen ist nicht, was beispielsweise der Computer-Pionier Weizenbaum früh selbstkritisch über die destruktive Grundtendenz des kapitalistisch instrumentalisierten Computers, beispielsweise in seinem schon 1976 erschienenen Buch »Die Macht des Computers und die Ohnmacht der Vernunft« (dem heute ein Klassiker-Status zukommt) zu Protokoll gegeben hat.

In erfreulicher Weise hat sich in den letzten Jahren die Situation geändert, sind weitere kritische Arbeiten über den Computer und die sozial-destruktiven Wirkungen des Internet erschienen, die sich durch einen klaren Blick, sowie analytische Kompromisslosigkeit auszeichnen und in wichtigen Punkten nicht dem engen Geflecht der herrschenden Selbsttäuschungen unterliegen. Mittlerweile gibt es eine ganze Reihe mehr oder weniger erkenntnisfördernder Veröffentlichungen, von denen zwei herausgehoben werden sollen, weil sie eine reflektierte zivilisationskritische Dimension besitzen: Produktives Detailwissen zeichnet das 2014 erschienene Buch von Nicholas Carr (»Abgehängt. Wo bleibt der Mensch, wenn Computer entscheiden?«) aus, während es sich bei der Studie von Jonathan Crary (»24/7. Schlaflos im Kapitalismus«), deren englische Originalfassung 2013 erschienen ist, um eine eindrucksvolle kulturkritische Studie handelt, die den Vergleich mit den Klassikern dieses Genres nicht zu scheuen braucht und einen wichtigen Beitrag zur gesellschaftlichen Selbstaufklärung repräsentiert. Hinsichtlich ihrer intellektuellen Vermittlungsleistungen für ein kritisches Verständnis der Digitalisierungsvorgänge, können auch einige Bücher von Frank Schirrmacher (beispielsweise »*Payback*« aus dem Jahre 2009) über den netzvermittelten subjektiven Kontrollverlust nicht unerwähnt bleiben.

Von den meisten Veröffentlichungen zur Computer- und Internet-Problematik, auch wenn sie eine kritische Grundtendenz haben, werden in der Regel jedoch nur Teilprobleme reflektiert. Den grundsätzlichen Fragen nach dem Anteil der IT-Technologien bei der Reproduktion bestehender Machtstrukturen und sozialen Formierungsprozessen wird zwar nicht unbedingt aus dem Weg gegangen, aber durch die selektive Vorgehensweise bleiben entscheidende Aspekte dennoch unberücksichtigt. Nur selten ist beispielsweise davon die Rede, mit welcher Nachdrücklichkeit bei der Entwicklung der elektronischen Rechner kapitalistische Grundorientierungen Pate gestanden haben und wie intensiv die sozio-ökonomische Funktionalität des IT-Komplexes mit kapitalistischen Reproduktionsinteressen deckungsgleich geworden ist. Wird diese Einsicht ignoriert, bleibt ein Kernproblem des *Computer-Kapitalismus* unberücksichtigt, bleibt unbegriffen, was Max Weber in »Wirtschaft und Gesellschaft« zutreffend über den Charakter der neuzeitlichen Maschinenentwicklung hervorgehoben hat: »Die ökonomische Orientiertheit der heute sogenannten technologischen Entwicklung an Gewinnchancen ist eine Grundtatsache der Geschichte der Technik.«

Es wird zwar in den internet-kritischen Diskussionen unmissverständlich die Überwachungsfunktion der »Netze« thematisiert, aber deutlich seltener kommt zur Sprache, wie in welcher Intensität sich der Kapitalismus mit Hilfe des Computers reproduziert – und letztlich trotz aller Krisenexzesse auch über Wasser hält. Vollständig fehlt eine Beschäftigung mit der Frage, wie durch den Einsatz der Informationstechnologien gegenwärtig Ausbeutung organisiert und intensiviert, Mehrwert erzeugt und vor allem aber auch realisiert und aufgeteilt wird.

Auch die linke Computerdiskussion hat in den meisten Fällen über diese Aspekte nicht viel zu sagen. Mit pathetischer Geste wird besonders in marxistischen Allerweltsdiskussionen zwar von einer »wissenschaftlich-technologischen Revolution« gemurmelt (übrigens schon seit vielen Jahrzehnten!), ohne das dechiffriert wird, was darunter konkret zu verstehen ist. Die zur Phrase geronnene Formel geht um so leichter über die Lippen, je weniger man mit einem tieferen Wissen über die konkreten Sachverhalte »belastet« ist, je weniger man reflektiert was diese Vorgänge tatsächlich für den Prozess kapitalistischer Selbstreproduktion bedeuten. Beschämend wenig ist in diesem Kontext beispielsweise über die negativen Konsequenzen der Digitalisierungsprozesse auf die zivilisatorischen Standards und sozialen Zustandsformen zu hören. Mit einem »schwelgen« im Informatiker-Jargon und der Wiederholung affirmativer Selbstbeschreibungsformeln im Modus eines technologischen Reduktionismus, vermag man zwar seine inhaltlichen Defizite zu kaschieren, bestehen bleiben sie dennoch. In der Regel verbleibt man durch das reduzierte Informations- und Reflexionsniveau im Gravitationsfeld herrschenden Legitimations- und Verschleierungsdenkens. Es gibt eine rühmliche Ausnahme von diesem Bild gegenwartsanalytischer Trostlosigkeit in einem großen Teil der linken Diskussionen: In einer Anzahl von Beiträgen sind in der *jungen Welt* sachlich angemessene Beschäftigungen mit den kapitalismuskonformen und sozio-kulturellen Negativ-Effekten des Computereinsatzes erschienen.

Aber meist tauchen in den linken Diskussionen wesentliche Fragen, die für eine kritische Beschäftigung mit dem Computer-Kapitalismus unabdingbar sind, noch nicht einmal am Horizont auf:

• Welche Konsequenzen hat der Computer-Einsatz *tatsächlich* im Arbeitsleben?

- Wie sieht es mit den angeblich positiven Effekten aus, durch die die Menschen von monotonen und belastenden Tätigkeiten entlastet würden?
- In welcher Weise strukturieren die IT-Technologien die Kommunikationsprozesse diesseits und jenseits der Berufssphäre?
- Verbessert der Computer die Lebensverhältnisse und ermöglicht er den Menschen ein selbstbestimmtes Verhältnis zu ihren Existenzgrundlagen?

Stellungnahmen zu diesen Fragekomplexen bewegen sich selten nur über die fragwürdigen gesellschaftlichen Selbstbeschreibungsmuster hinaus, unterliegen oft ihren verschleiernden Tendenzen.

Im vorliegenden Text ist die Beschäftigung mit diesen Problemkomplexen bisher noch auf einer beschreibenden Ebene angesiedelt gewesen. Im ersten Zugriff ging es vorrangig um eine »phänomenologische« Bestandsaufnahme. Produktiv und Aufschlussreich kann ein solches Vorgehen jedoch nur sein, wenn die Ergebnisse anschließend zu einem Kontext sozialtheoretischer Reflexion vermittelt werden, dessen erkenntnisleitendes Interesse durch Fragen der folgenden Art charakterisiert ist:

- Wie wird durch die IT-Technologie aktuell Herrschaft reproduziert?
- Welche Funktion besitzt der Computer im Gesamtsystem der Kapitalverwertung?
- Setzt er das Wertgesetz außer Kraft, weil er den Einsatz lebendiger Arbeit überflüssig macht?

Solche Problematisierungen sind als Zwischenschritte eines Reflexionsprozesses zu verstehen, der in der Fragestellung kulminiert, ob der Computer eine Maschine zur Stabilisierung bestehender Herrschaft ist – oder ihm letztlich nicht vielleicht doch eine *systemsprengende Kraft* inhärent ist, wie in linken Diskussionen oft zu hören ist?

Überwachung als Vergesellschaftungsprinzip

Welche sozialen, kulturellen und zivilisatorischen Konsequenzen hat es, wenn durch die Verallgemeinerung des Internets, seines flächendeckenden Eindringens in die privaten, sozialen und ökonomischen Sphären, die Türen zu einem digital determinierten *Lebensraum, der gleichzeitig auch Überwachungszone ist*, immer weiter aufgestoßen werden? Immerhin hat es bei diesem Problemkomplex seit den Aufklärungsaktivitäten von Snowden tiefgreifende Irritationen weit über die Grenzen eines traditionell gesellschaftskritischen Lagers hinaus gegeben, auch wenn sie nicht zu nachhaltigen Einstellungsveränderungen, gar einer oppositionellen Handlungsbereitschaft geführt haben. Symptomatisch sind die Reaktionen und Reflexionen dieser Probleme bei Frank Schirrmacher, Mitherausgeber der großbürgerlichen *Frankfurter Allgemeinen Zeitung*, in seinen letzten Lebensjahren. Es handelte sich bei seinen intellektuellen Interventionen sicherlich auch um ein vielleicht finales Aufbegehren eines *bürgerlichen* Anspruchs auf *personale Selbstbestimmung*. Deren Gefährdung ist Schirrmachers *Ausgangspunkt* seiner Reflexionen zum Computer- und Internetkomplex. Sie sind gleichzeitig aber auch deren *Endpunkt*. In ihrer Grundtendenz sind sie von der Hoffnung geprägt, die bedrohte und teilweise schon zerstörte Privatheit doch noch retten zu können – natürlich im Rahmen der bürgerlichen Verhältnisse. Weitergehende Konsequenzen mochte Schirrmacher, wie auch die meisten anderen Kritiker der Überwachungskomplexe, computergestützten Manipulationstendenzen und zivilisatorischen Unformungsvorgänge jedoch nicht ziehen. Das hat durchaus typischen Charakter: Denn auch in den meisten kritischen IT-Beschäftigungen wird dem verbreiteten Illusionismus die Referenz erwiesen, dass den regressiven Wirkungen von Computer und Internet »systemimmanent«, durch individuelle Verhaltenmodifikationen und politische Regulation Einhalt geboten werden könne.

Vor den tieferliegenden Ursachen der Bevormundungs- und Fremdbestimmungsprozesse verschließen zwar nicht alle, aber dennoch viele Kri-

tiker weitgehend die Augen und verharmlosen die Entwicklungen zu einer
Art klassenneutraler Deformationstendenz »moderner Technik«, der alle
irgendwie in ähnlicher Weise unterworfen wären und gegen die zu weh-
ren, nur in der Form subjektiver Verweigerung und der Einforderung individueller Rechtsansprüche möglich wäre. Aber über eine solche Reklamation
von Rechtsprinzipien als Gegenmittel, ist die reale Entwicklung schon lange
hinweg gegangen. Bleibt diese Tatsache unberücksichtigt, wird letztlich die
gleiche Position eingenommen, die schon Ulrich Beck bei seinem Konstrukt
einer »Risikogesellschaft« bezogen hatte, dessen grundlegende Annahme es
ist, dass durch die großtechnologischen Gefährdungen (Atomkraft, Gentech-
nik) und der ökologischen Katastrophenentwicklung, von denen letztlich alle
gleichermaßen betroffen seien, Fragen nach den sozialen Dominanz- und
Klassenverhältnissen, letztlich also nach den Macht- und Einflussstrukturen
gegenstandslos geworden wären.

In vielen Veröffentlichungen zum Computer-Komplex bleibt das Problemverständnis defizitär, weil die herrschenden ökonomischen Reprodukti-
onsprozesse kaum thematisiert werden. Aber ohne Kapitalismuskritik bleibt
die Computer- und Netz-Kritik inhaltlich inkonsequent. Weil die objektiven
Ausgangsbedingungen unthematisiert bleiben, werden sie gleichzeitig als
unhintergehbar akzeptiert, auch wenn manchmal »neoliberale Auswüchse«
beklagt werden. Es ist dieses systematische Defizit, auf dessen *Grundlage* an
die Subjekte appelliert wird, *individuell*, also durch die Veränderung ihres
Netzverhaltens, das Beste aus ihrer Situation zu machen.

Auch wenn in den Computer-Problematisierungen über relevante Aspekte hinweggegangen wird und unthematisiert bleibt, dass viele der sich auftürmenden Probleme letztlich nur als Konsequenz der kapitalistischen Prägung
und Instrumentalisierung der Informationstechnologien begriffen werden
können, sind nicht wenige der Bestandsaufnahmen hilfreich und für ein kritisches Verständnis der sozio-kulturellen Formierungsprozesse (und in ihrer
Konsequenz auch für Kenntnisnahme der zivilisatorischen Destruktionsten-
denzen, die von ihnen verursacht werden) unverzichtbar. Sie thematisieren
die digital organisierten Formen der Bedürfnislenkung und Einstellungsprä-
gung. Vielen liberal-bürgerlichen Computer-Kritikern ist auch bewusst geworden, dass mittlerweile alle technischen Voraussetzungen gegeben sind,
nicht nur um die Gesellschaft bis in den letzten Winkel auszuleuchten, sondern sie auch autoritativ steuern zu können.

Schon seit mindestens einem Jahrzehnt zeichnen sich tiefgreifende *Verän-derungen des öffentlichen Raumes* ab, bei denen die zunehmend personenbezo-genen und kollektiven Überwachungsvorgänge sich wechselseitig ergänzen. Jedenfalls hätte bei einem einigermaßen entwickelten Realitätssinn, im Juni 2013 die Nachricht über die weitgehend lückenlose Erfassung und Spei-cherung der Internet-Kommunikation und des weltweiten Telefonverkehrs durch die Geheimdienste der USA, Kanadas, Großbritanniens und anderer Länder nicht mehr überraschen dürfen. Verwunderlich wäre es im Gegenteil gewesen, wenn die Lage sich angesichts des erreichten Standes der Überwa-chungsmöglichkeiten anders dargestellt hätte.

Es fällt besonders ins Gewicht, dass bei der Organisation der Erfassungs-vorgänge vor allem in den Vereinigten Staaten die staatlichen und privaten Akteure sich bruchlos ergänzen. Auch die digitalen Infrastrukturen des Pri-vatkomplexes sind *Bestandteil der US-amerikanischen Hegemonialstrategie.* Wird einmal Klartext geredet, so wird weder mit den imperialen Allmachtsan-sprüchen (die von den führenden IT-Akteuren geteilt werden) hinterm Berg gehalten, noch werden die Methoden verschwiegen, die angewandt werden, um die Ziele einer allumfassenden Kontrolle zu erreichen. Aufschlussreich ist eine Mitteilung des damaligen NSA Direktors Kenneth Miniham aus dem Jahre 1996, weil in ihr zum Ausdruck kommt, was von einer Neuausrichtung der Arbeit seiner Institution auf Grundlage der durch das Internet gegebe-nen Erfassungs- und Einflussmöglichkeiten erwartet wurde: »Eine Informati-onsrevolution fegt um die Welt, die so radikale Veränderungen erzwingt wie einst die Entwicklung der Atombombe. So wie die Entwicklung der indus-triellen Technologie einst den Schlüssel zu militärischer und ökonomischer Macht während der vergangenen zwei Jahrhunderte war, wird die Kontrolle der Informationstechnologie der Schlüssel zur Macht im 21. Jahrhundert ... Wir müssen unseren traditionellen Anspruch auf technische Aufklärung und Informationssicherheit ausrichten, wenn wir relevant bleiben und eine füh-rende Rolle als offensive und defensive Komponente einer neuen nationalen Bemühung spielen wollen, die einem einzigen Ziel dient – der informationel-len Vorherrschaft für Amerika.«

Die auf dieser programmatischen Grundlage organisierten Aktivitäten, haben eine umfassende Dimension angenommen – sie sind allgegenwärtig, mit einer Tendenz zum Totalitären: Nur aus dem Spähwinkel der Überwa-chungskamera heraus zu gehen, wie es noch Orwells Protagonisten möglich

war, reicht nun nicht mehr aus, um der Bespitzelung zu entkommen: Es gibt
keine Nische mehr, in die ein Rückzug möglich ist, weil in der schon geschilderten Weise *Vergesellschaftung und Überwachung* zunehmend zusammenfal-
len: Kontrolle ist kein separater Vorgang mehr, sondern durch die Verallgemeinerung des Internets und dessen Eindringen in fast alle Alltagsbezüge mit
fast jeder Lebensäußerung verbunden.

>›Weg, weg‹, sagte sie und richtete sich eilig wieder auf, ›gehen Sie doch, gehen
sie doch, was wollen Sie, er horcht doch an der Tür, er hört doch alles. Wie sie mich
quälen!‹ ›Ich gehe nicht früher‹, sagte K., ›als Sie ein wenig beruhigt sind. Kommen Sie in die andere Ecke des Zimmers, dort kann er uns nicht hören.‹« (Franz
Kafka, Der Prozess)

Die Überwachungsmaßnahmen mögen heute noch weitgehend einen Erfas-
sungscharakter haben, aber naiv wäre es anzunehmen, das sie nicht schon für
staatliche Aktivitäten der Einflussnahme genutzt würden – natürlich zur »Ter-
roristenbekämpfung«. Das ist immer noch als finales, jeden Widerspruch und
jede Nachdenklichkeit verhinderndes Argument gedacht. Der amerikanische
Präsident wird nicht müde, es vorzutragen. Wer kann schon etwas dagegen
haben, den Terror einzudämmen und Menschenleben zu retten? Die Formel,
dass das »Wohl des Volkes oberstes Gesetz« sei, diente auch schon den Rö-
mern zur Rechtfertigung des Ausnahmezustands, der einmal ausgerufen, lange die »Normalität« blieb. Die vorgebliche Sicherung des Gemeinwohls, so
auch das aktuelle Kalkül, rechtfertige die eingesetzten Überwachungsmittel.
Und tatsächlich war der *11. September* der Anlass, um alle Schleusen zu öff-
nen, der Legitimationshintergrund um alle rechtlichen Bedenken gegenüber
staatlichen Überwachungsaktivitäten bei Seite zu schieben. Die Wucherungen des NSA stellten dabei die Kehrseite des Abschieds von den menschen-
rechtlichen (Selbst-)Verpflichtungen der imperialen Hauptmacht dar, die mit
den Aktivitäten zum »Kampf gegen den Terrorismus« explizit aufgekündigt
wurden, einschließlich der Legalisierung der Folter durch Einführung »erweiterter Vernehmungsmethoden« und der weltweiten Einrichtung von Ge-
heimgefängnissen. Die intensivierten Ausspähpraktiken sind nur eine Facette
in diesem Zusammenhang, aber eine fundierende.

Auch die weltweit von US-amerikanischen Militärs durchgeführten Mord-
aktionen und Terrorakte im Rahmen ihres »Feldzugs gegen den Terrorismus« wären ohne den Einsatz der digitalen Erfassungsmethoden nicht in

dieser Intensität und in dem Umfang zu organisieren, wie sie im Juni 2015 von der New York Times dokumentiert wurden. Entlarvt wurden dabei Zustände des Schreckens und des Horrors, dokumentiert die systematische Missachtung von Menschenrechten und eines rapiden Verfalls völkerrechtlicher Prinzipien. Konkret berichtet wurde über die tödlichen Aktivitäten der »Elite«-Einheit *Team 6*, einer Spezial-Truppe für systematisches Morden, die nach den Worten der amerikanischen Kommentatoren sich zu einer globalen Menschenjagd-Maschine entwickelt hat. Charakteristisch für deren Akteure sei nach deren Einschätzung eine Logik der Destruktion, der Vergeltung und der Rache.

Wo immer das Einsatzkommando agiert, hinterlässt es Spuren der Verwüstung; zahlreiche Tote säumen seinen Weg. Darunter sind fast immer auch Zivilisten. Die Liste der Anklagen gegen die »Elite-Kämpfer« ist lang: Unter anderem hätten sie bei Einsätzen ohne Not Jugendliche und Frauen getötet. Zur Verantwortung wurde niemand gezogen. Die politischen Instanzen verschließen vor diesen Verbrechen demonstrativ die Augen. Sie geben sich mit der öffentlichen Praxis der »Heldenverehrung« ihrer Kämpfer zufrieden. Präsident Obama hat wahrscheinlich häufiger das *Team 6* eingesetzt als die Administration von George W. Bush. Laut *New York Times* sollen es seit dem 11. September zehntausende von Einsätzen an diversen Schauplätzen gegeben haben. Die meisten von ihnen sind nie bekannt geworden.

Durch die *Aktionen dieser Terror-Einheit auf Grundlage digitaler Kommunikations- und Überwachungsstrukturen* sind die Spielregeln der Kriegsführung in prinzipieller Weise verändert worden: Es werden Kriege ohne Ankündigung und Beschränkung in der Gewissheit geführt, niemals zur Verantwortung gezogen zu werden. Betrieben wird der staatliche Terrorismus von weltweiten Geheimbasen aus, ohne sich irgendwelchen Kriegskonventionen oder normativen Prinzipien verpflichtet zu fühlen. Nach dem Bericht der *New York Times* ist es immer wieder zu Blutbädern gekommen. Die verantwortlichen US-Militärs haben jedoch immer beide Augen zugedrückt, auch wenn klare Rechtsverstöße vorlagen. Zu Ermittlungen ist es niemals gekommen. Betrieben wird mit amtlicher Billigung ein blutiges Handwerk, dass nach dem Bericht der *New York Times* aber dennoch für die Täter nicht folgenlos bleibt: Wer aus dem Dienst ausscheidet, ist meist von körperlichen Gebrechen und psychischen Defekten gezeichnet. Ihren Therapeuten gelten die zu Opfern gewordenen Täter, als menschlich verroht. Selbstzerstörenden Charakter haben solche Aktionen aber noch in einem anderen Sinne: In ihrer unmittelbaren Konsequenz trägt dieser staatlich legitimierte Terrorismus zum unaufhörlichen Anschwellen der Gruppen von Selbstmordattentätern bei, deren Aktionen dann wiederum zur Rechtfertigung von »Gegenschlägen« dienen.

Es ist nicht möglich, über »Moderne Kommunikationsmedien« verantwortungsvoll zu reden, ohne auch solche staats-terroristischen Verwendungsweisen zu thematisieren, denn nicht zuletzt werden die »Zielpersonen« und Interventionskomplexe mit digitalen Erfassungssystemen ausgespäht und lokalisiert. Aber immer offensichtlicher ist es auch geworden, dass die »Terrorbekämpfung« nur ein Aspekt der Erfassungsaktivitäten ist! Das geht aus den Informationen der US-amerikanischen »Dienste« über ihre Aktivitäten selbst hervor. So spricht die NSA davon, dass sie »nur« ein Drittel ihres 10,8 Milliarden Dollar-Haushaltes für die Terrorismus-Bekämpfung aufwendet. Was mit den restlichen Milliarden geschieht, wird mit dem Anspruch umschrieben, nicht weniger als die *gesamte globale Kommunikation zu überwachen und sämtliche Informationsströme zu erfassen.* Bestandteil dieser Aktivitäten ist beispielsweise die zielstrebige Ausforschung von Organisationen wie Greenpeace, Human Rights Watch und Amnesty International. Die Vorgehensweise läuft immer nach dem gleichen Schema ab: Alles beginnt mit der Fokussierung auf einige Aktivisten – und endet fast immer in unendlichen Wucherungen der Erfassung: »Man wird zur Zielperson, weil man sozial aktiv ist. Dann wird ein nachrichtendienstliches Personenprofil angelegt. Sie fangen an, alle Daten über dich zusammenzuzurren, die sie kriegen können. Sie gucken, was hast du getwittert, wie lauten deine Facebook-Nachrichten, und nicht nur deine, sondern auch die deiner Freunde, die deiner Familie. Was hast du gegoogelt? Was wurde bei Amazon bestellt, welche Kredikartentransaktionen gibt es? Natürlich werden auch alle deine Metadaten gescannt, mit wem kommunizierst du regelmäßig?« (Erich Schmidt-Eenboon) Unweigerlich schwellen bei dieser Vorgehensweise die erfassten Personendaten fast ins Unendliche an. In einem Pressegespräch antwortete Edward Snowden auf die Frage, weshalb sich jeder für den Überwachungskomplex interessieren sollte: »Selbst wenn sie nichts Falsches getan haben, werden sie beobachtet und aufgezeichnet.« Ein Verdacht reicht zur Erfassung aus, »und dann kann dieses System genutzt werden, um jede Entscheidung zu überprüfen, die du jemals gefällt hast, und jedem Freund, mit dem du über etwas diskutiert hast«.

Mit der aus legitimatorischen Gründen von der US-Administration in den Vordergrund geschobenen Notwendigkeit der Ausspähungen, als Bestandteil des »Kampfes gegen den Terrorismus«, sieht die Bilanz übrigens mehr als bescheiden aus. Basierend auf einer Auswertung von 225 Terrorismus-Fällen seit dem 11. September meldete 2014 das *Handelsblatt*, dass die »Sammelwut der NSA nutzlos« sei. Bei all diesen Ereignissen hätte auch die Totalüberwachung »keinen erkennbaren Einfluss auf die Verhinderung von Terrorakten gehabt«.

Der »Terrorbekämpfung« dienen angeblich auch die Erfassung aller Nummernschilder der Autos in New York, ebenso wie die unzähligen Kameras, die in der Stadt (wie weltweit in so vielen anderen!) installiert sind. Es gehe, so wird gesagt, um die »Feststellung von Anomalien des Verhaltens« von Verkehrsteilnehmern und Passanten. Aber was ist »anormales Verhalten« in einem Land, in dem im Zweifelsfall auch der Streik und andere gewerkschaftliche Aktivitäten als illegitim gelten können? Auch wenn Aktionen von Lohnabhängigen nicht im Namen der »Nationalen Sicherheit« (auf der Grundlage von Gesetzen also, die nach dem 11. September erlassen wurden) verboten werden, wird nicht selten mit polizeilicher Gewalt gegen die Streikenden vorgegangen, wie es im September 2013 geschehen ist: In 15 Städten hatten Mitarbeiter des Einzelhandels-Giganten Walmart ein »anormales Verhalten« mit ihren öffentlichen Aktionen an den Tag gelegt, weil sie sich nicht mehr mit einem Stundenlohn von durchschnittlich weniger als 9 Dollar abspeisen lassen wollten. Die Antwort des Unternehmens waren Entlassungen – und die des Staates in einigen Städten der Einsatz eines massiven Polizeiaufgebots gegen die Demonstranten.

Erfassung und Verfügung

Es gibt keinen Anlass zu hoffen, dass die Möglichkeiten einer intensiven Einflussnahme auf Basis der elektronischen Überwachungssysteme zukünftig ungenutzt bleiben werden. Auch wenn bisher vielleicht vorrangig nur die privaten Verhaltensmuster erfasst und analysiert werden, wird dennoch die *Verfügung* durch staatliche Instanzen nicht lange auf sich warten lassen, denn die gesamte Apparatur eines Polizeistaates, ist, nach den Worten des ehemaligen US-Vizepräsidenten Al Gore, schon einsatzbereit. »Wir sind nicht mehr nur auf dem Weg in eine neue Gesellschaft, sondern haben sie schon erreicht.«

»Trotzdem aber sind wir fähig, einzusehen, dass die hohen Behörden, in deren Dienst wir stehen, ehe sie eine solche Verhaftung verfügen sich sehr genau über die Gründe der Verhaftung und die Person des Verhaftens unterrichten. Es gibt darin keinen Irrtum. Unsere Behörde, soweit ich sie kenne... sucht doch nicht etwa die Schuld in der Bevölkerung, sondern wird, wie es im Gesetz heißt, von der Schuld angezogen und muss uns Wächter ausschicken. Das ist Gesetz. Wo gäbe es einen Irrtum?« (Franz Kafka, Der Prozess)

Die Sorge eines möglichen Umschlags der Erfassung in repressive Verfügung, brachte übrigens schon vor fast einem halben Jahrhundert der US-Senator Frank Church zum Ausdruck, als die Ausspähmöglichkeiten der NSA und der anderen »Dienste« sich auf einem technologisch noch deutlich niedrigeren Niveau befanden und der Erfassungsumfang entsprechend geringer war: Die Fähigkeiten der Überwachungsinstitutionen könnten »sich jederzeit gegen amerikanische Staatsbürger richten und niemand hätte je wieder eine Privatsphäre. Die Fähigkeiten, alles unter Beobachtung zu stellen: Telefonate, Telegramme, ganz egal. Es gäbe keinen Ort, um sich zu verstecken. Wenn aus dieser Regierung jemals eine Tyrannei würde, wenn ein Diktator in diesem Land an die Macht käme, die Geheimdienste haben bereits jetzt die technischen Möglichkeiten geschaffen, um eine totale Gewaltherrschaft zu errichten.«

In diesem Zusammenhang gilt, dass auch schlecht Ding Weile braucht, denn die Möglichkeiten zur umfassenden *Berechnung* der Menschen gibt es erst seit wenigen Jahren. Und der effektive Wirkungsgrad der digitalen Technik ist noch lange nicht erreicht. Wie schnell die Entwicklung tatsächlich voran schreitet, kann jeder an den Werbeschaltungen auf den Google-Seiten nachvollziehen: Die eingeblendeten Werbehinweise fallen immer präziser und auf den Nutzer abgestimmter aus: Sie sind Ausdruck dessen, was man schon bisher über ihn weiß. Aber die Ziele der Erfassungs- und Prognoseindustrie sind weiter gesteckt und Grenzen kaum zu erkennen. Die Informatiker sind auf dem Weg, auch Assoziationen und die »geheimen Gedanken und Wünsche« der Nutzer zu antizipieren. Heines spöttisch-trotzige Annahme, in dem Gedicht »Deutschland ein Wintermärchen«, dass es für einen Preußischen Grenzbeamten unmöglich wäre, die Gedanken zu konfiszieren, hat heute keinen Realitätsgehalt mehr.

»Beschnüffelten alles, kramten herum
In Hemden, Hosen, Schnupftüchern;
Sie suchten nach Spitzen, nach Bijouterien,
Auch nach verbotenen Büchern.

Ihr Toren, die ihr im Koffer sucht!
Hier werdet ihr nichts entdecken!
Die Konterbande, die mit mir reist,
Die hab ich im Kopfe stecken.«
(Heinrich Heine)

Die Erfassung der »geheimsten Gedanken« wird wohl auch zukünftig nicht in jedem einzelnen Fall korrekt möglich sein – aber für einen großen Teil einer Referenzgruppe werden die auf elektronischer Grundlage entstandenen Generalisierungen zutreffen und zur realistischen Annahme führen, was die ins Blickfeld Geratenen *denken könnten*. Der Computer kann nicht ins »Gehirn« des jeweiligen Nutzers eindringen, jedoch sind seine Prognosen in der Lage, aufgrund dessen registrierten Verhaltens im Kontext seiner »Netzbiographie« und im Vergleich zu ähnlich agierenden und sich artikulierenden Nutzern wahrscheinliche Denkmuster und mögliche Handlungsabsichten auf Basis eines errechneten »durchschnittlichen« Agierens abzuleiten: Wer einen bestimmten Schulabschluss hat, bei Amazon bestimmte Bücher bestellt, *Spiegel-Online* liest und sich eine CD-Edition mit Mozarts Werken hat liefern lassen, wird mit großer Wahrscheinlichkeit für den Hinweis dankbar sein, dass noch Karten für das nächste Konzert der Berliner Philharmoniker zu haben sind.

Das sind zweifellos harmlose Schlussfolgerungen mit vielleicht sogar unbedenklichen (und wünschenswerten) Konsequenzen. Aber wer die *junge Welt* online liest, linke Literatur im Netz bestellt und eine im Internet präsentierte Anti-Kriegs-Petition unterschrieben hat, wird sich mit größter Wahrscheinlichkeit an der antifaschistischen Demonstration in seiner Stadt beteiligen! Schon heute werden digital herausgefilterte »Rädelsführer« im Vorfeld von Demonstrationen, aber auch Hooligans vor einem Fußballspiel von der Polizei aufgesucht und zu einem »gesetzeskonformen Verhalten« ermahnt. Aber dabei bleibt es nicht: Von den Präferenzen des Einzelnen, wird auch auf sein sozio-kulturelles Umfeld geschlossen. Die statistischen Wahrscheinlichkeiten legen nahe, dass es mit seinen Auffassungen und Orientierungen korreliert und deshalb »im Auge behalten« wird.

Es war schon damals Ausdruck einer naiven Haltung, aber vor der Snowden-Zeit konnte noch behauptet werden, dass eben kein Orwell-Zustand existiere, weil die Daten anonymisiert wären; die Datenverwerter haben jedoch Wege gefunden, auch angeblich »sichere« Datensätze zu dechiffrieren. Von spezialisierten Firmen werden beispielsweise die verschlüsselten Patientendaten, die ihnen von Ärzten, Krankenhäusern und Krankenkassen zur Verfügung gestellt werden, in Formen, die ohne all zu großen Aufwand personalisierbar sind, zum Kauf offeriert. Experten halten die privatwirtschaftliche Erfassung der Gesundheitsdaten für effektiver als die NSA-Schnüffelpraxis. Der Daimler-Konzern hat es jedenfalls nicht mehr nötig, wie es über 3 Jahrzehnte lang geschehen ist, von Bewerbern Bluttests zu verlangen.

Waren die Menschenzüchtungsvorstellungen im Zusammenhang mit den Gentechnik-Debatten spekulativ, so sind die heutigen digital organisierten Selektionsmöglichkeiten real. Es können die Gesunden und die Anfälligen, jedoch auch die Willigen und Leistungsfähigen, die Stromlinienförmigen und Bedenkenlosen, also die nach den jeweiligen Bedürfnissen und Präferenzen der Firmen optimal strukturierten Menschen herausgefiltert – und alle anderen dadurch automatisch ins Abseits gestellt werden.

Die Effizienz der privatwirtschaftlichen Datenabschöpfung hat auch die NSA veranlasst, sich immer intensiver direkt bei den Netz-Giganten zu bedienen und das zu kopieren, was von Google, Facebook und Co. schon elektronisch archiviert worden ist. Aus Sicht des staatlichen Erfassungsapparats handelt es sich bei dieser Vorgehensweise um ein »Erfolgsmodell«, denn die eifrige Sammeltätigkeit der Kommunikationsgiganten als Grundlage ihrer kommerziellen Aktivitäten, ist »ein Grund, warum das Überwachungssystem der US-Dienste so umspannend und allgegenwärtig geworden ist. Die Industrie der Kommunikation spielt ihre Rolle in diesem Spiel freiwillig oder unfreiwillig mit.« (Svea Eckert)

Die computer-, bzw. präziser gesagt softwaregesteuerte Verfügung über die Nutzer muss keineswegs in der Form einer direkten Interventionen erfolgen, durch die konkrete Individuen betroffen sind. Das scheint heute immer weniger nötig, weil mit der Anhäufung und Auswertung großer Datenmengen die digitale Analyse gesellschaftlicher Prozesse möglich ist, auf die mit medialen und massenpsychologischen Steuerungsmethoden gezielt eingewirkt werden kann. Genau zu diesem Zweck, Zustimmung zu organisieren, ist im Berliner Bundeskanzleramt ein Arbeitsstab installiert worden. Ein orwellsches »Ministerium für Wahrheit« wirft seine Schatten voraus, auch wenn wir uns gegenwärtig noch in einer Inkubationsphase befinden, in der die vorhandenen Erkenntnisse über die »Sozialen Medien« als Manipulationsinstrumente noch in Handlungskonzepte umgesetzt werden müssen. »Was aber wird geschehen, wenn die handelnde Politik den Raum des Netzes als neue Bühne erobert? Im Augenblick sind es in Deutschland gerade die traditionellsten Debattenforen – einfache Blogs, die auf die Kraft von Argumenten und Quelle bauen – die neue Öffentlichkeiten schaffen. Darunter sind staunenswerte Erfolge. Wie zum Beispiel die ›Nachdenkseiten‹ von Albrecht Müller, die er zusammen mit Wolfgang Lieb betreibt. Allerdings ist die Frage, ob solche im besten Sinne alteuropäische Diskurse im Augenblick nur deshalb so wirkungsvoll sind, weil die Politik die Einfluss- und Manipulationsmöglichkeiten digitaler Kommunikation noch nicht verstanden hat. Künftig werden nicht mehr die Medien die Wirklichkeit mal besser, mal schlechter abbilden, sondern informelle Trends deren Glaubwürdigkeit niemand nachprüfen kann. Es wäre für die Politik ein Leichtes, mithilfe von [computergenerierten] Informationskaskaden ein völlig verändertes Bild der Wirklichkeit zu schaffen.« (Frank Schirrmacher)

Die Snowden-Papiere vermitteln einen Eindruck davon, wie weit in den USA und vor allem aber auch in Großbritannien, die Konzepte zur Massenbeeinflussung schon gediehen sind. Projektiert und teilweise durchgeführt wurden nicht nur verdeckte Internet-Operationen gegen Hacker und Terror-

Organisationen: Snowden hat auch enthüllt, dass die konzeptionellen und organisatorischen Voraussetzungen existieren, um Verhaltensweisen und Reaktionsmuster von Individuen und gesellschaftlichen Gruppen durch den Computer- und Interneteinsatz staatlicherseits zu manipulieren und zu steuern. Es geht also nicht um tradierte Formen der Meinungsbeeinflussung unter Verwendung herkömmlicher Argumente, sondern um die Manipulation von Kognitionsprozessen: Die Erfahrungs- und Verarbeitungsweisen werden unmittelbar beeinflusst.

In einigen Ländern bleiben die Möglichkeiten der *Einflussnahme* noch weitgehend ungenutzt, die mit privatwirtschaftlicher Zielsetzung, alle »Datenschutz-Grenzen« überschreitend, schon längst global angewandt werden. Wenn entsprechende Methoden zu Verfügung stehen, ist es jedoch nur eine Frage der Zeit, dass umgesetzt wird, was vormals als unvorstellbar galt. Oft werden von den staatlichen Akteuren zunächst in einzelnen Bereichen die neuen Möglichkeiten der Kontrolle genutzt, um sie dann schleichend auf weitere Gesellschaftszonen auszudehnen. In der Bundesrepublik war das im Zusammenhang mit den Hartz-IV-Regelungen der Fall, mit deren Einführung gleichzeitig eine soziale Erfassungs- und Disziplinierungsmaschinerie für die Empfänger von Sozialleistungen etabliert wurde.

Wie gesagt: Während einzelne Länder der »digitalen« Aufrüstung noch hinterherhinken, sind andere mit umfassenden Erfassungs- und Repressionspraktiken schon voran geprescht. Ihre Verfahrensweisen dienen anderen Staaten dann wiederum zur Legitimation des Abbaus personeller Schutzrechte und zur Rechtfertigung eines Systems behördlicher Eingriffe. Mit bemerkenswerter Intensität ist der staatliche Interventionismus auf der Grundlage digitaler Erfassung und Berechnung in den *Niederlanden* forciert worden. In einem Land also mit vorgeblich »liberaler Tradition«. Dort sind computergestützte Kategorisierungs- und Beeinflussungsmethoden innerhalb weniger Jahre tief in die Verwaltungspraxis und das Alltagsleben eingedrungen. Die Behörden handeln nach der Überzeugung, »dass die vollständige Transparentmachung und Kontrolle von Informationen, Geld und Bewegungsströmen die Kernelemente eines modernen Präventionsssstaates sind. Die Digitalisierung der öffentlichen Verwaltung und deren enge Verzahnung mit dem Sicherheitsapparat führen zu Methoden der Ordnungserzwingung, die in Deutschland bisher undenkbar scheinen. Seit neuestem gibt es in den Niederlanden sogar präventive, nicht verweigerbare gemeinsame ›Hausbesuche‹

durch Behörden und Polizei in die Wohnungen ganzer Stadtviertel. Offiziell klingelt dabei vielleicht die Bauaufsicht, die dann aber noch Mitarbeiter von Polizei, Einwanderungsbehörde und Sozialamt mitbringt, die sich gemeinsam in jeder einzelnen Wohnung umsehen.« Ihrer Form nach werden diese Maßnahmen aufgrund anonymer Datenverarbeitungsmuster durchgeführt. Die ausführenden Bediensteten »folgen einfach nur den Anweisungen, die jeden Morgen auf den Computerbildschirmen stehen. Nach welchen Kriterien ›der Computer‹ jemanden auswählt, können sie bestenfalls aus Erfahrung erraten.« (Constanze Kurz/Frank Rieger)

Industrieller Paradigmenwechsel

Mit intensiver medialer Flankierung wird seit Anfang 2015 davon gesprochen, dass in der Arbeitswelt eine Digitalisierungswelle von großer Intensität
und Reichweite stattfände. In diesem Zusammenhang ist von einer *Industrie 4.0*-Initiative die Rede. Darüber, was mit diesem Konzept gemeint ist und
wie die Umsetzung konkret aussehen soll, herrschen jedoch keine besonders
klaren Vorstellungen. Im Prinzip ist mit diesem technologischen Organisati-
onskonzept keine grundlegende Veränderung der *Produktionstechnik* oder der
technologischen Verfahrensabläufe gemeint, sondern die umfassende Vernetzung der einzelnen Segmente und Ebenen des wirtschaftlichen Geschehens. Intendiert ist die ressourceneffiziente Modernisierung der Industrie
durch die »digitale Verfeinerung der Produktionstechnik« (wie es in einem
Papier des Bundeswirtschaftsministeriums heißt). Produktionsprozesse sollen auf Basis vernetzter *Cyber-Physischer Systeme (CPS)* »anpassungsfähiger«
und »dynamischer« gestaltet werden. Eingesetzt werden sollen »intelligente
Maschinen«, die alle Ebenen von Planung, Produktionsvorbereitung und Produktion miteinander vernetzen, beispielsweise die Werkstückzufuhr und die
Lagerhaltung »selbsttätig«, im Modus »dezentraler Selbstorganisation« sicher
stellen. »Dazu sollen ›autonome Software-Agenten‹ miteinander interagieren,
um durch koordinierte Aktionen gestellte Aufgaben gemeinsam zu erledigen
(sog. ›Multiagentensysteme‹, auch: ›verteilte künstliche Intelligenz‹).« (Peter
Brödner)
    Diese Entwicklung kann zu einem zusätzlichen Automatisierungsschub,
einer zunehmen Ausdehnung der roboterisierten Bereiche in den produktiven Sektoren führen. Aber das ist zunächst ein zweitrangiger Aspekt. Intendiert ist durch den intensivierten Einsatz der Internet-Kommunikation
vorrangig die erneute Organisation einer »intelligenten Fabrik« mit hohen
Flexibilitätspotenzialen, die auch schon vor gut 20 Jahren mit dem Konzept
einer »Atmenden Fabrik« intendiert war. Es geht um die Optimierung der

betrieblichen Abläufe, um die Ressourceneffizienz. Prognostiziert wird nicht zuletzt auch die Integration von Kunden und Geschäftspartnern in die Organisationsstrukturen des Produktionsprozesses. Gewährleistet werden soll das durch eine *Vernetzung und Automatisierung der Kommunikation*, die weitgehend zwischen den Maschinen und den Rechnern stattfinden soll: Durch dieses sogenannte »Internet der Dinge« solle beispielsweise der Materialfluss dadurch optimiert werden, dass den Lieferanten automatisch signalisiert wird, welche Rohstoffe und Komponenten auf Basis der eingegangenen Bestellungen als nächstes benötigt werden. Was bisher im Einsatz oder zumindest in der Planungsphase ist, hat jedoch meist nur den Charakter eines Just-in-Time Lieferungssystems auf einer höheren Stufe. So stand 2015 bei dem Industriegase-Lieferanten Linde ein digitales Ventil kurz vor der flächendeckenden Einführung: Geht der Vorrat in einem Gastank zu Ende, soll via Internet automatisch der Lieferungs- und Nachfüllprozess in Gang gesetzt werden.

Jenseits solcher konkreten Beispiele sind wesentliche Aspekte des Industrie 4.0-Konzeptes noch Zukunftsmusik – und dürften es für lange Zeit auch noch bleiben, denn vieles spricht dafür, dass der prognostizierte Wechsel zu einem *total vernetzen und sich »selbstorganisierenden« Produktions- und Logistiksystem* alleine schon aufgrund des gegenwärtigen technologischen Entwicklungsstandes unrealistisch ist. Das Industrie 4.0-Konzept befindet sich im Experimentierstadium, ist in weiten Teilen über die Ebene der Grundlagenforschung noch nicht hinaus gekommen. Bei der publizistischen Begleitmusik bleibt meist unausgesprochen, dass die digitale Vernetzung in einem qualitativ neuen Umfang erst am Anfang steht, es kaum mehr als Versuchsanordnungen in Laboren und Modellfabriken gibt. Die Mediendarstellungen erzeugen jedoch den Eindruck, dass das Industrie 4.0-Konzept schon für viele Bereiche der Arbeitswelt realitätsprägend wäre. Auch viele »Diskussionsbeiträge« in linken Publikationen sind dieser tendenziösen und desorientierenden Darstellung auf den Leim gegangen, denn von einer Durchsetzungsphase eines neuen industriellen Paradigmas kann aus schwerwiegenden Gründen keine Rede sein: »Trotz der Beteuerungen, die Technologien seien anwendungsreif, ist deren Bewährung in der betrieblichen Praxis ungewiss. Erfahrungen mit Automatisierungsprozessen zeigen, dass die unter Laborbedingungen erzeugte Prozessstabilität in der Praxis so gut wie nie erreicht wird. Die Vielzahl an Störungsmöglichkeiten durch Defekte oder nicht exakt den Spezifikationen entsprechende Teile, durch Maschinenausfälle und durch Mitarbeiterfeh-

ler erzeugt einen sehr hohen Bedarf an Improvisation und kreativer Problem-
lösung« (Martin Krzywdzinski/Ulrich Jürgens/Sabine Pfeiffer) – letztlich also
die korrigierende und unterstützende Intervention von Produktionsarbeitern!
    Politisch geht es bei dem Industrie 4.0-Programm um eine Anschub-Initia-
tive, um das Projekt einer informationstechnologischen »Gründerzeit« für die
Bundesrepublik und die Europäische Union. Wenn auch unausgesprochen,
soll die europäische Position im internationalen Konkurrenzgeflecht der IT-
Industrien verbessert werden; im Endeffekt handelt es sich um den Kampf
gegen die Vorrangstellung der US-amerikanischen Internetkonzerne. Was
realistische Perspektiven und was Wunschdenken auf der globalen Konfron-
tationsebene ist, wäre ein eigener Themenstrang. Aber unabhängig davon,
deutet vieles darauf hin, dass die Ergebnisse der konzeptionellen Digitalisie-
rungs-Initiative hinter den Erwartungen vor allem auf der industrie-betrieb-
lichen Umsetzungsebene zurückbleiben werden. Es gibt Indizien die dafür
sprechen, dass auch ein Scheitern nicht ausgeschlossen ist. Nicht zuletzt deshalb, weil die Cyber-Angriffe, diese bisher entwickelteste Form konkurenz-
motivierter Sabotage, durch digitale Vernetzungen mit gesteigerter Intensität
möglich wären. Viele Betriebe klagen auch schon jetzt über die zunehmenden
Ausspähungen ihrer technologischen und geschäftlichen Geheimnisse, aber
die Probleme werden signifikant zunehmen, wenn die Organisation von Pro-
duktions- und Vertriebsprozessen noch intensiver an die Netzanbindung gekoppelt wird.
    Schon heute sind die Unternehmen für Hacker-Angriffe anfällig. So konn-
ten die Steuergeräte eines Hochofens in einem deutschen Stahlwerk von Außen so manipuliert werden, dass er sich nicht mehr herunterfahren ließ – die
Anlage wurde dadurch schwer beschädigt. Es stellte sich heraus: Die Angrei-
fer hatten mit verseuchten E-Mails einen Rechner der Firma gekapert und
wühlten sich von dort aus durchs interne Netz. In einem anderen Fall hatte
ein Hacker einen Angriff auf ein Energieversorgungsunternehmen sogar angekündigt – und konnte dennoch alle Sicherheitsbarrieren überwinden. Die
Probleme der Computersicherheit werden mittlerweile von vielen Unternehmen als dramatisch eingestuft, obwohl die universelle Vernetzung aller betrieblichen Abläufe noch lange nicht erreicht ist. Das Thema Cybersicherheit
dürfte deshalb bei digitalisierten »Zusammenschlüssen« zum Zentralprob-
lem avancieren. Natürlich stehen auch wieder »Sicherheitsexperten« bereit,
die Hilfe versprechen. Aber die Erfahrung lehrt, dass jede (meist sehr kost-

spielige) Gegenmaßnahme, nur von vorübergehender Wirkung ist. Aber das Problem sei leicht zu lösen, beteuerte ein Google-Sicherheitstechniker Ende August 2015 in einem Gespräch mit dem *Spiegel*: Firmen sollen unbesorgt dazu übergehen, ihre Daten in die »Cloud« auslagern – also von Google speichern und sichern lassen. Alle Probleme wären dann automatisch beseitigt. Auch der Zugriff von staatlichen Diensten wäre dann nach Versicherung dieses »Netz-Sicherheitsexperten« ausgeschlossen – denn so etwas würde Google nie zulassen. So unwahrscheinlich auf Grund der bisherigen Erfahrungen eine solche Weigerung auch ist, so überflüssig wäre sie auch – denn staatliche Agenturen sind selbst bei der Organisation von Computing-Clouds beteiligt.

Unthematisiert bleibt bei vielen unreflektierten Erörterungen zum Industrie 4.0-Konzept auch der zentrale Aspekt, dass in wesentlichen Teilen dieses Programm deshalb Wunschdenken bleiben dürfte, weil bei seiner Konzeptionalisierung die konstitutive Rolle des *Konkurrenzverhältnisses* zwischen den wirtschaftlichen Akteuren unberücksichtigt geblieben ist. Faktisch ist sie jedoch eine wesentliche Barriere für die angestrebte universelle Vernetzung ökonomischer Abläufe. Denn zur irreversiblen Notwendigkeit des wirtschaftlichen Handelns unter kapitalistischen Verwertungsbedingungen gehört die Abschottung der relevantem betrieblichen und technischen Wissensressourcen gegenüber den Konkurrenten.

Wenn es zur Verallgemeinerung miteinander kommunizierender Netzwerke aus Maschinen, Lagersystemen, Produkten und Menschen kommen sollte, dann mit großer Wahrscheinlichkeit weitgehend unternehmensintern oder in Kooperation mit einem nur kleinen Kreis ausgewählter Lieferanten und Zulieferer, denn der prognostizierte Schritt zur sich selbst organisierenden und digital vernetzten Produktion über den betrieblichen Rahmen hinaus, wird von den meisten Industrieunternehmen aus Konkurrenzerwägungen als sehr riskant eingestuft. Die kapitalistischen Akteure leben mit dem Bewusstsein, dass selbst dominante Marktpositionen in kürzester Zeit verloren gehen können, wenn auf eine Abschottung gegenüber Konkurrenten verzichtet wird. Die Befürchtung ist nicht unbegründet. Die Erfahrungen lehren, dass durch den leichtfertigen Umgang mit den eigenen Entwicklungs-, Wissens- und Fertigkeitspotenzialen die eigene Position innerhalb der Konkurrenzfiguration schnell gefährdet wird.

Selbst bei einer Regelung der Abschottungs- und Sicherheitsprobleme sind einer Vernetzung aller Abläufe schon deshalb *prinzipielle Grenzen* gesetzt,

weil es auch innerhalb betrieblicher Organisationsstrukturen nicht selten unterschiedliche Zielvorstellungen und Tätigkeitspräferenzen gibt, die nur mit
großem Aufwand homogenisierbar wären. Zuerst müßte die Fragmentarisierung der betrieblichen Einheit durch das Profit-Center-Prinzip, nach dem
jede Abteilung und jedes Organisationssegment auf »eigene Rechnung« und
in Konkurrenz zu den anderen Abteilungen zu arbeiten hat, wieder beseitigt
werden. Auch in zentralen Punkten der Organisation der Produktionsabläufe
müsste wieder »zurückgerudert«, müssten diese zellularen Strukturen, die an
Stelle traditioneller Formen der Arbeitsteilung, mit ihren zentralen Elementen Kontrolle und Weisung, installiert wurden, wieder entscheidend revidiert
werden. Es wären also viele Hindernisse zu beseitigen, um eine Vernetzung
aller betrieblichen Abläufe realisieren zu können.

Jenseits allen Wechsels in den Moden der Management-Theorien und ihren konkreten Umsetzungsformen, sind *Koordination und Abstimmung* eine
permanente Notwendigkeit auch innerhalb von Betrieben und Konzernen –
und diese sind in der Regel nur jenseits digitalisierter Automatismen zu
leisten, weil die realen Konflikte und Interessenorientierungen an konkrete
Personen gebunden sind und sich vorrangig auf einer informellen Ebene bewegen. Ein reibungsloser und kontinuierlicher Informationsfluss dürfte im
konkreten Betriebsalltag jedenfalls schwieriger zu organisieren sein, als es die
Industrie 4.0-Ideologie unterstellt.

Nur äußerst geringe Kooperations- und Vernetzungsmöglichkeiten zwischen den verschiedenen Konzernen gibt es bei der *Mehrwertrealisierung:* Vor
allem bei den unmittelbar marktbezogenen Aktivitäten ist die Möglichkeit
des kooperativen Handelns zwischen den konkurrierenden Akteuren kaum
möglich. Gerade zwischen multinationalen Konzernen herrscht ein erbar-
mungsloser Wettbewerb, der auf vielen Ebenen geführt wird. Vernetzung
stößt deshalb an ihre realkapitalistischen Grenzen. Angesichts einer Hyper-
konkurrenz beim Kampf um die Kunden ist es unwahrscheinlich, dass aus-
gerechnet durch die Digitalisierungsprozesse ein »kollektiver Kapitalismus«
entsteht, durch den die realen Abschottungsbedürfnisse und Überbietungs-
strategien überwunden werden können.

Ob auf anderen Ebenen des wirtschaftlichen Geschehens die prognos-
tizierten Rentabilitätseffekte durch eine forcierte Digitalisierung eintreten,
bleibt abzuwarten. Skepsis ist aufgrund einschlägiger Erfahrungen jedoch angebracht. Am lautesten artikulieren sich über die positiven Tendenzen einer

»Digitalisierung der Arbeitswelt« und den daraus resultierenden »Kostenvor-
teilen« jene Software-Firmen, die sich neue Geschäftsfelder erschließen wollen. Aber gerade solche »Prognose-Quellen« waren es, die in der Vergangenheit schon eine fragwürdige Rolle gespielt haben. Vergessen werden sollten
jedenfalls nicht die Katastrophenszenarien, die von den Software-Entwicklern
und den Informatikern vor der Jahrtausendwende ebenso, wie auch vor der
Euro-Einführung verbreitet wurden. Jedoch sind die Firmen und Behörden,
die sich ihrer (teuren) Hilfe verweigert haben, nicht zusammengebrochen,
wie ihnen prophezeit wurde.

Es waren übrigens auch solche interessengeprägten Protagonisten, die in
den Vereinigten Staaten mit dem Argument von Kosteneinsparungen, den
verstärkten Rechner-Einsatz im Gesundheitswesen gefordert haben – und im
Sinne *ihres* Geschäftsinteresses erfolgreich waren: Seit 2005 wurden entsprechende Initiativen staatlich gefördert. Aber das Ergebnis waren keine Einsparungen, sondern im Gegenteil eine Explosion der Kosten im Gesundheitswesen. Es haben sich weder die versprochenen ökonomischen Effekte, noch eine
bessere Behandlungsqualität eingestellt. Teilweise hat sich die Patientenversorgung durch automatisierte Diagnoseverfahren sogar verschlechtert. Aber
das digitalisierte Abrechnungssystem, hat sich nicht nur für die Informatiker
und Software-Entwickler, sondern auch für die Ärzte und Kliniken als (Dol-
lar-)Segen erwiesen, weil von den Computersystemen nicht nur die Diagnose
und die Behandlungsschritte unterstützt, sondern auch die effektivsten Abrechnungsvarianten und weitere kostentreibende, aber selten fachlich gebo-
tene, Behandlungsmaßnahmen nahegelegt werden. Das ist einer der Gründe,
dass innerhalb eines Jahrzehnts in den USA die Ausgaben für das Gesund-
heitssystem um 50 Prozent gestiegen sind und mittlerweile ein Sechstel des
Sozialprodukts absorbieren.

Auch in der Bundesrepublik laufen auf den Rechnern in den Arztpraxen
Programme, die vorrangig dazu dienen, kostentreibende Behandlungswege
und Abrechnungsvarianten zu präferieren.

Bei der ideologischen Begleitmusik zur Verallgemeinerung von Digitali-
sierungsprozessen innerhalb der industriellen Strukturen handelt es sich oft
um eine inhaltsleere Geschwätzigkeit, die sich beispielsweise in Behauptungen manifestiert, dass »bislang starre und geschlossene Produktionsstruktu-
ren … zu aktiven, sich dezentral selbst organisierenden und kommunikati-
onsfähigen Produktionseinheiten« werden. Aber das ist in dieser abstrakten

Allgemeinheit eben nichts neues, sondern die Beschreibung der schon existieren Organisations- und Vernetzungsstrukturen des Industriesystems in
seinen Kernbereichen, die sicherlich auf Grundlage weiter entwickelter IT-
Technologien noch effektiver und intensiver gestaltet werden können, die
jedoch keinen Paradigmenwechsel bewirken, aber zur Beschleunigung jener
Prozesse beitragen, die durch den Computer- und Internet-Einsatz schon seit
20 Jahren voran getrieben werden. Die Produktion ist in den Kernbereichen
des Industriesystems schon heute hochgradig digital gesteuert. Die Vernetzungen werden sicherlich weiter zunehmen, jedoch (zumindest auf mittlere
Sicht) keine *fundamentale Veränderung* der industriellen Arbeitswelt in jenem
Maße bewirken, die beispielsweise mit dem Übergang vom Handwerk zum
Fabriksystem vergleichbar wäre.

Bleibt das unberücksichtigt, werden mit der Industrie 4.0-Schablone zwar
assoziative Bilder mit großer Überzeugungskraft verbreitet, die jedoch mit
der Realität der Arbeitswelt nur wenig zu tun haben – und nicht zufällig, in
der Konsequenz ihrer Argumentation, sich auch meist selbst Infrage stellen.
Mit den realitätsfernen Konstrukten über eine »immaterielle Produktion«,
wird auch bei dem Bestseller-Autor und Politikberater *Jeremy Rifkin* der Eindruck erweckt, dass die digitalen Prozesse zunehmend zur Basis des wirtschaftlichen Geschehens würden. In Kombination mit neuen Technologien,
vor allem der *3D-Druckertechnik* (mit der internetbasiert in einer Art Schicht-
verfahren dreidimensionale Gegenstände, von mittlerweile hoher Festigkeit,
hergestellt werden können), sollen zukünftig auch eine steigende Zahl physischer Güter durch digitale Vermittlungvorgänge zu »Grenzkosten nahe der
null-Grenze« (Rifkin) allgemein zur Verfügung stehen. Gegenwärtig werden
neben Plastikbechern und Büroklammern, neben Schrauben und Bremsbe-
legen auch Repliken von musealen Skulpturen mit dieser Technologie produziert. Und zweifellos ist es eine eindrucksvolle Geschichte, dass eine Kli-
nik im Gaza-Streifen fehlende Stethoskope mit dem 3D-Drucker hergestellt
hat. Aber solche einfachen Gerätschaften sind keine Herzschrittmacher! Und
auch bei optimaler Weiterentwicklung der Technik und der Ausweitung der
Palette dessen, was produziert werden kann, wird das Patentrecht und der
Gebrauchsmusterschutz verhindern, dass auch nur einfache Ersatzteile für
Haushaltsgeräte durch den 3D-Druck kostenfrei zur Verfügung stehen werden. Und selbst wenn das der Fall sein sollte: Auch heute fällt der Preis für
den Dichtungsring kaum ins Gewicht, aber beträchtlich sind die Kosten für

seinen Einbau in einen Automotor oder in eine Waschmaschine. Weil mit der 3D-Druckertechnik weder Schiffe und Flugzeuge, noch Autos und elektronische Geräte als Hauptprodukte des Konsumgütersektors zu sinnvollen Kosten hergestellt werden können, wird wohl *zentralisierte Produktion* nicht an Bedeutung verlieren – und es wird, selbst wenn sich eine 3D-»Bastelkultur« in einem größeren Umfang etablieren sollte, kaum »zu einer profunden Umverteilung wirtschaftlicher Macht von wenigen hin zu vielen« kommen, wie Rifkin, frei von jeder empirischen Rückversicherung, behauptet.

Dass für Rifkin seine Partizipationsutopie aber sowieso nur eine propagandistische Hülle ist, wird deutlich, wenn er dem Kapital verspricht, dass diese Selbsttätigkeits- und »Demokratisierungs«-Prozesse ein großes Profitpotenzial in sich bergen, weil sie, obwohl soeben noch von kollektivem Produzieren und solidarischen Verteilen die Rede war, zur mehrwertversprechenden »Beschäftigung von Millionen von Arbeitern« führen würden, wie er 2015 in einem Beitrag im *Handelsblatt* versicherte.

Die Ungleichzeitigkeit technologischer Entwicklungen

Bei der Diskussion über die sogenannten *Industrie 4.0*-Initiativen fällt meist die Tatsache unter den Tisch, dass der Computer im Arbeitsleben in sehr differenter Weise eingesetzt wird. Trotz großer Verbreitung, ist die Computer-Technologie nur in Teilbereichen von *prägender* Bedeutung. Es wird noch zu sehen sein, wie problematisch es deshalb auch ist, Computer und Automatisierung umstandslos mit dem Verlust von auskömmlichen Erwerbsmöglichkeiten gleichzusetzen. Aber fraglos besitzt der Computer eine ökonomische Leitfunktion. Sein Einfluss strahlt auch auf jene Bereiche des wirtschaftlichen Geschehens aus, wo er als Produktivkraft nur von peripherer Bedeutung ist.

Das war übrigens bei vorhergehenden technologischen Entwicklungsschüben nicht anders. Beispielsweise im Rahmen der *Industriellen Revolution*, die in der 2. Hälfte des 18. Jahrhunderts begann und zunächst kaum merklich voranschritt. Die Innovationsbranche war die Textilindustrie, die im 18. Jahrhundert einen maximalen Umfang von 6 Prozent an den ökonomischen Tätigkeiten hatte. Dennoch repräsentierten die in ihr stattfindenden Mechanisierungsprozesse die Zukunft industrialisierter Arbeit, strahlten ihre Entwicklungsschritte auch auf die anderen Wirtschaftsbereiche aus. Trotz eines nur sektoralen Einsatzes kam der textil-industriellen Mechanisierung eine »Eisbrecherfunktion« zu, hatte die dortige Entwicklung eine Anschubwirkung für alle anderen industriellen Prozesse. Aber auch in der Textilindustrie dauerte es ein halbes Jahrhundert, von 1780 bis 1830, bis der letzte Handwebstuhl verschwunden war.

Gravierende »Ungleichzeitigkeiten« existieren im Gegensatz zu den unreflektierten Theorien über die Verallgemeinerung eines *Hig-Tech-Kapitalismus*, auch in der heutigen Arbeitswelt. »Ungleichzeitigkeit« ist vielleicht sogar ein zentraler Aspekt. Der Computer ist zwar allgegenwärtig, hat oft aber keine *prägende Bedeutung* für die *zentralen Arbeitsschritte*. In vielen Fällen kommen von Mikroprozessoren (also Minicomputern) gesteuerte *Hilfsmittel* zum Einsatz. Handwerker benutzen heute oft keinen Zollstock mehr, sondern ein höchst präzises Messgerät, mit dem elektronisch Abstände bestimmt werden können. Aber der (handwerkliche) Charakter ihrer Tätigkeit verändert sich dadurch nicht. Der Maurer wird weiterhin im nächsten Arbeitsschritt mit Hammer und Meißel den überstehenden Teil eines Steines entfernen. Auch wenn er sich über die weiteren Arbeitsaufgaben mit Hilfe des Computer und via Internet informiert, vielleicht sogar den Fortgang der Arbeit online dokumentiert oder elektronisch den Materialnachschub organisiert und mit einem Funksignal den Betonmischer in Gang setzt, ändert das nichts an der traditionell-handwerklichen Grundtendenz seiner Tätigkeit. Sie bleibt dominant, trotz aller Veränderungen.

Ein typisches Beispiel, wie die Realität des Industriesystems »weggezaubert« wird, war 2014 eine Artikelserie im *Spiegel* über die »Digitale Revolution« und deren Konsequenzen für die Arbeitswelt. Anhand der Funktionsweise eines *Installations-Management-Tool-Systems* wurden die Auswirkung des Computers auf Planungsabläufe und Aufsichtsaktivitäten in der Baubranche beschrieben: Per Internet kann der Objektleiter sich über den Fortgang der Arbeiten informieren und Anweisungen geben. Er ist nicht nur mit den Ausführenden vor Ort, sondern auch mit dem Auftraggeber und den Planungsabteilungen vernetzt. Integriert in diese Aktivitäten ist die Organisation des Materialnachschubs. Automatisch werden alle Maßnahmen dokumentiert und Hinweise auf Versäumnisse gegeben. Unmittelbarer Effekt des Computer-Einsatzes ist die Erhöhung der Produktivität auf der Planungs- und Leitungsebene. Der Projektleiter muss seltener vor Ort sein. Hatte er früher eine oder zwei Baustellen zu betreuen, könne er nun das Doppelte schaffen. Kaum zur Sprache kam, dass von den IT-Prozessen reale Bau-Prozesse flankiert und »abgebildet« werden. Gänzlich unter den Tisch ist im *Spiegel* gefallen, dass es immer noch um die Montage von Rolltreppen, den Bau von Häusern und die Fertigstellung von Sportstadien geht. Nicht einmal eine Ahnung wurde davon vermittelt, dass es bei dem Computereinsatz auf den Baustellen um die Lenkung und Überwachung der praktisch Tätigen geht.

Aber ignoriert wurde auch, dass in dieser »Neuen Arbeitswelt« der Teufel oft im Detail steckt. Dem Bauleiter bleiben, da er nur noch seltener vor Ort ist, viele (Fehl)-Entwicklungen verborgen. Sie werden nicht erfasst, wenn die vor Ort Beschäftigten sie nicht in das System eingeben, sondern zunächst einmal versuchen, die Versäumnisse und Fehlentwicklungen zu kaschieren. Meist gelingt es auch, sie intern zu korrigieren. Wenn dies jedoch scheitert, provoziert das eine Versäumnis eine Kette weiterer Fehlentwicklungen; dann endet der Flughafenbau beispielsweise, in einer planerischen und ökonomischen Katastrophe.

Zusammenfassend lässt sich sagen, dass in vielen, wenn nicht sogar den überwiegenden Teilen der Arbeitswelt der Computer zur effektiveren Aufgabenbewältigung eingesetzt wird, dabei jedoch wesentliche tradierte Elemente und vor allem der arbeitsteilige Charakter der beruflichen Tätigkeit erhalten bleiben. Die elektronische Datenverarbeitung und Prozesssteuerung ist also nur von sektoraler Bedeutung: Jeder Kellner bedient sich beispielsweise einer elektronischen Kasse durch die seine Abrechnungen effektiver kontrolliert werden können. Am Charakter seiner beruflichen Tätigkeit ändert sich dadurch jedoch nichts.

Aufschlussreich ist auch ein Blick in eine KFZ-Werkstatt: Zunehmend spielt die Beschäftigung mit Fehlern in der Auto-Elektronik eine große Rolle. Die Grundzüge der Werkstatt-Tätigkeiten bleiben aber handwerklicher Natur. Es werden vom elektronischen Diagnosegerät die Defekte angezeigt, die Reparaturen aber in konventioneller, meist mechanischer Weise ausgeführt. Alle traditionellen handwerklichen Fertigkeiten werden (neben den zunehmenden elektrotechnischen Kenntnissen) nach wie vor benötigt und stehen zweifellos immer noch im Mittelpunkt der Arbeit in den Werkstätten. Oft muss zwar die Elektronik nachjustiert werden, jedoch auch das Öl, die Reifen und die Bremsbeläge gewechselt, die Kupplungsscheibe ausgetauscht und die beschädigte Stoßstange demontiert werden. Auch wenn der technische Defekt von einem digitalen Diagnosegerät festgestellt und die Zündanlage elektronisch eingestellt wird, ist die Reparatur und der Austausch der Zündkerzen immer noch die gleiche Arbeit wie in den letzten einhundert Jahren. Oder ein anderes Beispiel aus der »moderneren« Abteilung der gegenwärtigen Arbeitswelt: Kann man von einem Computer-Arbeitsplatz sprechen, wenn das Tätigkeitsspektrum für eine Heimarbeitstätigkeit in einer Stellenanzeige folgendermaßen umschrieben wird: »Dokumente empfangen, überarbeiten und weiterleiten; Dokumente einscannen/kopieren; Emails bearbeiten«?

Typisch für den ambivalenten Einsatz digitaler Techniken ist die Arbeit der Kassiererin im Supermarkt (die verbreiteter ist, als qualifizierte IT-Tätigkeit!), die einer vollständig durch elektronische Vermittlungsprozesse charakterisierten Tätigkeit nachgeht. Formal betrachtet arbeitet sie in einem High-Tech-Bereich, für dessen *Einrichtung und Inbetriebhaltung* hochqualifizierte Arbeit notwendig ist. Aber für die unmittelbar Beschäftigten ist die Arbeit durch die elektronischen Preiserfassungssysteme noch anspruchsloser und mechanischer geworden. Von den Betroffenen mag es sogar begrüßt werden, dass sie nicht mehr alle Preise im Kopf haben müssen, wie es vor allem von den Kassiererinnen bei den Lebensmitteldiscountern noch vor einem Jahrzehnt erwartet wurde, sondern sie nur noch den Strichcode an der Ware über das elektronische Erfassungsfeld führen müssen. Aber die Arbeit ist nicht nur stupider geworden, sondern es wird auch vorausgesetzt, das entsprechend der »technischen Hilfe« die Tätigkeitsschritte noch schneller ausgeführt werden, als es schon vorher der Fall gewesen ist. Es handelt sich also nach klassischer »arbeitswissenschaftlicher« Intention, um eine Tätigkeit, bei der eine Eigengestaltung der Arbeit und eine »Einschaltung des Kopfes« weitgehend ausgeschlossen bleiben, weil jeder Tätigkeitsschritt normiert ist. Dieser Effekt wäre für die Beschäftigten möglicherweise als vorteilhaft einzuschätzen, wenn die gewonnene Zeit für die Kommunikation mit den Kunden genutzt werden könnte. Aber das ist nicht vorgesehen. Es gibt strikte Anweisungen »keine Zeit« zu verlieren. Durch die elektronische Erfassung der Eingabe- und Abfertigungsgeschwindigkeit kann die Einhaltung dieser Imperative auch präzise überwacht werden.

Die Perspektive einer noch weitergehenden Digitalisierung in diesem Bereich der Arbeitswelt, ist der vollständige Verzicht auf personalisierte Kassen und die Verpflichtung der Kunden die elektronische Erfassung ihrer Einkäufe und dessen automatische Bezahlung selbst vorzunehmen. Das passt zum Trend, die Kunden immer mehr Tätigkeiten selbst vornehmen zu lassen. Im Internethandel ist das schon flächendeckend der Fall: Der Kunde muss im Netz nach den entsprechenden Angeboten suchen und sich über alle relevanten produkt-technischen Aspekte informieren. Vieles was ihm übersandt wird, muss er dann auch noch zusammenbauen und in einen gebrauchsfähigen Zustand versetzen.

Nun verbreitet sich ein System selbstständiger Registrierung des Warenwerts und der Bezahlung durch den Kunden auch im stationären Einzelhandel. Diese Abrechnungssysteme sind im europäischen Ausland in den Supermärkten schon im Einsatz und auch in Deutschland beispielsweise in den IKEA-Möbelhäusern. Übrigens dürften auch diese Formen der Digitalisierung von Alltagshandlungen einen wesentlich größeren Umfang haben, als alle nur denkbaren Formen qualitativer Computerarbeit, die für die Entwicklungsdynamik des Industriesystems zwar von zentraler Bedeutung sind, jedoch – quantitativ betrachtet – im Arbeitsleben immer noch ein Randphänomen darstellen. Wenn auch ein überaus Gewichtiges.

Die Allgegenwart des Computers ist heute durch Mikroprozessoren vermittelt: Sie sind in alle denkbaren Geräte eingebaut, kontrollieren und steuern alle möglichen Abläufe. Aber solche »Konfrontation« mit der Digitalisierung und ihre alltägliche Nutzung ist etwas anderes als eine Dominanz des Computers, oder gar eines *Bescheidwissens* und einer *verständigen Verfügung* der Benutzer über ihn. Die Computer-Verbreitung (90 Prozent aller Berufstätigen haben »irgendwie mit ihm zu tun«) bedeutet explizit nicht, seine Konstruktionsprinzipien und Funktionsgesetze zu kennen. Fast alle können mit ihm umgehen, ihn (immer noch meist mehr schlecht als recht) *bedienen*. Viele Dinge aus dem *Kontext* der Computer-Technologie sind den Nutzern bekannt – jedoch *nicht erkannt*. Die rapide Verbreitung von Computer und Internet ist deshalb auch nicht Ausdruck der Zunahme anspruchsvoller IT-Fertigkeiten (genau so wenig wie die Arbeit an der Schreibmaschine früher Ausdruck einer »intellektuellen Tätigkeit« war), sondern Resultat der Entwicklung immer benutzerfreundlicherer Oberflächen. Profilierte Computerkenntnisse sind dagegen eine sehr »elitäre« Angelegenheit, über die auch heute nur eine Minderheit verfügt, auch wenn sie immer seltener privilegierte beruflichen Positionen garantiert.

Der Umgang mit der Technik hatte in früheren Zeiten einen anderen Charakter. Fast jeder Bauer konnte seinen Traktor reparieren, so wie der Jugendliche in den 60er und 70er Jahren sein Moped. Der kleine Angestellte war ebenfalls in der Lage die Bremsbeläge seines VW-Käfers zu wechseln. Für die Mehrzahl seiner Anwender, ist der Computer heute jedoch eine »Black Box«, eine Apparatur, in die er nicht hineinschauen kann und von der er nicht weiß wie ihre »inneren« Funktionsmechanismen aussehen. Die meisten Nutzer können deshalb auch nicht annähernd erklären, was sie wirklich tun und vor allem was tatsächlich geschieht, wenn sie den Computer bedienen oder eine Software anwenden. Geringe Kenntnisse über beider Funktionsweise bedeutet jedoch, strikt den Vorgaben folgen zu müssen, letztlich auf hochtechnologischer Basis, Handlangerdienste zu leisten, denn in einem automatisierten System konzentriert sich die Macht bei denen, die das Programm definieren, bzw. den Steuerungsprozess dominieren.

Auch mit den Kenntnissen über das Internet, ist es nicht besser bestellt. Unterentwickelt ist keineswegs nur das Verständnis über seine Mechanismen und die mehrschichtigen Konsequenzen seiner Nutzung, sondern gerade auch über seine Organisationsstruktur. Verbreitet ist beispielsweise die Überzeugung, dass von Google bei einer Anfrage, in Echtzeit das Netz durchsucht wird. Tatsächlich greifen die Suchmaschinen prinzipiell auf ihre eigenen Datenbanken zurück, die nur zeitverzögert aktualisiert werden. Aber Aktualisierung ist ein relativer Begriff, denn erfasst werden von den diversen Suchmaschinen weniger als 10 Prozent der im Web existierenden Inhalte. So sieht konkret, das von Google repräsentierte »Wissen der Welt« aus.

Auch mit dem reinen Faktenwissen über die Einflussstrukturen innerhalb der Netz-Systeme ist es bei den Nutzern nicht gut bestellt. Wird danach gefragt, wie das Internet eigentlich funktioniert, gibt nur die Hälfte der Probanden korrekt an, dass es aus Rechenzentren mit Netzwerkverbindung besteht. Aber vor allem sind 70 Prozent aller Befragten überzeugt, dass das Internet allen gehört, während nur 16 Prozent etwas über die tatsächlichen Organisationsstrukturen des Netzwerkes und seinen zentralistischen Charakter wissen.

Das Unwissen über die technischen (und den damit verbundenen *machtrelevanten*) Seiten des Computer-Systems wird noch zunehmen, wenn die Tendenz anhält, die Daten auszulagern. »Computertätigkeit« wird dann primär nur noch an den Eingabe- und Empfangsgeräten ausgeübt, während die eigentlichen Verarbeitungsprozesse und Speichervorgänge auf externen Rechnern ablaufen. Mit der Bedeutungszunahme einer externen Speicherung der Daten, aber auch der Ausführung von Programmen in zentralen *Cloud-Computing*-Rechenzentren, zeichnen sich neue Monopolstrukturen ab. Monopolisierungsprozesse sind zwar im Kapitalismus nichts neues, aber die Konzentration hat, bedingt durch den besonderen Charakter der neuen Technologien, eine absolutistische Tendenz: *Wenige Konzerne kontrollieren alles.* Dabei werden die Größten immer noch größer und das heißt auch immer reicher. Amazon, Facebook und Google vereinigen auf sich 70 Prozent des Börsenwerts aller US-Internetfirmen von insgesamt 1,5 Billionen Dollar und dominieren auch die überwiegende Zahl der Geschäftsfelder der »digitalen Ökonomie«.

Gespaltene Arbeitswelt

In der Frühphase des industriellen Einsatzes elektronisch gesteuerter Maschinen, dominierte die Meinung, dass durch die mit ihrer Hilfe voran getriebene Automatisierung auch die Qualifikationen der Arbeitenden generell steigen würden. Das war tatsächlich der Fall – jedoch nur für einen (kleineren) Teil der Beschäftigten. Eine größere Gruppe ist mit der Abwertung ihrer tradierten Fertigkeiten konfrontiert worden. Oft fanden sie nur noch Beschäftigung in den Zonen sogenannter »einfacher Arbeit«. Aus Facharbeitern wurden un- und angelernte Beschäftigte, die auch leichter austauschbar wurden.

Paradoxerweise resultiert eine Verfestigung dieser Zonen niedrig qualifizierter Arbeit gerade aus dem Eindringen des Computers in immer weitere Bereiche des Industriesystems, der Ausweitung der High-Tech-Zonen. Es entstehen im Rahmen dieser Entwicklungen zwar, wie gesagt, auch neue Arbeitsplätze mit hohem Anspruchsniveau, in denen auch entwickelte Computer- und Programmierkompetenz von fundierender Bedeutung ist. Aber die IT-dominierten Sektoren werden – in gewisser Weise spiegelbildlich – von einer umfangreichen »Peripherie« einfacher Arbeit flankiert, die im Gleichschritt mit der Bedeutungszunahme der hochtechnologischen Bereiche gewachsen ist. Prekäre Arbeit ist in der gleichen Weise (und wohl auch in einem ähnlichen Umfang) Funktionsbedingung für den High-Tech-Kapitalismus, wie es die Sklaverei für die Begründungsphase des Industriekapitalismus, also bei der Durchsetzung eines neuen Produktionsparadigmas, gewesen ist. Eine solche Verbindung »ungleichzeitiger« Elemente mit den jeweils innovativsten Organisationsformen der Arbeit, entspricht kapitalistischer Entwicklungslogik.

An diesem Bedingungverhältnis von hochqualifizierter und »einfacher« Arbeit würde sich auch nichts durch eine weitere Anhebung des Ausbildungsniveaus ändern. Schon heute werden viele Lohnabhängige unterhalb ihres tatsächlichen Qualifikationslevels eingesetzt. Zwar ist die Zahl der Be-

schäftigten mit Universitäts- und Fachhochschulausbildung signifikant gestiegen – aber der Ausbildungsstand ist höchst differenziert: Es wird ein Teil
der Studierenden zwar auf hohem Niveau ausgebildet, für die meisten gibt
es jedoch nur noch Standard- und »Schmalspur«-Angebote. In diesen »refor-
mierten« Studiengängen spiegeln sich die Differenzierungslinien in der Arbeitswelt wieder. Es gilt also auch auf der High-Tech-Stufe des Kapitalismus,
dass die entwickelten Fähigkeiten einer gesellschaftlichen Minderheit, die
Benachteiligung einer Mehrheit zur Voraussetzung haben.

Betrachten wir als konkretes Beispiel ein Unternehmen, dass als Inbegriff
der *Internetökonomie* gelten kann: *Amazon*. Dessen Herzstück ist der systematische Umgang mit den entwickelten Möglichkeiten der Computer-Technologie, die sich in der digitalen Steuerung aller Logistik-Abläufe, vor allem auch
in der elektronischen Verarbeitung des Such- und Bestellverhaltens der Kunden manifestiert, auf dessen Basis dann deren intensive »Betreuung« in der
Form einer Empfehlung für ähnliche oder verwandte Produkte, wie den bisher erworbenen, stattfindet: Wer einen Reiseführer für Italien kauft, wird auch
für italienischen Wein zu erwärmen sein, so lautet in ihrer praktischen Konsequenz eine der Grundregeln dieser Form der Komsumenten-Beeinflussung.
Die Treffsicherheit dieses Verfahrens ist bemerkenswert, so dass die Zahl fehl-
geleiteter Kaufempfehlungen auf Grundlage der perfektionierten Erfassungsvorgänge immer geringer wird. Was ist aber die Basis dieser »wissensbasierten Ökonomie«, die ja sehr häufig mit der Abwesenheit körperlicher Arbeit
und nicht selten auch einer tendenziell abnehmenden Gegenständlichkeit der
von ihr gehandelten Produkte gleichgesetzt wird? Wie sieht also konkret die
Arbeitswelt und vor allem die Qualifikationsstruktur innerhalb der »digitalen
Ökonomie« aus? Schauen wir uns das Amazon-Systems etwas näher an.

Das Bild ist ebenso charakteristisch wie ernüchternd: Einige Tausend
Beschäftige mit qualifiziertem Ausbildungs- und Anforderungsprofil stehen
den *100.000 Lagerarbeitern und Hilfskräften* (deren Tätigkeit statistisch und
tarifvertraglich in Deutschland als »einfache Dienstleistung« kategorisiert
wird) gegenüber, die bei diesem Mega-Internet-Versandhändler global tätig
sind. Das Heer der bei anderen Unternehmen tätigen Logistikarbeiter, die mit
Lager- und Zuliefertätigkeiten beschäftigt sind, aber dem »Gesamtsystem«
Amazon zuzurechnen sind, ebenso wie die Vielzahl der Auslieferungsfahrer
(von denen ein großer Teil als Scheinselbstständige einem besonders hohen
Existenz- und Leistungsdruck ausgesetzt sind), ist bei diesen Zahlen noch gar

nicht berücksichtigt. Und noch weniger die unmittelbaren Produzenten, die all die Waren herstellen, die von den Verteilzentren der Internet-Ökonomie distribuiert – *aber nur distribuiert* werden! Während die Zahl »einfacher« Arbeitsverhältnisse wächst, wird bei Amazon auch die Zahl qualifizierter Beschäftigter, die eine Festanstellung haben, zunehmend geringer: Immer mehr einfache IT-Arbeiten werden auf Basis des sogenannten *Crowdsourcing* an ein globales Heer von Billigarbeitern verteilt, dass bei Amazon einen Umfang von 500.000 Arbeitswilligen hat.

Diese Tatsachen und vor allem die Relation zwischen qualifizierter und »unqualifizierter« Arbeit können bei der Betrachtung und Bewertung der Daten über die Ausdehnung der IT- und Internet-Wirtschaft nicht unberücksichtigt bleiben. Diese Branchen sind in ihren Organisationsstrukturen und in ihren Kernbereichen zwar »hochtechnologisch« geprägt, existieren jedoch auf einer sehr breiten »konventionellen« Basis. In den Statistiken, ebenso wie in den branchenspezifischen Selbstdarstellungsritualen und den High-Tech-Erzählungen auch eines so manch »kritischen Linken«, geht diese elementare Differenzierung in der Regel verloren.

Vollkommen unreflektiert bleibt, was über Amazon hinaus, bei anderen Portalen die Basis des Internethandels ausmacht. Vor allem bei *Ebay* (der Konzern stellt nur eine Vermittlungsplattform zur Verfügung, mit deren Hilfe die Anbieter ihre Waren vertreiben können) ist es zu einem großen Teil ein Heer von kleinen Gewerbetreibenden, die ihr Glück darin suchen, die stationären Einzelhändler und die Mitbewerber im Netz preislich zu unterbieten. Die Zahl der Akteure in diesem System ist fast unüberschaubar und funktioniert nicht selten auf der Basis der *Selbstausbeutung*. Mit den Glanzbildern einer »Internet-Ökonomie« als einer Art hedonistischer Tätigkeitssphäre haben solche *Ameisen-Ökonomien* noch nicht einmal ansatzweise etwas zu tun. Deren wichtigster Aspekt ist, dass technologische Innovationsschübe in den industriegesellschaftlichen Zentren durch die Zustände in den »Basisbereichen« konterkariert werden, in denen neben dem sich selbst ausbeutenden Inhaber, bestenfalls noch einige schlecht bezahlte Hilfskräfte eine unsichere Existenzgrundlage haben.

Es gibt zwar in diesem System tatsächlich auch bemerkenswerte Karrieren, die eine beträchtliche »Außenwirkung« haben, von den Meinungsdistributoren gerne aufgegriffen und von den Entrepreneuren als Vorbilder angesehen werden. Solche »Glanzbilder« vermögen vielleicht den *grauen Alltag der Internet-Ökonomie* kurzzeitig überstrahlen, ungeschehen machen können sie ihn jedoch nicht. Aufschlussreich könnte eine »ökonomische Gesamtrechnung« sein, die höchstwahrscheinlich zu dem Ergebnis führen würde, dass es sich bei dieser »Zukunftswirtschaft« nicht nur um ein besonders intensives System der Scheinselbständigkeit handelt, sondern in ihr auch, wie in einem Treibhaus, *prekäre Beschäftigungsformen* »wachsen und gedeihen«!

Amazon ist kein beliebiges Negativbeispiel, sondern Repräsentant der Zukunft einer immer weiter digitalisierten Arbeitswelt, die von eklatantem Leistungsdruck sowie intensiven Überwachungs- und Lenkungsstrukturen geprägt ist. Es dominiert das Bestreben, den Beschäftigten selbst die Zeit zum Atemholen streitig zu machen! Gerade die Marktführer der Internet-Wirtschaft sind als Hochleistungsapparate auf Kosten der Beschäftigen konzipiert. Amazon-Chef Bezos hat das passende Bild gefunden: Er versteht seine Mitarbeiter als Savannenwild jagende Geparden. Er meint damit, dass es zu hetzen gilt, ohne nachzulassen!

Damit der »Jagd-Erfolg« gesichert wird, werden aufgrund der elektronisch erfassten Kenn- und Leistungsdaten, die »Versager« automatisch registriert, um auf dieser Erfassungs-Grundlage bei nächster Gelegenheit entlassen zu werden. Ein ehemaliger Amazon-Personalmanager hat zutreffend von einem »zielgerichteten Darwinismus« gesprochen. Dieses Prinzip haben Unternehmerberater mittlerweile systematisiert und mit der Formel »Up or out« umschrieben: Entweder etabliert man sich als Beschäftigter in den oberen Segmenten der Leistungspyramide, oder man wird auf Basis der Rückmeldungen der digitalen Erfassungssysteme »entsorgt«. Im Manager-Jargon wird das Erfassungs- und Selektionsprinzip als »360-Grad-Feedback« bezeichnet. Automatisch wird in der Regel dabei jeder Kranke als »Minderleister« klassifiziert. Natürlich auf der »objektiven Basis« des elektronisch erfassten und bearbeiteten Datenmaterials. Es *droht* nicht die Auflösung des »Humankapitals« in Datenreihen – sondern diese Praxis ist schon verbreitete Realität der »Mitarbeiterführung«, die keineswegs mehr nur auf die Einflusszonen des IT-Kommerzes beschränkt ist. Den Effekt hat Tomáš Sedláček in seinem Buch »Die Ökonomie von Gut und Böse« treffend benannt: »Die Roboter funktionieren perfekt, aber am Ende hinterlassen sie eine Spur der Verwüstung.«

Wie schon anhand des Beispiels Amazon zu sehen war, sind bei den »Marktführern« des Internet-Handels die Lagersysteme oft vollständig elektronisch gesteuert. Durch den »Output« der Computer-Programme werden jedoch ganz konkrete Menschen angetrieben, die einzelnen Positionen der Bestellungen einzusammeln und versandfertig zu machen! Der Computer ist (nicht anders als die Maschine in der Linienfertigung) in dieser Konstellation eine unerbittliche Vermittlungs- und Forderungsinstanz, von dem die Direktiven ausgespuckt werden. Er vermittelt, was die Beschäftigten als nächstes zu tun haben – aber auch, *wie* sie es zu tun haben. Der Lagerarbeiter ist »Anhängsel« der Computersysteme, die auch registrieren, wie lange er zur Erledigung einer Aufgabe benötigt und welche Fehler er macht.

Selbst kurze Verschnaufpausen werden durch die Computersteuerung verhindert – und die Kommunikation mit den Kollegen sowieso. Bei Amazon ist sie explizit untersagt. Es herrschen also zu Beginn des 21. Jahrhunderts in der Arbeitswelt auch in führenden Industrienationen Zustände, wie sie durch die Disziplinarordnung einer Maschinenfabrik aus der Zeit der industriellen Revolution dokumentiert sind: »Alle jene Arbeiter, welche während der Arbeitszeit herumlaufen, mit einander plaudern oder schwätzen, und nichts thuend bei einander stehend und somit ihre Arbeit versäumen, verfallen in eine Strafe von ¼ Tag Abzug«.

Läuft alles optimal, weisen die Programme gegenüber den Leitungsebenen auch aus, wo die Leistungsschraube weiter angedreht werden kann. Es wird versucht jeden Entscheidungsspielraum der Arbeitenden zu beseitigen und die elektronischen Steuerungsmöglichkeiten zur permanenten Leistungssteigerung einzusetzen.

Es dominieren in diesen Kernbereichen des *High-Tech-Kapitalismus* für die überwiegende Mehrheit der Beschäftigten auslaugende und langweilige, demütigende und verschleißende Arbeitsverhältnisse, in denen die Arbeitsteilung auf die Spitze getrieben wird: Es gibt die Ebene elektronischer Steuerung, die mit qualifizierten IT-Arbeitern besetzt ist und die ausufernden Basisbereiche, in denen unter extremem Zeitdruck lange Strecken zurückgelegt, immer die gleichen Handgriffe ausgeführt und immer wieder schwere Pakete gehoben, verlagert und transportiert werden müssen. Wie würden, wenn sie es denn zur Kenntnis nähmen, die weihevollen Reden von Wolfgang Fritz Haug auf die Betroffenen wirken, mit denen ihnen »plural-marxistisch« versichert wird, dass »die standardisierte Massenarbeit des Fordismus mit ihren monoton-repititiven, vom Management weitgehend ausdeterminierten Tätigkeiten in wichtigen Bereichen zum Randphänomen geworden« sei?

Über Jahrzehnte (auf der wackeligen Basis industriesoziologischer Erhebungen aus den 70er Jahren des vergangenen Jahrhunderts [!]) hat Haug an
dieser eklatanten Fehleinschätzung festgehalten und ihr immer neues Leben
einzuhauchen versucht. Und zwar in einer so pauschalisierten und faktenre-
sistenten Nachdrücklichkeit, dass darüber kein Meinungsstreit möglich, sondern nur der Verweis auf eine gegenläufige soziale Tatsächlichkeit sinnvoll
ist, denn es ist »töricht, einen Meinungsstreit über Dinge auszutragen, die
sich nachweisen lassen« (Peter Hacks). Aber es gehört zu den wundersamen
Wirkungen von Ideologien, dass sie realitätsresistent sind.

Die empirischen Befunde jedenfalls sind eindeutig: Sie dokumentieren
eine weitgehende Konstanz traditioneller Belastungsformen in der Arbeitswelt, die zusätzlich von neuen Zumutungen flankiert werden. Minimale
Rückgänge konventioneller Belastungsformen werden dadurch mehr als
kompensiert: Innerhalb eines Jahrzehnts beispielsweise, ist der Anteil der
Beschäftigten, die regelmäßig schwere Lasten heben müssen, von 25 auf 24
Prozent zurückgegangen. Trotz einiger Veränderungen und Verlagerungen,
sind in der Grundtendenz die belastenden und oft immer noch gesund-
heitsschädlichen Aspekte der Industriearbeit, ihr dirigistischer und (oft extrem) arbeitsteiliger Charakter, aber auch die Konfrontation mit Lärm und
Schmutz, ebenso wie physische Anstrengungen keineswegs verschwunden:
Noch immer müssen knapp 15 Prozent in Zwangshaltungen (z. B. im Modus
der Überkopf-Arbeit) ihre Tätigkeiten ausüben. Fast ein Viertel aller Beschäftigten sind starker Lärmbelästigung ausgesetzt. Trotz aller Veränderung in
der Arbeitswelt gibt es offensichtlich mehr Kontinuitäten, als die Theorien
über die Ausbreitung angeblich »postfordistischer« bzw. »postindustrieller
Gesellschaftszustände« zu registrieren bereit sind. Wo traditionelle Belastungen und Zumutungen tatsächlich abgebaut wurden, ist der Preis in der Regel
eine Intensivierung der Arbeit, verbunden mit der Zunahme psychischer Be-
anspruchungsmomente.

Das vorgebliche »Randphänomen« standardisierter Massenarbeit macht
im Internet-Handel mindestens 90 Prozent der Arbeitsplätze aus, die von
stumpfsinniger Plackerei und einer auslaugenden Hetze geprägt sind. Bei den
aktuellen Automatisierungskonzepten bei Volkswagen versucht übrigens das
Management die Gewerkschaften mit der Zusage ins Boot zu holen, dass dadurch nun endlich die gravierendsten Arbeitsbelastungen, wie beispielsweise
die Über-Kopf-Arbeit und andere Tätigkeiten in ergonomisch ungünstigen

Haltungen und mit hoher körperlicher Belastung beseitigt würden, die es nach der Haugschen »Expertise« überhaupt nicht mehr geben dürfte!

Es drängt sich natürlich die Frage auf, weshalb die Lagersysteme nicht vollautomatisiert werden? Bei Amazon wird beispielsweise mit Hochdruck an dieser Aufgabe gearbeitet. Prinzipiell wäre eine Umstellung auch möglich, aber das sehr unterschiedliche Volumen der zu distribuierenden Waren, die vom Reclam-Heftchen bis zur Waschmaschine reicht, würde sehr komplexe technische Einrichtungen erfordern. Menschliche Arbeit ist *gegenwärtig* noch billiger!

Die Modelle digitaler Reglementierung sind in der »modernen Arbeitswelt« weit verbreitet und betreffen keineswegs nur die manuellen Tätigkeiten. Mit den elektronischen Verarbeitungsprogrammen kann beispielsweise auch die Arbeit eines Beschäftigten im Marketing automatisch und detailliert analysiert werden und sowohl ein Leistungs-, als auch ein »Kreativ«-Profil erstellt werden. »Stammen die von ihm eingebrachten Texte von ihm, oder hat er sie nur irgendwoher kopiert und ein wenig verändert? Wie groß ist sein Wortschatz, wie viele Schreibfehler macht er? Selbst Kreativität lässt sich bis zu einem gewissen Grad messen«. (Constanze Kurz/Frank Rieger) Schon Standard bei der beruflichen Netznutzung ist es, dass die aufgerufenen Webseiten ebenso wie die Tastatureingaben erfasst und dokumentiert werden. Auch sind Programme im Einsatz, die in der Lage sind, durch die Analyse der E-Mail-Kommunikation »unregelmäßiges« Verhalten und »Risikopotenziale« von Mitarbeitern zu erkennen: Wer kommuniziert mit wem? Und über welche Themen? Wie verändern sich im zeitlichen Verlauf die Kommunikationsweisen? Welche Verbreitungswege haben Informationen innerhalb des Unternehmens genommen? Zeichnen sich partielle »Allianzen« zwischen den Beschäftigtengruppen oder betrieblichen Abteilungen ab?

Darüber, wie weit diese Methoden der Kontrolle, Beeinflussung und Steuerung auch in die Arbeitswelt schon vorgedrungen sind, wird bisher auch in kritischen Kontexten kaum mehr als in Ansätzen diskutiert, obwohl es bei diesen Prozessen um weit mehr als die Kameraüberwachung von Arbeitsplätzen oder die Kontrolle der Internetkommunikation der Beschäftigten geht, sondern um die vollständige Erfassung ihres Arbeitshandelns als Grundlage einer effektiven Steuerung und permanenten Leistungsstimulanz. Es werden jedoch nicht nur objektive Parameter, sondern auch subjektive Befindlichkeiten zu erfassen versucht. Die modernen Modelle der Arbeitsorganisation fragen »Wann? Wo? Wie lange? In welcher Stimmung? Mit wem? Wie oft? Wie schnell?« (Frank Schirrmacher)

Taylorismus als System der konsequenten Kontrolle der Arbeitenden ist Jahrzehnte lang das arbeitsorganisatorische Paradigma in den industriellen Sektoren gewesen. Die Maximen des US-amerikanischen Arbeitswissenschaftlers Frederick Winslow Taylor waren einflussreiche Leitideen, ohne sich jedoch in der kapitalistischen Arbeitswelt vollständig durchsetzen zu können. Jedoch gerade in dem Moment, wo von sozialtheoretischen »Großtheorien« das definitive Ende einer Reglementierung der Berufsarbeit, der Anbruch eines »postfordistischen« Zeitalters und die Verallgemeinerung eines angeblich selbstbestimmten Arbeitens verkündet wird, stehen nicht unbedingt die ursprünglichen Methoden, jedoch die generellen Prinzipien des Taylorismus im betrieblichen Alltag hoch im Kurs. »Ganz einfach deshalb, weil sie durch die elektronische Datenverarbeitung erst richtig möglich wurden. Wenn beispielsweise große Discounter-Ketten wie Aldi oder Lidl feste Vorgaben machen können, wie viele Waren ihre Kassiererinnen pro Minute über den Kassenscanner ziehen müssen, um ihren Arbeitsplatz zu behalten, so ist das nur möglich durch eine genaue Kontrolle am Computer. Was vorher umständliche Überwachungstätigkeit bedeutet hätte, erledigt der Computer im Büro des Filialleiters inzwischen so ganz nebenbei. Und das gilt natürlich im gleichen Maße für fast alle anderen Berufe, in denen der Computer oder auch Telekommunikationsgeräte in irgendeiner Weise zum Einsatz kommen: Ein Schraubenschlüssel kann keine Auskunft darüber geben, was mit ihm alles angestellt worden ist … Ein PC zum Beispiel kann das schon.« (Franz Kotteder)

Von Gewerkschaftsseite wird dagegen nicht selten das hohe Lied von neuen Mitgestaltungschancen der Arbeitenden in einer digitalisierten Arbeitswelt, von der Möglichkeit eines neuen Kreativitätsschubs gesprochen. Möglich ist die Aufrechterhaltung dieser Blickverzerrung nur, wenn die Auswirkungen der neuen Technologien in abwiegelnder, ihrer Tendenz nach in einer positiven Weise dargestellt werden und Taktgeber und Überwachungsapparate zu neutralen »Hilfsmitteln« uminterpretiert werden: Der im Rahmen der digitalisierten Arbeitswelt Tätige, so heißt es in einer Darstellung der IG-Metall, »ist ausgestattet mit sogenannten Assistenzsystemen, mit Datenbrillen wie Google Glass und Geräten mit Touchpads, also Tablets und Smartphones, die ihm ständig Informationen geben und teilweise auch mit Anleitungen bei der Arbeit helfen«.

Davon, dass in der Arbeitswelt Digitalisierung vorrangig eine Intensivierung der Überwachung bedeutet, zu der die lückenlose Kontrolle und »Computerführung« von Lagerarbeitern ebenso gehört wie die schon angesprochene digitale Überwachung von Büroarbeit, bei der es nicht nur um die Erfassung von objektivierbarer Leistung, sondern zunehmend um die Dokumentation der kompletten Kommunikation zwischen den Mitarbeitern geht, ist nicht die Rede, obwohl die digitalen Erfassungsmethoden inzwischen weit über alles hinausgehen, was an Überwachung der Arbeitenden bisher auch nur vorstellbar war. Soziometrische Applikationen wie der *Meeting Mediator* zeichnen beispielsweise auf, wer in Konferenzen das Gespräch dominiert, und sogenannte *Sentiment Analytics* behalten nicht nur alle Tätigkeitsabläufe von Administrationsarbeitern im Blick, sondern messen auch die emotionalen Veränderungen im Laufe des Arbeitstages.

Durch den Einsatz eines vernetzten Scanners ist auch die Arbeit eines Paketzustellers ebenso lückenlos zu überwachen, wie durch die GPS-Systeme für Speditionen der aktuelle Standort ihrer LKWs. Aber die Entwicklung ist im Prinzip schon weiter und es zeichnen sich noch gänzlich andere Einsatzmöglichkeiten ab. So hat sich Microsoft ein Programm patentieren lassen, durch dessen Einsatz die Daten über Blutdruck, Pulsfrequenz, Mimik und Stimmungslage von Büroarbeitern erfasst werden können. Die sich daraus ergebenden Möglichkeiten lassen vermuten, dass es im Erwerbsleben zukünftig nicht anders aussehen dürfte, als in den Fitnesstudios, in denen heute schon alle körperlichen Messdaten und Leistungen, die auf dem Laufband zurück gelegten Kilometer, die verbrauchten Kalorien und gestemmten Gewichte registriert werden. Es hat etwas symbolisches, dass diese Freizeiteinrichtungen in der Regel wie Fabriken wirken.

Durch die zunehmende Kontrollpraxis wird ein weiteres mal deutlich, dass allem Partizipationsgerede und allen Selbststeuerungskonzepten zum Trotz, in der Arbeitswelt das *Streben nach Überwachung und Kontrolle* dominiert – und die Digitalisierung die Gewähr bietet, dass diese Absichten auch immer effektiver realisiert werden können. Seine aktuellen Einsatzvarianten bestätigen wieder und immer wieder, die schon jahrzehntealte Charakterisierung des Computers durch den Kybernetik-Pionier Norbert Wiener als »Kommando- und Kontrolltechnologie«.

Industrialisierung der Kopfarbeit

Die digitalen Vernetzungen führen nicht nur zur Verstärkung des Leistungsdrucks in den prekären Bereichen der Arbeitswelt und eine Intensivierung der Überwachung aller abhängig Beschäftigten, sondern bewirken, dass zunehmend auch die beruflichen Tätigkeits- und sozialen Existenzbedingungen eines großen Teils der technologischen »Kreativarbeiter« in den IT-Industrien unter Druck geraten. Bisher wurde eine Tätigkeit auf der Basis größerer Entscheidungsspielräume als Grundlage der Leistungs- und Innovationsfähigkeit der Entwickler in den IT-Segmenten der Metropolenökonomien angesehen. Sie konnten ihre Arbeit weitgehend selbstständig organisieren – einziger Maßstab war, dass am Ende das »Ergebnis stimmte«. An diesem Organisationsmodus *qualifizierter Arbeit* werden gegenwärtig gravierende Veränderungen vorgenommen. Es finden grundlegende Umorganisationen statt, von denen vorrangig Berufsfelder betroffen sind, die lange Zeit als »privilegiert« und auch verlagerungsresistent galten. Gerade die anspruchsvollen IT-Tätigkeiten werden gegenwärtig mit Hilfe des weltweit zur Verfügung stehenden und jährlich um mehrere Millionen wachsenden Heeres von billigen und willigen Technikern und Ingenieuren »ausgelagert«.

Wegweisende Bedeutung haben die betrieblichen Umorganisationen bei führenden Software-Firmen auch in Deutschland: Durchgesetzt werden seit einiger Zeit rigide Formen der Arbeitsteilung und der Hierarchisierung der IT-Entwicklungsarbeit. Wie gesagt, sah es lange Zeit zwar so aus, als ob die Informationstechnologien, vor allem die mit ihnen verbundenen Entwicklungs- und Programmiertätigkeiten, erweiterte Handlungs- und Kompetenzspielräume für die Beschäftigten erfordern würden, wenn sie die Verheißungen ihres Produktionspotenzials vollständig einlösen sollten. Aber der große Eigenverantwortungsanteil und die daraus resultierenden *Kompetenzspielräume*, die ein prägendes Merkmal in einigen Bereichen einer »Neuen Arbeits-

welt« waren, werden zunehmend wieder eingeschränkt, auch die Tätigkeiten
von Softwareentwicklern einem eng definierten Reglement »wissenschaftlicher Betriebsführung« (wie Taylor seine arbeitsorganisatorischen Konzepte
nannte) unterworfen.

Wir stehen also auch in den Bereichen anspruchsvoller Computer-Arbeit
an der Schwelle fundamentaler Verwerfungen. Auch qualifizierte IT-Beschäf-
tigte sind unter Druck geraten. Ihr Berufsalltag verliert immer deutlicher den
Schein »kreativ«, »selbstbestimmt« und »privilegiert« zu sein: Verstärkt werden *Entwicklungs- und Programmiertätigkeiten nach »Industriestandards« organisiert.* Es verallgemeinert sich gegenwärtig in diesen Bereichen ein Modus der
Arbeitsteilung, der als Tendenz zur Fragmentarisierung der Programmiertätigkeiten charakterisiert werden kann. Die Arbeitsschritte werden so aufgeteilt, dass sie an verschiedenen Orten und von verschiedenen Beschäftigten
ausgeführt werden können. Diese Segmentierung bedeutet, dass Tendenzen
zur Selbstorganisation der Arbeit und zur Erweiterung von Handlungsspiel-
räumen systematisch wieder zurück genommen werden. Auch IT-Tätigkeit
wird so organisiert, dass es möglich ist, die Beschäftigten intensiver gegeneinander auszuspielen, sowohl um Leistungssteigerungen zu stimulieren,
aber auch um den Preis ihrer Arbeitskraft zu drücken. Auch in den Bereichen
der IT-Industrie, die als »privilegiert« galten, verallgemeinert sich ein ganz
»normaler« Kapitalismus: Was ehemals als Trend zu identifizieren war, hat
sich zu einer dominanten Entwicklungslinie verfestigt. »Seit dem Zusam-
menbruch der new economy und der folgenden Globalisierungswelle in der
IT-Branche (›Offshoring‹) ist hier ein regelrechter Standardisierungsschub
zu verzeichnen. Selbst in Bereichen wie der Software-Entwicklung heißt es
nun, die Zeit der ›Künstler‹ sei vorbei – dem gegenüber werden ›Software-
Factories‹ oder gar die ›Software vom Fließband‹ gefordert. Weit über die
IT-Branche hinaus wird in der betrieblichen Verwaltung großer Konzerne
mit Konzepten wie ›Shared Services‹ und neuen ›Factory-Ansätzen‹ ebenfalls eine Standardisierung vieler Tätigkeiten mit großer Geschwindigkeit
vorangetrieben. Selbst in der Forschung und Entwicklung mehren sich die
Stimmen, die eine umfassende Ökonomisierung von Innovationsprozessen
konstatieren. Und auch hier wird vor Standardisierung und einem erhebli-
chen Abbau von Freiheitsgraden in der Arbeit nicht zurückgeschreckt. Zunehmend werden dabei zentrale Prinzipien der ›Lean Production‹ und der
›ganzheitlichen Produktionssysteme‹ auf die Entwicklungsabteilungen und

die Arbeit der Ingenieure übertragen.« (Andreas Boes/Tobias Kämpf/Barbara Langes/Thomas Lühr)

Im Kern bedeuten diese Vorgänge eine zunehmende *Industrialisierung von Entwicklungsarbeit*: Sie wird so strukturiert und standardisiert, damit auch die Software-Entwicklung und anspruchsvolle IT-Tätigkeiten auf die kostengünstigsten Standorte und an die preisgünstigsten Kontraktarbeiter verteilt werden können. Arbeitsrechtlich geschützte Bereiche sollen dadurch »aufgebrochen« und die Tätigkeiten in deregulierte Zonen verlagert werden. Qualifizierte »Geistesarbeiter« werden auf den Status austauschbarer Lohnarbeiter zurückgestuft. »In diesem Prozess wird auch immer wieder auf Konzepte der traditionellen Fertigungsindustrien zurückgegriffen – zum Beispiel werden spezifische Formen der Modularisierung auf Basis einer Klassifizierung und Definition sich wiederholender bzw. typischer Problemstellungen (›Baugruppen‹) eingesetzt«. (Andreas Boes/Tobias Kämpf) Auf Grundlage dieser *Arbeitsteilungskonzepte in den wissensbasierten Bereichen* können auch noch intensiver als bisher, punktuell »Dienstleistungen« von sogenannten *Mikrounternehmern* (also faktisch von Scheinselbstständigen) in Anspruch genommen werden.

Es entwickelt sich ein *Taylorismus auf informationstechnologischer Grundlage*, durch den sich der Charakter »immaterieller« Tätigkeit grundlegend verändert, weil die Beschäftigten auf allen Qualifikationsebenen leicht ausgetauscht und dadurch unter Druck gesetzt werden können. Der »Markt«, als Vermittlungs- und Selektionsinstanz eingesetzt, dient dabei oft als Fassade, hinter der sich das forcierte Ausbeutungsbegehren des Kapitals verbergen kann: Es wird ein »Marktdruck« (zwischen den Arbeitskräften) inszeniert, um die Absenkung ihrer Einkommen als Ergebnis von »Sachzwängen« erscheinen lassen zu können. Schon auf der untersten Stufe der Aneignung lebendiger Arbeit bleibt dadurch sichergestellt, dass die Mechanismen der Ausbeutung als das große »Geheimnis« (wie Marx es ironisch genannt hat) der bürgerlich-kapitalistischen Ordnung unbegriffen bleiben. Wie weit das gelungen ist, zeigt sich (gerade auch innerhalb der Computer-Diskurse) darin, dass über den Reichtum so gesprochen wird, als ob er vom Himmel fallen, bzw. er durch Aktivitäten ausschließlich in der Reproduktionssphäre entstehen würde.

Quasi-industrielle Organisations- und Ausbeutungsprinzipien breiten sich also in jenen »wissensbasierten« Bereichen aus, in denen nach Auffassung der hegemonialen Schulen einer akademischen Arbeits- und Betriebssoziologie, sich der Klassenkonflikt weitgehend entschärft hätte und zentralisierte Strukturen durch kooperative Beziehungen abgelöst worden wären. Eine kurze Phase gab es solche Tendenzen der Ausweitung »autonomer« Handlungsmöglichkeiten für einen Teil der Beschäftigten, aber mittlerweile muss von einer gravierenden Verengung der Handlungsspielräume gesprochen werden. Dass in den IT-Bereichen in einem weiteren Segment des Industriesystems die Möglichkeiten der computergestützten Verwertung der Arbeitskraft intensiviert und die Ausbeutungsprozesse in der beschrieben Weise optimiert werden, ist von symptomatischer Bedeutung.

Ein nicht unwesentlicher Aspekt dieser Entwicklung ist die Herausbildung von isolierten (in der Regel auch geographisch getrennten) Arbeitsplätzen, die eine Kommunikation erschweren, die nicht tätigkeitsbezogen ist. Traditionelle Modelle gewerkschaftlicher Organisation und politischer Mobilisierung stoßen an ihre Grenzen! Denn die neuen Tagelöhner haben das Internet als Kommunikationsraum, aber konkrete Orte der Verständigung haben sie nicht. Sie konkurrieren auch nicht um Arbeitsplätze, sondern um einzelne Arbeitsaufträge unter den Bedingungen einer netzspezifischen Anonymität. Die Flexibilitätsanforderungen werden auf die Spitze getrieben, die Aufgaben zwischen den Beschäftigten mit differierendem Status, zwischen Festangestellten und Freiberuflern hin und her geschoben. Keiner ist mehr unersetzlich, niemand kann von einer gesicherten Position und einer Planbarkeit seiner sozialen Verhältnisse ausgehen.

Mit dem »Crowdworker« ist »eine Arbeitskraft auf den Plan getreten, der die alten Tarifrechte nicht weggenommen werden müssen, denn sie hat noch keine«. (Hans-Jürgen Arlt) Und so wie es aussieht, wird sie auch keine bekommen, sondern ihre spezifische Rolle im Kampf um Effizienz- und Leistungssteigerung bei gleichzeitiger Absenkung der Lohnkosten spielen. Diese Beschäftigten werden zunehmend billiger, bei konstanter Flexibilität. »Sie haben ihren Arbeitsplatz immer dabei«, wurde wohlwollend im Wirtschaftsteil der *Frankfurter Allgemeinen Zeitung* festgestellt. Dass sich anfänglich etliche der Betroffenen dieser Variante der Internet-Ökonomie als »digitale Bohème« feiern ließen, war jedoch nur der verzweifelte Versuch, sich die Wirklichkeit existenzieller Bedrängung schön zu reden.

Noch sind nicht alle in diesen neuen Abhängigkeitsstrukturen Gefangenen, einem *Online-Proletariat* zuzurechen – aber dieses Segment der Prekarisierten wird immer größer – und keine Qualifikationsstufe kann auf lange Sicht als hinreichende Sicherung gegen den Abstieg angesehen werden. Gegenwehr ist so ohne weiteres nicht möglich, denn die an diesen IT-Netzwerken Beteiligten arbeiten weitgehend isoliert, haben bestenfalls noch Internetkontakte zueinander. Ihre Interessenperspektive weist sehr oft kaum über den Wunsch hinaus, sich den nächsten Auftrag zu sichern. Das *Konkurrenzdenken* ist in ihre ganze individuelle, soziale und ökonomische Existenz eingeschrieben.

Durch die »Anonymisierung« der computervermittelten Organisationsformen der Arbeitsverhältnisse konstituiert sich ein *neuer Modus technologischer Rationalität,* durch den die faktischen Ausbeutungsinteressen besonders effektiv hinter der ideologischen Nebelwand angeblicher »Sachzwänge« und »Marktvermittlungen« zum Verschwinden gebracht werden können. Den Herren des wirtschaftlichen Geschehens ist es dabei möglich, an der vom Computer nicht verursachten, jedoch intensivierten *Entsinnlichung der Lebensbezüge* anzuknüpfen.

Es käme jedoch einer Fetischisierung der Technik gleich, zu unterstellen, dass dem Computer die regressiven Konsequenzen irreversibel eingeschrieben wären – aber seine digitale Logik sperrt sich auch nicht dagegen, und die gegenwärtigen IT-technologischen Zauberlehrlinge noch weniger. Es existieren nicht nur alle technischen Voraussetzungen, um die Gesellschaft bis in den letzten Winkel auslzeuchten und soziales Handeln zu formatieren, bzw. zu reglementieren – sondern das möglich Gewordene wird auch praktiziert. Gerade deshalb bleibt daran zu erinnern, dass vom Computer zwar die Direktiven übermittelt werden und er sie auch strukturiert haben mag: Jedoch auf der Grundlage interessen- und profitorientierter Programmvorgaben. Es sind also letztlich *Herrschafts- und Ausbeutungsinteressen,* die sich hinter vermeintlichen Sachzwängen verbergen. Es muss genau hingeschaut werden, um zu erkennen, in welcher Weise und Intensität die Ausbeutung betrieben wird, denn dieses Versteckspiel funktioniert mit Hilfe des Computers effektiver, als es innerhalb des bisherigen System der Arbeitsteilung möglich war.

»Wo war der Richter, den er nie gesehen hatte? Wo war das hohe Gericht, bis zu dem er nie gekommen war.« (Franz Kafka, Der Prozess)

Die Zeit erweiterter Betätigungsfelder und beruflicher Entwicklungschancen für eine »informationstechnologische Elite« scheint in ihr Endstadium eingetreten zu sein. Die »Wissensarbeiter« werden zwar intensiver und in einem größeren Umfang als in der Vergangenheit gebraucht. Jedoch wird ihr Status sich verändern, teilweise gravierend verschlechtern. Sie werden zu den Beschäftigungsgruppen mit latentem Beschäftigungsrisiko aufschließen, deren Umfang insgesamt durch den neoliberalistischen Umgestaltungsprozess und den effektiven Einsatz der kombinierten Computer- und Informationstechnologien zugenommen hat.

Ende der Arbeitsgesellschaft?

Als spätes Echo des bürgerlichen Theorems einer »postindustriellen Gesellschaft«, die nicht mehr durch materielle Produktion, sondern durch »tertiäre« Tätigkeiten im weitesten Sinne geprägt wäre und »Informationsarbeit« den zentralen Platz eingenommen hätte, wird, der Faktenlage zum Trotz, der vermehrte Einsatz des Computers nicht nur mit der Ausbreitung einer »Schwerelosen Ökonomie« gleichgesetzt, sondern auch behauptet, dass durch seine Verwendung ebenfalls lebendige Arbeit als wertbildender Faktor nicht nur tendenziell verschwinden würde, sondern dieser Prozess schon weit vorangeschritten wäre. Zutreffend ist, dass in vielen Wirtschaftsbereichen computergestützte Rationalisierungsoffensiven von oft dramatischen Dimensionen stattfinden; dennoch dürfte es ein weiter Weg sein, bis mit dem weitestgehenden Wegfall lebendiger Arbeit, die *werttheoretische Basis des Produktionsprozesses* bedeutungslos wird, wovon Marx in den »Grundrissen der Kritik der politischen Ökonomie« als Ausdruck des »Widerspruchs zwischen der Grundlage der bürgerlichen Produktion (Wertmaß) und ihrer [technologischen] Entwicklung« gesprochen und ihr eine *systemsprengende Tendenz* zugerechnet hat: »Sobald die Arbeit in unmittelbarer Form aufgehört hat, die große Quelle des Reichtums zu sein, und daher der Tauschwert [das Maß] des Gebrauchswerts. Die Surplusarbeit der Masse hat aufgehört, Bedingung für die Entwicklung des allgemeinen Reichtums zu sein, ebenso wie die Nichtarbeit der Wenigen für die Entwicklung der allgemeinen Entwicklung des menschlichen Kopfes. Damit bricht die auf dem Tauschwert ruhende Produktion zusammen, und der unmittelbare materielle Produktionsprozeß hat selbst die Form der Notdürftigkeit und Gegensätzlichkeit abgestreift.«

Hinzuweisen ist zunächst einmal darauf, dass Marx hier eine *Tendenz* beschreibt, die nun schon seit mehr als 200 Jahren das kapitalistische Industriesystem charakterisiert. Von technologischer Innovationsstufe zu technologischer Innovationsstufe, von Rationalisierungswelle zu Rationalisierungswelle sind Arbeitsplätze abgebaut worden – jedoch in neuer Gestalt (meist jedoch an anderer Stelle) wieder entstanden. Dennoch kann das kapitalistische Weltsystem nicht alle Menschen zu auskömmlichen Bedingungen beschäftigen, denn Arbeit finden gerade jene nicht, die direkt oder vermittelt, durch die Ausdehnung kapitalistischer Verwertungsprinzipien ihre Existenzgrundlage verloren haben. Wenn sie eine Beschäftigungsnische finden, dann in der Regel nicht zu Bedingungen, die eine würdevolle Lebensgestaltung ermöglichen. Jedoch: Noch nie waren so viele Arbeitskraftverkäuferinnen und -verkäufer global in das industriegesellschaftliche System integriert wie heute. Aber auch noch nie sind so viele Existenzen durch die Verallgemeinerung kapitalistischer Prinzipien zerstört worden.

Auch in der Bundesrepublik waren 2016 über 43 Millionen Menschen berufstätig, was einen Rekord darstellt. Fast 90 Prozent davon arbeiteten in abhängigen Beschäftigungsverhältnissen. Aber ein genauer Blick auf die Zahlen und die Zustände, die ihnen zugrunde liegen, zeigt, dass der langfristige Trend eines Verlustes *auskömmlicher* Beschäftigungsmöglichkeiten für alle damit nicht gebrochen ist. In der BRD-Wirtschaft haben hauptsächlich Umgruppierungen stattgefunden: Vollerwerbstätigkeiten wurden auf mehrere Beschäftigungsverhältnisse mit kürzeren Arbeitszeiten, schlechteren Bedingungen und niedrigeren, oft ruinösen Einkommen aufgeteilt.

Grundsätzlich existieren eine ganze Reihe gegenläufiger Faktoren, die ein *Ende der Lohnarbeitsverhältnisse hinausschieben.* Dazu gehören die Ausdehnung der Produktion, die Entwicklung neuer Warenkörper oder die Erschließung neuer Märkte. Zu den Faktoren, die den Umschlagpunkt aufschieben, an dem lebendige Arbeit aufhört, »die große Quelle des Reichtums zu sein, und daher der Tauschwert [als Maß] des Gebrauchswerts« bedeutungslos wird (Marx), weil der Wert seine sozial-regulative Funktion verloren hat, gehört ebenso der aus Konkurrenzgründen kontinuierlich wachsende Investitionsaufwand für die Produktionsaggregate und die immer schnellere Erneuerung der Produktionsmittel (eine Entwicklungsdynamik, die eine der wesentlichen Ursachen des »tendenziellen Falls der Profitrate« darstellt, wie Marx sie analysiert hat). Die Konstruktion und Herstellung neuer Maschinengenerationen verschlingt einen Teil der durch ihren Einsatz eingesparten Arbeitskraft. Aber die in den Maschinen vergegenständlichte Arbeit ist nur ein Aspekt zur Erklärung gegenläufiger Entwicklungstendenzen. Zu berücksichtigen ist auch, dass die automatisierten Aggregate letztlich doch nicht, oder nur in einem beschränkten Sinne, »von alleine laufen«. Sie müssen installiert und gewartet, repariert und wiederum erneuert werden. Deshalb wird auch »in computergesteuerten verfahrenstechnischen Anlagen ein Typus von Arbeitern mit intermediären Fähigkeiten [benötigt] … Diese Arbeiter müssen komplizierte Verfahren beherrschen, die, weit davon entfernt eine Formalisierung schon bestehender Aufgaben zu sein, erst mit der Einführung neuer Technologien notwendig werden.« (Charles F. Sabel) Den (teil-)automatisierten Produktionsvorgängen müssen auch die Rohstoffe und Halbfabrikate zugeführt und die fertigen Produkte abtransportiert werden. In welchem Umfang beides geschieht, ist durch die Zahlen über den LKW-Einsatz deutlich geworden. Angesichts der drängenden ökologischen Problematik ist es auch geboten, die Erzeugnisse am Ende ihrer Lebens- und Gebrauchsdauer wieder in Einzelteile zu zerlegen, um ressourcensparend erneut dem Produktionskreislauf zugeführt werden zu können.

Aber wie schon gesagt, trotz der ständigen Ausdehnung des Arbeitsvolumens ist es offensichtlich, dass vermittelst der kapitalistischen Organisation der Ökonomie nicht mehr *existenzsichernde Erwerbsarbeit für alle* sicher gestellt werden kann – und auch die Kapitaleliten sich darauf einzustellen beginnen, beispielsweise durch die Absenkung der sozialen Sicherungsleistungen auf Notstandsniveau, faktisch unterhalb des Existenzminimums. In der BRD trägt dieser Umorganisationsvorgang den Namen Hartz-IV.

Der Rückgang auskömmlicher Beschäftigungsmöglichkeiten ist kein *unmittelbares* Resultat der Automatisierung sondern ein Effekt herrschender *Kapitalverwertungsprinzipien*: Denn nur noch in begrenztem Umfang stehen profitable Investitionsmöglichkeiten in der »Realwirtschaft« mit positiven Arbeitsplatzeffekten zur Verfügung. Es gibt Überkapazitäten, weil viele Märkte gesättigt und die Massenkaufkraft stagniert, so dass Rationalisierung und Automatisierung nicht mehr durch die Erweiterung des Produktionsvolumens kompensiert werden können. Das sind die Rahmenbedingungen, die zu einer ständigen Erhöhung der »organischen Zusammensetzung« des Kapitals (Marx), also einer fortschreitenden Ersetzung von Menschen durch Maschinen führen. Denn soll das Heil der Kapitalverwertung nicht in fragwürdigen Spekulationsaktivitäten gesucht werden, bietet sich als Alternative die »Senkung von Lohnkosten« und die technisch unterstützte Leistungssteigerung der Beschäftigten, also die Rationalisierung (einschließlich forcierter Automatisierungen) an.

Es spricht tatsächlich einiges für die negative Utopie, dass zukünftig nur noch 20 Prozent der Bevölkerung für die Mehrwertproduktion und -realisierung benötigt werden. Ein Indiz für eine spezifische Form des »Gesundschrumpfens« aus dem Blickwinkel der Kapitalverwertung ist der systematische Rückkauf eigener Aktien durch große Konzerne, die mit ihren beträchtlichen Kapitalreserven (oft in der Höhe von dutzenden Milliarden) sonst kaum noch sinnvoll agieren können, weil die Entwicklung neuer Produkte oder Investitionen in die Verbesserung der eigenen Marktposition wenig aussichtsreich erscheint. Sie sitzen auf enormen Gewinnen, von denen sie nicht wissen, wie sie investiert werden können. Zwangsläufig müssen sie sich finanzkapitalistischer Strategien der Scheinverwertung bedienen.

In vertraulichen Runden von Kapitalvertretern ist von den Prinzipien des »Gesundschrumpfens« schon seit längerem mit einer Tendenz die Rede, wie sie von einem ehemaligen Spitzenmanager zum Ausdruck gebracht wurde: »Man diskutiert unter uns doch nur mehr, wie man die leistungsfähigen 20 Prozent einsetzen kann; aber wir müssen die unteren vier Fünftel ruhig halten und irgendwie versorgen.« Vor diesem Hintergrund wird verständlich, weshalb auch so mancher Unternehmer gute Worte für das Konzept eines »*Bedingungslosen Grundeinkommens*« findet. Motiviert ist diese Haltung von der Überzeugung, dass es nötig sein wird, die »Überflüssigen« gesellschaftlich zu »neutralisieren«, wenn mit dem besonders leistungsfähigen Rest, der »Laden am Laufen« gehalten werden soll. Der Preis ist die Institutionalisierung einer »therapeuthischen Existenz« für die zur Mehrwerterzeugung nicht mehr benötigten Menschen. Es wird der Weg beschritten, den auch die Herrschenden im alten Rom gewählt haben: Da man für die Plebs keine Beschäftigungsmöglichkeiten hatte, wurden sie mit Brot und Spielen ruhig gestellt. Ein anderer Weg wird in den Vereinigten Staaten durch die Entsorgung der »Überflüssigen« in einem Gefängnissystems absurden Ausmaßes beschritten, in das Ende 2014 nicht weniger als 2,2 Millionen Männer und Frauen, oft wegen relativ geringfügiger Vergehen, eingeschlossen waren.

Die durch ein Grundeinkommens-System alimentierten werden existieren, aber nicht mehr leben im Sinne einer Teilnahme an den zentralen Aspekten des gesellschaftlichen Geschehens. Die finanzielle Grundausstattung aller ist zu begrüßen, jedoch ist sie keine Garantie für eine angemessene sozio-kulturelle Integration. Es wird auch nicht zu vermeiden sein, dass diejenigen, die nur über das Grundeinkommen verfügen, in den Augen der

Gemeinschaft, aber auch in ihrer Selbsteinschätzung, kaum mehr als Almosenempfänger sind.

In der Hauptsache geht es jedoch darum, dem spezifischen Charakter menschlicher Subjektivität gerecht zu werden, dessen adäquate Ausprägung nicht von einem tätigen Weltverhältnis separiert werden kann. Dieses aktive Weltverhältnis kann zwar nicht auf Arbeit reduziert werden, aber unter den gegenwärtigen Bedingungen ist sie sowohl in ihrer unmittelbar materiellen, aber auch ihrer intellektuell-kommunikativen Form die wirkungsvollste Weise einer Betätigung und Ausbildung menschlicher Subjektivität, in der Regel eine unverzichtbare Grundlage sozialer Partizipation und verständiger Realitätsverarbeitung.

Automatisierung und Arbeitsplatzverlust

Es gibt einen fortschreitenden Abbau von Arbeitsplätzen aus technologischen Gründen und es gibt Produktionsbereiche, in denen mehr Maschinen als Menschen im Einsatz sind. Aber es ist eine wirklichkeitsferne Behauptung, dass mittlerweile die Fabriken »fast menschenleer« wären. Ohne Frage können 400 Arbeiter mit optimierten Maschinen und einer entsprechenden Modifikation der Arbeitsorganisation das leisten, was vorher 1.200 vollbracht haben, jedoch muss, in der schon angesprochenen Weise ihnen zugearbeitet und assistiert, muss eine produktionsorientierte »Peripherie« existieren. Dennoch wird die »Beschäftigungsbilanz« negativ ausfallen – jedoch nicht so dramatisch, wie von diversen »Experten« ohne sorgfältige Beschäftigung mit dem Verhältnis von technologischer Entwicklung und ihren Auswirkungen auf die Beschäftigungsverhältnisse behauptet wird.

Dennoch: Rationalisierungen und Umstrukturierungen sind in den Händen des Kapitals auch unabhängig von den Fragen ökonomischer Effizienz ein probates Herrschaftsmittel. Durch diese Maßnahmen können nicht nur die Arbeitsabläufe effektiver gestaltet und Arbeitskräfte eingespart, sondern auch der disziplinierende Druck auf die Beschäftigten erhöht werden. Nicht nur als Nebeneffekt wird ein permanentes Klima der Unsicherheit geschaffen, die Angst vor dem Arbeitsplatzverlust perpetuiert. All diese Dinge sind übrigens *Funktionselemente des Klassenkampfes*, nicht Indizien seines Verschwindens, wie »kultur-linke« Theorien behaupten. Der Klassenkampf bleibt auch deshalb eine zentrale gesellschaftliche Tatsache, weil die produktive Arbeit und die sie ausführende Klasse nach wie vor der Dreh- und Angelpunkt des Industriesystems bilden: *Selbst die »automatische Fabrik« ist von einer Phalanx lebendiger Arbeit umstellt.* Die teil- oder vollautomatisierten Prozesse bleiben in das System der gesellschaftlichen Arbeitsteilung integriert, in dem die lebendige Arbeit nach wie vor eine Schlüsselfunktion besitzt.

In den unmittelbaren Produktionsbereichen wird menschliche Beschäftigung nicht verschwinden, jedoch werden die Arbeitenden vermehrt von Robotern umgeben sein, ohne dass zwingend davon auszugehen ist, dass die *unmittelbaren Produzenten* bloße »Lückenbüßer« sein werden. Auch auf längere Sicht wird das wohl nicht der Fall sein, weil auf ihr *implizites Wissen* nicht verzichtet werden kann. Es wird sich im Rahmen der Automatisierungspraxis, beim fortschreitenden Abbau lebendiger Arbeit bemerkbar machen, dass Lernerfahrungen fehlen und dadurch die Weiterentwicklungen produktionstechnischer Verfahren erschwert werden. Denn wenn wir eine Aufgabe oder eine Arbeit selbst ausführen, setzen anscheinend andere mentale Prozesse ein, als wenn wir uns auf die Unterstützung durch einen Computer oder Roboter verlassen. »Wenn Software unsere Rolle bei der Arbeit einschränkt, vor allem, wenn wir nur noch als passiver Beobachter oder Überwacher fungieren, umgehen wir die tiefen kognitiven Prozesse, die den Erzeugungseffekt unterstützen. So verhindern wir, dass wir das umfassende Praxiswissen erwerben, das zu Kompetenz führt.« (Nicholas Carr)

Weil Arbeitsprozesse mit einem beständigen Lernen und *kontinuierlichen Anpassungsleistungen* verbunden sind, ist die Automatisierung und Digitalisierung also mit praktischen Grenzen konfrontiert. Zwar sind einzelne Abläufe automatisierbar, aber »an den Schnittstellen hat sich die Erfahrung und Phantasie von Produzenten als unverzichtbar erwiesen«, wie Manuel Castells betont. Denn je mehr eine Produktion automatisiert wird, um so deutlicher werden »Kompetenzlücken« sichtbar und um so störanfälliger werden die Abläufe.

Der Vollautomatisierung sind also Grenzen gesetzt, weil gänzlich auf das *Wissen der »unmittelbaren Produzenten«* nicht verzichtet werden kann. Ihre Kompetenzen enthalten viele Elemente die nicht formalisierbar sind – und deshalb bei der Programmierung der Maschine unberücksichtigt bleiben (müssen). Die Chance, dass dieser Verlust mit der Zeit auch vom Management bemerkt wird, ist nicht gering, weil Automatisierung und Digitalisierung in den verschiedenen Wirtschaftssektoren in sehr unterschiedlichem Tempo vorangetrieben wird. Auf längere Sicht wird sich dann vielleicht herausstellen, dass die letzte vollautomatische Maschinengeneration doch nicht der arbeitsorganisatorischen Weisheit letzter Schluss gewesen ist und der Konkurrent, der sich ihrer nicht bedient, in einer vorteilhafteren Position ist. Aber auch die Berücksichtigung bisheriger Erfahrungen, müsste Nachdenklichkeit provozieren: »Statt immer wieder neu zu versuchen, menschliche Fähigkeiten durch Systeme ›künstlicher Intelligenz‹ nachzuahmen und zu ersetzen (AI-Perspektive: ›artificial intelligence‹), erweist es sich ebenso oft als weit erfolgreicher, technische Artefakte so zu entwickeln, dass sie als gebrauchstauglich gestaltete Arbeitsmittel das menschliche Arbeitsvermögen erweitern und produktiver machen«. (Peter Brödner) Doch das Naheliegende wird durch die Dominanz abstrakt-technologischer Orientierungsmuster verhindert.

In High-Tech-Sektoren, wie beispielsweise der Automobilindustrie, wird gegenwärtig zwar die Automatisierung voran getrieben, aber immer handelt es sich um die Konzentration auf Teilprozesse. Versuche intensivierter Automatisierung hat es in der Automobilindustrie schon vor Jahrzehnten gegeben – aber sie sind stillschweigend wieder eingestellt worden. So bei VW in Wolfsburg Anfang der 80er Jahre. In der medialen Wahrnehmung war schon damals von einer »menschenleeren Fabrik« die Rede – aber tatsächlich ging es um die Steigerung der Automatisierung in der Endmontage von 5 auf 25 Prozent! In der Praxis war das ganze Projekt jedoch wenig rentabel, weil die Investitions- und Instandhaltungskosten der *Computerintegrierten Fertigung (CIM)* die Lohneinsparungen deutlich überstiegen. Nach Hoffnungen des VW-Managements würde es ein vergleichbares Missverhältnis dank des heutigen technologischen Entwicklungsstands nun nicht mehr geben. Deshalb wird ein neuer Versuch der Ausdehnung der Automatisierung gestartet (bzw. war vor der Skandalzeit ein solcher geplant). Falls es noch zur Umsetzung kommt, dürfte sie in der Grundtendenz auch diesmal den Charakter einer *Teilautomatisierung* haben. Es werden Automaten neben den Montagearbeitern tätig sein. Dieser Organisationsmodus ist durch den aktuellen Entwicklungsstand der Roboter möglich geworden. Sie besitzen mittlerweile eine Umgebungs-»Sensibilität« und ein entwickeltes »Aufmerksamkeitspotenzial«, so dass sie für die Menschen, die neben ihnen arbeiten, keine Gefahr mehr darstellen.

Die Diskussion der gegenwärtigen Konzepte vermittelt den Eindruck, dass man die Lehren aus den gescheiterten Automatisierungsprojekten nicht vergessen hat: Selbst perspektivisch soll nicht mehr gänzlich auf Menschen im Produktionsprozess verzichtet werden: Die »qualifizierten Mitarbeiter schließen sensorische Lücken, die immer bestehen werden. Sie verfügen über langjährige Erfahrung zur Beurteilung und Lösung von Ausnahmesituationen. Und sie bringen als Arbeitskraft ihre Kreativität und Flexibilität in die

Prozesse ein.« (Dieter Spath) Es drängt sich der Eindruck auf, dass auch auf der Management-Ebene solche arbeitswissenschaftlichen Erkenntnisse nicht mehr gänzlich ignoriert werden, es sich herumgesprochen hat, dass auf die Erfahrung und Kompetenz der unmittelbaren Produzenten, ihre technologischen Fähigkeiten, vor allem aber die intentionale und antizipatorische Fundierung ihres Handelns nicht verzichtet werden kann.

Entlassungen sind bei VW aus Gründen der Automatisierungsinitiative nicht geplant, aber dennoch ein schrittweiser Personalabbau. Nach Management-Darstellung soll die normale Fluktuation zur Absenkung der Beschäftigtenzahlen ausreichen. Dabei werden wohl vorrangig Mitarbeiter eingespart, die noch nach dem Haustarif bezahlt werden und ein entsprechend großer »Kostenfaktor« sind. Zwar liegt die Quote der auf diesem Tarifniveau bezahlten *inländischen Mitarbeiter* an der Gesamtbelegschaft mittlerweile unter 50 Prozent. Aber der Anteil prekärer, oder zumindest niedrig entlohnter Beschäftigung soll weiter wachsen. Dafür erscheint dem Management der Abbau der »Hochlohn-Bereiche« durch Industrie-Roboter das geeignete Mittel.

Es ist davon auszugehen, dass die digital gesteuerten Automatisierungssegmente heute effektiver funktionieren werden als in den 80er Jahren – solange sie funktionieren. Denn fehlerlos werden auch sie nicht sein und im Falle von Störungen werden sich die bisherigen Erfahrungen mit *Automatisierungen innerhalb kontinuierlicher Produktionsvorgänge* wiederholen: Jede Unregelmäßigkeit, jeder Ausfall, jeder Fehler kann zu unkalkulierbaren Konsequenzen für die ganze Fertigungslinie, d. h. zu gravierenden Produktionsausfällen führen, weil die Zahl kompetenter Beschäftigter, die unmittelbar korrigierend eingreifen können, dann vielleicht schon zu gering sein wird.

Es wird dennoch in vielen Teilen des Industriesystems zu Automatisierungsschüben kommen, die mit großer Wahrscheinlichkeit einen ähnlichen Charakter wie auch schon in der Vergangenheit haben: Es werden selektiv die Menschen durch Maschinen in den (Teil)-Bereichen ersetzt, in denen das ohne allzu großen technischen, und das heißt mit betriebswirtschaftlich vertretbarem Aufwand, möglich ist. Bei den Planungsmodellen ist die Messlatte bei VW der betriebliche Lohnaufwand in Höhe von 50 Euro die Stunde pro Haustarifvertrags-Beschäftigten. In einfach strukturierten Tätigkeitsbereichen kann der Automat bei gleichem Leistungsvolumen wie (meist ungelernte) Produktionsarbeiter zu Preisen ab 6 Euro die Stunde eingesetzt werden. Aber meist sind die Einsatzkosten deutlich höher, so dass es schlicht eine Fehlin-

formation ist, wenn der *Focus* im Januar 2016 pauschal von Einsatzkosten in
Höhe von 6 Euro pro Stunde spricht, denn je komplizierter die produktions-
technische Konstellation ist, um so höher fallen die Einsatzkosten der Roboter
aus – aber bis zu der 50-Euro-Grenze der Facharbeiter-Entlohnung, besteht
natürlich eine große Handlungsspanne! Für den Zeitraum von 2013 bis 2018
wird übrigens die weltweite Steigerung des Robotereinsatzes von 178.000 auf
400.000 Einheiten prognostiziert. Ob die Blütenträume des Kapitals nach signifikanten Kosteneinsparungen aufgehen werden, wird die Zukunft zeigen.
Sicher ist das auch diesmal nicht.

Es resultiert aus der Logik der kapitalistischen Konkurrenzbeziehungen,
dass Rationalisierungssprünge, auch mit beträchtlicher Einsparung der Lohnkosten, sich nicht zwangsläufig in höheren Profiten niederschlagen, weil es
gleichartige Automatisierungsanstrengungen in der Regel auch bei den Mit-
bewerbern gibt, so dass die Kosteneinsparungen sich tendenziell neutralisieren, weil durch den Konkurrenzdruck, der angesichts der Überproduktions-
tendenzen in der Automobilindustrie besonders hoch ist, oft zu Preisredukti-
onen für die mit geringeren Kosten entstandenen Produkte genutzt werden.

Es kommt noch etwas hinzu, worauf Marx schon in den »Grundrissen«
hingewiesen hat: Da »das Kapital ... selbst der prozessierende Widerspruch
[dadurch ist], dass es die Arbeitszeit auf ein Minimum zu reduzieren strebt,
während es andrerseits die Arbeitszeit als einziges Maß und Quelle des
Reichtums setzt ... vermindert [es] die Arbeitszeit daher in der Form der notwendigen, um sie zu vermehren in der Form der überflüssigen; setzt daher
die überflüssige in wachsendem Maß als Bedingung – Frage auf Leben und
Tod – für die notwendige.« Schon in den Frühschriften findet sich einer dieser
bemerkenswerten Marx-Sätze, mit denen Entwicklungen antizipiert werden,
die zu seiner Zeit in kaum mehr als Andeutungen existierten. In dem hier
zur Diskussion stehenden Satz verweist Marx darauf, dass, durch die Ausdehnung der Produkte und der Bedürfnisse zum *erfinderischen* und stets *kal-
kulierenden Zweck,* die Arbeitenden zu »Sklaven unmenschlicher, raffinierter,
unnatürlicher und *eingebildeter* Gelüste« werden.

»Erfinderische Bedürfnisse« werden im entwickelten Kapitalismus durch
die Konsumpropaganda und Bedürfnismanipulation vermittelt. Durch die
manipulative Stimulierung eines grenzenlosen Begehrens wird jedoch als
dessen Kehrseite auch der Zwang für die Arbeitenden installiert, sozio-öko-
nomisch zu »funktionieren« und sich mit gesteigerter Intensität den Erfor-

dernissen repressiver Arbeit zu unterwerfen, obwohl sie aufgrund der Entwicklung der objektiven, wie auch der Entfaltung der subjektiven Produktivkräfte weitgehend überflüssig geworden ist. Historisch überholte Formen der Selbstunterdrückung werden künstlich am Leben erhalten. Der »unerschöpfliche Drang zur Hervorbringung neuer Waren ist vielleicht die zentrale Tendenz in der Geschichte des Kapitalismus« – und das aus einem triftigen Grund wie Ursula Huws betont: »Die Produktion materieller Güter [ist] der einfachste Weg, um aus lebendiger Arbeit Wert zu schöpfen.«

In den Umbruchphasen der kapitalistischen Entwicklung hat die *Durchsetzung neuer Technologien oft mit der* Einführung neuer Produkte korrespondiert, mit denen zentrale Lebensbereiche verwertungskonform geprägt wurden: »So führte z. B. im frühen 20. Jahrhundert die Ausbreitung der Elektrizität zu einer Welle von neuen Waren im Bereich der Haushaltsarbeit (Staubsauger, Waschmaschinen und Kühlschränke) und der Unterhaltung (Radio, Filmvorführung, Plattenspieler – verbunden mit Film- und Tonaufnahmen, die entsprechende Inhalte produzierten). Neue Formen von Produktion und Konsumtion breiteten sich aus.« (Ursula Huws)

Besonders kreativ ist immer die Automobilindustrie gewesen. Sie hat (neben der Unterhaltungselektronik-Branche) an der Spitze der Entwicklung von technisch anspruchsvollen und (pseudo-)innovativen Produkten gestanden, mit denen permanent neue Bedürfnisse erzeugt – aber auch Produktivitätsfortschritte immer wieder kompensiert wurden. Die Konsequenz ist, dass trotz aller arbeitsorganisatorischen Quantensprünge nicht weniger, sondern mehr Arbeitszeit in die Produktion eines Autos investiert wird, weil es technologisch immer anspruchsvoller geworden ist. Natürlich ist der technische Standard nicht vergleichbar, aber es ist doch aufschlussreich, dass im 1. Drittel des 20. Jahrhundert das T-Modell bei Ford in einer Stunde und 33 Minuten montiert wurde, heute jedoch die *Endmontagedauer* eines Mittelklasseautos zwischen 20 und 40 Stunden liegt, obwohl ganze Segmente vorfabriziert sind. Aber die Fahrzeuge sind immer aufwendiger und damit produktionsintensiver geworden. Allein in den beiden letzten Jahrzehnten des 20. Jahrhunderts hat sich die durchschnittliche Zahl von Einzelteilen, die in einem Auto verarbeitet werden, von 4.000 auf 8.000 verdoppelt. Es ist symptomatisch, dass 2015 Opel einen neuen Mittelklassewagen (nach eigener Auskunft) mit der »Technik der KFZ-Oberklasse« offerierte. Automatisierung wird zwar zur Kostenreduzierung und zur Produktionssteigerung vorangetrieben, aber auch um Spielräume für die Herstellung »innovativer«, also neuer (und sei es auch nur warenästhetisch modifizierter) Produkte zu gewinnen. Diese Absicht wird in einem bisher nicht gekannten Maße, durch die aktuelle Stufe der mikroelektronischen Durchdringung der Produktionsprozesse unterstützt.

Er hat sich deshalb das gänzlich falsche Beispiel ausgesucht, wenn ein *junge Welt*-Autor die »Produktivitätssteigerung« *automatisch* mit Arbeitsplatzverlusten gleichsetzt. »Bei der Präsentation des Golf IV erklärte VW-Chef Martin Winterkorn 2008, dass die Produktivität im Vergleich zum Vorgängermodell um mehr als 15 Prozent gestiegen sei – er hätte auch sagen können, dass 15 Prozent der Lohnarbeiter gefeuert wurden.« (Patrick Spät) Diese Schlussfolgerung ist definitiv falsch! Denn besonders die eklatanten Einsparungen an Beschäftigten in der Endmontage erklären sich sehr oft durch die Bedeutungszunahme ausgelagerter Vorarbeiten: Nicht mehr einzelne Teile werden verarbeitet, sondern ganze »Module« und Segmente, die von Zulieferern bezogen werden. In der Automobil-Industrie handelt es sich beispielsweise um komplette Vorder- oder Heckfronten, in der alle »Applikationen« schon eingebaut sind. Wenn das Management von einem 15prozentigen Produktivitätsschub bei einer neuen Baureihe redet, verbirgt sich in der Regel dahinter diese Variante industrieller Arbeitsteilung, bei dem nicht unbedingt der Anteil lebendiger Arbeit, aber der Anteil der Beschäftigten mit hohen Löhnen und entwickelten Absicherungsstandards auf der Endmontageebene reduziert wurde. Der Rückgang der Beschäftigtenzahlen in diesen Bereichen wird durch die Ausdehnung der personalintensiven Produktionsanteile der Zulieferer nicht immer, jedoch oft mehr als kompensiert. Die eingesparten Arbeitsplätze an der »Spitze« der industriellen Hierarchie verschwinden also nicht ersatzlos, sondern sind zu einem großen Teil bei den Zulieferern gelandet, bei denen die Beschäftigten jedoch meist zu ungünstigeren Bedingungen tätig sind. Auch ein großer Teil des Rationalisierungs- und Leistungsdrucks wird auf diese Weise innerhalb des Industriesystems nach unten verlagert. Die Entwicklungstendenzen der US-amerikanischen Automobilindustrie dürften ihre Entsprechungen auch in der bundesrepublikanischen Auto-Branche haben: Während in den USA 1988 auf einen Beschäftigten in den Konzernen knapp zwei Beschäftigte bei den Zulieferern kamen, stieg das Verhältnis bis zum Jahre 2010 auf eins zu vier. Die Zahl der mit Zulieferungstätigkeiten Beschäftigten hat sich innerhalb von gut zwei Jahrzehnten also verdoppelt.

Insgesamt relativiert sich durch den wachsenden Anteil der Zulieferungen der in der Endmontage registrierte »Produktivitätszuwachs«. Über diesen sachlichen Aspekt hinaus, ist die zitierte Fehleinschätzung symptomatisch dafür, dass in linken Diskussionen oft zu bereitwillig die Selbstdarstellungsformeln der Vertreter kapitalistischer Interessen übernommen werden, die sich unberechtigterweise von den Spekulanten für die von ihnen verkündeten »Automatisierungsfortschritte« feiern lassen.

Praxistauglich sind mittlerweile Produktionsanlagen, bei denen die Maschinen mit dem Werkstück »kommunizieren« können, weil in ihnen Chips mit allen produktionsrelevanten Informationen integriert sind. Der unmittelbare Vorteil ist, dass die Maschinen nicht mehr nur zur Serienfertigung eingesetzt werden können, sondern eine individuelle Bearbeitung jedes Werkstücks möglich ist, weil die nötigen Vorgaben implantiert sind. *Maschine und Werkstück sind miteinander elektronisch vernetzt.* Da dies kontinuierlich, in jedem einzelnen Fall und bei jedem neuen Werkstück geschieht, verschwimmen die Grenzen zwischen Massenproduktion und Individualanfertigung. Es wird noch mehr zum Standard, was heute schon in der Tendenz gewährleistet ist, dass von fast jedem Endprodukt die Herstellung einer im Prinzip unendlichen Zahl von Varianten möglich ist.

Es ist aber eine Illusion zu glauben, dass dies zu »Produktionsbedingungen und Kosten der Massenanfertigung«, wie von den Herstellern der neuen Maschinen versprochen wird, möglich wäre. Es ist noch das geringste Problem, dass die Produktionsaggregate wieder einmal teurer geworden sind, denn kostentreibender ist die Notwendigkeit, um sie effektiv einsetzen zu können, in immer schnelleren Intervallen auch neue Produkte zu entwickeln. Da die technischen Möglichkeiten gegeben sind, ohne große Umstellungs- und Umrüstungsmaßnahmen immer wieder neue Produkte »aufs Band zu setzen«, werden ihre Lebenszyklen kürzer, wird immer schneller das »Alte« durch »Neues« ersetzt.

Was an Arbeitskraft durch die »intelligente Maschine« eingespart wird, muss deshalb in die Entwicklung neuer Warenkörper aber auch für die Bereitstellung neuer Werkzeuge für die Maschinen (beispielsweise Matrizen für die Formung der Produkte) investiert werden. In der Volkswirtschaftslehre sind Berechnungen über solche Wirkungszusammenhänge (die nach qualitativen Wohlstandsmaßstäben auch »Reibungsverluste« darstellen) kaum üblich, nicht zuletzt, weil ein entsprechendes Problembewusstsein fehlt und die

»Innovationsdynamik« als ein selbstevidenter Positivposten verstanden und sachwidrig unterstellt wird, dass jede ökonomische Aktivität das »Sozialprodukt« steigert.

Die marktstrategisch motivierte quantitative und qualitative Ausdehnung der Produktpalette, dient nicht zuletzt dazu, die eigene Position bei der *Mehrwertrealisation* zu verbessern. Übrigens ein Vorhaben, dass sich unter den Bedingungen einer latenten Überproduktion immer schwieriger gestaltet. Auch deshalb steigt kontinuierlich der Aufwand, um den Produkten eine besondere »Marktattraktivität« zu verschaffen. Immer beträchtlicher werden deshalb die Summen, die für die warenästhetische Formung der Tauschwerte, für Design, Produktentwicklung und für Image-Werbung ausgegeben werden müssen. In der herrschenden Ideologie werden diese Anstrengungen der *Wertschöpfung* zugerechnet, tatsächlich gehören sie in die Sphäre der Wertrealisation. Treffend sagt Wolfgang Fritz Haug: »Der Aufwand für die Realisation des Werts erscheint als Aufwand für seine Kreation. Die Konkurrenz befestigt den Schein dadurch, dass sie solche »faux frais« (Marx) zur Überlebensnotwendigkeit für die einzelnen Unternehmen macht. Andere Formen der Abschöpfung von Wert bedienen sich bewusst dieses Scheins, um sich ebenfalls als wahre Wertschöpfung zu verkleiden. Das führt zu der verrückten Erscheinungsform, dass Funktionen als Spitze der Mehrwertproduktion erscheinen, deren Spitzenlöhne in Wirklichkeit einen Abzug vom Mehrwert darstellen.« Der Umfang der »faux frais«, der »*falschen Kosten*«, ist beträchtlich: Die für die Vereinigten Staaten vorliegenden Zahlen weisen aus, dass alleine für die Vermarktung der produzierten Güter ein Sechstel des Bruttoinlandsprodukts aufgewandt wird. Die Zahlen für die anderen kapitalistischen Hauptländer dürften nicht wesentlich geringer ausfallen.

Aufgrund einer Aufblähung der Warenproduktion, die tausch- und nicht gebrauchswertorientiert ist (und deshalb auch an der Mangelsituation in vielen gesellschaftlichen Bereichen nichts ändert), kommt Arbeit, die bei der einen Produktionslinie eingespart wird, meist an anderer Stelle wieder zum Einsatz. Zumindest innerhalb von Konzernstrukturen ist das in der Regel der Fall: »Es ist klar, dass der Einsatz von Robotern an einem Fließband die menschliche Arbeitszeit für eine bestimmte Produktionsmenge vermindert. Aber daraus folgt nicht, dass sie die Beschäftigung in dem betreffenden Unternehmen oder gar in der gesamten Branche vermindern.« (Manuel Castells) Die deutsche Automobilindustrie ist ein signifikantes Beispiel für diese Tatsache. Es ist auch schon in der Vergangenheit automatisiert und ausgelagert worden – aber im Gleichschritt mit der Expansion in andere Märkte. Die Entwicklungen in der global prosperierenden deutschen Automobilindustrie sind nicht generalisierbar, aber ignoriert werden dürfen sie auch nicht: Seit 2007 entstanden bei VW 144.000 zusätzliche Stellen, davon 55.000 in Deutschland. Die zehn Dax-Unternehmen mit dem größten Auslandsengagement haben in den letzten Jahren auch die meisten neuen Stellen in Deutschland geschaffen.

In Branchen und Konzernen, in denen die Beschäftigungsbilanz an den traditionellen Standorten negativ ist, sind dennoch keine Arbeitsplätze in nennenswertem Umfang verschwunden, sondern in anderen Regionen, oft auch Weltteilen, neu entstanden. Für die »Freigesetzten« bedeutet dies natürlich nur einen schwachen Trost! Und berechtigt ist auch ihr Empfinden, dass *ihre* Beschäftigungsmöglichkeiten für die Erhöhung des Profits geopfert wurden.

Es ergeben sich bei einer ökonomischen Gesamtsicht jedoch wenige Hinweise, die es gerechtfertigt erscheinen lassen, die Rationalisierungen exklusiv für einen dramatischen Rückgang der Beschäftigungsverhältnisse verantwortlich zu machen. Das ist wie gesagt, an einzelnen »Standorten« der Fall, nicht aber innerhalb des globalisierten Industriesystems. Es sollte zu denken geben, dass, trotz der Quantensprünge in der Entwicklung der Produktivkräfte in den letzten zwei Jahrhunderten, immer mehr Menschen in das kapitalistische Industriesystem integriert wurden und zwar ebenso im schwerindustriellen, wie auch im produktiven Sektor. In beiden gibt es weltweit gegenwärtig mehr Beschäftigte als jemals zuvor! Auch als Mitte der 90er Jahre Jeremy Rifkin »Das Ende der Arbeit« ausrief, erreichte kurze Zeit später die US-Beschäftigtenrate den höchsten Stand aller Zeiten.

Die Behauptungen über die Arbeitskraft einsparenden Konsequenzen der neuen Technologien in einem dramatischen Umfang, geraten sofort ins Wanken, wenn statistische Daten über volkswirtschaftliche Gesamtentwicklungen zu Rate gezogen werden. An ihnen lässt sich *nicht ablesen*, dass Internet und Digitalisierung *bisher* überhaupt Produktivitätsfortschritte bewirkt haben! Die IT-Ideologen sprechen zwar von einem ökonomischen Paradigmenwechsel durch die digitalen Vernetzungen, durch fahrerlose Autos und »lernende Roboter«. Und wieder einmal – wie zuletzt in der »Glanzzeit« der »New Economy« – wird von einer Aushebelung ökonomischer Gesetzmäßigkeiten und von fundamentalen wirtschaftlichen Umstrukturierungen gesprochen, von denen alle profitieren würden. Jedoch korrespondieren diese Szenarien mit keiner Realität: In der Produktivitätsstatistik haben diese »Umwälzungen« bisher jedenfalls keinen Niederschlag gefunden. Formeln über eine angeblich »enorme Produktivkraftsteigerung im Gefolge der ›mikroelektronischen Revolution‹« (Frank Deppe) gehen zwar schnell von den Lippen und stoßen auch auf große Akzeptanz – fraglich jedoch ist, ob sie auch nur entfernt etwas mit den tatsächlichen Entwicklungen des Industriesystems zu tun haben.

Die widersprüchlichen Fakten über die »Arbeitsplatzeffekte« des technischen Fortschritts und von Automatisierungsschüben, ändern jedoch nichts an der Tatsache, dass die kapitalistische Produktivkraftentwicklung immer wieder soziale Unsicherheiten verursacht und die Menschen berechtigte Sorgen um ihren Arbeitsplatz haben. Immerhin stammt der Begriff »technologische Arbeitslosigkeit« schon von Keynes und auch bei Marx finden sich über den Zusammenhang von technischen Innovationsschüben und Beschäftigungskonjunkturen klärende Ausführungen. Es waren ja schon die mechanischen Spinnmaschinen des 18. Jahrhunderts, die Elend über die traditionellen handwerklichen Weber brachten. Arbeitsplatzverluste hat es im Zuge der Durchsetzung neuer Technologien immer gegeben, meist aber nur für mehr oder weniger lange Übergangszeiten. *Es ist jedoch nicht ausgeschlossen, dass es diesmal anders sein wird.*

Auch wenn die Prozesse von Digitalisierung und deren Auswirkungen auf die Beschäftigungsverhältnisse vermittelter sind, als oft kolportiert wird, fragen sich viele Menschen nicht ohne Grund, ob das Internet auch ihre Beschäftigungsmöglichkeiten verdrängen wird. Werde ich noch gebraucht, wenn der Computer meinen Job als Konstrukteur erledigt oder ihn auf Hilfskräftestatus reduziert? Wer benötigt noch LKW-Fahrer, wenn die Autos autonom fahren? Was geschieht mit mir, wenn der Roboter zu konkurrenzlosen Kosten, ohne Arbeitsschutz und Urlaubsansprüche die Schrauben befestigt?

Auch wenn es viele nicht offen aussprechen, schauen sie mit Sorge auf die aktuellen Entwicklungen, die sich in einigen Bereichen geradezu überschlagen und deren langfristige Konsequenzen kaum prognostizierbar sind. Es ist zwar viel Science-Fiction bei der massenmedial lancierten »Prognostik« über die Arbeitswelt von Morgen im Spiel, aber zu bedenken ist auch, dass vieles, was vor kurzem noch Phantasie war, heute nicht nur Realität ist, sondern von ihr sogar überboten wird. Zwar sind auch viele Prognosen nicht eingetroffen, aber stattdessen haben sich Dinge durchgesetzt, an deren Realisierung niemand gedacht hat. Auch der Computer hat sich ja schneller verbreitet und mit größerem Tempo entwickelt, als es einmal absehbar war. Seine gesellschaftliche Verallgemeinerung ist durch eine technologische Innovationsdynamik charakterisiert, die nur als atemberaubend bezeichnet werden kann. Die einschlägigen Beispiele sind legendär: 1996, also vor 20 Jahren, kostete der schnellste Rechner 55 Millionen US-Dollar und war in 100 Schränken auf einer Fläche von 150 Quadratmetern untergebracht. Benutzt wurde er zur Simulation von Atomtests. Neun Jahre später kam ein handlicher Rechner mit vergleichbarer Leistung auf den Markt, der 500 Dollar kostete und leicht in einer Aktentasche untergebracht werden konnte: Es war die Sony-Playstation 3, die komplexe Grafiken mit ihren realistischen, dreidimensionalen Darstellungen in die Kinderzimmer brachte.

Solche Episoden aus der Entwicklungsgeschichte des Computers gemahnen daran, dass jede Beschäftigung mit dem Verhältnis von Computer und Gesellschaft aufgrund der Informationstechnologischen Entwicklungsdynamik nur zu Momentaufnahmen führen kann, denn die Umwälzungsintensität und die Entwicklungsrichtungen sind letztlich nicht prognostizierbar, zumal die technologischen Quantensprünge die eine, die sozio-kulturellen Konsequenzen die andere Seite des Siegeszugs der Computer-Technologie sind.

Gerade von den *Negativeffekten der Digitalisierung des Sozialen* zeichnen sich gegenwärtig nur erste Konturen ab. Vor allem die Konsequenzen auf der Subjektebene sind nicht zuletzt deshalb unübersichtlich, weil niemand sicher sein kann, ob er letztlich als Gewinner oder Verlierer der weiteren Entwicklung dastehen wird. Kaum jemand kann davon ausgehen, dass er seinen aktuellen Beruf noch in 15 Jahren ausüben wird. Mit historisch lange nicht mehr gekannter Intensität entfaltet sich »das Wohl und die Entwicklung der einen … durch das Wehe und die Zurückdrängung der anderen«. (Friedrich Engels)

Es ist eine Situation entstanden, die ein permanentes Gefühl der Unsicherheit, wenn nicht sogar der Angst erzeugt. Prägend geworden ist ein mentaler Zustand der Ambivalenz, durch den ein Bedürfnis der Verdrängung der sozialen Widerspruchserfahrungen und weniger ein kritisches Bewusstsein gefördert wird, weil die Neigung besteht, die Bedrohungserfahrung gar nicht so nah an sich herankommen zu lassen. Aber die Abwehr gelingt natürlich nicht, oder nur in einer unvollständigen Weise. Die Ahnungen über die Unwägbarkeiten des weiteren Lebensweges bleiben bestehen, wirken wegen ihrer »Undeutlichkeit« sogar um so stärker. Besonders intensive Angst haben soziale Aufsteiger, nicht nur weil sie viel zu verlieren haben, sondern sie sich auch grundsätzlich ihrer Sache selten ganz sicher sind, denn ein Gefühl sozialer »Minderwertigkeit« gegenüber den fest Etablierten ist ihrem Habitus eingeschrieben.

Es ist nicht ausgeschlossen, dass im Kontrast zur Vergangenheit, das Verhältnis von Automatisierung und Arbeitsmarktstruktur zukünftig wesentlich ungünstiger ausfallen, die Bilanz von verwüsteten und neuen Jobs strukturell und langfristig unausgeglichen sein wird. Diesmal dürfte ein Teil der Verlierer sozial jedoch anders positioniert sein, als in der Vergangenheit: Nicht nur die Beschäftigten in den Basisbereichen, die manuell Tätigen und gering qualifizierten »Dienstleister«, sondern aus den geschilderten Gründen wird es zunehmend auch Angehörige der »digitalen Mittelklasse« treffen.

Politische Ökonomie des Roboters

Trotz der die Beschäftigungsmöglichkeiten gefährdenden Entwicklungen, gibt es triftige Gründe für die Annahme, dass das Lohnarbeitsverhältnis als Basisinstitution der kapitalistischen Gesellschaft wohl noch längere Zeit Bestand haben wird. Die Beschäftigten werden durch Rationalisierungsoffensiven und die Besonderheit der Kapitalakkumulation zwar immer wieder unter Druck geraten, jedoch ist das nur einer der ganz gewöhnlichen Effekte des *alltäglichen Klassenkampfes* von oben und nicht etwa eine finale Entwicklung, die als Vorbote eines Endes der Arbeiterklasse und der Arbeiterbewegung, oder gar des Kapitalismus verstanden werden kann, wie Lohoff und Trenkle in ihrem Buch »*Die große Entwertung*« behaupten. Das Autorenpaar aus dem Umkreis der »Krisis-Gruppe« verbindet mit vielen Veröffentlichungen zum Thema »Arbeitsplatzverlust durch Automatisierung« das fragwürdige Vorgehen, dass sie ihre Thesen jenseits ernster empirischer Analysen entwickeln, sie letztlich ihre Aussagen nicht aus sozio-ökonomischen Informationen, sondern aus theoretischen Grundannahmen deduzieren und dabei (durchaus bestehende) Trends zu irreversiblen Fakten hypostasiert werden. Sie interessieren sich genauso wenig für die realen Entwicklungstendenzen, wie vor ihnen auch die vielen anderen Kolporteure der Thesen über das »*Ende der Arbeitsgesellschaft*«.

Diese »Chronisten« der Automatisierung lassen sich regelmäßig von einer vermeintlichen »Übermacht des Faktischen« täuschen, weil sie nicht die Zusammenhänge reflektieren, in deren Rahmen die von ihnen beschriebenen Prozesse stattfinden. Jenseits eines reflektierten Wissens um die *Politische Ökonomie der Automatisierungs- und Digitalisierungsprozesse* neigen sie dazu, die Momentaufnahmen (des partiellen Arbeitsplatzabbaus) mit einem Gesamtbild der Veränderungsprozesse zu verwechseln. Ihnen geht es wie Daniel Defoe, der Anfang des 18. Jahrhunderts eine Exkursion in die englischen Kohlereviere unternahm und dem es undenkbar schien, wer die ganzen Halden geförderter Kohle, die »ungeheuren Haufen, ja Gebirge von Kohlen« wie er sich ausdrückte, je verbrauchen könne.

Von einer ernsthaften Analyse des Zusammenhangs von Produktivkraftentwicklung und Beschäftigungssicherheit kann jedenfalls bei den Propheten eines massenhaften »Verlustes von Arbeitsplätzen« keine Rede sein. Eine solche Anstrengung wäre jedoch dringend geboten, weil es beim Wechselverhältnis von technischer Progression und den Arbeitsplatzeffekten immer noch mehr offene Fragen als Antworten und auch nicht unabänderliche Automatismen gibt!

Es gab in den letzten beiden Jahrzehnten sogar eine zeitweilige Verlangsamung des Automatisierungstempos und eines daraus resultierenden Arbeitsplatzverlustes. Aber das dürfte kaum mehr als ein temporäres Innehalten gewesen sein, weil in der Hochphase der Shareholder-Value-Orientierung, langfristige Investitions- und Entwicklungskonzepte einen schweren Stand hatten. Nicht selten wurde zugunsten des Quartalsberichts, auf langfristige Investitionen verzichtet. Weil jedoch ohne Investitionen in neue Technologien auch die Zukunft des Unternehmens aufs Spiel gesetzt wird, stießen solche Konzepte schnell an ihre Grenzen und wurde das Tor für eine neue Phase verstärkter Investitionen in den produktiven Sektor aufgestoßen. Das ist der Hintergrund des Wachstums der Bruttoanlageinvestitionen, die sich global in den letzten 10 Jahren von 9.800 Milliarden Dollar auf über 19.300 Milliarden Dollar fast verdoppelt haben.

Im Rahmen dieser *Investitionsoffensive im produktiven Sektor* hat es auch Automatisierungsschübe gegeben. Diese Entwicklungsphase ist noch lange nicht abgeschlossen. Sicherlich wird es verstärkt zur Roboterisierung von Teilprozessen kommen, wie sie heute schon in der Automobilfertigung Standard sind, beispielsweise beim Zusammenschweißen der Karosserien. In diesem Segment ist sogar schon die *Vollautomatisierung* erreicht – jedoch ist wie zu sehen war, auch die Automobilproduktion in ihrer Gesamtheit noch weit vom flächendeckenden Robotereinsatz entfernt und es wird auch nach einem neuerlichen Automatisierungsschub von einem solchen Zustand nicht die Rede sein können.

Ein signifikantes Beispiel für den Charakter einer fortschreitenden *Teilautomatisierung* sind elektronisch gesteuerte Zuschnittmaschinen in der Möbelindustrie. Sie sind in einfacherer Form zwar in der Serienfertigung schon lange im Einsatz, um mit ihnen gleichartige Holzteile anzufertigen. Jedoch eine neue, relativ kostengünstige Generation schneidet ohne Zeitverlust das

Material für Einzelfertigungen. Die Elemente für verschiedene Möbelmodelle könne also durch die elektronische Steuerung ohne Zeitverlust und ohne Einstellungstätigkeiten vornehmen zu müssen, nacheinander zurechtgeschnitten, um danach konventionell zusammengebaut zu werden. Flankiert werden solche automatisierten Teilprozesse durch digitale Netzstrukturen, mit denen dann auch sicher gestellt wird, dass das benötigte Holz punktgenau aus dem Lager geholt wird und andere Materialien (Metallverstrebungen, oder Zierelemente beispielsweise) rechtzeitig am Montageband zur Verfügung stehen. Solche *innerbetrieblichen Vernetzungen* von Datenströmen, die Steuerung der Produktion nach Auftragslage, sowie die Verbindung der Kontrolle des Materialverbrauchs bei gleichzeitiger Ordervergabe für Nachschublieferungen werden im industriellen Sektor zum Standard werden. Die Datenverarbeitung wird unmittelbar in die industriellen Abläufe integriert – die jedoch fraglos die Grundlage der ganzen Prozesse bleiben wird.

Die technischen Voraussetzungen für neue Automatisierungsschübe haben sich grundlegend verändert – aus Unternehmersicht verbessert. Waren Roboter bisher mehr oder weniger »sperrige« Angelegenheiten, die ein normiertes und abgezirkeltes Einsatzgebiet, sowie exakt definierte Aufgaben benötigten, die ihnen als Programm implantiert wurden, um sinnvoll eingesetzt werden zu können, ist dieses »Frühstadium« der compter-gestützten Automatisierung nun überschritten. Die neuen sensorgesteuerten Maschinen, können sich fast jedem Umfeld und jeder definierten Aufgabe *anpassen*. Was sie erledigen sollen, können sie *partiell* durch verarbeitende Registrierung der von Menschen vollzogenen Arbeitsschritte selbst »lernen«. Sie »beobachten« Arbeitsvorgänge, etwa wie und wo welche Schrauben angebracht werden müssen – um dann diese Vorgänge »selbstständig« zu erledigen. Dabei sind die neuen Geräte konkurrenzlos billig, es wird von Stückpreisen für die Automaten, die beispielsweise eine schrauben-montierende Hilfskraft ersetzen können, von unter 10.000 Dollar geredet. Aber auch Skepsis ist angebracht, denn der Kontrast zwischen den medialen und anbietergeprägten Darstellungen der Leistungsfähigkeit der Automaten und der industriellen Wirklichkeit ist oft bemerkenswert groß. Prinzipiell lässt sich sagen, dass es sich immer noch als schwierig erweist, Roboter zu bauen, die zumindest eben so gut wie Menschen greifen können, oder in der Lage sind, mit hinreichender Verlässlichkeit eigenständig neue Aufgaben zu erledigen. Selbst Google-Gründer Larry Page, dessen Konzern sich auch auf diesem Geschäftsfeld versucht, hat sich Ende 2015 sehr skeptisch geäußert: »Ich kenne so ziemlich jeden führenden Experten aus diesem Bereich, und viele sind ernüchtert«.

Dennoch sind es durchaus realistische Fragen, wie lange es bei der Eisenbahn noch Lokführer geben wird und wann es soweit ist, dass alle Züge digital gesteuert werden wie es unter anderem auf einigen U-Bahnstrecken in Paris und Nürnberg der Fall ist. Auch sind in so manchem Industrielager schon selbstfahrende Gabelstabler im Einsatz. Aber wie schon betont, werden auch im Rahmen einer neuen Automatisierungsoffensive, deren Profil mittlerweile Konturen annimmt, nicht alle Arbeitenden überflüssig werden. Doch eine offene Frage bleibt es, wie groß der Anteil der »Überflüssigen« (vor allem in den traditionellen Industrieländern) werden wird. In einigen Segmenten wird er vielleicht sogar der überwiegende sein.

Vorangetrieben werden diese Entwicklungen durch die kontinuierliche Senkung der Kosten für IT-Anwendungen und Rechnereinsätze auch im Rahmen unmittelbarer Produktionsabläufe. Immer komplexere technische Anwendungen sind mit immer kleineren Aggregaten möglich. In Kombination mit der »Rechnerwolke«, steht eine umfassende Programm- und Speicher-Infrastruktur an jedem Arbeitsplatz zur Verfügung. High-Tech-Kommunikation wird in den industriellen Kernbereichen zum betrieblichen Standard, ohne dass diese schon mit einer unmittelbaren Vernetzung sämtlicher Abläufe und Stufen gleichzusetzen wäre.

Es gibt (nicht ganz ernst zu nehmende und offensichtlich interessendominierte) Prognosen, dass in den Industrieländern im Zuge einer intensiven Automatisierungswelle die Hälfte aller bisherigen Arbeitsplätze verloren gingen. Nach dem präsentierten Zahlenwerk sollen in den nächsten zwei Jahrzehnten in der Bundesrepublik 18 Millionen aller Arbeitsplätze wegfallen. Selbst wenn das einträte, bleibt offen, welche Konsequenzen das für die Beschäftigungsstruktur angesichts der Tatsache hätte, dass aufgrund der demographischen Entwicklung bis zur Jahrhundertmitte die Zahl der Menschen in Deutschland im erwerbsfähigen Alter von gegenwärtig fast 43 Millionen auf 29 Millionen absinken wird.

Die Entwicklungsperspektiven sind also komplexer, als in vielen Pseudoprognosen unterstellt wird. Aber ausgeschlossen ist trotzdem nicht, dass die Arbeitsmarktentwicklung ihre problematischen Züge behalten wird, weil Computerisierung und Roboterisierung eine neue, bisher unbekannte Dynamik bekommen können. Die konkreten Auswirkungen werden davon abhängen, ob es regelrechte Umgestaltungsschübe geben, oder sich doch eher ein allmählicher Wandel (wie er gegenwärtig stattfindet) fortsetzen wird.

Aber wie auch immer: Die Veränderungs- und Zukunftsperspektiven sind jedenfalls so ernst, dass mit überzeugenden Gegenkonzepten darauf reagiert werden müsste – und das kann nur heißen mit einer neuen *Offensive für eine radikale Arbeitszeitverkürzung*. Es sollte nicht vergessen werden, dass die Gewerkschaften vor Jahrzehnten in der Bundesrepublik perspektivisch schon auf dem Weg zur 30-Stundenwoche waren und in Frankreich eine Beschränkung der Wochenarbeitszeit auf 35 Stunden gesetzlich fixiert wurde. Während in Frankreich diese sozialpolitische Errungenschaft zwar auch bröckelt, wird in der BRD *widerspruchslos* in der Regel wieder mehr als 40 Stunden gearbeitet – und jede Erinnerung daran, dass dies kein Naturgesetz ist, scheint verloren gegangen zu sein. Aber schon die jetzige Arbeitsmarktsituation in Kombination mit den ambivalenten Beschäftigungsperspektiven erfordert zwingend die Orientierung auf die 25-Stundenwoche – wenn dies angesichts der entwickelten Produktivkräfte nicht sogar noch eine zu defensive Forderung ist, denn nur noch fünf Stunden pro Tag zu arbeiten, ist keine utopische Vorstellung, sondern Ausdruck barer Vernunft!

Natürlich werden das Kapital und seine intellektuellen Mietköpfe davon reden, dass dies den Ruin des »Standortes« bedeutet. Aber das ist nur ein altbekanntes und ausgeleiertes Lied. Hätte man die Manchester-Kapitalisten im 19. Jahrhundert gefragt, »sie hätten ehrlich und glaubhaft und leider auch vernünftig (nach den Gesetzen ihrer Vernunft) versichert, dass ohne Zwölf-Stunden-Tag gar nichts ginge. Es bedurfte politischer Entscheidungen, und sie mussten gegen mächtige Widerstände getroffen werden – aber sie wurden getroffen: Kinderarbeit wurde verboten, der Acht-Stunden-Tag durchgesetzt.« (Robert Menasse)

Aber evident ist auch, dass es keine strukturellen Veränderungen ohne konfliktbereite Strategien geben kann. Mit den im Gewerkschaftsapparat immer noch dominierenden Vorstellungen einer »Sozialpartnerschaft«, sind die drängenden Aufgaben nicht zu bewältigen. Es muss thematisiert werden, dass der Kapitalismus nicht zukunftsfähig ist, seine Aufrechterhaltung mit Tendenzen eines weiteren sozialen Verfalls, zivilisatorischer Regressionen und der Ausdehnung der Zonen von Bedürftigkeit verbunden sein wird. Ohne einschneidende Veränderungen, von denen die Arbeitszeitverkürzung nur eine Facette ist, wird seiner antizivilisatorischen Dynamik nicht Einhalt geboten werden können.

Die Paradoxien der »Wissensgesellschaft«

Zur gesellschaftlichen Selbstbeschreibung wird gegenwärtig besonders häufig auf den Begriff »Wissensgesellschaft« zurück gegriffen. Er wird mit einer Selbstverständlichkeit benutzt, die den Eindruck erweckt, als ob ein Konsens darüber bestünde, was mit der Bezeichnung zum Ausdruck gebracht werden soll. Aber davon kann keine Rede sein. Plausible Definitionen über die »Wissensgesellschaft« existieren nicht. Dennoch ist der Glaube weit verbreitet, ihre Paradigmen hätten die industriegesellschaftlichen Organisationsformen schon verdrängt, oder zumindest wirkungsvoll überlagert.

Mit der demonstrativen Verwendung des Begriffs »Wissensgesellschaft« wird nicht zuletzt impliziert, dass die fortschreitende Informatisierung mit einem zunehmenden sozialen Kompetenzgewinn und einer intellektuellen Durchdringung von sozialen und kulturellen Sachverhalten verbunden sei. Wird hinter die Kulissen dieser Konstatierungen geschaut, zeigt sich ein ganz anderes Bild, entlarvt sich die »Wissensgesellschaft« als ein Sozialwesen, das seine Fähigkeit zum »Wissen« im Sinne von begrifflicher Durchdringung, besonders sozialer Konstellationen und Probleme, weitgehend verloren hat. Google mag es zwar gelingen, das »gesamte Wissen der Menschheit abzubilden«, wie es einer seiner Manager programmatisch betont hat. Jedoch ist mit diesem »Wissen« nur die zum Unendlichen tendierende *Informationsflut, kein intellektueller Kompetenzgewinn* und kein Verständnis von Strukturierungsprinzipien gemeint. Es herrscht ein informationstechnologischer Vermittlungsmodus, der reale Weltbeziehungen durch Abstraktionen und Vielfalt durch eine nur mühsam kaschierte Gleichförmigkeit ersetzt.

Eine *Dominanz des Quantitativen* führt in seiner Tendenz dazu, dass durch die internet-vermittelte »Wissens«-Generierung ein substanzielles und strukturiertes und nachdrückliches Fragen weitgehend an den Rand gedrängt wird. Den digital vermittelten »Informationen« fehlt meist die verständige Durchdringung von Sachverhalten und die *Arbeit am Begriff*, als notwendi-

gem Bestandteil eines intensiven Reflexionsvorganges, der von der Absicht
geprägt ist, den Dingen auf den Grund zu gehen. Es hat sich – wie Arnold
Gehlen es in einem anderen Zusammenhang genannt hat – eine »reich unter-
richtete Weltfremdheit« verallgemeinert, in deren Kontext (unstrukturierte)
»Informationen« zum Selbstzweck geworden sind und deren intellektuelle
Fetischisierung als intellektuelles Hochamt zelebriert wird. Noch die banals-
te Faktensammlung und Datenanhäufung wird zu einer »Erweiterung des
menschlichen Wissen« stilisiert.

Die Begründungsmuster der Silicon-Valley-Ideologen bewegen sich, um
den intellektuellen Reduktionismus zu legitimieren, der mit dem Computer-
Einsatz und der Benutzung der spezifischen Produkte der IT-Industrie oft
verbunden ist, nicht selten in der Nähe einer intellektuellen Null-Ebene. Die
Internetindustrie, so ist von einem Google-Projektleiter zu erfahren, könne
die Menschen mit Fakten versorgen, so dass sie mehr Zeit hätten, sich auf das
Wesentliche zu konzentrieren:»Das kritische Denken verbessert sich ständig,
denn die Leute müssen sich an weniger Fakten erinnern.« (Mike Cassidy)
Diese Aussage ist ungefähr so sinnvoll, wie der Ratschlag an einen Boxer, für
den nächsten Weltmeisterschaftskampf nur ja nicht zu trainieren, damit er
ausgeruht in den Ring steigen könne. Aber die Positionierung lässt immerhin darauf schließen, was die Konstrukteure von »Wissensmaschinen« unter
Denkleistungen verstehen.

Es wird mit Nachdruck der Eindruck zu verbreiten versucht, dass ein
quantitatives Wachstum der »Informationen« das menschliche »Wissen« be-
reichern und erweitern, sowie ein intensiveres Verständnis der Sozialverhältnisse und kultureller Konstellationen gewährleisten würde. Es ist nicht nur
einem Professor eines Internet-Instituts der Universität Oxford vorbehalten,
die These zu vertreten, dass »Big Data uns neue Einsichten in die Wirklichkeit« eröffnen würde. (Viktor Mayer-Schönberger). Eine solche Fehleinschätzung ist fundamental, signifikanter Ausdruck eines verbreiteten Faktenfeti-
schismus. Zwar fundiert ein Verständnis der sozio-ökonomischen Prozesse in
Detaileinsichten und empirischen Rückversicherungen, die jedoch theoretisch
verarbeitet werden müssen, wenn Dinge erkannt und nicht nur zusammen-
hanglose »Faktizitäten« beschrieben und pseudo-theoretisch fixiert werden
sollen. Bei qualitativen Erkenntnisvorgängen kommt es eben nicht darauf an,
»alles zu wissen«, sondern vorrangig das Wesentliche vom Unwesentlichen
zu trennen, damit der strukturelle Aufbau und die Vermittlungsbeziehungen

von sozialen Sachverhalten und kulturellen Konstellationen sichtbar werden können.

Es war einmal das »finale« Argument des sozialwissenschaftlichen *Positivismus* gegenüber der *dialektischen Gesellschaftsanalyse*, dass es gar nicht möglich wäre, alles zu erfassen (was von dieser auch gar nicht intendiert ist!). Nun soll auf informationstechnologischer Grundlage genau das praktiziert werden. Aber in der Wissenschaftspraxis wird schnell deutlich, dass es auf die *Quantität der Daten* bei der Analyse sozialer Kontexte und zum Verständnis wesentlicher Ursache-Wirkungsrelationen überhaupt nicht ankommt, sondern dass, wie dialektische Sozialtheorie immer hervorgehoben hat, die Strukturierungsprinzipien die einem Sachverhalt zugrunde liegen, erkannt werden müssen, wenn er hinreichend verstanden werden soll. Denn was Entwicklungen und »Fakten« wirklich bedeuten, ergibt sich nur aus der *Reflexion des Zusammenhangs seiner Entwicklungs- und Aufbauprinzipien*.

Die Reduzierung des Wissen auf »Infsormationen« impliziert die systematische Verdrängung der Grundprinzipien einer kritischen Realitätsreflexion, weil »kontext- und sinnfreie Daten ... ständig mit bedeutungsvollen Information aus kontextabhängiger Interpretation verwechselt [werden], in dem Irrglauben, dass Daten alleine schon Bedeutung und Geltung zukomme.« (Peter Brödner) Die Bestätigung findet diese kritische Einschätzung in der beschränkten intellektuellen Reichweite eines unstrukturierten Internet-Wissens: Fundierendes und Zufälliges werden als gleichrangig behandelt, wobei die für das Begreifen eines Sachverhalts relevanten Verbindungslinien regelmäßig ausgeklammert bleiben. Da sich die Quellen meist im Nebel der Anonymität verlieren, bleiben auch die Interessen, mit denen sie verbunden sind im Verborgenen. Während, wie Umfrageergebnisse belegen, Bildzeitungsleser immerhin davon ausgehen, getäuscht, belogen und hinters Licht geführt zu werden, demonstriert der durchschnittliche Internet-Nutzer mit seiner unreflektierten Verhaltensweise dagegen immer noch seinen Glauben an die »Neutralität« des Netzes und an eine Grundverlässlichkeit seiner Informationen.

Da strukturell verhindert wird, den Dingen auf den Grund gehen zu können, ist es kein Zufall, dass die Vermittlungspraxis der Internet-»Informationen« in ihrer Tendenz, sowie der ihr zugrunde liegende »Wissensbegriff« der Computer-Ideologien, mit den Prinzipien eines *Postmodernen Denkens* korrespondiert, in dessen Zentrum die Auffassung einer prinzipiellen Gleichrangigkeit aller »Wissensformen«, sowie die Vorstellung einer Unmöglichkeit steht, Plausibilitäts- und Wahrheitskriterien, vor allem aber auch Wertpräferenzen begründen zu können: Es gebe weder eine Wirklichkeit noch Wahrheit, sondern nur Interpretation.

Zementiert wird durch diese Grundorientierungen ein *System der »Halbbildung«* (Adorno), durch das Gegenwärtiges isoliert wahrgenommen wird und deshalb als festgefügt, also letztlich auch als unveränderlich erscheint. Weiterführendes Fragen wird auf dieser intellektuellen Grundlage verhindert, nicht selten tabuisiert. Was übrig bleibt, ist im besten Falle eine »Kenntniskultur«, in der es gängige Praxis ist, jede »Information« für bare Münze zu nehmen. Es schließt sich der Kreis, der die Computer-Ideologie mit dem Postmodernismus als eine avancierte Form des herrschenden Bewusstseins verbindet, wenn ein »Chef-Theoretiker« des Internet-Komplexes wie Chris Andersen einem Denken das Wort redet, dass nicht mehr nach Ursachen, sondern vorrangig nach Korrelationen fragt.

Dort wo Postmodernes Denken sich explizit zum Internet äußert, stimmt es mit einer spezifischen Akzentsetzung in den Chor der Netz-Apologeten ein und aktiviert dabei ältere Virtualitätsphantasien, redet vor allem einer angeblichen Ununterscheidbarkeit von Realität und (Selbst-)Täuschung das Wort. Alles Soziale – so die »fundierende« Behauptung – würde sich in der »Simulation« (Baudrillard) als einer Bewegungsform jenseits objektiver Beziehungsverhältnisse auflösen. Es gäbe nur noch eine Selbstbezüglichkeit der Zeichen, die mit keinem objektiven »Außen« mehr korrespondieren würden. Ein kritisches Verständnis gegenwärtiger Entwicklungstendenzen sucht man in diesen Redeinszenierungen vergebens. Von einer Funktion des Postmodernismus als »Wahrer einer vielfältigen Wirklichkeit gegen ihre technologische Eintrübung« (Wolfgang Welsch) ist in der gegenwärtigen Entwicklungsphase, in der die Subjektbedrängungen und der technologisch vermittelte Griff nach der personalen Identität ein dramatisches Stadium erreicht haben, weit und breit nichts zu sehen. Faktisch macht sich Postmodernes Denken wieder einmal zum Komplizen eines affirmativen Bewusstseins, demonstriert ein weiteres Mal seine *Herrschaftskompatibilität*.

Wie schon gesagt, wer kein Vorwissen hat, nicht zumindest in Umrissen etwas von den Dingen kennt, zu denen er Fragen hat, läuft nicht nur Gefahr, sich im Nebensächlichen zu verlieren, sondern wird oftmals durch das Internet-Wissen auch regelrecht an der Nase herumgeführt. Ihm geht es nicht an-

ders, als einem Autofahrer, der sich blind auf sein *Navigationssystem* verlässt –
und dann oft verlassen ist, weil er falsche Routenvorschläge erhält, ohne deren
Fragwürdigkeit auch nur erahnen, geschweige denn ihre Verlässlichkeit überprüfen zu können. Egal auf welche Irrfahrt sie das Navigationssystem schickt –
die meisten Autofahrer halten die Anweisungen der Computerstimme für der
navigatorischen Weisheit letzten Schluss, obwohl dass sehr oft eben nicht der
Fall ist. Diese Tatsachen stellen noch nicht die Sinnhaftigkeit des Einsatzes
digitaler Orientierungssysteme in Frage, weisen aber darauf hin, wie problematisch es ist, sich blind auf sie zu verlassen, zumal durch die Gewöhnung
an dieses digitale Hilfsmittel, sich nicht nur die Fähigkeit zur geographischen
Orientierung verliert, sondern über diese unmittelbare Konsequenz hinausgehend, eine Rückbildung räumlicher Denkfähigkeit stattfindet, tendenziell
die Weltwahrnehmung zusammenhangloser und bruchstückhafter wird. Diese Effekte stellen sich natürlich nicht bei einer gelegentlichen Nutzung des
Navigationssystems ein, sondern wenn die Abhängigkeit von der digitalen
»Orientierungshilfe« universal geworden ist. Dann wird ein schleichender,
fast unmerklicher Rückbildungsprozess geographischer Orientierungsfähigkeit in Gang gesetzt, dessen Wirkung mit dem geflügelten Wort umschrieben
werden kann, dass steter Tropfen den Stein höhlt.

Die regressiven Wirkungen der Navigationssysteme sind ein Beispiel
dafür, dass bei einem universalen und die Wahrnehmung weitgehend dominierenden Einfluss, der Computer sich als *Entkulturalisierungs-Maschine*
erweist, weil mit seiner Dominanz sich bestimmte menschliche Fähigkeiten
und Fertigkeiten zurückbilden. Ein schon *erreichtes Niveau der Weltaneignung
geht verloren.* Es verändern sich auch jene neuronalen Strukturen, die durch
ein selbsttätig-reflexives Realitätsverhältnis geformt werden und es gleichzeitig unterstützen. In gewisser Weise verhält es sich bei solchen Regressions-
vorgängen wie beim Konsum bestimmter Psychopharmaka: Werden durch
die Medikamente spezielle Hirnregionen blockiert oder in ihrer Funktion
eingeschränkt um psychotische Reaktionen mit selbstschädigendem Charakter abzumildern, verkümmern diese Hirnregionen und die mit ihnen verbundenen Funktionen. Max Weber hat zu Beginn des 20. Jahrhunderts von
einer »Kulturdämmerung« gesprochen. Was er damit zum Ausdruck bringen
wollte, wäre heute mit dem Begriff einer *Zivilisationsdämmerung* präziser zu
bezeichnen, bei deren Verallgemeinerung die digitalen Technologien eine zunehmende Vermittlungsrolle spielen.

Die digital verursachten Rückbildungen von Weltwahrnehmungsfähig-
keiten werden von den Betroffenen jedoch nicht als Verlust erlebt. Sie kommen sogar einem weit verbreiteten Bedürfnis der Realitätsverdrängung, einer
Ausklammerung von als Belastung empfundenen Sozialerfahrungen entgegen. In vielen Fällen handelt es sich bei dieser, im Kern selbstrepressiven
Verarbeitungsform, um einen Vorgang psychischer Selbststabilisierung, vor
allem in beruflichen Zusammenhängen: Wer »blind navigiert«, die Zusammenhänge ausblendet, sich auf die unmittelbaren Aufgaben und Vorgaben
konzentriert, entlastet sich von verunsichernden Erfahrungen und stabilisiert,
wenn auch um den Preis einer zunehmenden Selbstentfremdung, seine tem-
poräre Funktionalität.

Es ist das Spezifische dieser Computerwirkungen, dass die Regressions-
und Vergesellschaftungsprozesse weitgehend deckungsgleich geworden sind.
Gewöhnt an die digitale Unterstützung der Alltagsaktivitäten, werden Alternativen nicht einmal mehr erahnt. *Den Subjekten bleibt verborgen, was sie verloren haben oder gewinnen könnten.* Das ist auf anderen Feldern des alltäglichen
Lebens ebenfalls so: Wer die *Bildzeitung* und nur die *Bildzeitung* liest, kann
keine Vorstellung über den Reduktionismus entwickeln, den diese Lektüre
vermittelt. Er wird ebensowenig *Die Zeit*, wie die *junge Welt* vermissen.

Bewirkt werden durch eine zunehmend computergesteuerte Lebensführung mentale Rückbildungsvorgänge, die sich nicht einfach ausgleichen lassen, weil, wie schon angedeutet, die dafür zuständigen Hirnregionen durch
die Nicht-Beanspruchung regredieren. Die mit der zunehmenden Techni-
kabhängigkeit verbundenen Fertigkeitsverluste, haben auch negative Konsequenzen für die personale Identität. Die Taxifahrer, die alle Straßen und jeden
Winkel ihrer Stadt und den kürzesten Weg zu ihnen kannten, schöpften in
der Regel auch ihr Selbstbewusstsein aus dieser Fertigkeit. Wenn sie sich nun
weitgehend auf ein Navigationsgerät verlassen, sind sie nicht mehr nur noch
Ausführende von digitalen Anweisungen, sondern üben auch eine Tätigkeit
aus, die unproblematisch von vielen anderen übernommen werden kann,
weil sie sich keine Kenntnisse über die lokalen Verhältnisse mehr aneignen
müssen.

Die Entwöhnung von geographischen Orientierungsfähigkeiten hat ebenso wie beim Taxichauffeur, auch für den privaten KFZ-Lenker Konsequenzen,
die über das unmittelbare Bezugsfeld eines alltäglichen »Sich-Zurecht-Fin-
dens« hinaus gehen. Sie bildet die erste Stufe einer Entfremdung von den un-

mittelbaren Lebensverhältnissen. Schleichend setzt sich der Eindruck durch, dass die uns umgebende Welt nicht mehr zu uns gehört. Die Digitalisierung der geographischen Orientierung führt also auch zur Reduktion einer sozial relevanten Wahrnehmungsfähigkeit, stellt die Vorstufe zu einer affirmativen Grundhaltung im Sinne der unreflektierten Hinnahme des Gegebenen dar.

Die Rückbildung sozio-kultureller und zivilisatorischer Fähigkeiten und Fertigkeiten findet in einem erstaunlichen Tempo statt. Zur Geschwindigkeit des Verfalls geographischer Orientierungskompetenzen gibt es eine Parallele auf einem anderen sozialen Gebiet und einer anderen psychischen Dispositionsebene. Nämlich bei Langzeitarbeitslosen, bei denen in der Regel schon nach einigen Monaten die Selbstmotivationsfähigkeiten, das Zeitgefühl und die sozialisatorisch erworbenen Orientierungsmuster, bedingt durch den sozialen Ausschluss und der dadurch verursachten Untätigkeit, erodieren.

Die Konsequenzen der geschilderten Rückbildungsprozesse sind wie gesagt, deshalb dramatisch einzuschätzen, weil sie von den Betroffenen überhaupt nicht wahrgenommen werden, sie *keinen Eindruck eines Verlustes* hinterlassen. Gerade deshalb führen sie zu einer negativen Veränderung des individuellen Weltverhältnisses und einem schleichenden Abschied von selbst rudimentären Formen selbstbestimmten Handelns. Es findet ein Verfall soziokultureller Artikulations- und Aktionsfähigkeit statt. Das ist die Basis, um die Subjekte nach den Bedürfnissen ökonomischer Verwertungsinteressen noch intensiver beeinflussen und prägen zu können.

Digitale Subjektformatierung

Die mit Hilfe der IT-Technologien vorangetriebenen *Veränderungen der Welt-wahrnehmung und der Subjektstrukturen* korrespondieren mit *veränderten Be-dürfnissen der Kapitalverwertung,* wie es in einer vergleichbaren Weise, bei den sozialpolitischen Konterreformen der Schröderschen »Agenda-Politik« der Fall gewesen ist, mit denen das System sozialer Absicherung in der Absicht der Formatierung eines neuen Lohnabhängigentyps fragmentarisiert wurde. Der Ausgangspunkt ist die durch die Umgestaltungen des Industriesystems entstandene Notwendigkeit, Beschäftigte mit Qualifikation und beruflichem Selbstbewusstsein, die in den ursprünglichen Kontexten »überflüssig« ge-worden sind, zur Akzeptanz der in vielerlei Hinsicht problematischen »Rest-arbeitsplätze« zu zwingen. Wenn es aber gelingen soll, sie dazu zu bringen, wieder »Durchschnittsarbeit« zu leisten, gemäß der Fähigkeiten, die »jeder gewöhnliche Mensch, ohne besondere Entwicklung, in seinem leiblichen Organismus besitzt« (Karl Marx), muss repressiv auf sie eingewirkt werden, müssen sie »abgerichtet werden« (Marx). Nur dann können ihnen die »Flau-sen« ausgetrieben werden, dass sie einen Anspruch darauf hätten, gemäß ih-rer Fertigkeiten und ihres bisherigen beruflichen Status nach einem Arbeits-platzverlust wieder eingesetzt zu werden.

Um eine solch *negative Sozialisation* durchzusetzen, bedarf es heute nicht mehr des Brenneisens und des Arbeitshauses, wie sie in früheren Zeiten der bürgerlich-kapitalistischen Entwicklung als Disziplinierungsmittel eingesetzt wurden. Aber immer noch benutzt werden *Mechanismen sozialer Erschütte-rung,* um ein neues Angst- und Arbeitsregime (nun vermittelst der Drohung mit dem sozialen Absturz) durchsetzen zu können. Wie sollte man auch sonst einen arbeitslos gewordenen Fachverkäufer oder einen KFZ-Meister dazu bringen, zum Mindestlohn im Lager eines Online-Händlers zu arbeiten?

Durch die Institutionalisierung von sozialer Unsicherheit wird die Bereit-schaft gefördert, auch ruinöse Stellen in den sich ausweitenden Zonen »einfacher Arbeit« zu akzeptieren, deren Umfang in den letzten beiden Jahrzehnten gleichzeitig mit einer Bedeutungszunahme der High-Tech-Segmente gewachsen ist. Bei der Beschäftigung mit dem System Amazon ist dieser Funktionszusammenhang deutlich geworden: Dem kleinen Kreis der »Informatiker-Elite« ist das große Heer prekär beschäftigter Lagerarbeiter zugeordnet. Den erforderlichen Nachschub an willigen und billigen Arbeitskräften sicher zu stellen, darin besteht der »große Erfolg« der Hartz-IV-Initiative, von dem staatliche Apparate und die angepassten Medien sprechen. Dieser Effekt ist der Kern eines »aktivierenden Staates«, wie das »verschlankte« und Verunsicherung stimulierende Sozialsystem propagandistisch genannt wird.

Der ehemalige Vizekanzler Fischer hat den Nagel auf den Kopf getroffen, als er 2004 in einem Presse-Gespräch sagte, dass mit den »Arbeitsmarktreformen« Umwälzungen erreicht worden seien, die sich »sonst nur durch Kriege« (!) ermöglichen ließen! Was zynisch klingt und tatsächlich auch Ausdruck von normativer Bedenkenlosigkeit ist, entspricht dennoch den Tatsachen und verweist auf eine Konstante der kapitalistischen Entwicklung: Immer wenn grundlegende Prinzipien oder Veränderungen durchgesetzt werden mussten, geschah das durch die Zerstörung etablierter Strukturen und tradierter Lebensformen, kurz und schlecht: Durch die Inszenierung eines Krieges gegen die Massen.

Die arbeitsmarktpolitischen Konterreformen der »Agenda-2010«-Politik zielten noch, um den Preis für Arbeit (vor allem in den sogenannten »einfachen« Beschäftigungsverhältnissen) systematisch abzusenken zu können, vorrangig auf eine Disziplinierung der Lohnabhängigen durch Verunsicherung vermittelst der Institutionalisierung einer sozialen Abstiegsautomatik. Die *Konsequenzen der digitalen Beeinflussung sozialer Prozesse* gehen jedoch weiter, betreffen den Kern der Subjektausstattung: Sie bewirken eine grundsätzliche Neuformierung von Subjektivität – und zwar in einer für die veränderten Formen der Kapitalverwertung kongruenten Weise. Zwar handelt es sich dabei um keinen geplanten Vorgang, der aber dennoch eine Etappe innerhalb eines *kapitalismustypischen Prozesses repressiver Subjektprägung* als einer Form *struktureller Gewalt* repräsentiert, die auf den ersten Blick zwar gewaltlos wirkt – aber nur auf den ersten Blick, denn »am gewalttätigsten ist der Kapitalismus dort, wo die Gewalt überhaupt nicht mehr äußerlich wahrnehmbar ist. *Die sich beherrschen, fühlen sich nicht mehr beherrscht.*« (Franz Schandl)

Repressive Subjektformierung in verwertungskonformer Absicht begann schon in den vorindustriellen Zeiten mit dem »Bauernlegen«, also der Vertreibung der Menschen von den Ländereien, die für kapitalistische Zwecke gebraucht wurden. Ihren spezifischen »Schliff« erhielten die Entwurzelten in den Manufakturen – und wenn sie sich dieser Formen repressiver Arbeit entzogen, in den Arbeits- und Zuchthäusern, die damals Hochkonjunktur hatten. Wenn sie sich solchen »arbeitspädagogischen« Behandlungen zu entziehen versuchten, landeten die entwurzelten Menschen nicht selten am Galgen. »Diese Vagabunden, die so zahlreich waren, dass u. a. Heinrich VIII. von England über 72.000 von ihnen hängen ließ, wurden nur mit den größten Schwierigkeiten und durch die äußerste Not und erst nach langen Widerstreben dahin gebracht, dass sie arbeiteten.« (Karl Marx) Diese für die Durchsetzung einer kapitalistischen »Arbeitskultur« konstitutive Phase der Massendisziplinierung, »ist in die Annalen der Menschheit eingeschrieben mit Zügen von Blut und Feuer«, wie es bei Marx heißt.

Die repressive Subjektformatierung zunächst in den Manufakturen und Arbeitshäusern, dann in den Fabriken und Bergwerken, fand seine Fortsetzung in den »Sozialisationsschüben« des Ersten Weltkriegs, der das Ende einer damaligen kapitalistischen Globalisierungsphase markierte, in der ökonomische Standards und soziale Verkehrsmuster homogenisiert wurden, die jedoch noch nicht zu einer flächendeckenden Durchsetzung kapitalistischer Einstellungs- und Lebensstilmuster, Disziplin- und Kulturformen führte. Eine endgültige »Modernisierung« der kapitalistischen Zustände wurde erst durch den Zweiten Weltkrieg erreicht, der tatsächlich »ein beispielloser Homogenisierungsprozess war, der rückständige Gebiete, Identitäten und Sozialstrukturen auslöschte. Er stellte wo immer nur möglich eine Tabula rasa her, die zur Grundlage der letzten Phase kapitalistischer Globalisierung wird. Der Zweite Weltkrieg war der Schmelztiegel, in dem neue Paradigmen von Kommunikation, Information und Herrschaft geschmiedet und Verbindungen zwischen wissenschaftlicher Forschung, transnationalen Konzernen und militärischer Macht gefestigt wurden.« (Jonathan Crary)

Mit unterschiedlichen Methoden und differenter Intensität wurden rationellere Produktionsweisen und verwertungsadäquate Disziplinierungsstandards durchgesetzt. Um dies zu erreichen wurden, dort wo nötig, soziale Strukturen zerstört. Besonders in Nazi-Deutschland stand die ausdrückliche Absicht im Vordergrund, die Zahl »unproduktiver« Menschen radikal zu verkleinern. Ohne diesen, Massenvernichtungen »überflüssiger« Menschen einschließenden »Modernisierungsschubs«, hätte es den wirtschaftlichen Aufstieg der Bundesrepublik nach 1949 nicht gegeben.

Heute schafft sich der Kapitalismus die Subjekte, die er für seine ökonomische Reproduktion ebenso, wie für seine Selbststabilisierung unter veränderten Kapitalverwertungsbedingungen benötigt, durch den digitalen Einfluss auf soziale Vorgänge. Durch die Computerpraxis wird deren Innenwelt so geprägt, dass, den Entgrenzungen der ökonomischen Prozesse entsprechend, über die Subjekte universal verfügt werden kann. Die funktionelle Prägung der Subjekte, die den Erfordernissen des digitalisierten Kapitalismus entspricht, setzt eine intensive Form der »Enttraditionalisierung« voraus, die in ihrer Intensität und Grundsätzlichkeit früheren Umbrüchen in nichts nachsteht.

Sie werden durch die computergeprägte Lebenspraxis verwertungskonform reglementiert und formatiert, vor allem jedoch so sozialisiert, dass ihnen auch die Fähigkeit zum Widerspruch verloren geht. Groß ist die Wahrscheinlichkeit eines Aufbegehrens schon deshalb nicht, weil durch die psychischen und mentalen Formierungsprozesse die schon angesprochene Fixierung auf das Gegebene gefördert wird: Es wird die Fähigkeit betäubt, sich ein anderes Leben, alternative Wertmuster und radikal veränderte gesellschaftliche Organisationsprinzipien überhaupt noch vorstellen zu können. Die Zukunftsbilder sind von den Maßstäben der Gegenwart gezeichnet, »Fortschritts«-Vorstellungen auf eine Perpetuierung des Gegebenen reduziert.

Diese Prozesse haben deshalb weitreichende Konsequenzen, weil, wie in den verschiedenen Problemkontexten schon geschildert wurde, durch den digital vermittelten Reduktionismus neuronale Regressionsentwicklungen stimuliert, aber auch die Rückbildung von intellektuellen und psycho-motorsichen Fähigkeiten verursacht werden. Die »Stilllegung« von Gehirnregionen beispielsweise, die bei der geographischen Orientierung mit Navigationssystemen stattfindet, wirkt sich auch auf die allgemeinen Gedächtnisleistungen aus: Es reduziert sich nicht nur die Erinnerungsfähigkeit an lebensgeschichtliche Ereignisse, sondern auch die Verarbeitungskurve aktueller Erfahrungen fällt flacher aus.

Es sei erläuternd vermerkt, dass in gesellschaftsanalytischen Kontexten auf *neurobiologische Prozessbeschreibungen und Erkenntnisse* zu verweisen, nicht bedeutet, sozialökonomische, soziologische, bzw. sozialpsychologische Erklärungsmuster zu relativieren. Durch eine diese Reflexionsebenen »ergänzende« Vorgehensweise ist vielmehr intendiert, zu verdeutlichen, wie problematische Kultur- und Sozialentwicklungen sich auf die Gehirnprozesse auswirken, konkret gesagt, in welcher Weise sozio-kulturelle Regressionsprozesse sich in ihnen duplizieren. So erhellend die neurobiologischen *Prozessbeschreibungen* prinzipiell auch sind, so sind sie zur Begründung eines Interpretationsmonopols (das tatsächlich nicht wenige Neurobiologen für sich beanspruchen) wenig geeignet. Denn die neuronalen Abläufe sind nicht der »Dreh- und Angelpunkt« des Geschehens, sondern haben ihre »Referenzebene« in sozio-ökonomischen Beziehungsgeflechten und realen sozio-kulturellen Bedrängungserfahrungen. Von ihnen werden die Abläufe in den Gehirnregionen gewissermaßen stimuliert und in ihnen »abgebildet«. Bleibt dieses Beziehungsverhältnis unberücksichtigt, versandet die naturwissenschaftliche Beschreibung in einem sachfremden Erklärungsschema, das sich aber gerade deshalb für unangemessene Monopolansprüche eignet.

Neuronale Rückbildungsprozesse sind sicherlich auch nicht die unmittelbare Ursache des allgemeinen Verfalls eines historischen Bewusstseins, haben jedoch ihren Anteil ebenfalls an solchen Rückbildungsvorgängen, die auch eine zunehmende Unfähigkeit bewirken, aus Widerspruchserfahrungen zu lernen und über das Gegebene hinaus zu blicken. Die dominante *Erlebnisform einer Permanenz der Gegenwart*, die sowohl mit den ideologischen Fixierungen des Neoliberalismus korrespondiert, aber auch im Postmodernen Denken eine prägende Bedeutung besitzt, ist zu diesen neuronalen Rückbildungsprozessen vermittelt.

Es werden von den Subjekten zwar elementare gesellschaftliche Widersprüche in der Regel noch registriert, aber immer seltener zu Interpretationsmustern vermittelt, die Voraussetzung ihrer verständigen Verarbeitung wären. Das unreflektierte Gegenwartsbewusstsein in Kombination mit einem historischen Erinnerungsverlust korrespondiert mit einer Tendenz zur Oberflächlichkeit und Gleichgültigkeit, vor allem aber auch mit der verbreiteten Haltung einer resignativen Hinnahme des Gegebenen. Diese auf der individuellen Ebene sichtbaren Dispositionen haben nicht nur soziale Ursachen, sondern besitzen auch eine unübersehbar gewordene sozio-kulturelle Verallgemeinerungstendenz: Schon vor einigen Jahren »verzeichneten Ärzte in Südkorea, einem hochmodernen Industriestaat mit weltweit führender Informationstechnik, bei jungen Erwachsenen immer häufiger Gedächtnis-, Aufmerksamkeits- und Konzentrationsstörungen sowie emotionale Verflachung

und allgemeine Abstumpfung. Sie nannten das Krankheitsbild digitale Demenz.« (Manfred Spitzer)

Es ist zu befürchten, dass dieser Begriff der *digitalen Demenz* in einer geradezu dramatischen Weise zutreffend ist, weil viele Indizien für die Vermu-
tung von Medizinern sprechen, dass die soziale Demenz auch zu den individuellen Demenzerkrankungen vermittelt ist, deren erste Stufe regelmäßig
in der Degenerierung von Gehirnregionen besteht, in denen lebensweltliche
Orientierungen und geographische Informationen gespeichert und verarbeitet werden. Über die konkreten Ursachen hinaus, hat die Zunahme von Er-
innerungsstörungen jedoch auch eine symbolische Bedeutung: »Die Demenz
ist nicht einfach eine Krankheit in einer gesunden Umgebung: Sie verbreitet
sich in einer Gesellschaft, die in ihrer Grundstruktur auf Vergessen gestimmt
ist« (Götz Eisenberg) und für die die Verdrängung belastender Erfahrungsele-
mente zum Existenzprinzip geworden ist.

Fähigkeitserweiterung oder Horizontreduktion?

Fragwürdige, oft geradezu einschneidende Konsequenzen, können auf vielen Feldern der Computerverwendung beobachtet werden. So im medizinischen Bereich beim Einsatz rechnergestützter Bildauswertungsprogramme im Rahmen radiologischer Untersuchungen. Weil sie die verdächtigen Stellen bei Mammographien und auf Röntgenbildern hervorheben, werden oft Krankheitsherde erkannt, die vielleicht sonst übersehen worden wären. Wenn sich die Mediziner jedoch zu sehr auf die digitalen Hilfsmittel verlassen, ihnen eine uneingeschränkte Erkennungsfähigkeit zugerechnet wird, lässt die Aufmerksamkeit der Diagnostiker für die nicht »markierten« Regionen nach, so dass vor allem pathologische Entwicklungen in einem frühen Stadium oft übersehen werden. Bei der automatisierten Bildauswertung werden zwar die unproblematisch zu erkennenden Fälle sehr zuverlässig erfasst, jedoch steigt die Fehlerquote mit der Kompliziertheit der Erkrankungen, weil sie von den Ärzten, die sich auf die Computerauswertung routinemäßig verlassen, nicht mehr registriert werden. Es entwickelt sich ihre Analysefähigkeit durch die »automatisierten« Erfassungsprozesse zurück. Leicht kann es passieren, dass bestimmte Krankheitsanzeichen übersehen werden, weil durch elektronische Erfassungsvorgänge konventionelle Fähigkeiten zur Diagnose nachlassen, »schnell Konzentration und Aufmerksamkeit abnehmen, weil man nicht ständig mit seiner Umgebung interagieren muss.« (Nicholas Carr)

In besonders eklatanter Weise, um ein weiteres Beispiel zu nennen, spielt die Rückbildung von intellektuellen und psycho-motorischen Fähigkeiten bei Berufspiloten eine Rolle, bei denen die traditionellen Fertigkeiten ein Flugzeug zu führen, durch die Digitalisierung ihrer Tätigkeiten im Cockpit weitgehend an den Rand gedrängt worden sind und immer seltener benötigt werden: Die meiste Zeit verbringen Piloten mit der Überwachung der Bord-Computer. Eine aktive Steuerung des Flugzeugs ist auf wenige Minuten beim Start und der Landung zusammengeschrumpft. In der übrigen Zeit fungieren sie als Computerbediener. Vollumfänglich »einspringen« als Flugzeugführer müssen sie nur noch, wenn die Computersteuerung nicht richtig funktioniert. Aber da beginnen dann die Probleme. Denn der manuellen Steuerung sind die Berufspiloten schon weitgehend entwöhnt und ihre entsprechenden Fähigkeiten haben sich zurückentwickelt, weil sie nicht mehr geübt und regelmäßig abgerufen werden. Die weitgehende Konzentration auf die Computerbedienung reduziert die Tiefe der fachspezifischen Denk- und Reaktionsprozesse und verhindert die Entwicklung und Festigung flugtechnischer Kompetenzen. Es geht dabei nicht nur in einem unmittelbaren Sinne um eine »fehlende Praxis«, sondern um die strukturelle Rückbildung von Hirnregionen, die Grundlage eines überlegten Handelns in kritischen Situationen sind. Beim regelmäßigen Gebrauch entwickeln sie sich, bei Nichtnutzung verkümmern sie, weil neuronale Verknüpfungen, durch die entsprechende Fähigkeiten gefestigt würden, ausbleiben. Wie auf vielen anderen Feldern auch, ist für Piloten die Konsequenz der Computerisierung, dass über Jahrzehnte kollektiv ausgebildete und über viele Berufsjahre individuell angeeignete Fähigkeiten in kurzer Zeit verloren gehen, beziehungsweise einschlafen. Sie wären zwar teilweise wieder zu aktivieren, jedoch nur durch Praxisformen, die in der notwendigen Intensität nicht mehr existieren.

Durch diese Beispiele wird ein weiteres Mal deutlich, dass es weniger das Problem ist, was der Computer kann und durch welche seiner Wirkungsweisen er den Menschen »überbietet«, sondern das in den Fällen einer Dominanz der elektronischen Maschine, die *Menschen immer mehr kognitive und sensorische Fähigkeiten einbüßen.*

Eine Tendenz zur (Selbst-)Täuschung ist konstantes Prinzip der digital vermittelten Praxis-Formen. Sie manifestiert sich schon darin, dass von »Sozialen Netzwerken« gesprochen wird, obwohl durch den elektronischen Informationsaustausch selten nur intensive Sozialkontakte gefördert werden. Es dominiert eine emotionale, letztlich auch personale Distanz. Das Internet ist zwar an das Versprechen einer Intensivierung der Kommunikation gekoppelt – verstärkt werden jedoch gegenteilige Tendenzen, weil sich nur zu oft hinter dem digitalen Vermittlungsmodus eine verbreitete Sprach- und Beziehungslosigkeit verbirgt. Diese Sachverhalte sind nur weitere Beispiele dafür, dass vom Internet andere Wirkungen ausgehen, als von seinen Propagandisten behauptet wird: Nach der Facebook-Philosophie, will man »zum gegenseitigen Verständnis der Menschen« beitragen; gefestigt wird jedoch nur eine Absonderungs-Tendenz.

Natürlich können soziale Netzwerke eine produktive Rolle spielen. Sie können Menschen zusammenführen und bei der Verbreitung aufklärender und subversiver Information dienlich sein. Faktisch macht das jedoch nur den geringsten Teil der digitalisierten Austauschprozesse aus. In ihrer überwiegenden Zahl sind die Netzwerkaktivitäten von abgrundtiefer Banalität (die durchschnittliche SMS ist wesentlich trivialer, als es früher ein Brief, selbst ein Telefonanruf es war). Nicht selten handelt es sich um introspektive Artikulationen in der Form von Satzfetzen, die faktisch eine Vergeudung von Lebenszeit darstellen, weil »Kommunikation« vom realen Leben und unmittelbaren Erleben abgetrennt stattfindet.

Auf der inhaltlichen Ebene werden in der Regel herrschende Bewusstseinstäuschungen nicht nur transportiert, sondern auch verdoppelt. Faktisch wird durch die Dominanz von Wiederholungsvorgängen die »Öffentliche Meinung« zu einer bloßen Karikatur. Viel seltener als im Rahmen traditioneller Kommunikationsformen werden Trivialitäten verbreitet und Belanglosigkeiten kolportiert.

Die Vervielfältigungswirkung hegemonialer Orientierungen durch digitale Kommunikationsmittel wurde durch die Initiative einer Plattform deutlich, die ihre Teilnehmer aufforderte, favorisierte Bilder zu verbreiten. Das Ergebnis war – anders als erwartet – keine Vervielfachung und Intensivierung ästhetischer Erfahrungen, denn in der Mehrzahl wurden bloß jene Bilder weitergeleitet, die die Beteiligten im Rahmen dieses Projekts selbst erhalten hatten. Es fand mit Ausweitung des Kreises der Beteiligten eine zunehmende Konzentration auf ein immer engeres Spektrum von Bildern statt. Die intendierte Seh- und Erlebniserweiterung endete in einer medialen Kreisbewegung, in der Verbreitung des Immergleichen. Ein weiteres Mal erwies sich die digitale Vernetzung als Nährboden des Konformismus und der intellektuellen Selbstbeschränkung. Das Ergebnis entlarvte auch den fragwürdigen Charakter der Vorstellungen über die »Schwarmintelligenz«, als Ausdruck eines angeblichen Erkenntnis- oder Kompetenzgewinns durch die Vernetzung von Vielen, die sich gegenseitig anregen und kontrollieren. Der Computer-Ideologe Chris Anderson hat diese Vorstellung in der Parole komprimiert, dass wissenschaftliche Theorien und Erklärungen überflüssig geworden wären, weil ein computer-generiertes »kollektives Wissen« ihnen prinzipiell überlegen sei und sie überflüssig machen würden.

In der geschilderten Episode der Bild-Distribution spiegelt sich jedoch die konstitutive Affirmationstendenz der digitalen Kommunikationspraxis, wird deutlich, dass die »Sozialen Netzwerke« eine »ungeheure *Gleichschaltungsma-schine*« darstellen, denn »nichts standardisiert und homogenisiert so perfekt, wie die Kommunikation über diese Medien.« (Götz Eisenberg) Verstärkt wird ein verbreiteter Konformismus, gefördert eine latente Bereitschaft, sich noch bereitwilliger den Mehrheitsmeinungen und Einstellungstrends anzuschlie-ßen, als es sowieso schon geschieht.

Ein Kapitel für sich ist das *Wikipedia-System*, dessen breite Autoren-Basis und kollektive Arbeitsweise mittlerweile zum Problem geworden sind. Denn das digitale Lexikon ist aufgrund seiner Anonymität ein leicht zu bedienen-des Instrument zur Verbreitung manipulierten Wissens. Beständig wächst die Zahl der Einträge, die nach den Vorgaben ihrer Auftraggeber von PR-Agenturen gestaltet werden. Der Daimler-Konzern aber auch der Vatikan, die CIA ebenso wie Ebay haben auf diesem Wege ihr öffentliches Bild glätten lassen. Der RWE-Konzern ließ die Beiträge über Störfälle in Kernkraftwerken entschärfen und Boeringer den Hinweis entfernen, dass das Pharmaunter-nehmen Giftstoffe für den Vietnamkrieg geliefert hat. Die Liste kann beliebig fortgeführt werden – auch wenn, wie zu vermuten ist, überhaupt nur ein sehr kleiner Teil der Manipulationen auffällt und öffentlich thematisiert wird.

Selbst gegenüber kommerziell motivierten Aktivitäten ist die Plattform nicht immun. Es wurde aber nur die Spitze des Eisberges sichtbar, als die Ad-ministration des Portals im August 2015 sich gezwungen sah, fast 400 Konten zu löschen, deren Betreiber das Netz-Lexikon mit versteckten Werbeeinträ-gen »bereichert« hatten. Vertrieben wurden sie jedoch nur, weil sie verdeckt arbeiteten, denn gemäß der Wikipedia-Bedingungen ist es durchaus zulässig im Auftrag von Dritten und gegen Bezahlung das Lexikon mit Beiträgen zu beliefern. Das muss jedoch deklariert werden.

Es wäre schon verwunderlich, wenn von den BRD-»Diensten« nur das Landeskriminalamt Thüringen die Netz-Hinweise auf ihre Verstrickungen in den Skandal um den rechtsterroristischen NSU, durch manipulative Wikipe-dia-Eingriffe zu »entschärfen« versucht hätte. *Der Spiegel* berichtete Anfang 2015, dass »die Pressestelle des LKA zunächst einen eigenen Wikipedia-Account« anlegte, und danach »eine komplette und umfangreiche inhaltli-che Überarbeitung« des Artikels vornahm. »Dabei kürzte man auch massiv den Absatz ›Kritik‹ und löschte dort mehrere Vorwürfe.«

Weil eine gewisse Oberflächlichkeit, ebenso wie der Zufall zum »Ge-schäftsprinzip« von Wikipedia gehören, ist es für Desinformationsvorhaben bestens geeignet, zumal es von einer verbreiteten (auch vom »Postmodernen Denken« forcierten) Vorstellung über die vermeintliche Relativität allen Wissens und der Gleichrangigkeit aller Informationen geprägt ist. »In der herrschenden Kultur des ›Westens‹ ist auf der Vorderseite der Wahrheitsbegriff abgeschafft. Auf der Rückseite aber steht die kapitalistische, fundamentalistische Selbsterklärung als einzige Wahrheit.« (Werner Rügemer)

Nicht nur die dokumentierten Manipulationsvorgänge sind ein Indiz dafür, wie leicht die Plattform für Herrschaftszwecke instrumentalisiert werden kann. Bedenklich sollte auch stimmen, dass Wikipedia nach außen als »Basisprojekt« auftritt, jedoch organisatorisch von seinen Großspendern Google, Goldmann Sachs, General Electric, Chevron, IBM, der Deutschen Bank und Microsoft (bekanntermaßen natürlich alles Garanten demokratischen Informationsaustauschs und basisorientierter Willensbildung) gestützt und finanziell gefördert wird.

Die Wikipedia-Geschichte ist ein aufschlussreiches Beispiel dafür, das alternative Projekte, solange mit der sozialen Gestaltungsmacht des Kapitals nicht gebrochen wird, nur beschränkte Entfaltungsmöglichkeiten haben. Trotz seiner Organisation nach dem »kommunistischen Prinzip«, »jeder nach seinen Fähigkeiten und jeder nach seinen Bedürfnissen«, ist das Internet-Lexikon in den Sog der Interessendominanz des »großen Geldes«, der ökonomisch und gesellschaftlich einflussreichen Kräfte geraten und präsentiert durch seine Organisationsprinzipien in nicht unwesentlichem Umfang die Orientierungsmuster herrschenden Denkens.

In diesem Zusammenhang kann auch nicht unerwähnt bleiben, dass bei vielen Netzaktivitäten auch in den Alltagskontexten Täuschung und Selbsttäuschung oft die beiden Seiten der gleichen Medaille sind. Die Nutzer sind den Maskeraden meist hilflos ausgeliefert: Wer kann die Identität des Teilnehmers in einem Internetforum oder des Facebook-»Freundes« ergründen? Kommunikation regrediert zur Theater-Inszenierung, in der alles vorgetäuscht wird, was sich nur vortäuschen lässt. Für die Beteiligten sind jedoch meist nicht nur die Kommunikationspartner ein Buch mit sieben Siegeln. Zunehmend verlieren sich die Nutzer auch selbst im Irrgarten der »Identitäten«, mit denen sie operieren. Mit deren zunehmender Zahl wird es immer schwieriger die jeweiligen »Rollen« auseinanderzuhalten. Sollte zunächst keiner wissen, wer man wirklich ist, entwickelt sich ein Zustand, in dem man das selbst nicht mehr verlässlich weiß.

Lug und Trug, Täuschung und Versuche der Übervorteilung sind auf allen Ebenen der Internetnutzung so weit verbreitet, dass sie als konstitutive
»Begleitmusik« angesehen werden müssen. Wer einen bestimmten Produkt-
Anbieter bei Google sucht, muss oft ein ganzes Netz vorgeschalteter, und in
täuschender Absicht gestalteter kommerzieller Anzeigen umgehen, um bei
der gewünschten Homepage zu landen. Faktisch sehen die Betrugsmanöver
so aus, dass beispielsweise dem Google-Eintrag »Amazon« eine bezahlte An-
zeige eines anderen Buchversenders vorgeschaltet ist, die mit dem Signalwort
»Amazonc« operiert.

Für die meisten Nutzer ist die Inanspruchnahme des Netzes als Informa-
tionsmediums mit Unwägbarkeiten verbunden: Wer vermag die Seriosität
einer Information zu bewerten? Wer versteht es, die Selektionsprinzipien zu
durchschauen, mit denen das »Wissen« im Internet präsentiert wird? Angesichts der Faktenlage ist es gelinde gesagt naiv, das Internet zum »postkapi-
talistischen Universalmedium« zu verklären, durch das »innerhalb der kapitalistisch verfassten Gesellschaft vor allem der oppositionellen Kommunikation« zum Durchbruch verholfen werden kann, wie Robert Kurz es einstmals
gehofft hatte.

Falsche Nähe und Vereinzelung

Ohne Frage hat das Internet bemerkenswerte neue Informations- und Kommunikationsmöglichkeiten geschaffen. Aber sie sind von zwiespältiger Qualität. Mit ihnen sind nicht nur in der geschilderten Weise neue Desinformations- und versteckte Einflussmöglichkeiten entstanden, sondern sie haben auch unmittelbare Auswirkungen auf das Sozialverhalten der Nutzer, weil sie gleichermaßen *verbinden wie isolieren*: Vom Computer und den netzvermittelten Kontakten bis zur nächsten Straßenecke oder zur nächsten Kneipe kann der Weg sehr weit sein: Zwar ist alles miteinander vernetzt, aber faktisch wird die (soziale) Distanz zwischen den Menschen immer größer. So, wie sie isoliert in ihrem Auto sitzen oder alleine vor dem Fernseher hocken, betrachten die Nutzer nun als Isolierte den Computerbildschirm oder das Display ihres Smartphones. Gerade dann, wenn sie mit Hilfe der digitalen Medien »kommunizieren«, ändert sich ihr Status als *in der Masse Vereinzelter* nicht, denn die im Internet verankerten sozialen Netzwerke sowie die Projekte der flexiblen Arbeitswelt »können weder Geborgenheit noch Gemeinschaft, weder Sicherheiten noch Wertorientierungen stiften. Sie vermitteln keine milieuhafte Zugehörigkeit mehr – ihre Integrationskraft bleibt gering.« (Cornelia Koppetsch) Eine Konsequenz dieser Situation ist, dass der »*Massen-Eremit*«, von dem Günther Anders schon vor Jahrzehnten vor dem Hintergrund der Verbreitung des Fernsehens gesprochen hat, sich in neuer Gestalt perpetuiert.

Dadurch, dass der Rückzug im Modus digitaler Vermittlung stattfindet, werden zwei Fliegen mit einer Klappe geschlagen: Es wird ein latentes Bedürfnis nach sozialen Kontakten befriedigt, gleichzeitig jedoch auch soziale Distanz gesichert und damit einem Absonderungsbedürfnis entsprochen, dass aus einer konkurrenzgesellschaftlich geprägten *Angst vor der Nähe* resultiert. Man vermeidet es, sich zu intensiv auf andere einzulassen, um nicht »verletzbar« zu werden: Eher unbewusst, denn mit Kalkül wird vermieden, allzu enge Bindungen einzugehen, um den neoliberalistischen Leistungs- und

Lebensimperativen entsprechen zu können, von belastenden Verpflichtungen sich frei zu halten, um die geforderte Flexibilität zu besitzen. »Jeder muss selbstständig, frei für die Erfordernisse des Marktes sein, um seine ökonomische Existenz zu sichern. Das Marktsubjekt ist in letzter Konsequenz das alleinstehende, nicht partnerschafts-, ehe- oder familien›behinderte‹ Individuum.« (Ulrich Beck) Eine die faktische Beziehungsunfähigkeit ausdrückende Oberflächlichkeit der Sozialkontakte, wird durch eine vermeintliche »Vielfalt« von »Netz-Freundschaften« kaschiert.

Nicht zufällig bedienen digitale Kommunikationsformen auch das entfremdete Bedürfnis, hinter Masken zu schlüpfen und mit falschen Identitäten zu operieren. Es ist keine ökonomische Absicht nötig, um sich an der Fassadenschieberei zu beteiligen. Nicht nur im Internet wird gelogen und getäuscht – aber signifikant häufiger als in anderen Alltagszusammenhängen: »Selbst ganz normale Menschen nehmen es mit der Moral nicht mehr so genau; sobald sie online sind, lügen sie mehr, wie eine Studie zum Vergleich von realer und persönlicher Konversation und Kommunikation per E-Mail oder SMS zeigen konnte.« (Manfred Spitzer) Dafür gibt es schlechte Gründe: Wenn technische Vermittlungsweisen an die Stelle realer Kontakte treten, kann eine Tendenz zur Anonymität dominant werden, durch die Bedenken- und Rücksichtslosigkeit gefördert wird.

Eine latente Unaufrichtigkeit wird durch die »Anonymität« des Netzes gefördert, die zwar letztlich eine Illusion ist, aber insofern funktioniert, als die Nutzer sich hinter einer Schutzmauer zu Wort melden und agieren können. Es ist eine Möglichkeit, die eben auch dazu verleitet, die »Sau-raus-zulassen«. Sogenanntes »Cybermobbing« mit ihren erniedrigenden Angriffen auf wehrlose Opfer (das in den extremsten Fällen schon zum Selbstmord der Opfer geführt hat) ist nur ein Aspekt von destruktiven Aktivitäten, die relevanter Bestandteil der Online-Welt sind. Die jegliches Maß ignorierenden »Kommentare« und »Stellungnahmen« in Diskussionsforen ist ein anderer. Rüpelhaftigkeit und Skrupellosigkeit sind keine Seltenheit.

Aufschlussreich sind Untersuchungen über das Netzverhalten von Kindern und Jugendlichen. Sie belegen einen negativen Zusammenhang zwischen der Intensität der Internet-Nutzung und sozialen Rückzugstendenzen. Aber offensichtlich ist auch eine negative Korrelation zwischen der Zahl von Facebook-»Freundschaften« und den realen Beziehungsstrukturen: Wer viele »Freunde« online hat, hat weniger Kontakte im »richtigen Leben«. Faktisch hat die Internetkommunikation und die intensive Nutzung der sogenannten »Sozialen Medien« ein doppeltes Gesicht, weil sie in der beschriebenen Weise die Menschen gleichzeitig *zusammenführt und isoliert.* Aber gerade darin, sind sie das Spiegelbild realkapitalistischer Vergesellschaftungsprozesse, die immer auch mit Anonymisierungs- und Absonderungsvorgängen verbunden sind. Und wenn es selbst mit den oberflächlichen »sozialen Netzwerken« nicht klappt, kann man »virtuelle Freundinnen und Freunde« auf sein Smartphone herunterladen. Ein intellektueller Papagei des herrschenden Denkens, hat zur positiven Charakterisierung solcher Möglichkeiten von »transhumanen Anpassungsprozessen« gesprochen.

Es sind jedoch keine bloß temporären Defizite, die sich aus dem absondernden Charakter der Netzkommunikation ergeben: Neurobiologische Untersuchungen sind zu dem Ergebnis gelangt, »dass die Nutzung von digitalen sozialen Medien wie Facebook, die ja mit weniger realen Kontakten einhergeht, auch zu einer Verminderung der Größe sozialer Gehirnbereiche bei Kindern und damit auch zu geringerer sozialer Kompetenz führen«. (Manfred Spitzer) Diese Effekte stellen sich ein, weil die Internet-Kommunikation sich in einer eigenartigen Weise abstrakt und unvermittelt präsentiert.

Ein Problemkomplex für sich, sind die Computer- und iPad-Spiele. Im besten Fall fördern sie kognitive Fähigkeiten. Wenn Kinder und Jugendliche aber mit Anderen spielen, lernen sie beispielsweise »die Emotionen beim anderen zu beobachten. All diese mehrdimensionalen Eigenschaften, die ein Kind erlernt, um sich später in der Gesellschaft zu integrieren, fehlen beim iPad-Spiel völlig. Außerdem beklagen viele Eltern, dass sich Kinder nach hohem Tablet-Konsum distanziert und gereizt verhalten. In diesem Fall dienen die Geräte zur Abkapselung und nicht zur Verständigung oder Leistungssteigerung.« (Tomasz Kurianowicz)

Computerspiele sind von zentraler Bedeutung, wenn von »problematischer Internetnutzung« die Rede ist, zumal sie nicht nur auf dem PC, sondern auch auf dem Handy oder den Spielkonsolen im Kinderzimmer zur Verfügung stehen. Viele Spielangebote sind harmlos, etliche auch nützlich, weil sie die Konzentration oder folgerichtiges Denken fördern. Aber immer besteht die Gefahr, dass sich die Kinder in den Spielwelten »verlieren« und sozial isolieren. Besonders problematische Wirkungen gehen für Heranwachsende jedoch von den gewaltbetonenden und sehr oft auch gewaltverherrlichenden Spielen aus.

Diese Gefährdungen existieren jedoch nicht unabhängig von persönlichen und sozialen Faktoren. Von den konkreten Lebensbedingungen hängt es ab, ab die Nutzer sich in den Scheinwelten der Computer-Spiele »verlieren« und deren Darstellungsformen sozialer Beziehungen, die oft Spiegelbilder eines zugespitzten Existenzkampfes im Turbokapitalismus sind, für sie prägend werden und nachhaltig ihre Verhaltensmuster beeinflussen. Psychologische Tests haben direkte negative Auswirkungen von Gewaltdarstellungen auf Heranwachsende nachgewiesen, beispielsweise eine latente Aggressionsbereitschaft, kombiniert mit moralischer Bedenkenlosigkeit. Werden solche Spiele permanent genutzt, werden sie gar zum »Lebensinhalt«, verfestigen sich problematische Wirkungen und werden für die Persönlichkeitsstruktur prägend. Nicht untypisch ist, dass Computer- und Videospiele durch viele Wiederholungen zur Identifikation mit einem Aggressor führen. Gewalt wird dann als »normale« Problemlösungsvariante erfahren und durch die permanente Wiederholung als »alternativlos« erlebt. Die Beschäftigung mit gewalttätigen Videospielen verändert Wahrnehmungs- und Einstellungsmuster: Die Anderen werden als Gegner und Feind wahrgenommen, aggressive Gedanken und Verhaltensweisen eingeübt.

Vor allem wenn schon eine Aggressionsneigung besteht, können negative Konsequenzen für das Verhalten in der Realität nicht ausgeschlossen werden. Es sind in der Regel die durch ihre Lebensumstände sowieso schon »belasteten« und sich oft auch aggressiv äußernden Kinder und Jugendlichen, die sich überproportional mit gewaltgeprägten Computerspielen beschäftigen und von ihnen nachhaltig beeinflusst werden. Es existiert also eine Wechselwirkung aus ungünstigen Lebensverhältnissen und Aggressionsdispositionen, die durch gewaltdominierte und Rücksichtslosigkeit einfordernde Computerspiele verstärkt werden. Die Wirkung ist besonders groß, wenn die Kinder auf sich gestellt bleiben. Vorrangig dann werden durch den Computereinsatz soziale Benachteiligungen verstärkt.

Steigerungswirkungen gehen von den sogenannten *Ego-Shootern* aus, also von Spielanordnungen, bei denen der Spieler aus der Subjekt-Perspektive in einem dreidimensionalen Raum agiert und mit Schusswaffen andere Spieler oder computersimulierte »Gegner« bekämpft. Ein fragwürdiger »wissenschaftlicher Sachverstand« ist zwar bemüht die sozialisatorischen Ursachen von Aggressionsneigungen vergessen zu lassen und betont deshalb, dass kein direkter Zusammenhang zwischen medialer Gewaltdarstellung und

Gewaltbereitschaft erkennbar sei. Dass ist in so weit richtig, dass nicht jeder Gewaltspieler seine Phantasien in die Tat umsetzt. Die einfache Gleichung, aus der Beschäftigung mit Gewaltspielen, folge *zwangsläufig* Gewalthandeln, ist tatsächlich nicht zutreffend. Aber evident ist, dass fast jeder jugendliche *Amok-Täter* sich in den gewaltverherrlichenden Phantasiewelten der Computer-Spiele aufgehalten hatte, bevor er seine monströsen Taten verübte. Von Relevanz bei der Beurteilung der gewaltstimulierenden Wirkungen bestimmter Computeraktivitäten, sind also nicht die Jugendlichen, bei denen keine aggressionssteigernden Konsequenzen beobachtet werden können und auf die sich die pseudowissenschaftlichen Mietköpfe beziehen, wenn sie einen Zusammenhang von Gewaltdarstellungen und Gewalthandeln in Abrede stellen, sondern die kleinere Gruppe, bei denen es aufgrund ihrer lebensgeschichtlichen Vorbelastungen tatsächlich der Fall geworden ist.

Es ist zwar zu Recht darauf hingewiesen worden, dass durch eine intensive Computer-Nutzung bestimmte positiv zu bewertende Fähigkeiten trainiert werden, wie aktive visuelle Orientierung, punktuelle Konzentration und andere senso-motorische Qualifikationen. Das sind auch die Fertigkeiten, die in den High-Tech-Bereichen des Kapitalismus benötigt werden: Ausdauernd und hochkonzentriert auf die Bildschirme einer Steuerungsanlage in einem Stahlwerk zu schauen, um bei Störungen blitzschnell eingreifen oder auf mehrdimensionale Anforderungen reagieren zu können. Diese Arbeitssituation ist auch der des Börsenhändlers nicht unähnlich, der auf mehreren Bildschirmen die Kursentwicklung verfolgt, um dann im günstigen Augenblick die Kauf- oder Verkaufsorders zu platzieren. Auch der spätere Bomber-Pilot oder der Weiße-Kragen-Krieger am Steuerhebel für die Kampf-Drohne kann am Computerbildschirm entscheidende Prägungen erhalten, nach den Prinzipien eines mechanischen und störungsfreien Funktionierens geformt werden.

Was nicht gefördert wird, sondern sich sogar zurückbildet, ist soziale Kompetenz und Empathie. Aber das wird bei der Kampfdrohnen-Steuerung genau so wenig benötigt, wie beim Schreiben eines Computer-Programms zur Personal-Selektion. Diese »Fertigkeiten-Ausbildung« hat nicht mehr viel mit einer Entwicklung der Persönlichkeitsstruktur, sondern der Prägung instrumentalisierten Könnens zu tun, denn »Computer-Sozialisation« bedeutet, auf Signale zu achten und ein schnelles Reagieren zu erlernen. *Reflexe ersetzen die Reflexion,* was auch nicht ohne Konsequenzen auf das Denken, aber auch auf das Sprechen und die emotionalen Reaktionsmuster bleibt.

Formatierung des Denkens

Mit Hilfe der Computer-Sozialisation schafft der Kapitalismus sich »punkt-genau« jene Subjekte, die er in seiner jetzigen Entwicklungsphase benötigt. Es werden jene *reduktionistischen Denk- und Reaktionsmuster gefördert*, die für das Funktionieren in den administrativen und technischen Kontexten des High-Tech-Kapitalismus unabdingbar sind. Um gegenwärtigen Erfordernissen der Kapitalverwertung zu genügen, müssen die Subjekte durch eine Kupierung ihres Fähigkeitenspektrums geformt und »praxisgerecht« geprägt werden. Dem entspricht im Berufsleben die Tendenz, Kompetenzen um so positiver einzuschätzen, je spezieller sie sind. »Generalisten« sind nicht mehr erwünscht. Immer häufiger werden gerade für qualifizierte Aufgaben nur noch jene eingestellt, die exakt über die geforderten Fertigkeiten verfügen. Einarbeitungsphasen und betriebliche Qualifizierungsperspektiven sind gerade bei Neueinstellungen nicht mehr vorgesehen, ein Blick über die engen Grenzen des Aufgabengebiets hinaus, gilt als überflüssig.

Auch akademische Ausbildung ist heute nach diesem Muster strukturiert. Durch die neoliberalistisch geprägten »Hochschulreformen« wurde ein streng reglementiertes System der Wissensvermittlung etabliert, durch das jede unkontrollierte Neugier der Studierenden ausgeschaltet und vor allem jede selbständige Suche nach Antworten auf Fragen nach den Ursachen gesellschaftlicher Widerspruchsentwicklungen verhindert wird. Alles wird vermieden, was die Studierenden zum selbstständigen Denken und zur Aneignung eines »überschreitenden« Wissens animieren könnte. Das Studium soll »praxisorientiert«, auf die unmittelbaren Erfordernisse eines späteren Berufslebens ausgerichtet sein. Was mit einer »praxisorientierten Ausbildung« gemeint ist, wurde im Frühjahr 2015 nochmals durch ein gemeinsames »Strategiepapier« der deutschen Unternehmerverbände verdeutlicht, in dem gefordert wird, die Hochschulausbildung weiter so zuzurichten, »dass ihr Profil zu den Anforderungen der Stakeholder passt«. Um das zu gewährleisten, müsse, so die ausdrückliche Forderung, die Wirtschaft stärker an der Entwicklung der Studieninhalte beteiligt werden.

Wissenserwerb soll mit intellektuellem Reduktionismus, dem engen Blick auf das jeweilige Aufgabenfeld gekoppelt werden. Das Ergebnis ist eine »Rationalität« ohne Reflexionsreserve, ein punktuelles Wissen, dass sich auf die unmittelbare Faktizität konzentriert, ohne darüber hinausweisende Zusammenhänge in den Blick zu bekommen und ohne vor allem auch die Sinnhaftigkeit des eigenen Tuns überhaupt noch problematisieren zu können. Es wird stattdessen ein unreflektiertes Verständnis formaler Abläufe vermittelt, das einem bloßen Reaktionstraining gleichkommt und dem ein Wissen um die Zusammenhänge der Themenkomplexe verborgen bleibt.

Zur Flankierung eines solchen Reduktionismus, ist der Computer das geeignete Instrument, weil sehr oft bei der digitalen »Wissensaneignung« tatsächliches Wissen verloren geht, nämlich das Wissen um die Notwendigkeit einer umfassenden Aneignung eines Problemkomplexes, wenn seine Funktionsweise wirklich begriffen werden soll: Systematisch unterentwickelt bleibt vor allem die intellektuelle Fähigkeit, die isoliert aufgenommen »Informationen« zueinander in Beziehung zu setzen, damit Interdependenzen und Zusammenhänge (sowie die hinter ihnen stehenden Interessen) sichtbar werden können.

Die Konzentration auf die Unmittelbarkeit ist auch das Charakteristikum der alltagspraktischen Reflexionsformen und eine Bedingung seiner unmittelbaren Relevanz. Nun wird dieser lebensweltliche Praktizismus im Rahmen einer »Reformoffensive« in den gängigen Formen universitären Wissens auf die Spitze getrieben. Im Mittelpunkt steht eine *vordergründige* Kompetenzorientierung. In seiner Konsequenz entspricht dieses »Bildungsideal« dem allgemeinen Organisationsprinzip kapitalistischer Vergesellschaftung, bei der die Rationalität des Teilgebiets mit der Irrationalität des Ganzen, also faktisch »einer beispiellosen Verheerung und Verwüstung [korrespondiert], die zeitlich und räumlich begrenzte Ordnungsgewinne mit einer Steigerung der Unordnung in der Umgebung erkauft.« (Stefan Breuer)

Die Konzentration des wissenschaftlichen Denkens auf eine »Bereichsrationalität« geht mit der verbreiteten Disposition des Alltagsbewusstseins konform, das als bedrohlich erlebte Ganze (die krisen- und widerspruchsgeprägte Gesellschaft) überhaupt nicht mehr zur Kenntnis zu nehmen: Verdrängung und Ignoranz haben sich zu Existenz- und (Überlebens-)Prinzipien auf der individuellen Ebene, jedoch auch innerhalb eines herrschenden Blockes verfestigt, dessen Vorstellungshorizont weitgehend mit seinen egoistischen (Verwertungs-)Interessen identisch ist. Er bleibt daran gefesselt, weil die dunkle Ahnung darüber, dass jede substanzielle Problemlösungsinitiative in der Systemfrage münden würde, eine lähmende Unfähigkeit bewirkt. Es wird vermieden, über das Tagesgeschäft hinaus zu blicken und perspektivische Orientierungen zu entwickeln: »Man wagt das Ganze nicht mehr zu denken, weil man daran verzweifeln muss, es zu verändern.« (Theodor W. Adorno)

Durch die *technologisch determinierten Formen* der Computer-Anwendung wird ein besonders intensiver Eindruck einer Zwangsläufigkeit erzeugt, die nicht mehr in Frage gestellt wird: Die Verantwortlichkeit für Entscheidungen wird der formalisierenden Apparatur übertragen. In vielen Bereichen von Bürokratie und Administration fungiert der Satz nicht als Metapher, sondern ist als Feststellung einer vermeintlichen Faktizität gemeint, wenn gesagt wird, dass »der Computer so entschieden« habe.

»Diese Herren hier und ich sind für ihre Angelegenheit vollständig nebensächlich, ja wir wissen sogar von ihr fast nichts.« (Franz Kafka, Der Prozess)

In den Reaktionsmustern der unreflektierten Hinnahme wird deutlich, in welchem Maße Computerarbeit abstrakt-präjudizierend wirkt, sie die Nutzer davon entwöhnt, die Resultate zu problematisieren und überhaupt noch alternative Möglichkeiten in Betracht zu ziehen. Bürokratisierung äußert sich nicht nur in neuer Intensität, sondern wird geradezu universal: Aus dem Prinzip der formellen Gleichbehandlung aller, resultiert die vollendete Gleichgültigkeit gegenüber dem konkreten Leben. Computer-Praxis läuft deshalb in ihrer Tendenz auf die unendliche Reproduktion des Gegebenen hinaus, weil durch sie eine abstrakte Rationalität und ein formalisiertes Nützlichkeits- und Verwertungsdenken über die informationellen Aneignungsprozesse in fast alle relevanten Arbeits- und Lebensbezüge eindringt. Fast alles wird über einen Leisten geschlagen und eine abstrakte »Sach«-Rationalität universal; ein differenziertes Problembewusstsein bleibt im besten Fall peripher. Schleichend werden im Rahmen dieser Entwicklung die letzten Reste von Unverfügbarkeit beseitigt und die Entstehung von »überschreitenden« Orientierungen verhindert.

Eine objektive Unterwerfungskonstellation hat sich nicht nur in administrativen Kontexten, sondern auch in vielen anderen Lebensbereichen verallgemeinert. Weit verbreitet ist der »Computer-Automatismus« vor allem im Wirtschaftsleben – und keineswegs nur in der geschilderten Weise bei der Personalselektion: Immer öfter verlassen sich Manager auf sogenannte Expertensysteme, um Informationen zu ordnen und zu analysieren und sich eine Vorgehensweise vorschlagen zu lassen. Wirtschaftsprüfer etwa setzen Software-Tools zur Entscheidungsunterstützung bei Unternehmensrevisionen ein. Die Anwendungen beschleunigen formale Arbeitsvorgänge, jedoch gibt es »Hinweise, dass die Wirtschaftsprüfer immer inkompetenter werden, je kompetenter die Software wird«. (Nicolas Carr) Gerade bei komplexen Fragestellungen hat sich herausgestellt, dass die Antworten des »Systems« und deren Plausibilität kaum mehr überprüfbar sind. Weil die Anwender sich blind darauf verlassen (müssen), regrediert durch die Übertragung der Prüfungsprozesse auf den Computer das personale Urteilsvermögen.

Die Abschiebung von Entscheidungen auf die technische Apparatur, ist natürlich ein probater Weg sich Verantwortung vom Hals zu schaffen und beispielsweise auch, wenn Entlassungen und Umstrukturierungen durchgeführt werden sollen, sich dem Mitgefühl nicht aussetzen zu müssen. Die kalte Rechner-Rationalität ist der letzte Fluchtpunkt um das reibungslose Funktionieren in einer bedenkenlosen und Verantwortungslosigkeit fördernden Gesellschaft zu garantieren. Selbst der mögliche Widerspruch verliert seine Grundlage, weil eine *Ideologie der Unausweichlichkeit* in Gestalt digitaler »Sachautorität« (der »Entscheidungsvollmacht« des Computers) auftritt und die tatsächlichen Einflussstrukturen hinter einer ideologischen Nebelwand verborgen bleiben.

Durch die Wirkungsmächtigkeit des Eindrucks, dass die Maschinen selbstständig agierten, geht auch das Wissen darüber verloren, dass ihre Ablaufdynamik, nur Ausdruck ihrer interessengeprägten Programmierung und ihrer funktionsorientierten Einsatzweise ist. Die entscheidende Differenz, dass die Maschine eben nur scheinbar wie eine Art Lebewesen agiert, droht dem Vergessen anheim zu fallen. Es bleibt deshalb unbegriffen, dass die Wirkungsweise der »Geistesmaschine« in der Technologiegeschichte nichts grundsätzlich neues ist, auch wenn die digitalisierten Prozesse eine größere Wirkungsintensität besitzen, als das bei früheren technischen Hilfsmitteln und Verfahrensweisen der Fall gewesen ist.

Auch wenn die Computerlogik nicht von den realen Abläufen gänzlich abgeschieden ist, stellt sie einen eigenen Wirkungskosmos dar. Dennoch

muss ein Programm, wenn es funktionieren und »praxisadäquat« sein soll,
zentrale Realitätsmomente »abbilden« und mit den tatsächlichen Prozessen
korrespondieren. Dass geschieht jedoch in einer formalisierenden, um nicht
zu sagen schematischen Weise. Die Wirklichkeit erzwingt immer wieder Korrekturen, aber die Programmstrukturen bleiben bei den Rechenvorgängen
das Primäre. Bei dieser »Computerwelt« und der sozialen Realität handelt
es sich um zwei Strukturebenen die nicht deckungsgleich sind und niemals
werden können. Darin liegt aber nicht das eigentliche Problem. Das gilt auch
für theoretische Aussagen über soziale Gegebenheiten oder für eine technische Konstruktionsskizze eines tatsächlichen Objekts. In der Computerpraxis
bleibt jedoch diese Differenz unberücksichtigt und wird sogar festgeschrieben. Faktisch werden die digitalen (Ab-)Bilder von der Realität, mit der Realität gleichgesetzt.

Das geschieht beispielsweise sehr intensiv mit den bunten Bildern über
das menschliche Gehirn, mit denen die Neurobiologie publikumswirksam arbeitet. Es wird durch diese Vorgehensweise der Eindruck erweckt, dass man
direkt sehen könne, wie das »Gehirn arbeitet« und wie bei einer Röntgen-
aufnahme die Knochen, nun reale Gehirnströme sichtbar würden. Aber dem
ist nicht so, denn was sichtbar wird, ist ein Konstrukt, zusammengesetzt aus
digitalen Einzelinformationen: »Neuroimaging-Bilder sind nicht einfach unscharfe und grob-pixelige Fotografien des Gehirns bei der Arbeit, sondern das
Ergebnis einer Vielzahl von Prozess-Schritten. Bis zum endgültigen Bild muss
eine lange Reihe von technischen Entscheidungen getroffen werden. Von der
Verarbeitung der Scanner-Rohdaten bis hin zu den abschließenden statistischen Berechnungen.« (Felix Hasler) Hinzu kommt, dass eine ganze Reihe
der Rechner-Programme, die zum Einsatz kommen, als sehr fehlerhaft gelten.
Dennoch werden mit ihrer Hilfe eine ganze Reihe Analyseschritte vollzogen,
bei der grundsätzlich die Computerregeln den Konstruktionsprozess dessen,
was später sichtbar wird, stark beeinflussen. Das konstruierte Maschinenbild
tritt an die Stelle realer Differenzierungsprozesse: Unberücksichtigt bleiben
Wirklichkeitsfacetten, die durch den Raster der Computerlogik gefallen sind.

Trotz einer von Menschen veranlassten Ingangsetzung der Rechnerpro-
zesse, ist die Befürchtung nicht unberechtigt, dass einige der gegenwärtigen
Einsatzformen des Computers zu einer partiellen »Verselbstständigung der
Technik« führen können, so mancher einmal initiierte Prozess auf digitaler
Grundlage, *ab einem bestimmten Punkt* sich gegenüber den Implikationen sei-

ner Urheber verselbstständigen, eine Eigendynamik bekommen und einer atomaren Kettenreaktion nicht unähnlich, kaum mehr unter Kontrolle zu bringen ist.

Zur Verselbstständigung von Prozessen, die Menschen in Gang gesetzt haben, gibt es auch jenseits des IT-Komplexes bedenkliche Beispiele. Niemand kann beispielsweise sicherstellen, dass gentechnisch verändertes Saatgut sich nicht über die ausgewiesenen Anbaufelder hinaus verbreitet und unkontrollierte Mutationen bei anderen, nicht kontrolliert angebauten Pflanzen bewirkt. Es ist mittlerweile auch bekannt, dass eine geringe Zahl verfetteter Zuchtlachse, die ihren Aquakäfigen haben entkommen können, verheerenden Einfluss auf die Erbinformationen der Wildlachse haben, denen sie sich angeschlossen haben. Auch diese degenerieren und verfetten.

Die Ursache-Wirkungs-Zusammenhänge sind in diesen beiden Fällen des manipulativen Nahrungsmittelumgangs unschwer zu durchschauen. Das ist bei den digitalen Selbstverständigungsprozessen meist anders. Selten ist auf den ersten Blick zu erkennen, in welcher Hinsicht sie immer noch »Menschenwerk« sind und in welchem Sinne es noch eine vom Menschen »selbst geschaffene Welt [ist], der das Individuum als einer scheinbar außer ihm liegenden Macht begegnet.« (Joseph Weizenbaum) Solche Vorgänge der Selbsttäuschung, die eine wesentliche Grundlage der ideologischen Sebstreproduktion (spät-)kapitalistischer Gesellschaften bilden, weil sie ein Begreifen der realen Machtverhältnisse und Einflusskonstellationen erschwert, hat Marx im »Kapital«-Abschnitt über den »Fetischcharakter der Ware und sein Geheimnis« beschrieben: »Das Geheimnisvolle der Warenform besteht also einfach darin, dass sie den Menschen die gesellschaftlichen Charaktere ihrer eigenen Arbeit als gegenständliche Charaktere der Arbeitsprodukte selbst, als gesellschaftliche Natureigenschaften dieser Dinge zurückspiegelt, daher auch das gesellschaftliche Verhältnis der Produzenten zur Gesamtarbeit als ein außer ihnen existierendes gesellschaftliches Verhältnis von Gegenständen.«

Dieser Effekt gilt im übertragenen Sinne auch für den Computer, dessen »*Verselbstständigung*« gleichermaßen Ideologie, aber tendenziell auch Realität ist. Die Computer-Dynamik ist immer noch Menschenwerk – was aber nicht bedeutet, dass sie in jedem Fall, wenn sie einmal in Gang gesetzt wurde, noch zum Stillstand gebracht werden kann und katastrophale Konsequenzen verhindert werden können. Zumal fraglich ist, ob es innerhalb der hegemonialen Apparate und Institutionen überhaupt eine Bereitschaft gibt, einige dieser

Abläufe zu stoppen, weil gerade die anonymen und sich tendenziell verselb-
ständigenden Prozesse es sind, mit denen herrschaftskonforme Aufgaben erledigt werden. Ein Beispiel ist der schon angesprochene *digitalisierte Börsenhandel*. Ihn zu reglementieren, fällt dem herrschenden Block genau so schwer,
wie wirksame Regulationen der Finanzspekulationen vorzunehmen, weil sie
konstitutives Element kapitalistischen Wirtschaftens sind: Kapitalismus und
Spekulation sind untrennbar miteinander verbunden. Aktuell äußert sich die
symbiotische Beziehung eben darin, dass sich die herrschenden Apparate der
Aufgabe einer wirksamen Kontrolle der Finanzmärkte entziehen. Die angeblichen »Regulierungsinitiativen« sind nur Oberflächenkosmetik gewesen. In
diesem Verhalten kommt die Tatsache zum Ausdruck, dass für die kapitalistische Gesellschaft die Spekulation ein (Über-)Lebensprinzip ist. Sie braucht sie
wie die Fische das Wasser! Besonders in der jetzigen Entwicklungsphase des
Kapitalismus, in der immer weniger Finanzmittel im produktiven Sektor und
somit *mehrwerterzeugend* angelegt werden können. Eine beispiellose Geldan-
häufung geht mit einer Stagnation der Realinvestitionen und in deren Folge
der Realakkumulation einher. Temporärer Ersatz wird in den Spekulations-
sphären der Finanzmärkte gesucht, in denen der digitalisierte Börsenhandel
eine immer größere Rolle spielt, bei gleichzeitiger Potenzierung der Absturz-
und Zusammenbruchsgefahren.

Eine Tendenz zur Auslieferung an die maschinen-*vermittelten* Imperative
gibt es nicht nur auf den Ebenen der Finanzspekulation. Auch Fragen von
Krieg und Frieden werden zunehmend auf der Basis digitaler »Analysen«,
auf der Grundlage von Computer-Programmen beantwortet, deren Entstehungsbedingungen und die ihnen zugrunde liegenden Vorentscheidungen
nicht mehr reflektiert werden: »Die Politiker haben nicht nur ihre Verantwortung zur Entscheidung einer ihnen unverständlichen Technologie übertragen,
wobei sie die Illusion aufrechterhalten, dass sie, die Politiker, die politischen
Fragen stellen und beantworten; vielmehr ist die Verantwortung selbst ver-
dunstet. Kein menschliches Wesen ist mehr verantwortlich für das, ›was die
Maschine sagt‹« (Joseph Weizenbaum) Grundsätzlicher Zweifel ist ausgeschaltet – und mit ihm die Notwendigkeit, selbst den offensichtlichsten Fragwürdigkeiten auf den Grund zu gehen. Gesellschaftliche Debatten erübrigen
sich, die Frage nach dem »richtigen Weg« kann im Kontext gesteigerter Technikgläubigkeit nur noch absurd klingen. Unter diesen Voraussetzungen wird
umgesetzt, was im Herrschaftsinteresse möglich geworden ist.

Im gesellschaftlichen Umgang setzt sich unübersehbar die Bereitschaft durch, das menschliche Verhalten auch bei existenziellen Konstellationen dem Rechner unterzuordnen, ihn als *Akteur* und »Urteilsinstanz« anzuerkennen, seine Ergebnisse zu akzeptieren, ohne nur die geringste Ahnung von den Grundlagen seiner »Urteils«-Findung und dessen Berechtigung zu haben. Diese verbreitete *Unterwerfungsbereitschaft* lässt schlimmes befürchten: Dass in der Zukunft der Computer »den Menschen ersetzen« kann, wird um so wahrscheinlicher, je schneller die *Anpassung des Menschen an die Maschinenlogik* voranschreitet. Es sind bisher mehr als nur zaghafte Schritte in diese Richtung gemacht worden.

Bei dem Bemühen, die *Entwicklung eines vollständig maschinenkompatiblen Menschen* voran zu treiben, spielt wieder einmal der militärisch-industrielle Komplex eine Vorreiterrolle: Seine Entscheidungsträger investieren viel Geld und Energie zur Verbesserung von »Mensch-Maschine-Interaktionen«, damit sicher gestellt wird, dass die Menschen jeglichen Skrupel, ebenso wie ihre Ängste verlieren und bedenkenlos den maschinen*vermittelten* Imperativen folgen. Es soll gelingen, wogegen sich Delfine erfolgreich »gewehrt« haben: Solange ihnen Minenattrappen auf den Rücken gebunden wurden, konnten sie durch Dressur dazu gebracht werden, in die »feindlichen Linien« hinein zu schwimmen. Beim Einsatz funktionsfähiger Sprengsätze »verweigerten« sie sich diesem Ansinnen! So falsch dürfte das Kalkül von Militärs nicht sein, dass es einfacher ist, Menschen für solche Selbstmordaktionen zu programmieren.

Die Paradoxien einer »Künstlichen Intelligenz«

Es ist schon angedeutet worden, dass in einem gewissen Sinne die Entwicklungsprognosen über die *Ersetzung des Menschen* durch den Computer sogar stimmig sind – jedoch nur wenn ein reduktionistisches Menschenbild zum Maßstab genommen wird, wenn der Mensch ausschließlich als biologischer Speicher für Information und als vollständig konditionierbarer Organismus betrachtet und in diesem konzeptionellen Kontext, menschliche Gehirntätigkeit auf formale Abläufe reduziert wird. Mit der tatsächlichen Qualität seines reflexiv-tätigen Weltverhältnisses und einer mehrdimensionalen Potenzialität des Menschen, haben die Konstrukte einer »Künstlichen Intelligenz« nicht viel zu tun, weil sie sämtlich in einem reduktionistischen Verständnis der menschlichen Bewusstseinsprozesse »fundieren«: Die elektrischen und chemischen Prozesse des Gehirns die im Mittelpunkt des Interesses der »Intelligenz«- (Re-)Konstrukteure stehen, sind zwar die *formale* Grundlage menschlicher Intellektualität, machen aber nicht dessen Spezifik aus. Genau dies jedoch zu unterstellen, ist ebenso falsch und illusionär, wie die Hoffnung eines Hobby-Kochs, allein durch die Verwendung der Zutaten eines Meisterkochs, dessen kulinarische Spitzenergebnisse erreichen zu können.

Das reduktionistische Verständnis der Bewusstseinsprozesse hat konkrete Voraussetzungen: Es korrespondiert mit der realkapitalistischen Instrumentalisierung des Menschen. Deshalb spiegelt sich in der Computer-»Intelligenz« nach Informatiker-Maßstäben, eine kapitalistische Entwicklungstendenz, die direkt vom isolierten Individuum mit pseudo-autonomem Handlungshorizont zum »Roboter in einer automatisierten Welt« führt und durch seine spezifischen Reproduktionsbedürfnisse »das Autonome, für sich verantwortliche Individuum nicht mehr gebraucht« wird. (Max Horkheimer) Was vom Einzelnen erwartet wird, ist seine widerspruchslose Anpassung an die Realität.

An diese Konstellation schließen die Vorstellungen über die »Geistesmaschinen« konzeptionell ebenso an, wie die frühbürgerlichen Materialisten an

den Erfahrungen der manufakturellen Naturbearbeitung und ihren spezifischen Rationalitätsformen, auf deren Grundlage sie dann biologische Abläufe nach dem Muster der Mechanik konstruiert haben. Der Maßstab für die
Maschinen-»Intelligenz« des Computerzeitalters ist in einem vergleichbaren
Sinne der entfremdete und instrumentalisierte, auf biologische »Basisfunk-
tionen« und ökonomische Funktionalität reduzierte Mensch. Es ist für den
eingeschränkten Horizont der Schöpfer, von »Maschinen-Menschen« charakteristisch, wenn sie, wie der japanische Roboter-Techniker Hiroshi Ishiguro,
dem Internet-»Gedächtnis« die Qualität eines »dynamischen Ausdrucks eines
ganzen Menschenlebens« und einer »ansatzweise lebendigen Spur« zurech-
nen. Höchstens von »unterschiedlichen Intensitätsgraden« zwischen künstlicher und realer Existenz könne nach der Vorstellung dieses Informatik-Pro-
fessors noch gesprochen werden.

Faktisch korrespondieren diese Konzepte mit den »entwürdigenden Beschränkungen der lebendigen, emotionalen oder biologischen Erfahrungen«
(Jonathan Crary), die aus einer kapitalistischen Lebenspraxis resultieren. In
einigen ihrer Varianten drückt sich, wie schon angesprochen, sogar ein gewisser »Realismus« aus. Weitgehend unbewusst werden die Entwicklungskonzepte einer »Künstlichen Intelligenz« von der Einschätzung geleitet, dass
wenn die »Vermenschlichung« der Maschinen unrealistisch sei, der Weg über
die Mechanisierung des Menschen genommen werden muss: »Der Computer
simuliert den Gedanken, wenn der Gedanke computergerecht definiert wurde; der Automat simuliert einen Menschen, wenn der Mensch automatenge-
recht simuliert wurde.« (Hugh Kenner)

»Wer will was lebendigs erkennen und Beschreiben,
Sucht erst den Geist heraus zu treiben,
Dann hat er die Teile in der Hand,
Fehlt leider! Nur das geistige Band.«
(Johann Wolfgang Goethe, Faust. Der Tragödie erster Teil)

Bezeichnend ist, mit welcher Akzentsetzung die entscheidenden Fragen diskutiert werden. Faktisch ist ja nicht nur in einem allgemeinen Sinne von
»Künstlicher Intelligenz« die Rede, sondern im Haupttrend in einer ganz
spezifischen Bedeutung: Es sollen mit dem Computer die technischen Voraussetzungen für eine »Verbesserung«, bzw. »Ergänzung« des Menschen
geschaffen werden und wenn sich das nicht realisieren lässt, seine *Ersetzung*

durch »posthumane« Existenzen stattfinden. Dass dies exakt in dem Augenblick geschieht, wo der Kapitalismus inhaltlich nicht mehr weiter weiß, er sich
nur noch mangels überzeugender Alternativen über die Runden retten kann,
ist kein Zufall: Indem alles auf die Karte der Vorstellung einer technologisch
determinierten Zukunft gesetzt wird, soll die *intellektuelle* Flucht aus der pro-
blemgeladenen Gegenwart gelingen.

Ein *plausibles* Bild von der Zukunft ist jedoch das wenigste, was die KI-
Ideologen anzubieten haben! Selbst an den elementarsten Reflexionen fehlt
es: Wie soll die auf technischem Wege zum Menschen-(Ersatz) gewordene
Materie aussehen? Welche Antworten verspricht die »Künstliche Intelligenz«,
auf die sich zuspitzenden Zivilisationsprobleme zu geben? Unberücksichtigt
bleibt schon die Tatsache, dass mit »Intelligenz« alleine (und noch weniger
mit »Künstlicher Intelligenz«) sich die auftürmenden Probleme nicht lösen
lassen. Denn entwickelt und diskutiert werden müssen Handlungsmaßstä-
be, die nur durch eine *Verbindung von Rationalität und Normativität* gewonnen
werden können – also durch eine intellektuelle Disposition, die traditionell
als *Vernunft* bezeichnet wird. Unterhalb einer solchen Reflexionsebene, bedeuten *diese* technischen »Utopien« nur ein Manöver, um von den eklatanten
Gegenwartsproblemen abzulenken. Sie ersetzen den verbreiteten Wunsch
nach einer besseren Gesellschaft, durch Parolen über eine andere, *technologisch geprägte* Zukunft und »kultivieren« dabei systematisch eine Ignoranz gegenüber den tatsächlichen Problemen und reproduzieren *Propagandaformeln*:
»Bislang ist die Welt durch Fortschritt doch immer ein Stück besser geworden,
mit weniger Armut, mit weniger Menschen die in Kriegen sterben.« (Larry
Page) Dass solche Phrasen auf fruchtbaren Boden fallen, ist Indiz dafür, dass
»mittels Informations- und Kommunikationstechnologien nicht nur Ideologi-
en verbreitet werden, sondern sie auch ideologische Projektionsflächen sind«.
(Christian Fuchs)

Trotzdem sind zumindest die reflektierten Theorien über »Künstliche
Intelligenz« nicht ohne Reiz. Nicht zuletzt auch für Materialisten, die das
menschliche *Gehirn als Produkt einer hochkomplexen Materialität* begreifen. Aber
dennoch sind diese Vorstellungen (zumindest in der historisch-dialektischen
Variante) weit von den reduktionistischen Phantasien der gegenwärtig tonangebenden KI-Propheten entfernt. Denn im Kontext eines materialistischen
Verständnisses von Mensch und Natur gilt Bewusstsein als eine zu den »materiellen« Abläufen vermittelte Größe, ohne dass davon ausgegangen wird,

dass es aus dieser »Basis« vollständig *erklärt* werden kann. Mit dem »Geist« und dem menschlichen Bewusstsein ist es prinzipiell nicht anders, als mit den anderen Entwicklungsstufen des Seins: Sie haben objektive Voraussetzungen in dem Sinne, dass die entwickelteren Stufen, in den ihnen genetisch vorausgehenden ihre irreversible Basis haben. So ist die Existenz des organischen, nicht ohne das anorganische Sein zu begreifen, ohne jedoch in seinen wesentlichen Prinzipien von ihm vorgeprägt zu sein: Das organische Sein ist also nicht aus den Entwicklungsprinzipien lebloser Materie zu erklären. Goethe hat diese Tatsache mit der Formulierung ausgedrückt, »dass das Gezeugte vortrefflicher sein kann als das Zeugende«.

Es haben Mutationen und keine organischen Übergänge stattgefunden – jedenfalls nicht nach dem aktuellen Erkenntnisstand. Das muss nicht so bleiben, denn denkbar ist, dass die fehlenden Entwicklungsschritte noch entdeckt und Verbindungslinien rekonstruiert werden können. Die theoretischen Rekonstruktionsmöglichkeiten dieser Prozesse hängen jedoch davon ab, ob sie vollständig Regeln oder nicht doch Zufällen (im Rahmen prinzipiell regelhafter Abläufe) unterworfen sind. Wäre letzteres der Fall, blieben die entscheidenden Entwicklungsschübe für immer unerklärlich.

Aber die theoretischen Unwägbarkeiten ändern nichts an der Tatsache, dass im Rahmen dieser Entwicklung etwas *qualitativ Neues* entstanden ist, das in seiner Substanz und Wirkungsweise nicht auf das Ursprüngliche reduziert werden kann. Das gilt allemal für die Entstehung des Bewusstseins: Trotz der biologischen Vermitteltheit ist es mit biologischen Kategorien nicht zu *erklären* – obwohl seine Existenz nirgends den Wirkungsbereich des Biologischen überschreitet. Entscheidend ist die Tatsache, »dass die einfachere Form des Seins, mag sie noch so viel Übergangskategorien hervorbringen, vom wirklichen Entstehen der komplizierten Seinsformen doch durch einen Sprung getrennt ist; diese ist etwas qualitativ Neues, dessen Genesis aus der einfacheren Form nie einfach ›abgeleitet‹ werden kann.« (Georg Lukács)

Es ist *vulgärmaterialistischer Reduktionismus*, wenn der renommierte Neurophysiologe Wolf Singer postuliert, dass alles, was dem Geistigen zugeschrieben wird, »rein biologisch bedingt« sei. Will man diese Position philosophiegeschichtlich einordnen, dann ist sie bei Schopenhauer anzusiedeln, nach dessen Auffassung »der Intellekt, eine Funktion des Leibes«, und nur eine solche sei. Richtig ist zwar, dass Intellektualität zum Biologischen vermittelt, jedoch anders als Singer unterstellt, aus dem biologischen Vorgängen nicht »ableitbar« ist. Das »Geistige« existiert nicht ohne Biologie – und dennoch ist es mehr als Biologie. Wäre es anders, wäre eine Unterscheidung zwischen beiden Seinsformen weder notwendig noch möglich.

Es ist Ausdruck einer verbreiteten Akzeptanz von Scheinevidenzen, wenn Gerhard Roth, ein nicht weniger renommierter Neurophysiologe, das Bewusstsein auf biochemische Prozesse reduzieren wissen will: »Bewusstsein im Sinne individuell erfahrbarer Erlebniszustände ist unabdingbar an Hirnaktivitäten gebunden«. Es gäbe nach Roth »keinerlei Hinweise darauf, das Bewusstsein auch ohne neuronale Aktivität existiert [was aber niemand, wirklich niemand behauptet hat!-W.S.]. Alle Erkenntnisse der Neurowissenschaften gehen dahin, dass jedem Bewusstseinszustand ein ganz bestimmter Hirnzustand bzw. -prozess zugrunde liegt.« Zweifellos ist das alles richtig, jedoch gemessen an dem dieser Aussage zugrunde liegen Erklärungsanspruchs, bewegt sie sich jedoch unterhalb eines wissenschaftlichen Anfänger-Niveaus, denn mit gleicher Berechtigung ließe sich auch sagen, dass es keine Kriege in der Menschheitsgeschichte gegeben habe, in deren Verlauf die Kämpfenden nicht geatmet hätten. Auch das ist zweifellos richtig, sagt aber natürlich nichts über die Tatsache des Krieges und noch weniger über seine Ursachen aus.

Der Mensch als »gesellschaftliches Naturwesen« (Marx) ist ohne seine biologischen Voraussetzungen nicht zu begreifen: Sie sind eine fundierende Seite seiner Existenz – und zwar in gleicher Weise, wie für Ameisen, Elefanten oder Waschbären. Aber die Vermitteltheit zur Natur macht nicht die zentrale Spezifik des Menschen aus, denn genetisch unterscheidet ihn kaum etwas vom Affen, aber fundamental sind die Differenzen in den »weichen« Aspekten seiner Existenz (Empathie, ethische Reflexionsfähigkeit, sein Bedürfnis nach ästhetischer Lebensgestaltung, abwägende Voraussicht, reflektiertes Handeln, aktive Umgestaltung der Naturbasis und planmäßige Gestaltung seiner Lebensverhältnisse usw.). Diese *qualitativen Merkmale* sind zwar zu den biologischen Existenzvoraussetzungen vermittelt, jedoch nicht aus ihnen zu *erklären* (der Mensch muss nicht kochen können, um sich »artgerecht« zu ernähren; der Verzehr von gesammelten Früchten und Würmern reicht vollkommen aus!) – und deshalb können sie auch von algorithmen-gesteuerten Systemen nicht »rekonstruiert« werden. Wie gesagt, stellen sie etwas qualitativ »Neues« und »Irreduzibles« dar.

Mag es auch nur eine vorläufige Bestandsaufnahme sein, aber menschliches Bewusstsein ist auch aus diesen Gründen in seinem innersten Kern, immer noch meilenweit von einer digitalen »Rekonstruktion« entfernt: Selbst die Vorstufen humaner Spezifika sind für die entsprechenden Wissenschaftsdisziplinen noch ein Buch mit sieben Siegeln. Sie können den Übergang von der unbewussten zur bewussten Materie nicht erklären, auch wenn es naturwissenschaftlich möglich ist, den einen oder anderen Entwicklungssprung zu *beschreiben*. Aber *warum* die Menschen fühlen können, *warum* sie Farben erkennen und Gerüche zu unterscheiden in der Lage sind, bleibt nach wie vor naturwissenschaftlich unerschlossen.

Die Defizite ihrer Grundannahmen wird jedoch von den Ideologen der »Künstlichen Intelligenz« und den Prognostikern einer den Menschen bald *ablösenden* (oder zumindest vollständig ersetzenden) Maschine noch nicht einmal erahnt, geschweige denn thematisiert. Ein adäquates Problembewusstsein kann sich ihnen auch nicht erschließen, weil sie der Selbsttäuschung unterliegen, dass bei einem weiteren Anwachsen der Datensätze und einer zunehmenden Geschwindigkeit ihrer Verarbeitung, sich *automatisch* eine Form »höherer Intelligenz« entwickeln würde und die noch bestehenden Gräben auf der Basis technologischer »Mutationen« einfach übersprungen würden.

Bei den Prognosen über »denkende Roboter« sollte immer in Erinnerung bleiben, dass ein Durchbruch bei ihrer Entwicklung schon lange prognostiziert wird. Bei einer von Weizenbaum als abschreckendes Beispiel zitierten (aus dem Jahre 1958 stammenden) Ankündigung, handelt es sich um keinen Einzelfall. Sie ist repräsentativ für eine wirklichkeitsferne Prognostik – bis heute: »Es gibt nunmehr in der Welt Maschinen, die denken, lernen und schöpferisch tätig sind. Darüber hinaus wächst ihre Fähigkeit auf diesen Gebieten zunehmend, bis – in absehbarer Zukunft – der Bereich von Problemen, die sie bearbeiten können, sich mit dem Bereich deckt, der bis jetzt dem menschlichen Denken alleine vorbehalten war.«

Nichts deutet darauf hin, dass die aktuellen Prognosen über einen »Siegeszug« der KI einen größeren Realitätsgehalt besitzen, als jene aus den Tiefen des 20. Jahrhunderts, und – so wie es Raymond Kurzweil, einflussreicher »Vordenker des IT-Komplexes« verkündet – mit einem »Durchbruch« in zwei oder drei Jahrzehnten zu rechnen wäre und dann der »Singularity-Moment« eintreten würde, definiert als jener Zeitpunkt, an dem Computer menschliches Denken und Verhalten nicht nur perfekt simulieren, sondern auf Grundlage ihrer Fähigkeit der Selbstoptimierung, auch überflügeln könnten.

Emanzipationsmaschine oder Destruktionsautomat?

Die sozialen Konsequenzen der gegenwärtigen Einsatz- und Wirkungsweisen des Computers können gar nicht kritisch genug eingeschätzt werden. Aber dennoch bleibt die Frage, ob seine aktuelle Funktionalität mit seinen immanenten Möglichkeiten deckungsgleich ist? Jedenfalls wäre es für das Verständnis der *Dialektik der Produktivkraftentwicklung* kontraproduktiv, wenn aus der Ernüchterung über die Entwicklungstendenzen der Computertechnologie, d. h. ihrer kapitalistischen und herrschaftskonformen Präformierung vorschnelle Schlussfolgerungen gezogen würden.

Es geht nicht um einen »Kampf gegen den Computer«, sondern um die realistische Einschätzung seiner aktuellen Anwendungsformen und Wirkungen im Kontrast zu seinen *potenziellen Möglichkeiten*. Beide Perspektiven sind zueinander vermittelt. Es kann weder die Kritik und noch nicht einmal eine realistische Einschätzung erfolgen, wenn nicht das Spannungsverhältnis zwischen Möglichkeit und Wirklichkeit des Computers thematisiert wird. Dabei bleibt als zentrales Moment zu berücksichtigen, dass er in der schon beschriebenen Weise, unter bestimmten Bedingungen, ökonomischen, sozialen, kulturellen, aber auch (kapitalistisch determinierten) technischen Zwängen entstanden ist, die eine »Erblast« darstellen.

Gerade die Fragen nach den sozio-kulturell emanzipatorischen Potenzialen des Computers lassen sich jedoch sinnvoll erst nach einer Bestandsaufnahme seiner gegenwärtigen Verwendungsweise und Wirkungspotenz diskutieren, ja überhaupt stellen. Ernst Bloch hat damit recht, dass es sinnlos sei, vom Erfinden ohne einen angemessenen emanzipatorischen Kontext »ein sicher Gutes zu erwarten.« Das technisch Neue »ist nicht immer besser als die Gesellschaft, die es setzt und gebraucht, wenn es auch viel mehr Übernehmbares als diese enthält.« Das sollte auch für den Computer gelten. Auch die kapitalistische präformierte Maschine enthält Potenziale die auf ein Besseres verweisen. Sie kann beispielsweise nicht auf ihre Ausbeutungsfunktionalität festgeschrieben und (im Falle des Computers) auf den Aspekt einer Universalisierung der Überwachung, oder ihrer Funktion als Vervielfältigungsmaschine des kapitalistischen Geistes reduziert werden. Jedoch die »überschreitenden« Möglichkeiten sind von einer einengenden Hülle umgeben, die gesprengt werden muss, um die emanzipatorischen Momente zur Geltung kommen zu lassen, denn es wird immer fraglicher, ob »überhaupt etwas übrigbleibt, das wir so, wie es der Kapitalismus hinterlässt, in Besitz nehmen können«. (Dietmar Dath) Um so nachdrücklicher stellt sich die Frage, durch welche Maßnahmen, durch welche Veränderungen aus der Kapitalgeschichte unverfälschte Menschengeschichte gemacht werden kann.

Von einer »Neutralität« der technischen Installationen kann bei einem solchen Transformationsprozess jedenfalls nicht ausgegangen werden. Es entspricht im Hinblick auf den Computer nicht seiner tatsächlichen Wirkungstendenz, ihm zu unterstellen, dass er zwar als infomationskapitalistische Maschine fungiere, als technologisches Konstrukt jedoch selbst »unschuldig« sei, und es »einzig darauf ankomme, wer es in den Händen hat und zu welchen Zwecken einsetzt.« (Frank Schirrmacher). Denn immer fragwürdiger scheint es, dass der gegenwärtige Kapitalismus noch jenen »materiellen und geistigen Fortschritt der Menschheit« repräsentiert (Helmut Peters), der als Garant eines emanzipatorischen Entwicklungsschubs der Produktivkräfte nach seiner Überwindung angesehen werden kann.

Aber dennoch braucht eine post-kapitalistische Gesellschaft, braucht der Sozialismus entwickelte Produktivkräfte! Nicht zuletzt, weil es eine gedeihliche Sozial- und Zivilisationsentwicklung nicht geben wird, wenn nicht auch global die krassen Unterschiede im Lebensniveau beseitigt werden. Was aber nicht bedeutet, dass die konsumistische Lebensweise und der ihr zugrunde liegende Produktionismus, wie er in den Metropolenländer auf die Spitze getrieben wird, verallgemeinerbar wäre und auch nur im mindesten Vorbildcharakter hätte. Deshalb wären die Vorstellungen über zukunftsfähige Produktivkräfte präziser zu fassen und zu betonen, dass die Neue Gesellschaft andere, nach Menschenmaß und ökologischer Verträglichkeit entwickelte Produktivkräfte benötigt. Die »emanzipatorische Maschine« gibt es jedenfalls nicht voraussetzungslos: Das »Schiff wirklicher Experimentierkunst« (Ernst Bloch) muss erst in See stechen. Das kann sinnvoll nur geschehen, wenn zuerst der Anker gelichtet und ein Zielhorizont identifiziert worden ist.

Eine unreflektierte »Unschuldsvermutung« gegenüber der herrschenden Technik, wie sie nicht nur im Marxismusdenken immer noch weit verbreitet ist, kann der Problemlage jedenfalls als nicht mehr angemessen angesehen werden: Die im entwickelten Kapitalismus entstandenen Technologien sind selten nur »neutral« und universell anwendbar, weil ihnen die Logik der Kapitalverwertung und Konkurrenzdynamik eingeschrieben ist und sie deshalb sozial und ökologisch destruktiv wirken. »Mehr als je sind die Produktivkräfte durch die Produktionsverhältnisse vermittelt«. (Theodor W. Adorno) Die technischen Apparaturen bilden eine Symbiose mit dem System, das sie hervorgebracht hat und sich ihrer bedient. Diese Verfügbarkeit ist auch bereits in ihren Konstruktionsprinzipien verankert.

Technik kann zwar in verschiedener Weise zur Anwendung kommen, ist jedoch in ihrer Wirkung nicht neutral. Die gleiche Maschine kann ein nützliches oder schädliches Wirkungsspektrum haben. Diese Mehrdimensionalität drückt sich auch darin aus, »dass technologische Entwicklungen häufig ökologische, soziale und menschliche Konsequenzen nach sich ziehen, die weitreichender sind als die unmittelbaren Ziele der Geräte und Praktiken, um die es eigentlich geht.« (Melvin Kranzberg)

Vor allem der Computer-Technologie wohnt in der schon geschilderten Weise eine Tendenz der Verselbstständigung gegenüber ihren Kreateuren inne, auch wenn immer noch der Mensch (eher der Programmierer, denn der Nutzer) bestimmt, ob bestehende Grenzmarkierungen überschritten und welche Schwerpunkte gesetzt werden. Aber die Nutzer-Aktivitäten vollziehen sich auf der Grundlage der »Computer-Rationalität«, die eine Eigendynamik besitzt. Wie schon gesagt: Wird die Maschine vom Menschen erst einmal in Gang gesetzt, können von ihr einschneidende Veränderungen der sozialen Umwelt und des konkreten menschlichen Verhaltens bewirkt werden.

Nicht jede technische Entwicklung repräsentiert automatisch (und ausschließlich) einen Fortschritt. Wir kennen das von der Hochtechnologie. Aber auch »einfachere« technische Entwicklungen haben nicht selten zwei Gesichter. Man kann von der Axt sagen, dass sie vorrangig ein nützliches Werkzeug ist, aber die Möglichkeit sie destruktiv gegen andere Menschen einzusetzen ist jedoch auch kein bloßer Zufall. Ursprünglich (in ihren steinzeitlichen Urformen) noch Ausdruck einer sozial-evolutionären Entwicklung, wurde die Axt im Kontext der sich herausbildenden Klassengesellschaft und der Institutionalisierung des Kampfes des Menschen gegen den Menschen immer mehr durch aggressive Präferenzen geprägt.

Aus der Steinaxt wurde zwar zunächst das geschmiedete Werkzeug des Holzfällers (das seine menschengerechte Funktion niemals verlor) – jedoch entwickelte sich daraus schon bald die Streitaxt. Bezeichnenderweise erreichte die Axt als Waffe sehr schnell ein technologisches Entwicklungsniveau (Härte des Stahls, Korisionsbeständigkeit, Schärfe der Schneide), das von einer Arbeitsaxt lange Zeit nicht erreicht wurde. Dass aus dem Handwerkzeug eine verbreitete Waffe wurde, ist durch die gesellschaftliche Entwicklung, der Zunahme militärischer Auseinandersetzungen und einer Systematisierung der kriegerischen Aktionen determiniert worden. Das ist für die Axt nicht ohne Konsequenzen geblieben – ihr wurde eine Funktion »eingeschrieben«, die mehr, denn als nur nebensächlich gelten muss.

Es ist evident, dass mit jedem Gegenstand destruktive Handlungen durchgeführt werden können. Es kann mit einer Christusstatue aus Bronze natürlich auch jemand erschlagen werden. Das mag vielleicht auch schon vorgekommen sein, wenn auch nur sehr selten. Jedoch wäre dieser Destruktionsakt nicht geeignet, alle Christusfiguren als potenziell lebensgefährlich einzuschätzen. Sinnvoll lässt sich das auch nicht von einem Krankentransporter unterstellen, nur weil einer einmal in einen schweren Unfall verwickelt war, durch den ein Herzpatient zu Tode kam. Aber anders verhält es sich schon, wenn eine Frau (wie Ende 2014 geschehen) in den USA von ihrem zweijährigen Kind im Supermarkt erschossen wird, weil es an den Revolver in der Handtasche seiner Mutter gelangt ist. So unglücklich die Konstellation auch war, aber die Waffe ist »regel-gerecht« eingesetzt worden, denn in der Handtasche wurde sie nicht zum Zwecke des Tontaubenschießens aufbewahrt.

Wie geschildert, ist bei der Entwicklung der »Geistesmaschinen«, der Einfluss einer *Logik der Aggression* prägend gewesen, ist der gesellschaftliche Einfluss auf die Entwicklungsrichtung der IT-Technologien von Beginn an ein regressiv-formierender gewesen. Niemand hat dem Steinzeitmenschen gesagt: »Konstruiere eine Axt, damit du mit ihr auch effektiv Menschen töten kannst«. Jedoch eines der ersten Anwendungskonzepte für den Computer, war durch den Auftrag strukturiert, ein Programm zu schreiben, durch das garantiert werden sollte, dass das Personal an den Abschussrampen US-amerikanischer Atomraketen nicht die Nerven verliert, wenn es ernst wird. Auf Grundlage dieser Vorgabe wurden die psychischen Reaktionswahrscheinlichkeiten der

Soldaten mathematisch berechnet, um eine bruchlose Einheit mit dem Maschinensystem herstellen zu können. Es sollte durch Computer-Direktiven sicher gestellt bleiben, dass die Soldaten auch in einer solchen »Stresssituation« in der Lage sein würden, ihre Aufgabe, die Vernichtung der Menschheit durch einen atomaren »Gegenschlag« zu erledigen. Dazu wurde es als notwendig erachtet, die menschlichen Denk- und Reaktionsweisen der Maschinenlogik unterzuordnen. Angestrebt wurde, das Bedienungspersonal nach den Vorgaben und Präferenzen der Maschine zu formatieren: Es wurde nicht vorrangig die Maschine an den Menschen angepasst, sondern der Mensch wurde daraufhin befragt, wie er funktionieren müsste, damit die Computerprogramme optimal funktionieren können. Menschliche Reaktionsweisen als »Unsicherheitsfaktoren« galt es auszuschalten. Es wurde nach diesen Vorgaben ein *Mensch-Maschine-System* entwickelt, um Soldaten in »komplexen Entscheidungssituationen« zu stabilisieren und anzuleiten. Ziel und Resultat war es, das Handeln der Akteure den Rechner-Imperativen unterzuordnen. Diese Programmvorgaben sind über die frühen Anfänge hinaus »stilbildend« geblieben, auch wenn zunehmend als weiter Zielhorizont die »Programmierung des homo oeconomicus« (Schirrmacher) bedeutsam wurde.

Eine besondere Bedeutung hatten dabei *spieltheoretische Konzepte*. Hinter dieser Bezeichnung verbirgt sich ein ökonomietheoretischer Ansatz, der bei der Ausprägung der »Computerlogik« von großer Bedeutung gewesen war. Seine Grundlage ist ein Menschenbild, das die wesentlichen Verhaltenskonstanten und -facetten des *kapitalistisch geprägten* Individuums abbildet – und diese verabsolutiert. Grundlegend ist die Doktrin, dass jeder nur vom absoluten Eigennutz, einem abgrundtiefen Misstrauen gegenüber anderen Menschen und dem Bedürfnis geprägt ist, diese zu übervorteilen. Stilisiert wird der Mensch zum Ego-Automat, dessen elementares Lebensprinzip das Misstrauen gegenüber seinem sozialen Umfeld sei. Folglich wird jedem nahe gelegt, von dieser »Tatsache« bei seinen sozialen »Handlungsstrategien« auszugehen und es zu lernen, den Egoismus der Anderen in Rechnung zu stellen, um seine eigenen Egoismen besser zur Geltung bringen zu können.

Trotz der Verbreiterung seines Wirkungsspektrums hat sich der Computer von der Hypothek der militärischen »Entwicklungshilfe« nicht mehr emanzipieren können: »Es ist einfach eine Tatsache, dass der Computer im Krieg geboren wurde und dass fast alle Forschungen und Entwicklungen des Computers vom Militär und fast ausschließlich vom Militär unterstützt wurden und heute noch werden. Jeder Erfolg, zum Beispiel in der Technik, dem Computer das Sehen beizubringen, wird sofort vom Militär aufgegriffen und sofort in Waffen eingebaut. Man darf nicht sagen, der Computer kann für etwas Böses und etwas Gutes eingesetzt werden, und der Computer selbst ist wertfrei. In dieser Gesellschaft ist der Computer zuerst ein militärisches Instrument.« (Joseph Weizenbaum)

Cyberwar: Der lautlose Krieg

Dass die Computertechnologie auf vielen Feldern als Destruktivkraft wirkt ist schon dargestellt worden. Aber sie wirkt zerstörerisch nicht nur bei den geschilderten sozialen Selektionsvorgängen, oder im Rahmen des ökonomischen Konkurrenzkampfes: Sie spielt eine zunehmende Rolle auch bei einer neuen Form militärischen Handelns, nämlich dem Einsatz des elektronischen Rechners und der globalen Internet-Infrastruktur zum Zwecke einer sogenannten *Cyber-Kriegsführung*, bei der es vorrangig um das Eindringen und die Ausschaltung von gegnerischen Computer-Systemen und digitalen Infrastrukturen geht. Es sind Kriege die nicht zu Lande, nicht in der Luft oder im Wasser, sondern in den Computern, in den digitalen Netzwerken und vermittelst der Glasfaserkabel geführt werden. Weit entwickelt sind beispielsweise die Methoden und Möglichkeiten der US-amerikanischen Administration grenzüberschreitende Kapitaltransaktionen zu behindern und die Bankensysteme ganzer Länder von der Außenwelt abzuschneiden.

Auf dem Gebiet des Cyberwars befinden wir uns nicht – wie manchmal zu hören ist – am Beginn einer neuen *militärischen Eskalationsstufe* mit Hilfe von Computer und Internet, sondern stecken mittendrin. In einem ganz elementaren Sinne kehrt damit die Computer-Praxis zu ihren militärischen Ursprüngen zurück – und zwar mit dramatischen Konsequenzen. Es sind elektronische Zerstörungspotenziale aufgebaut und auch schon eingesetzt worden – ohne dass in der Öffentlichkeit diese Entwicklungen und vor allem auch die aus ihnen resultierenden Konsequenzen auch nur in Umrissen wahrgenommen werden.

Bedrohlich sind diese Aktivitäten, weil die elektronische Vernetzung mittlerweile global geworden ist. Weil der Computer zur wichtigsten technischen Apparatur avanciert ist, können durch die Bedrohung seiner Funktionalität weitreichende Störeffekte erzielt werden: »Ohne Computer kann kein Flugzeug mehr fliegen, kann keine Bank ihr Geld verleihen, und keine Regierung regieren. Computer bringen Kraftwerke zum Laufen und Panzer zum Rollen, sie errechnen Börsenkurse und steuern Satelliten. Unternehmen, Länder, Regierungen, die die Macht über ihre Computer verlieren, verlieren alles.« (Kerstin Kohlenberg) Aber nur auf den ersten Blick ist der Cyberwar ein »stiller« Krieg, denn auch der elektronische Angriff kann töten, weil er lebenswichtige Infrastrukturen zerstört.

Im Prinzip handelt es sich bei diesen neuen militärischen Aktionsformen um Hacker-Aktivitäten, aber auf einer neuen Intensitätsstufe und mit gesteigerten Zerstörungseffekten. In der Praxis ist die defensive, kaum von der offensiven Seite zu trennen: In der Regel gehen Verteidigungs- und Destruktionsaktivitäten bruchlos ineinander über. Die Schadsoftware ist also nicht nur eine Waffe der Gegner, sondern gelangt auf allen Seiten zum Einsatz. Die traditionelle Überzeugung von Militärstrategen, dass wer Frieden will, permanent Krieg führen müsse, ist zur Handlungsmaxime der digitalen Kämpfer geworden.

Zum ersten Mal gingen die US-amerikanischen Streitkräfte in den Nachhutgefechten des Irakkrieges 2003 zum Cyberangriff über. Sie drangen in die Netze der irakischen Widerstandskämpfer ein, manipulierten Informationen und Befehle der Kommandoebenen und lockten die Kämpfer in Fallen, um sie konventionell attackieren zu können. Auf Grundlage dieser Aktivitäten fand bei der US-Administration ein grundsätzlicher Einstellungswandel gegenüber der elektronischen Kriegsführung statt: Der Cyberkrieg wurde nicht mehr nur als Bedrohung angesehen, sondern auch als ein nützliches Mittel zur Durchsetzung der eigenen Interessen eingeschätzt. Die sich aufdrängende Einsicht, dass es durch die konstitutive *Unübersichtlichkeit des Internet-Krieges* nur Verlierer geben könne, wurde verdrängt und mit Nachdruck digitale Interventionspotenziale aufgebaut. Förderlich für die neue Aufrüstungsvariante war die Tatsache, dass der Aufbau von Cyberkrieg-Kapazitäten kostengünstiger als der Erwerb von Kampfjets und Panzer ist.

Seine Cyberwar-Ziele hat das US-Verteidigungsministerium schon 2008 über reine Defensiv-Aktivitäten hinausgehend definiert, nachdem es schon einige Jahre über die Praxis der digitalen Kriegsführung verfügte: Es gehe um die Fähigkeit Gegner herabzusetzen, zu irritieren, zu betrügen, in ihre Systeme einzudringen um sie auszuspionieren, sowie Netz-Einrichtungen zu zerstören. Als unmittelbare Angriffspunkte wurden gegnerische Computernetzwerke mit Überwachungsaufgaben, vorrangig aber digitale Komplexe mit infrastrukturellen Steuerungsfunktionen definiert. Ziele sind die Lahmlegung ebenso des Flug-, wie des Zahlungsverkehrs. Aber auch die Unterbrechung der Strom- und Wasserversorgung werden als vorrangige Angriffspunkte definiert. In den Vereinigten Staaten haben alle Truppenteile eigene Cybereinheiten aufgebaut, die diesen Zielsetzungen verpflichtet sind.

In China und Russland dürfte das Problemverständnis nicht anders sein. Aber auch weniger mächtigen Staaten und Organisationen ist es möglich, sich solcher Destruktionsaktivitäten zu bedienen. Cyberkommandos gibt es in Großbritannien, Lettland und auch in der Bundesrepublik. Insgesamt wird die Zahl cyberkriegfähiger Staaten mittlerweile auf über 100 geschätzt. Dass die Attacken ständig zunehmen ist also kein Zufall, aber eine Grenzlinie ist nicht in Sicht, weil jede »Abrüstungsinitiative« aus systemischen Gründen ins Leere läuft und der Cyberkrieg end- und grenzenlos ist: »Wenn Soldaten eine Rakete abfeuern, wenn sie eine Bombe werfen, dann explodieren die Sprengsätze, und die Waffe ist verbraucht, sie ist dann nicht mehr da. Kommt jedoch eine Cyberwaffe zum Einsatz, bewegt sich das Programm durch die Computer und infiziert das Netz auf Ewigkeit ... Staaten feuern ihre Cyberwaffen ab, und irgendwann kommen sie zurück. Der Computerwurm Stuxnet, den die Vereinigten Staaten entwickelten, um das iranische Atomprogramm zu stören, wurde mittlerweile in verschiedenen Versionen gegen Amerika eingesetzt.« (Kerstin Kohlenberg)

Zwar lässt sich oft differenzieren, aus welcher »Richtung« die Angriffe gekommen sind, selten jedoch ist es möglich, *verlässlich* zu sagen, ob staatliche »Dienste«, kriminelle Vereinigungen oder terroristische Organisationen dafür die Verantwortung tragen. Mehr als »geographische« Richtungsangaben können oft nicht gemacht werden. So ist das auch bei der Welle von Cyber-Aktivitäten in der ersten Jahreshälfte des Jahres 2015 gewesen: Im Januar drangen russische Akteure in das Netzwerk des US-amerikanischen Verteidigungsministeriums ein. Im April bestätigte das Weiße Haus, dass in Russland beheimatete Hacker seit Monaten die E-Mails des Präsidenten abgefangen hatten. Im gleichen Monat legten IS-Terroristen den französischen Fernsehsender TV 5 Monde lahm. Im Mai 2015 war das Computer-Netzwerk des Deutschen Bundestages betroffen. Im Juni wurden Aktivitäten chinesischer Hacker bekannt, die in Netzwerke in den Vereinigten Staaten eingedrungen waren und sich Zugang zu den Daten von Millionen Staatsbediensteten verschafft hatten. Diese Liste kann keinesfalls als vollständig gelten, vor allem auch, weil die vom Westen gesteuerten Aktivitäten von ihr nicht erfasst sind. Einer breiteren Öffentlichkeit sind sie trotz ihres mittlerweile beträchtlichen Umfangs auch nicht bekannt. Verfestigt haben sich stattdessen Vorstellungen über eine die geographische Verteilung der »Quellen« von Cyber-Angriffen, die mit der Realität nicht viel zu tun haben. Immer wieder stehen russische Hacker unter Generalverdacht, aber deren Anteil an den internationalen Stör- und Sabotage-Aktivitäten beläuft sich auf unter 3 Prozent. Auch auf das Konto chinesischer Aktivisten, die in der Berichterstattung ebenfalls immer wieder im Mittelpunkt stehen, gingen 2014 wahrscheinlich »nur« knapp 11 Prozent aller Stör-Mannöver. Aber fast 21 Prozent der über *42 Millionen Attacken* dieses Jahres hatten ihren Ursprung in den Vereinigten Staaten – ohne dass diese Tatsache ihren Niederschlag in der medialen Berichterstattung gefunden hätte.

Von den Snowden-Papieren wird dokumentiert, wie weit die Vorbereitungen für verdeckte Internet-Operationen sowohl bei der US-amerikanischen NSA und ihrer britischen Schwester-Organisation GCHQ schon gediehen sind. Es existieren hochentwickelte Fähigkeiten, um die Netzaktivitäten von Hacker-Gruppen, Terror-Organisationen, von Kriminellen, aber auch die digitalen Kommunikations- und Steuerungsstrukturen ganzer Staaten attackieren zu können. Zunächst ist intendiert, die Schwachstellen der gegnerischen Netze zu erkennen, und zwar nicht nur, um in diese zum Zwecke der Lahmlegung einzudringen, sondern um sie auch für die eigenen Stör- und Destruktionszwecke instrumentalisieren zu können. Dieses Vorgehen hat einen zentralen Stellenwert, weil auf diesem Wege auch versucht wird, die Spuren der eigenen Aktivitäten zu verwischen. Man schlüpft in andere Rechner-»Identitäten«, um sie als »Schutzschild« für das eigene Vorgehen zu instrumentalisieren, aber auch die Durchsetzungspotenz von Störaktionen zu erhöhen. Auch private Rechner werden für solche verdeckten Aktionen »umgepolt«: Es werden Netze aufgebaut, die aus Millionen Rechnern bestehen können, in die eingedrungen wird und die mit Schadsoftware infiltriert werden, um danach gebündelt und ferngesteuert gegen beliebige Ziele eingesetzt werden zu können, beispielsweise um andere Rechnersysteme lahmzulegen.

Mit der Digitalisierung und Vernetzung aller ökonomischen und sozialen Infrastrukturen, aber auch der militärischen Kommunikationssysteme, sind also völlig neue Einfluss-, Stör- und Destruktionsmöglichkeiten entstanden: Es können zivile Versorgungseinrichtungen und ökonomische Abläufe lahm-

gelegt, aber auch versucht werden in die militärischen Kommandostruktu-
ren des Gegners einzudringen, um sie mit schädlichen Programmen zu in-
filtrieren. Die militärischen Apparate haben sich schon darauf eingerichtet,
dass hochentwickelte Cyber-War-Fähigkeiten in kommenden Kriegen und
unterhalb der Ebene konventioneller militärischer Auseinandersetzungen,
entscheidende Bedeutung erlangen werden: »Wenn die militärischen Kom-
mando- und Kommunikationsstrukturen bis hinunter zu den waffentechni-
schen, zunehmend automatisierten Funktionen (Drohnen) einem komplexen,
in weiten Teilen GPS-basierten Computernetzwerk gehorchen, dann hat im
Zweifel der das Sagen, der die Kontrolle über eben dieses Netzwerk ausübt.
Die Einwirkungsmöglichkeiten sind außerordentlich vielfältig. Dieser Gedanke allein schon macht die überragende Bedeutung zukünftiger Cyberwar-
Fähigkeiten deutlich ... Zwischen die nichtmilitärischen Mittel Diplomatie,
Propaganda und Ökonomie einerseits und den Kanonen andererseits schiebt
sich auf der submilitärischen Ebene die elektronische Kriegführung. Die Ein-
trittsschwelle zum Krieg verschwimmt immer mehr, es wird möglicherweise
noch nicht geschossen, aber eine zerstörerische Einwirkung auf den Gegner
ist trotzdem möglich. Es entwickelt sich eine Art niedrigschwelliger imperi-
alistischer Krieg in Permanenz, bei dem die Wahl der Mittel weitgehend Op-
portunitätsprinzipien gehorcht.« (Klaus Wagener)

Das Internet wird bei diesen Destruktionsaktivitäten als rechtsfreier Raum
behandelt, der ein anonymes Handeln ermöglicht, für das man nicht zur Re-
chenschaft gezogen werden kann, denn bei den Cyberaktivitäten gibt es viele
Möglichkeiten sich zu maskieren und falsche Fährten zu legen. Faktisch ist
diese Anonymität zwar nur Illusion, aber die Cyberkrieger agieren wie alle
Rechtsverletzer – sie gehen davon aus, nicht erwischt zu werden. Eine gewisse Berechtigung hat die »Zuversicht« unentdeckt zu bleiben, weil es elementarer Bestandteil der Cyber-Agressionen ist, Spuren verwischen zu können.
Dazu sind wirkungsvolle Systeme der Täuschung und Irreführung entwickelt worden, beispielsweise Möglichkeiten in die gegnerischen Rechnersysteme einzudringen, um diese gemäß der eigenen Destruktionsabsichten
tätig werden zu lassen. Aber die Täuschungsmanöver weisen immer wieder
auch Lücken auf, so dass die Aggressionsquelle trotz allen Anonymisierungs-
bemühens manchmal eben doch identifiziert werden kann. Dennoch reicht
die Illusion unentdeckt zu bleiben aus, um die *Hemmschwelle für elektronische
Kriegsabenteuer abzusenken,* zumal der technologische Aufwand (im Vergleich

zu konventionellen kriegerischen Aktionen) denkbar gering ist, auch schon Bruchteile der aufgebauten Cyberware-Kapazitäten ausreichen, um die Krankenhäuser in Oslo, den Flugverkehr über Paris oder die Stromversorgung in Peking lahm zu legen.

Von einer »unterschwelligen« Kriegführung würden auch die imperialistischen Metropolenländer nicht unbehelligt bleiben. Die Dramatik der Perspektiven hat US-Präsident Obama mit seiner Warnung zum Ausdruck gebracht, dass von seiner Regierung eine umfassende Cyber-Aggression mit einem Atom-Schlag gleichgesetzt und auch entsprechend »beantwortet« werden würde!

Soziales Medium und private Aneignung

Im vorherrschenden Verwendungsmodus der Computertechnologie manifestiert sich auf *neuer Intensitätsstufe* der Antagonismus zwischen der Produktivkraftentwicklung und den Produktionsverhältnissen: »In schneidenden Widersprüchen, Krisen, Krämpfen drückt sich die wachsende Unangemessenheit der produktiven Entwicklung der Gesellschaft zu ihren bisherigen Produktionsverhältnissen aus.« (Marx) Aus den regressiven Konsequenzen des gegenwärtigen Einsatzes der Computer-Technologie resultiert eine fundamentale Veränderungsnotwendigkeit der gesellschaftlichen Verhältnisse, denn »um des erzielten Resultats nicht verlustig zu gehen, um die Früchte der Zivilisation nicht zu verlieren, sind die Menschen gezwungen, sobald die Art und Weise ihres Verkehrs den erworbenen Produktivkräften nicht mehr entspricht, alle ihre überkommenen Gesellschaftsformen zu ändern.« (Karl Marx)

Aber wie schon thematisiert, wird es nicht ausreichen, nur die Verfügungsmacht über die Produktionsmittel zu verändern – diese selbst müssen modifiziert, nach Menschenmaß (um-)gestaltet und neu konzipiert werden. Es ist ein nicht ganz unberechtigter Einwand, dass Marx in seinem Verständnis technischer Progression noch den Vorstellungen seines 19. Jahrhunderts verpflichtet geblieben ist, und sein »Bestreben darin bestand, einem durch die bürgerlichen Produktionsverhältnisse blockierten Fortschritt vollends zum Durchbruch zu verhelfen und dessen Prinzip der Naturbeherrschung auf die Spitze zu treiben.« (Götz Eisenberg) Zumindest in der hegemonialen marxistischen Rezeptionslinie ist die Marxsche Technik-Kritik so verstanden worden. Aber Marx wirklich gerecht geworden ist sie mit diesem Verständnis nicht: Denn einen unreflektierten Produktivismus gibt es bei ihm nicht. Dem steht alleine schon die Auffassung über die anzustrebende Gebrauchswertorientierung als Gegensatzprinzip zum Tauschwertfetischismus entgegen. Die Gültigkeit eines in letzter Konsequenz *zivilisationskritischen Argumentations-*

schemas bei Marx ist durch den latent-technologischen Fortschrittsoptimismus nicht in Frage gestellt. Die angeführten Zitate belegen das.

Kapitalismuskritik als Zivilisationskritik zu buchstabieren ist unverzichtbar, wenn der spezifische Charakter der aktuellen sozio-ökonomischen Widerspruchsentwicklung begriffen werden soll, denn nur dann wird auch offensichtlich, dass die Verallgemeinerung der Computertechnologie zwar Ausdruck einer wachsenden *Vergesellschaftung der Produktionsmittel* ist, jedoch gleichzeitig deren Potenzialität einen konstitutiven Gegensatz zu den *privaten Verfügungsformen* bilden. Offensichtlich wird dieses objektive Widerspruchsverhältnis durch die Tatsache, dass Software-Entwicklungen und digital vervielfältigbare Schöpfungen nur mit Mühe in eine privatwirtschaftliche Rechtsform zu pressen sind. Auch Monopolisierungsbestrebungen werden (wie beispielsweise die Verbreitung der kollektiv erarbeiteten und kostenlos verbreiteten *Linux-Software* zeigt) immer wieder in Frage gestellt. Jedoch ist das Alte noch lebendig genug, um das Neue zu kanalisieren und seinen eigenen Gesetzen unterzuordnen: Auch eine gemeinwirtschaftlich orientierte Technik kann sich nicht dauerhaft in Opposition zum dominanten ökonomischen System entfalten. Auch Technologien mit subversivem Anspruch – wie freie Software – verlieren mögliche Alternativeffekte, weil sie in das herrschende ökonomische Kraftfeld eingebunden werden. Die bürgerliche Gesellschaft erweist sich als fähig, auch das digitale Eigentumsmonopol abzusichern. Nicht zufällig hat es seit den 80er Jahren des 20. Jahrhunderts mit der Veränderung der technischen Reproduktionsbedingungen massive Bemühungen zur gesetzlichen Absicherung von »geistigen Eigentumsrechten« gegeben. In nicht wenigen Fällen handelt es sich vorrangig um den *Schutz von Monopolpositionen.*

Durch die Verallgemeinerungstendenzen der Computertechnologie wird zwar die Warenform bestimmter künstlerischer (Musik) und intellektueller Leistungen (Software) tendenziell auch wieder in Frage gestellt, jedoch wird mit konzentriertem Einsatz gleichzeitig an neuen technischen Architekturen und modifizierten Vermarktungskonzepten gearbeitet, die zur Verfestigung und Absicherung der kommerziellen Verwertung beitragen können. Dem von der neoliberalen Ideologie »verabschiedeten« Staat wachsen neue Aufgaben zu: »Knappheit« wird durch das Rechtssystem, also durch Gesetz, staatsanwaltschaftliche Ermittlungen und gerichtliche Verfügungen wieder hergestellt. Es wäre eine eigene Untersuchung wert, zu analysieren, wie bereitwillig sich das bundesrepublikanische Rechtssystem, um die Warenform auch im Netz abzusichern, zum Büttel auch von betrügerischen Internet-Geschäftsmodellen macht, deren Akteuren es immer wieder gelingt, durch die Vortäuschung falscher Tatsachen Nutzer zu animieren, kostenpflichtige Dienste in Anspruch zu nehmen.

Es hat sich jedenfalls als wenig realistisch erwiesen, das Unterlaufen der Warenform und die damit verbundenen Normenbrüche in der Aufbauphase des neuen Mediums, als irreversibel und als Ausdruck eines prägenden Entwicklungstrends anzusehen: Die vorübergehende »Regellosigkeit« resultierte aus technischen und rechtlichen Lücken, die zunehmend geschlossen wurden. Mit großem Aufwand wurden die elektronischen und rechtlichen Voraussetzungen zur Rückgewinnung der urheberrechtlichen Kontrolle geschaffen. Dieser *Kampf um die Warenform* sind konstitutives Merkmal der »Wissens- und Informationsgesellschaft«. Die Aktivitäten sind geprägt von dem Bemühen, immer mehr kulturelle Ressourcen in Waren zu verwandeln.

Auch bei den großen Tages- und Wochenzeitungen sind die Zeiten einer kostenlosen Netz-Präsentation vorbei. Die Prognosen der »Internet-Propheten« (»Informationen werden kostenlos sein«, so Chris Anderson) waren nie besonders realitätsadäquat, zumal ja offensichtlich ist, dass auch für die scheinbar »kostenlosen« Netz-Angebote, von den Nutzern der hohe Preis des Verzichts auf informationelle Selbstbestimmung und die Freigabe ihrer Daten für die kommerzielle Verwertung gezahlt werden müssen: »Im Falle von kommerziellen sozialen Medien haben wir es mit einem umgekehrten Warenfetisch zu tun: Hinter den dort stattfindenden sozialen Beziehungen und Kommunikationsmöglichkeiten, dem sozialen Gebrauchswert der kommerziellen Plattformen, verbirgt sich die Warenform von Daten.« (Christian Fuchs) Aber diese Warenform entsteht erst, wenn die erfassten und verarbeiteten Daten Interessenten zum Kauf angeboten werden.

Man verstrickt sich in intellektuelle Konfusionen, wenn in diesem Zusammenhang der Arbeitsbegriff überspannt wird, so dass gewöhnliche Lebenstätigkeiten zur »Arbeit« und »Produktion« aufgeblasen werden und ihnen darüber hinaus auch noch wertbildende Eigenschaften zugerechnet werden: »In sozialen Medien ist die Unterscheidung zwischen Produktion, Distribution und Konsumtion verwischt, da die Konsumenten zugleich Produzenten von Daten sind, die als Ware an Werbetreibende verkauft werden.« (Christian Fuchs) Dieses »Produzieren« von Daten ist durch keinen ökonomisch adäquaten Produktionsbegriff gedeckt. Auch wer eine Straße überquert und Daten »produziert«, die von einer Firma erfasst und verwertet werden, die mit der Analyse und Regulierung von Verkehrsströmen beauftragt wird, produziert nichts, was einen relevanten Gebrauchs- oder Tauschwert hat (was die einzigen sinnvollen Kriterien für den Warencharakter einer gesellschaftlichen Aktivität wären!). Und in diesem Kontext wird auch niemand »ausgebeutet«. Auch eine erfasste *Lebenstätigkeit* kann nicht als Bestandteil der »Zirkulationsarbeit« gewertet werden, wie Fuchs hinsichtlich des ganz normalen, internetvermittelten Kommunikationsverhaltens meint.

Es muss bei der Einschätzung des IT-Komplexes immer in Rechnung gestellt werden, dass – im Kontrast zu ihren Selbstdarstellungsmustern – die meisten Internet-»Revolutionäre« ein monetäres Interesse antreibt, das Streben nach Einfluss, Größe und Ausdehnung, letztlich nach dem Monopol, eine Konstante ihres Handelns ist, die aus ihren ökonomischen Existenzbedingungen resultiert. Verbreitet ist ein »Allmachtstreben«, dass jedoch nicht unbedingt Ausdruck von eitlem Größenwahn ist, wie oberflächliche »Kapitalismuskritiker« unterstellen: Die Nummer eins zu sein, das Bemühen den Wettbewerber auszuschalten ist nichts »Archaisches, beinahe schon Animalisches« (wie Meinhard Miegel meint), sondern entspricht dem rationalen Kalkül kapitalistischer Existenzsicherung. Die Konsequenzen können destruktiv und irrational sein, das Vorgehen entspricht jedoch der *Logik der Kapitalverwertung*.

Hinsichtlich des Zwangs, die eigene Existenz durch aggressive Ausdehnungsstrategien sichern zu müssen, bestehen keine Unterschiede zwischen einer traditionellen und der digital geprägten Ökonomie. Dass eine marktbeherrschende Stellung angestrebt und ständig um »Terraingewinne« gekämpft und um deren Absicherung gerungen werden muss, entspricht den Grundprinzipien der Kapitalakkumulation, die wie eine Maschine funktioniert, die nur produzieren kann, wenn sie immer schneller läuft und immer größere Mengen ausstößt. Es muss mit steigender Geschwindigkeit das Kapital verwertet werden, wenn der ganze Prozess nicht zum Stillstand kommen soll. Es kann kein Innehalten geben, weil es auch keinen verlässlichen Zielhorizont gibt: *Jedes Ergebnis ist nur vorläufig*, selbst bloß Anlass, wiederum darüber hinaus zu streben. Weder geographische Grenzen noch zivilisatorische Rücksichten können diesen Prozess aufhalten.

Die Konsequenzen für die Subjekte sind fatal: Sie sind pausenlos tätig und haben in der Regel nicht selten dennoch das Gefühl, auf der Stelle zu treten.

Diese Paradoxie ist Ausdruck einer fundamentalen Widerspruchssituation, in der ein faktischer Stillstand mit einer nervösen Geschäftigkeit überspielt wird. Da der Raum begrenzt ist, um unendlich »voranschreiten« zu können, wird deshalb die Zeit zum Zwecke ihrer effektiveren Nutzung »verdichtet«: »Das Kapital treibt seiner Natur nach über jede räumliche Schranke hinaus. Die Schöpfung der physischen Bedingungen des Austauschs – von Kommunikations- und Transportmitteln – wird also für es in ganz andrem Maße zur Notwendigkeit – die Vernichtung des Raumes durch die Zeit.« So der Marx des Jahres 1858!

Auf der Subjektebene ist deshalb nicht mehr das »Menschenmögliche« Maßstab, sondern eine abstrakte, aus Gewinnvorgaben abgeleitete »Norm«, die keine Rücksicht auf die Arbeitsbedingungen und die Leistungsfähigkeit der Beschäftigten mehr nimmt. Überforderung wird zum Systemimperativ, die permanente Überschreitung der Leistungsgrenzen zur »Normalität«. Sind die Anforderungen prinzipiell auch maßlos, so sind jedoch der Leistungsfähigkeit der Beschäftigten Grenzen gesetzt. Besorgt stellt sich nicht nur der Auslieferungsfahrer die Frage, wenn er die 30-Kilo-Sendung in den 4. Stock gehievt hat, wie lange er noch mithalten kann, sondern auch der »Kreativ-Manager«, wenn er mit intensivem Einsatz und gegen große Widerstände ein Projekt erfolgreich zum Abschluss gebracht hat. Beide fühlen sich nicht nur gehetzt, sondern sind auch verunsichert, weil sie mit dem Bewusstsein leben, dass sie den Leistungsanforderungen nicht mehr allzu lange werden genügen können.

Die verwertungsorientierte Entwicklungsdynamik repräsentiert das Grundprinzip des Kapitalismus, resultierend aus dem Zwang zur unendlichen »Verwertung des Werts« (Marx). Jeder Geschäftserfolg muss überboten werden, aus Geld unverzüglich mehr Geld gemacht werden. Was konkret bedeutet, dass der Kapitalismus sich »nur durch Steigerung … reproduzieren« kann, er »auf Wachstum, Beschleunigung und unaufhörliche Innovierung angewiesen [ist] …, um sich in seiner Struktur zu erhalten und den Status quo zu sichern.« (Hartmut Rosa)

Ist das Terrain abgesteckt (was in der IT-Wirtschaft weitgehend der Fall ist) und haben die erfolgreichen Akteure eine kaum mehr zu überbietende Marktposition erreicht, müssen neue Geschäftsfelder erschlossen werden. Auch Google hat aus dieser Situation die Konsequenz gezogen und ist nachdrücklich bestrebt zu »diversifizieren«, d. h. Monopole auf anderen Gebieten zu errichten. Durch die organisatorischen Umgestaltungen, die Schaffung einer unter dem Namen Alphabet firmierenden Holdingstruktur, wird die Absicht demonstriert, noch viele andere Branchen und Geschäftsfelder von Grund auf umzugestalten. Einen besonderen Stellenwert hat für Google nicht nur die Absicherung des Einflusses auf Betriebs- und E-Mail-Systeme, sondern auch die Vergrößerung ihres Anteils an der Kabel- und Breitband-Infrastruktur.

Immer noch ist das Zentrum der Kommerzaktivitäten von Google und Facebook die Datenerfassung und deren kommerzielle Verwertung mit ihrer Tendenz zur Kolonialisierung der Lebenswelt; aber »traditionelle« Geschäftsfelder bekommen eine immer größere Bedeutung. Nicht zufällig ist für Google auch die Bereitstellung externer Rechen- und Speicherkapazitäten, sowie das Angebot ausgelagerter und zentralisierter Software zu einem expandierenden neuen Betätigungsfeld geworden. Auch Amazon betätigt sich schon lange nicht mehr nur als Versand-Händler, sondern dehnt sich verstärkt auf technologischen Geschäftsfeldern aus und hat Milliarden-Summen in Speichertechnologien investiert. Wer zukünftig alles Zugriff auf die ins unendliche wachsende Speichereinheiten und ausgelagerten Verarbeitungsvorgänge hat, kann heute kaum prognostiziert werden.

Spätestens durch die Expansionsstrategien der Internetmultis wird die abwiegelnde Auffassung einer »Pazifizierung« der Konkurrenzorientierung des transnationalen Kapitals, die von einer sogenannten »Marxistischen Linken« vertreten wird, die eine Ablösung eines »gegenseitigen Kriegs der Konzerne … durch eine regulierte Rivalität« (Leo Mayer) unterstellt, ad absurdum geführt. Die Realität des wirtschaftlichen Handelns, vor allem das ungebremste Monopolstreben der IT-Konzerne erwecken keineswegs den Eindruck, dass »transnationale Organisationsformen der neoliberalen Klassenfraktion und internationale Organisationen« dazu beitragen »Konflikte frühzeitig zu entschärfen.« (Leo Mayer) Tatsächlich ist das Gegenteil der Fall, zeichnet sich eine neue Phase des Kampfes um das Monopol in den Formen intensivierter Destruktions- und Verdrängungsstrategien ab. Dabei haben wir »es nicht mehr mit dem Konkurrenzkampf kleiner und großer, technisch rückständiger und technisch fortgeschrittener Betriebe zu tun. Durch die Monopolinhaber werden alle diejenigen abgewürgt, die sich dem Monopol, seinem Druck, seiner Willkür nicht unterwerfen.« In dieser Textpassage ist nicht explizit von Microsoft, Facebook oder von Google die Rede – und trotzdem schildern diese Formulierungen aus Lenins Untersuchung über den »Imperialismus als das höchste Stadium des Kapitalismus« exakt deren Expansionspraktiken mit der Konsequenz, dass immer weniger Firmen, sich einen immer größeren Marktanteil zu sichern verstehen.

Die Weichen für die Herausbildung der Internet-Monopole wurden übrigens schon in einer frühen Entwicklungsphase durch die Verhinderung alternativer technologischer Varianten gestellt. »In den frühen 1990er Jahren gab es Dutzende ernsthafter Bemühungen, digitale Informationen in Netzwerken auf eine Weise zu präsentieren, die eine Nutzung durch weitere Kreise ermöglichen sollte. Unternehmen wie General Magic und Xanadu entwickelten alternative Designs mit völlig anderen Eigenschaften, die niemals nach draußen gelangten.« (Jaron Lanier)

Auch wenn das Monopol auf einem Gebiet erreicht und gesichert erscheint, gibt es kein Innehalten, muss auf diesem Geschäftsfeld um die Festigung der erreichten Position gerungen, müssen neue »Innovationsschübe« angestrebt werden, denn für die »Marktverhältnisse« im IT-Kapitalismus gilt im besonderen Maße was Lenin in seinem *Imperialismus*-Buch festgestellt hat: Dass es niemals gelänge, »die Konkurrenz auf dem Weltmarkt … restlos und auf sehr lange Zeit auszuschalten.« Das gilt im besonderen Maße für die IT-Branche. Denn je intensiver die elektronische Vernetzung ist, um so eher können neue Entwicklungen und Produkte auch aus anderen Weltregionen kommen. Auch bisherige Monopolpositionen sind keine Gewähr für den Erfolg von morgen, denn in Zeiten schnellen technischen Wandels bieten sich für einige, die zum richtigen Zeitpunkt die richtige Idee haben, weiterhin große Chancen – aber sie brauchen nicht mehr zwangsläufig aus den bisherigen Zentren der technologischen Progression kommen.

Durch diese realen Entwicklungen wird deutlich, dass Monopole in der IT-Wirtschaft eine Ablauffrist haben. Um sie zu verlängern, muss viel Mühe und Geld aufgewandt werden, beispielsweise um benachbarte Märkte zu okkupieren, um sich auch dort eine Vorrangstellung zu sichern. Der *Zwang zur Ausdehnung* wirkt sich auf die Beschäftigten als permanenter und unaufhaltsam steigender Leistungsdruck aus. Sie geraten in das Hamsterrad eines Verwertungsprozesses, der kein Ende kennt, weil es für die Kapitalakkumulation keinen Ruhepunkt und keine Obergrenze gibt. Jeder Erfolg ist nur die Ausgangsbasis eines neuen Überbietungsstrebens. Die Konsequenz dieses Verwertungsautomatismus ist die Erwartung an die Beschäftigten, ohne Ende zu arbeiten.

Aber trotz permanent steigender Leistungsanforderungen und die Permanenz eines aufzehrenden »Innovationsstrebens«, hat es bei so manchem Internet-Riesen einen schnelleren Abstieg gegeben, als es aufgrund der beeindruckenden Aufstiegsdynamik zu erwarten gewesen wäre. Beispielsweise die 1982 gegründete Firma SunMicrosystems Inc. wurde 2010 aufgelöst. Noch ein Jahr zuvor war der Hersteller von Computern und Softwareentwickler auf dem Gipfelpunkt seiner Firmengröße, beschäftigte fast 30.000 Mitarbeiter und machte 11 Milliarden Dollar Umsatz. Aber aufgrund großer Verluste wurden innerhalb weniger Monate erst tausende Arbeitsplätze abgebaut und dann die Firma vom Rivalen Oracle geschluckt, weil sie nicht »innovativ« genug war.

Oder wer kennt heute noch den Namen *Nixdorf*, eine deutsche Computerfirma aus der westfälischen Provinz, die in den späten 60er und den 70er Jahren mit ihren Innovationen die Verbreitung der Computer in Büros und Verwaltungen ermöglichte, Weltrang hatte und bis in die erste Hälfte der 80er Jahre mit IBM auf Augenhöhe konkurrieren konnte. Weil jedoch von der Firmenleitung die zukünftige Rolle des neu entwickelten *Personal Computers* falsch eingeschätzt wurde, gingen in schnellem Tempo Marktanteile verloren. Nur wenige Jahre dauerte es, bis durch diese Fehlentscheidung Nixdorf in der Bedeutungslosigkeit versank. Solche Beispiele sind Mahnung für alle; sie erinnern daran, dass es zu wenig ist, nur das Erreichte absichern zu wollen. Überlebensfähig ist nur, wer um die beständige Erweiterung seiner Marktposition kämpft und grenzenlos »innovativ« ist.

Wo es aus strukturellen Gründen ums »Ganze« geht, findet Wettbewerb nicht mehr auf den Märkten, sondern *um* die Märkte statt. Ein Softwarehersteller muss deshalb immer etwas neues und besseres bieten und eine Kommunikationsplattform permanent an ihrer Attraktivität arbeiten, neue Dienste entwickeln und die Handhabung erleichtern. Wer bei diesen Dingen zurückbleibt, verliert seine Nutzer, wie es MySpace geschehen ist, deren Mitglieder vor einigen Jahren massenhaft zu Facebook wechselten. Der Existenz- und Überlebensdruck wird auch deshalb immer stärker, weil es im IT-Sektor zunehmende Sättigungstendenzen gibt, es viel schwieriger geworden ist, eine profitträchtige Idee zu haben und sie kommerziell auch umsetzen zu können. Neue Formen des Gebrauchswerts, die unter diesen Wettbewerbsbedingungen entwickelt werden, dienen vorrangig dazu, neue Tauschwertmodi durchzusetzen: Das Prinzip, mehr Informationen, alltagsrelevante »Dienste«

und Unterhaltung gegen intensivere Werbung zu tauschen, wird im Netz mit
dieser Absicht immer weiter voran getrieben. Bei systematischer Missachtung
der informationellen Selbstbestimmung der »Nutzer«. Diese Entwicklungstendenz ist durch den Geburtsmakel der Informations- und Wissenstech-
nologien vorgeprägt: Neben der Prägekraft, die aus der schon diskutierten
Patenschaft mit dem militärisch-industriellen Komplex resultiert, ist es die
Abhängigkeit der IT-Entwicklungen vom Finanz- und Spekulationskapital, aus der
ein besonders intensiver Verwertungszwang resultiert. Schon früh, als sich
die ersten Chancen abzeichneten, war das »ganz große Geld« dabei, drängte
es dem neuen Anlage-Segment seinen kurzatmigen Verwertungshorizont auf.

Das Internet ist nicht »inzwischen verkommen«, wie Jaron Lanier beklagt,
sondern die Illusionen der Netz-»Propheten« haben sich als weltfremd erwiesen. Ihr imaginäres Gebilde hat sich immer deutlicher als Betätigungsfeld
ökonomischer Verwertungsstrategien erwiesen. Dass dieser Aspekt auch in
linken Diskussionen lange Zeit unbeachtet blieb, nur zu gerne den Kolportagen über eine »basisdemokratische Substanz und Funktionalität« des Internet-Systems Glauben geschenkt wurde, verdeutlicht eine Bemerkung von
Saskia Sassen aus den späten 90er Jahren, der noch die Überraschung darüber
anzumerken ist, wie wenig die Netzrealität mit den – letztlich auch von inte-
ressierter Seite geförderten – *Illusionen* zu tun hat: »Seit Mitte der neunziger
Jahre ist es offensichtlich, dass sich auch im Internet Konkurrenz und Segmentierung herausbilden. Seitdem es für kommerzielle Interessen entdeckt
wurde, beobachten wir Bestrebungen, über eine entsprechende Software
die Besonderheiten des Netzes für Kapitalinteressen zu nutzen.« Treffender
müsste es sogar heißen, dass die Absicht einer kommerziellen Instrumentalisierung schon früh herangereift war, aber erst ab einem bestimmten (Ver-
breitungs-)Zeitpunkt netzspezifische Investitionsstrategien und die aus ihnen
resultierenden »Geschäftsmodelle« so dominant wurden, dass auch »alternative« Träume gestört wurden und die Träumer aufgewacht sind. Gegenüber
den dominanten ökonomischen Interessen hatten die technologischen Sub-
kulturen wenig Chancen sich durchzusetzen, obwohl sie bessere und sozial
verträglichere Lösungen anzubieten hatten.

Maßlosigkeit als Geschäftsprinzip

Das Monopol anzustreben entspricht keiner beliebigen »Option« der IT-Wirtschaftsakteure, sondern ist unerbittlicher Handlungszwang nach der Maxime »Fressen oder gefressen werden«. Die Entwicklung der Computertechnologie, ist – wie schon geschildert wurde – ein Musterbeispiel des Kampfes um eine marktbeherrschende Stellung als kapitalistisches Elementarprinzip: »Die ›Neigung zum Monopol‹ entspringt … der Grundnatur des kapitalistischen Erwerbs selbst … Das Prinzip der Rendite vollendet sich im Monopolgewinn; so wie sich der andauernde Krieg der Konkurrenz in der Hoffnung eines jeden der Streitenden nach der Überwältigung der anderen erfüllt. Dem Verhältnis der freien Konkurrenz wohnt damit von allem Anfang an die Tendenz seiner Selbstaufhebung inne.« (Werner Hofmann)

Aber konkret bedeutet die Tendenz der »Selbstaufhebung« zunächst einmal die Universalisierung des Konkurrenzverhältnisses, was in der IT-Wirtschaft bedeutet, dass nur der »Marktführer« eine Überlebenschance besitzt – aber auch nur dann, wenn er in der schon angesprochenen Weise kontinuierlich an der Festigung seiner Stellung arbeitet. Aus dieser existenziellen Konstellation resultiert der Zwang zu ständiger Veränderung und ein Imperativ zu immer neuen »Innovationen«. Auch das erfolgreiche Produkt kann nicht als Ruhekissen dienen, denn es muss aufgrund des Konkurrenzdrucks immer weiter entwickelt werden und es darf auch der geeignete Zeitpunkt nicht verpasst werden, neue Entwicklungen auf den Markt zu bringen.

Prinzipiell sind die Marktoffensiven an neue Verheißungen gekoppelt, dem Versprechen verbesserter Funktionalität beispielsweise – auch wenn es nicht immer eingehalten wird. Aber der Versuch diesen Eindruck zu vermitteln, ist unabdingbar. Die Verteidigung einer erreichten (Monopol-)Position ist jedenfalls mit viel Arbeit verbunden und sie sichert auch Monopolgewinne, aber Gelddruckmaschinen die automatisch immer weiter laufen, sind auch marktbeherrschende Stellungen in der IT-Wirtschaft nicht mehr. Nach den

Worten der Computer-Ideologen müssten sie es aber sein, wenn es zutreffen würde, dass die einmal entwickelte Software kommerziell sinnvoll unendlich vervielfältigt werden könne. Technisch ist diese unbeschränkte Reproduktion problemlos möglich, entspricht aber nicht der Verwertungsrealität mit ihrem beständigen Zwang dem Innovationstempo der Konkurrenz auf der Spur zu bleiben. Dennoch besitzt die Behauptung, dass »Wissen« eine Ressource sei, die sich nicht erschöpft, innerhalb der Reproduktionssphäre der Computer-Ideologie das größte Täuschungspotenzial. Dieses Ideologem behauptet sich, obwohl beispielsweise jeder Informatiker dessen Fragwürdigkeit am eigenen Leibe erfährt, wenn seine Kompetenzen nach einer Krankheits- oder Arbeitslosigkeitsphase schon nach ein oder zwei Jahren an dem neuen Entwicklungsstand nicht mehr »anschlussfähig« sind. Und vergleichbares gilt auch für das in den Programmen abgespeicherte »Wissen«: Dessen »Halbwertzeit« reduziert sich in einer für die IT-Wirtschaft charakteristischen Geschwindigkeit. Weil die Vermarktungsphasen immer kürzer werden, unterliegen die Entwicklungsprozesse der Produkte einer beständigen Beschleunigungstendenz und muss auch immer mehr Personal eingesetzt werden.

Hinzu kommt, dass Monopolpositionen im IT-Sektor fragiler als innerhalb der traditionellen Bereiche des Industriesystems sind. Sie stellen alles andere, denn ein Ruhekissen dar, sondern gerade aus ihnen resultiert eine beständige Herausforderung, ein kontinuierlicher *Zwang zur Absicherung der erreichten Position*. Gerade wer oben ist, muss sich besonders anstrengen, wenn er dort bleiben will. Auch in führenden IT-Unternehmen herrscht deshalb ein besonders intensiver Innovations- und Leistungsdruck. Der unerbittliche Kampf ist notwendig, wenn 20- oder 30prozentige Umsatzrenditen gesichert werden sollen. Das hört sich viel an, solche Margen sind jedoch keine Besonderheit der IT-Branche, denn es gibt sie im Bankensektor ebenso wie in den konventionellen Industriebereichen. In der Auto-Industrie werden sie beispielsweise bei Porsche realisiert oder lange Jahre bei der ganz gewöhnlichen Bullettenbraterei McDonalds. Sie werden von vielen angestrebt, sind in den traditionellen Bereichen jedoch nur von wenigen zu erreichen. Aber auch in der Internet-Industrie haben sie Seltenheitswert, wenn diese in ihrer Gesamtheit betrachtet wird. Die Hoffnung auf den *Monopolprofit* ist in der »Neuen Ökonomie« zwar allgegenwärtig, wird jedoch selten nur Realität. Wird er erreicht, herrscht die Freude über den Extraprofit selten nur längere Zeit an: »Die nächste ›Killerapplikation‹ droht ihn nicht nur aufs Normalmaß zu beschneiden, sondern ihm insgesamt den Garaus zu machen.« (Wolfgang Fritz Haug)

Der beständige Erfolgs- und Konkurrenzdruck besonders in den Spitzensegmenten der IT-Industrie, erklärt die forsche Gangart auch außergewöhnlich erfolgreicher IT-Unternehmen gegenüber ihren Mitarbeitern. Der strukturelle Bewährungszwang ist der Hintergrund rabiater Methoden, mit denen den Belegschaften immer höhere Leistungen abzupressen versucht wird. Konkret sieht das etwa beim *Software-Giganten SAP* so aus, dass trotz exorbitanter Gewinne (2013 und 2014 betrugen die Profitmargen rund ein Drittel des Umsatzes!) Arbeitsplätze abgebaut und zum Zwecke der Leistungssteigerung und weiterer Profitmaximierung nach dem Motto des US-amerikanischen Vorstandsvorsitzenden Bill McDermott (»Manchmal will ich die Walldorfer Entwickler packen und schütteln und anschreien ›Bewegt euch schneller!‹«) permanent »umstrukturiert« und die Leistungsmaßstäbe erhöht werden. Mit den gewählten Worten wird zwar eine menschenverachtende Grundhaltung demonstriert, die jedoch weder verwunderlich, noch »regelwidrig« ist. Denn wie schon dargelegt, gehört es zur kapitalistischen Überlebenslogik, dass es jede »Selbstzufriedenheit« angesichts erbrachter Leistungen zu vermeiden gilt. Es existiert der beständige *Zwang zur Selbstüberbietung*, wenn man im Konkurrenzkampf nicht zurückfallen will. Vor allem in der Software-Wirtschaft, wo im Tagesrhythmus neue Entwicklungen auf den Markt drängen, das neue Produkt von heute schon morgen überholt wirkt – wenn es das nicht schon gestern war. Deshalb ist maß- und grenzenlose Leistungsstimulanz ein Überlebensprinzip. Denn die Erfahrung mahnt zu Aufmerksamkeit, weil gerade die kurze Geschichte der Internetindustrie fast eben so viele Absteiger, wie Aufsteiger erlebt hat und es nur wenige Firmen gibt, die sich auch nur ein Jahrzehnt haben halten können.

Dank der angewandten Brachialstrategie bei der Gewinnmaximierung, durch die sich ein Regime permanenter Steigerungserwartung etabliert hat, das den Beschäftigten eine ständig zunehmende Flexibilität-, Leistungs- und Veränderungsbereitschaft abverlangt und infolgedessen ein Arbeiten unter permanentem Zeit-, Termin- und Wettbewerbsdruck vorherrscht, gehört SAP zu den Gewinnern des technologischen Innovationsmarathons. Aber für das Management ist die Fahnenstange der Auspressung der Arbeitenden noch lange nicht erreicht: Auch im Erfolgsjahr 2014 wurde vom Vorstand eine neue Welle der Rationalisierung, Rekonstruktion und Beschleunigung

angekündigt: »Das Tempo wird von jetzt an nur noch schneller werden«.
(Bill McDermott).

Dieser bei SAP herrschende Leistungs- und Bewährungsdruck ist typisch
für die gesamte IT-Branche. Aufschlussreich ist der Bericht eines deutschen
Industriesoziologen über die »Arbeitskultur« in den kalifornischen Zentren
der Digitalwirtschaft: Im Vergleich zur Situation selbst noch vor wenigen Jahren, haben die Geschwindigkeit und der Erfolgsdruck zugenommen, hat die
Entwicklung aggressive und destruktive Züge bekommen. All dies wirkt sich
auf die Beschäftigten aus: Vor allem auch »in der Startup-Szene finden sie
morgens keine ausgeschlafenen Gesprächspartner mehr … Sie spüren, dass
da richtig viel Druck dahinter ist.« (Andreas Boes)

Angesichts der realen Entwicklungen in den IT-Bereichen, die sich auch
bei einem nur minimalen Realitätssinn erschließen, kann der von Wolfgang
Fritz Haug formulierte Eindruck einer Relativierung des antagonistischen Widerspruchs zwischen Kapital und Arbeit im IT-System nur als Kuriosum, als
Ausdruck eines wirklichkeitsfernen Theoretisierens bewertet werden: »Indem
Wissenschaft zur Hauptproduktivkraft wird, werden die traditionellen klas-
senmäßigen Zugangs- und Aneignungsweisen tendenziell entgrenzt. – Überall dort, wo Menschen in irgendeiner Form in hochtechnologisch bedingte
Arbeitsprozesse einbezogen sind, lässt sich dies empirisch beobachten.«

Statt jedoch in eine »klassenneutrale« Ökonomie »hinüberzugleiten«, wie
das Haugsche »Paradigma« offensichtlich unterstellt (das bezeichnenderweise mit keinem empirischen Beleg untermauert wird!), steht in der schon
geschilderten Weise gerade anspruchsvolle Computerarbeit an der Schwelle
fundamentaler Verwerfungen, weil die Beschäftigten mit maßlosen Effekti-
vitäts- und Profitanforderungen konfrontiert sind, aber auch neue Organisationsformen der Arbeit installiert werden, um sie gegenseitig ausspielen zu
können. Im Rahmen dieser Entwicklungen verliert ihr Berufsalltag auch den
letzten Schein »kreativ«, »selbstbestimmt« und »privilegiert« zu sein.

Eine besondere Rolle bei der konkurrenzorientierten Strukturierung der
IT-Branche spielt der permanente *Druck der Spekulanten* (»Wagniskapitalge-
ber«) und den von ihnen mit großer Konsequenz erhobenen Forderungen,
immer mehr und immer besseres in immer kürzeren Intervallen zu leisten.
Das Antriebsprinzip ist der Drang zur grenzenlosen Kapitalvermehrung. Es
besteht jedoch auch eine gewisse *Notwendigkeit zu dieser »Maßlosigkeit«*, weil
jeder erfolgreichen Beteiligung an digitalen Geschäftsmodellen, viele geschei-

terte gegenüberstehen. Die »Überlebenden«, d. h. die kleine Zahl der Gewinner die »Kasse gemacht« haben, schwimmen auf einem Meer der geplatzten Illusionen. Aber es sind die Erfolgsgeschichten, und nur diese, welche das (ver-)öffentlichte Bild der IT-Ökonomie prägen. Und es ist auch nur dieser relativ kleine Realitätsausschnitt, der von den nachfolgenden Start-up-Aktivisten in ihrer Hoffnung auf einen Goldregen wahrgenommen wird. Aber weil, so wie es aussieht, die Chancen eine zündende Geschäftsidee zu platzieren, deutlich geringer geworden sind, gilt für sie der Satz aus dem *Alten Testament*: »Viele fühlen sich berufen, aber nur wenige sind auserwählt.« Wer es jedoch schafft, bestätigt ein weiteres mal den *Mythos der digitalen Ökonomie als Reichtumsmaschine*. Wer scheitert wird jedoch nicht nur vergessen, sondern die Möglichkeit des Scheiterns selbst verdrängt.

Da gerade die »Start-up-Ökonomie« ein großer Friedhof beerdigter Hoffnungen ist, käme eine sorgfältige volkswirtschaftliche Gesamtrechnung (bei der die Erfolgsgeschichten gegen die missglückten Engagements aufgerechnet würden) wahrscheinlich zu sehr überraschenden Ergebnissen hinsichtlich der Profitabilität des IT-Sektors. Mit den medial verbreiteten Glanzbildern über die »erfolgreichen Jung-Milliardäre« dürfte eine *umfassende Bestandsaufnahme* wenig zu tun haben und auch die einer Oberflächenwahrnehmung verpflichtete Einschätzung entscheidend relativieren, dass die »Pioniere in der Produktinnovation … mit verhältnismäßig geringem Kapital- und Personalaufwand in der digitalen Ökonomie Gewinne abschöpfen« könnten. (Florian Butollo/Thomas Engel) Ähnliches ließe sich auch für den erfolgreichen Lotto-Spieler sagen! Aber auch dessen Situation kann nur bei Berücksichtigung des Gesamtsystems »Glücksspiel« angemessen begriffen werden: Es gibt zwar immer wieder Gewinner – aber auf der Basis einer unendlich großen Zahl von Verlierern. Die Tatsache des Gewinns beim Lotto-Spiel oder des geschäftlichen Erfolgs innerhalb des IT-Systems sagt nichts über die Chancen-Relationen und das Verhältnis der Gesamtinvestitionen und des tatsächlichen Ertrages aus.

Mit besonderer Intensität wird im Rahmen der Profit-Strategien der Internet-Ökonomie Althergebrachtes infrage gestellt. Aus strukturellen Gründen sind deren Akteure bemüht, Grenzen zu überschreiten, die ihrem eigenen Profitinteresse im Wege stehen. Sie sind »innovativ« nicht nur, weil sie sich ein großes Stück vom Kuchen aneignen wollen, sondern um überhaupt ihre Existenz sicher zu können. Das kann ihnen nur im Kampf gegen die Konkur-

renten gelingen. Sie agieren dabei alles andere als zimperlich, sondern mit
der von der Wettbewerbslogik gebotenen Rücksichtslosigkeit. Sie handeln
aus der Überzeugung heraus, dass nur, wenn sie die bestehenden Regeln
verändern, sie ihren *Anteil von der gesellschaftlichen Profitmasse* abzweigen
können. Es geht bei den von ihnen in Gang gesetzten Veränderungen nicht
mehr um Wandel, noch nicht einmal mehr um »Umwälzungen«, sondern um
die Zerstörung bestehender (Kommerz)-Strukturen und bisheriger Vermark-
tungsmodelle. Auf deren Trümmern soll das »Neue« sich durchsetzen und
der eigene Profit wachsen und gedeihen. Bei diesen Aktivitäten werden in der
Regel die Geschäftsprinzipien so grundlegend modifiziert, das den bisherigen Akteuren die Existenzgrundlage entzogen wird. Ein illustratives Beispiel
ist der weltweite Angriff auf das Taxigewerbe durch die Aktivitäten von Portalen, die Mitfahrgelegenheiten organisieren. Ein anderes ist das Vorgehen
des Buchversenders Amazon, mit dem zugestandenermaßen intendiert ist,
nicht nur dem stationären Buchhandel das Wasser abzugraben, sondern auch
die Verlage überflüssig zu machen. Amazon will alle Stufen des Geschäfts
mit Büchern und ihren Inhalten an sich reißen. Im Silicon-Valley-Jargon wird
diese Vorgehensweise als »*Disruption*« bezeichnet. Gehandelt wird nach dem
von Marx beschriebenen Prinzip, dass jeder Kapitalist bestrebt und aus Konkurrenzgründen *gezwungen* ist, viele andere Kapitalisten totzuschlagen. In
der Internetwirtschaft sind die sozial-positiven und die Destruktions-Effekte
aber noch viel intensiver miteinander verbunden, als das im kapitalistischen
Wirtschaftsleben üblicherweise der Fall ist. Es geht Amazon ja tatsächlich nur
darum, möglichst viele Bücher zu verkaufen, aber das Geschäft ist so strukturiert, dass es sich faktisch um einen Angriff auf kulturelle Infrastrukturen
handelt. Diesen Doppelcharakter haben fast alle informationstechnologisch
vermittelten Geschäftsmodelle: »Jedes Mal, wenn jemand einen Cloud-Service
einführt, um einen Aspekt des Lebens leichter zu machen, sei es der Zugang
zu Musik, Mitfahrgelegenheiten, Verabredungen, Krediten, wird in Kauf genommen, dass die Menschen zuvor einen gewissen Schutz genossen hatten,
der nun im Vergleich zu früheren Regelungen seinen Wert verliert. Künstler, die vom Urheberrecht profitierten, werden im neuen System ihr Recht
verlieren. Arbeiter, die in einer Gewerkschaft organisiert waren, werden es
nicht mehr sein. Fahrer, die bestimmte Lizenzen und Verträge hatten, müssen
ohne sie auskommen. Und auch ganz normale Bürger, die ein Recht auf Datenschutz hatten, müssen sich der neuen Ordnung anpassen.« (Jaron Lanier)

Getrieben werden die Akteure der IT-Industrie von den Risikokapitalge-
bern, die selbst wiederum von der Hoffnung leben, dass es der von Ihnen
geförderten Firma gelingt, einen jener großen Coups zu landen, mit denen
in der Vergangenheit aus den Millionen der Finanziers Milliarden gemacht
wurden. Stimulierend und determinierend für ihr Vorgehen ist die Tatsache,
dass dieses Ziel nicht allein durch ein »innovatives« Konzept zu erreichen
ist, sondern auch von der Fähigkeit abhängt, der »Geschäftsidee« einen relevanten Platz auf dem Markt zu sichern: Wer Kapitalgeber überzeugen will,
muss deshalb nach dem Monopol streben, letztlich *Welteroberungspläne ver-
künden*. Aufgrund ihrer strategischen Position sind die Risikokapitalgeber die
eigentlichen Akteure: Sie bestimmen die Zielsetzungen und Standards der IT-
Ökonomie.

Die einzigen Investoren, denen es nicht um die Dollar-Vermehrung geht,
sind die CIA, die NSA, sowie die anderen US-amerikanischen Geheimdienste – und vor allem auch das Kriegsministerium. Immer wieder steigen
sie mit relevanten Summen bei Entwicklungsprojekten ein, die technische
Fortschritte bei der Überwachung, der »sicherheitsrelevanten Datenverarbeitung« und der militärischen Aktionsfähigkeit versprechen. Die CIA alleine
kontrolliert einen Fond, der mit über 60 IT-Unternehmen kooperiert. Nach
CIA-Verlautbarung dient das beträchtliche finanzielle Engagement dazu »die
Lücke zwischen dem Technologiebedarf der US-Nachrichtendienste und den
neuesten Fortschritten der kommerziellen Technologie zu schließen«. Bei den
technologischen Zuträgern für die »Dienste« ist alles mit dabei, was in der
US-Industrie Rang und Namen hat. »Dabei sind Unternehmen des PayPal
Gründers Peter Thiel [der in der BRD-Presse nicht selten als zukunftsorientierter IT-Pionier präsentiert wird] und die ehemaligen Facebook-Manager
ebenso wie der gute alte Boing-Konzern. Zu ihnen gesellen sich allerlei obs-
kure unternehmerische Gewächse mit Namen wie Endgame Systems und
CACI, die im Halbschatten des Geschäfts mit Überwachungstechnologie und
Datensammlung für NSA, CIA, Heimatschutzbehörde und Pentagon zu Tau-
senden prächtig gedeihen. Rund 70 Prozent des staatlichen Sicherheitsetats
gehen schon an Subunternehmer … Experten schätzen, dass sich der gesamte
Etat [nach dem Stand von 2013] um die 75 Milliarden Dollar bewegt.« (Heike
Buchter)

Spielt der Staat auch eine wichtige Rolle beim Auf- und Ausbau des Be-
spitzelungssystems und seiner Koordinierungsstrukturen, sind es dennoch die

kapitalistischen Verwertungsinteressen, die diesen Prozessen ihre Dynamik verleihen. Sie stimulieren die »Innovationsgeschwindigkeit«, treiben die Entwicklung von Techniken und Verfahren voran, mit denen immer weitere Gesellschaftsbereiche mit zunehmender Intensität ausgespäht werden können.

Der rücksichtslose Druck, den die Spekulanten ausüben, ist durch ihre eigene Risiko-Situation geprägt, denn wer einen Wagniskapital-Fond mit 100 Millionen Dollar auflegt, muss von der statistischen Wahrscheinlichkeit ausgehen, dass 9 von 10 Start-up-Unternehmen scheitern werden, so dass mit den verbleibenden 10 Prozent erfolgreicher Unternehmen nicht nur die Verluste ausgeglichen, sondern auch die exorbitanten Gewinnziele für das Gesamtinvestment erreicht werden müssen. Welcher Erwartungsdruck sich durch den spezifischen Charakter des *Wagniskapitalsystems* aufbaut, ist von Cristoph Keese einem Vizepräsidenten des Springer-Konzerns beschrieben worden: Wer die schon angesprochenen 100 Millionen Dollar investiert und davon ausgeht, dass 90 Millionen davon abgeschrieben werden müssen, versucht mit dem verbliebenen Rest nicht nur den Verlust auszugleichen, sondern auch einen Gewinn für sein gesamtes Engagement zu realisieren, der in einer üblichen Zeitspanne von 5 bis 7 Jahren, das Doppelte der ursprünglichen Gesamtsumme ausmachen sollte. »Das bedeutet, dass die Firma, in die er 10 Millionen investiert hat, am Ende 200 Millionen wert sein muss. Nach dem kalifornischem Modell investiert er aber nie in die Firmenmehrheit … Aller Wahrscheinlichkeit nach wird der Investor aus unserem Beispiel beim Börsengang oder Verkauf des Unternehmens etwa 10 Prozent an dieser Firma halten. Um auf seine 200 Millionen zu kommen, muss die Firma das Zehnfache dieses Werts haben. Das heißt, sie muss am Ende zwei Milliarden Dollar schwer sein.«

Die ökonomische Praxis, aber auch schon die Entwicklungs- und Formierungsgeschichte der IT-Industrie konterkariert die Behauptung, dass »Wissen sich nicht grundsätzlich dazu [eigne], als Ware behandelt zu werden« (A. Gorz). Dieser Auffassung liegt eine geradezu absurde Fehleinschätzung zugrunde, der bereits die ganz banalen Fakten widersprechen: Schon vor dem Computerzeitalter war ein spezifisches Fachwissen die Existenzgrundlage von Steuerberatern und Professoren, Rechtsanwälten und Ärzten, Priestern und Reiseleitern. »Expertenwissen« ist heute ebenfalls die Grundlage von vielen »Geschäftsmodellen« im Internet.

Gegenwärtig erleben wir geradezu das Gegenteil dessen, was die Vertreter eines »Computer-Sozialismus« prognostiziert haben: Nicht die kostenlose

Verbreitung von Wissens- und Kulturgütern ist der Grundzug der Netz-Ent-wicklung. Vielmehr dominiert die Tendenz, immer mehr von ihnen in Waren zu verwandeln. Mit Nachdruck werden »Allmenden« in Herrenbesitz über-führt, wird intensiv an der Privatisierung ehemals frei verfügbarer Güter und Nutzungsrechte gearbeitet. Dadurch sind auch die demokratische Informati-onskultur und der freie Gedankenaustausch bedroht.

Informationen in die Warenform zu pressen, war eine mit der Verbrei-tung des Internets mitgesetzte Intention. Jedoch vorrangig nicht als Ersatz für »stoffliche« Konsumgüter, sondern als ein sie ergänzendes Angebot be-saß diese Vorstellung große Attraktivität für Investoren. Schnell wurden die Chancen vom Spekulationskapital erkannt, dass immer zur Stelle ist, wenn neue Profitfelder zu erschließen sind und zukunftsorientierte Anlagemöglich-keiten sich abzeichnen. Heute ist deutlich zu sehen, dass es mit der prognos-tizierten Grenzenlosigkeit der Profitvermehrung jedoch nicht so weit her ist, wie man es sich einmal vorgestellt hat, auch wenn es den Glücksrittern, die auf »das richtige Pferd gesetzt« haben, immer wieder einmal gelingt ein Ren-nen zu gewinnen und »richtig Kasse« zu machen.

Dass sich nicht alle Blütenträume erfüllt haben, die Finanzspekulationen mit Computer- und Internetfirmen nicht immer erfolgreich waren und mitt-lerweile auch die Geschäftsperspektiven gar nicht mehr so rosig sind, mag durchaus als Indiz für eine noch existierende Resistenz des Alltagslebens ge-gen seine vollständige verwertungsorientierte Durchdringung gewertet wer-den. Nicht jedes neue Produkt, nicht jedes »innovative« Netzangebot wird akzeptiert. Die erfolgreichen Neuentwicklungen sind sogar deutlich in der Unterzahl.

Durch partielle »Verweigerungen« mag sich die Kommerzialisierung im-mer weiterer Lebensbereiche zwar verzögern, verhindert werden dadurch solche Entwicklungen jedoch nicht. Denn die Internet-Ökonomen haben es gelernt, flexibel auf Vorbehalte und Widerstände zu reagieren, über Umwe-ge dennoch ihre Ziele zu erreichen. Schon in den Geschäftsbedingungen der meisten Anbieter von Netzdiensten ist deshalb das Verschweigen der eigent-lichen Absichten, letztlich auch die Täuschung der Nutzer die Regel. Wie ge-schildert, wird beispielsweise der Eindruck erweckt, bei der Informationsbe-schaffung oder bei der Knüpfung sozialer Kontakte behilflich zu sein, wo es nur um die Ausspähung des Nutzerverhaltens geht. Nicht die Dienstleistung des Portals steht im Vordergrund, sondern die Auskunftsbereitschaft derer,

die sie in Anspruch nehmen, die ohne es zu merken, mehr über sich und ihre
Lebensumstände preisgeben als sie sich vorstellen können und als es in ihrem
Interesse liegt.

Ein Mitarbeiter eines der großen Internetunternehmen hat die Tendenz
des totalen Zugriffs auf die Nutzer zutreffend zum Ausdruck gebracht: »Wir
wissen wo du warst. Wir wissen wo du bist. Wir wissen wo du hingehen
und wie du dich verhalten wirst.« Deshalb stimmt es in dieser Eindeutigkeit
nicht, wie es Frank Schirrmacher unterstellt hat, dass bei den Internetmultis
»niemand sitzt ..., um den Menschen das Denken, Lesen und das Erinnern
abzugewöhnen« – denn genau dies entspricht ihrem Programm und ihren
Aktivitäten. Die Fremdbestimmung der Nutzer weiter voran zu treiben, ist
für sie auch zwingend geboten, wenn sie ihre auf Beeinflussung und Manipulation beruhenden Geschäftsmodelle erfolgreich umsetzen und ihre Marktposition sichern wollen. Sie wissen natürlich, dass Selbstdenken und personale
Selbstbestimmung ihr Geschäft gefährdet, Transparenz ein Gegensatzprinzip
zu ihrem Weg der Kapitalvermehrung ist. Sie setzen ihre Manipulationspro-
gramme mit dem praktizierten Nachdruck um, dass sich die Frage aufdrängt,
ob wir das Netz benutzen, oder wir von den einschlägigen Portalen benutzt
werden, weil jede Frage vorrangig nicht dazu dient nach Antworten zu suchen, sondern den Fragesteller zu kategorisieren und seine Präferenzen zu
antizipieren. Es geht um seine *Erfassung und Durchleuchtung zum Zwecke seiner Manipulation.* Jeder Computernutzer sollte sich deshalb ein Beispiel an
Charles Lindbergh nehmen, der nach seinem Atlantikflug bei der Landung
in Paris zuallererst gefragt hat: »Wo bin ich?«. Im übertragenden Sinne wäre
es eine aktuelle Form der Selbstvergewisserung und Standortbestimmung
im Computerzeitalter zu fragen, »Was will ich?«, »Was mache ich?«, »Was
geschieht mit mir?«, »Benutze ich den Computer, oder benutzt er mich?«

Umgesetzt werden die Manipulationsabsichten der Internet-Multis auf
der Grundlage eines spezifischen »ideologischen Überbaus«: Sein Mittelpunkt
bildet die Frage, mit welchen Mitteln, die Menschen von den Angeboten der
Internet-Dienste überzeugt werden können: Was stellt sie zufrieden? Worauf
richten sich ihre Hoffnungen? Was macht sie glücklich? Es sind die gleichen
Fragen, die auch den »klassischen« Werbestrategien zugrunde gelegen haben.

Mittlerweile gibt es die ersten Internet-Händler, die nicht darauf warten,
bis die Kunden mit einer Bestellung auf eine Werbeaussendung reagieren.
Vielmehr werden ihnen unaufgefordert Auswahlsendungen von Textilien zu-

gestellt, die ihnen laut Datenanalyse gefallen müssten. Und dieses Vorgehen ist tatsächlich erfolgreich! Es werden mehr Kleidungsstücke behalten, denn zurück geschickt. Grundlage des Angebots ist eine auf Basis der vorliegenden Daten errechnete »Begeisterungswahrscheinlichkeit«.

Wie funktionieren die Verhaltensprognosen? Es sieht ja zunächst wie ein Sammelsurium aus, was an Daten zusammengetragen wird. Und das ist es auch – jedenfalls solange, bis es systematisiert und vor allem mit ähnlichen Datenreihen verglichen wird. Formal betrachtet sind die Auswertungsprozesse relativ einfach strukturiert: Wenn die einzelnen Daten zusammengefügt werden, verdichtet sich das Verhalten der einzelnen Personen zu konstanten Modellstrukturen: Aus den Reaktionen einer Vielzahl anderer Nutzer, die ein vergleichbares Profil aufweisen und nach den Schritten A, B, C, auch den Schritt D vollzogen haben, kann prognostiziert werden, dass der aktuell »berechnete« Nutzer, nachdem er ebenfalls die Schritte A, B und C absolviert hat, als nächstes mit an Sicherheit grenzender Wahrscheinlichkeit (die in der Regel im 90 Prozentbereich liegt) ebenfalls den Schritt D vollziehen wird. Um diese Prognoseaktivitäten zu ermöglichen, müssen sich die Nutzer bedingungslos den Anbietern digitaler Dienstleistungen unterwerfen: Wer Zusatzdienste (die schon angesprochenen Apps) auf sein Handy lädt, muss ihnen die permanente Kontrolle über sein Netzverhalten zugestehen, oft auch bereit sein, permanent seinen Standort registrieren zu lassen. Apps sind in vielen Fällen mobile Spione, denen sich die Nutzer vollständig ausliefern.

Die allwissend gewordenen Apps, die Informationen in Echtzeit übermitteln, überwachen nicht nur die Anwender, sondern zunehmend sind sie auch so programmiert, um deren Leben zu strukturieren und zu verändern. Der Nutzer erhält einen kleinen Vorteil, ermöglicht aber dem Anbieter Zugriff auf viele seiner Daten und einen Überblick über einen großen Teil seiner Aktivitäten. Mit der inflationären Ausdehnung der Apps hat die Amalgamierung der Lebenspraxis mit den digitalen Erfassungsstrukturen und Beeinflussungssystemen eine neue Intensitätsstufe erreicht; es ist mittlerweile eingetreten, was schon Anfang der 90er Jahre von den Silicon-Valley-Laboratorien antizipiert wurde: den Computer zum »Stoff für das Alltagsleben« zu machen, sicher zu stellen, dass er mit dem Alltagshandeln identisch wird.

Digitaler Fortschritt als Ideologie

Gemeinsam ist den Akteuren der digitalen Wirtschaft eine Haltung unbedingter Technikgläubigkeit, die jegliche Selbstkritik sowie eine umfassende Problemreflexion verhindert. Jede Frage nach der sozialen Sinnhaftigkeit der technologischen Dynamik, nach der Wünschbarkeit der Entwicklungstendenzen, ist tabuisiert und wird als unzulässige Einmischung gebrandmarkt. Zugrunde liegt dieser Haltung ein Weltanschauungsmuster linearer Technologie-Entwicklung, dass Progressionsvorstellungen im Sinne einer gesellschaftlichen »Höherentwicklung« abgelöst hat.

Soziale Rücksichten jeglicher Art gelten für die digitalen Fortschritts-Ideologen als hemmend. Getarnt werden ihre *kapitalismuskonformen Basisüberzeugungen* durch eine Fassade von Jugendlichkeit und eines oberflächlichen Nonkonformismus, der seine Ursprünge in den Hippie-Kulturen der 1960er Jahre hat, die ein Element des weltanschaulichen Hintergrunds der Silicon-Valley-Akteure darstellen, den sehr aufschlussreich Thomas Wagner in seinem Buch »*Robokratie. Google, das Silicon Valley und der Mensch als Auslaufmodell*« beschrieben hat. Diese »Kalifornische Ideologie« setzt sich aus Libertinage-Vorstellungen, New-Age-Utopien, Ultra-Kapitalismus, Isolationsphantasien (kaschiert durch die Forderung nach individualistischer »Selbstbestimmung«) und einer unbedingten Technikgläubigkeit zusammen, in deren Windschatten behauptet wird, durch technokratische Strategien die »Welt zu einem besseren Ort« machen zu können. Tatsächlich jedoch wird in reduktionistischer Tendenz nur über Technik geredet, wo gesellschaftliche Verhältnisse und ökonomische Verwertungsprinzipien, Machtdominanzen und elitäre Einflussstrukturen das Problem sind. Diese Sichtweise führt zur Entpolitisierung der Problemdiskussionen und lenkt »von den wirklich relevanten gesellschaftlichen Problemen und Widersprüchen, ihren Ursachen und realistischen Lösungswegen« ab. (Thomas Wagner) Systematisch führen die »Lösungsvorschläge« der Computer-Ideologen deshalb in die Irre. Die digitale Debatte redet über Tools, ist aber kaum »in der Lage, über soziale, politische und ökonomische Systeme zu sprechen, die von diesen Tools gestärkt oder geschwächt, erweitert oder befriedigt werden. Wenn man diese Systeme wieder in den Vordergrund der Analyse rückt, wird der ›digitale‹ Aspekt dieses Geredes über Tools extrem langweilig, da er nichts erklärt.« (Evgeny Morozow)

Einen erweiterten Problemhorizont halten die führenden Computer-Ideologen auch gar nicht für notwendig, da sie überzeugt sind, dass alleine durch die Technologie und die Informationsanhäufung alle drängenden Menschheitsprobleme gelöst werden können: Die kulturelle Unterentwicklung und das Analphabetentum, Aids und Krebserkrankungen, der Hunger und die militärischen Katastrophen. Auf die globalen Probleme soll nach den Regeln computergenerierter Modelle reagiert werden, aus den akkumulierten »Fakten« ein Problemlösungshorizont sich automatisch ergeben. Unberücksichtigt bleibt, dass aus quantifiziertem »Wissen« nie mehr als abstrakte Deutungsversuche sich entwickeln können und die tatsächlichen Ursachen von sozio-kulturellen Fehlentwicklungen unerfasst bleiben, weil »die wirklich ernsten Probleme nicht daraus resultieren, dass die Menschen über unzureichende Informationen verfügen. Wenn es zu einer Nuklearkatastrophe kommt, dann nicht wegen unzulänglicher Informationen. Wo Menschen verhungern geschieht das nicht wegen unzureichender Informationen. Wenn Familien zerbrechen, wenn Kinder misshandelt werden, wenn zunehmende Kriminalität eine Stadt terrorisiert, wenn sich das Erziehungswesen als ohnmächtig erweist, so nicht wegen mangelnder Informationen, sondern weil wir kein zureichendes Bewusstsein davon entwickeln, was sinnvoll und bedeutsam ist.« (Neil Postman) Durch den technologischen Reduktionismus der Computer-Ideologie wird verhindert, dass die entscheidenden Fragen gestellt, die Machtstrukturen und Herrschaftsverhältnisse thematisiert werden, von denen die eklatanten Widerspruchsentwicklungen verursacht werden.

Gearbeitet wird im Rahmen der »Weltverbesserungskonzepte« der IT-Ideologen mit Parolen, die an die Vorstellung gekoppelt sind, dass positive Entwicklungen nur dann sich einstellen würden, wenn Google, Microsoft, Facebook und die Anderen dabei gleichzeitig freie Bahn für ihre kommerziellen Aktivitäten haben, ihnen bei ihren Geschäften von der Gesellschaft *grundsätzlich* nicht hineingeredet wird. Aber plausible Konzepte für die drängenden Menschheits- und Zivilisationsprobleme existieren noch nicht einmal ansatzweise. Aber eine Lösungsperspektive kann es auf der Grundlage eines *informationstechnologisch geprägten Horizontes* auch nicht geben, weil aus ihm alle Fragen nach der Eigentumsverfügung und den Mechanismen der Machtreproduktion ausgeklammert bleiben. Deshalb ist es intellektuell und gesellschaftspolitisch anmaßend, wenn der Google-Gründer Page diesen Reduktionismus zur Basisbedingung stilisiert, um »die Lebensqualität für uns alle zu steigern und die Welt besser zu machen«.

Dass diese Initiativen zur »Lösung der Menschheitsprobleme« eng mit den Geschäftsinteresen des IT-Komplexes verbunden, wenn ihnen nicht sogar untergeordnet sind, wird beispielsweise bei der von Facebook in Lateinamerika, Südostasien und Afrika gestarteten Initiative deutlich, die nach den Propagandaparolen »die digitale Inklusion« der bisher aus der Internet-Welt Ausgeschlossenen fördern soll. Auch den Menschen in den globalen Armutszonen solle es ermöglicht werden »online zu gehen«. Praktisch sieht diese Initiative so aus, dass tatsächlich einige Dienste kostenlos angeboten werden – aber der überwiegende Teil der Offerten bezahlt werden muss. Leisten kann sich das in diesen Regionen nur eine sehr kleine Bevölkerungsgruppe. Die in diesen Ländern schon bestehenden Spaltungen würden also nur noch verstärkt.

In der Regel fehlen allen »Problemlösungs«-Konzepten der IT-Akteure die Vermittlungsschritte zwischen dem technokratischen Kalkül und den realen Problemkonstellationen. Eine solche Inbezugsetzung ist aber auch überhaupt nicht intendiert; sie kann es nicht sein, weil das Gesellschaftsbild der IT-Protagonisten elitär ist. Letztlich nicht weniger elitär und nicht weniger zynisch als das der Wallstreet-»Master«. Um so wichtiger ist es, den tatsächlichen ideologischen Hintergrund und die historischen Determinanten der »Computer-Rationalität« und ihrer Protagonisten zu betrachten. Denn »ohne die Einbettung von Silicon Valley in ein breiteres historisches Narrativ lässt sich keine stimmige Geschichte erzählen: Veränderungen hinsichtlich Produktion und Verbrauch, Veränderungen im Bereich der Staatsformen, Veränderungen hinsichtlich der Überwachungskapazitäten und Bedürfnissen des US-Militärs. Hier lässt sich viel von der marxistischen Geschichtsschreibung lernen, zumal die existierenden Geschichten des ›Internets‹ nicht über eine Art ideelle Irrelevanz hinauszugehen scheinen, da weder vom Kapital noch von Imperien die Rede ist.« (Evgeny Morozov)

Die unreflektierte Fortschrittsgläubigkeit der Computer-Elite ist mit der Akzeptanz des absoluten Geltungsanspruchs der herrschenden Verhältnisse und Machtdominanzen verbunden. Reklamiert wird eine über ihre ökonomischen Besitztitel definierte Sonderstellung, der Anspruch nach Zukunftsgestaltung, auf der Grundlage eigener »Machtvollkommenheit« erhoben. Würden sie diesen weltanschaulichen Kontext kennen, wäre es nicht unwahrscheinlich, dass die IT-Akteure sich im Sinne des »Übermenschen«-Konzepts Nietzsches stilisierten. Aber auch ohne konkrete Nietzsche-Lektüre, sind dennoch in den Grundorientierungen der »Kalifornischen Ideologie« alle wesentlichen Elemente des philosophisch kaschierten Zynismus des Philosophen und seiner Verachtung der »Massen« vorhanden.

Obwohl der ideologische »Überbau« der Informatiker-Elite elitär ist, besitzt er dennoch eine nicht unbeträchtliche Massenwirksamkeit, weil er verbreiteten psychischen Verdrängungs- und ideologischen Weltfluchtbedürfnissen entgegen kommt: Genährt wird von ihm die Hoffnung, von den sozialen Krisentendenzen unbehelligt zu bleiben und gestärkt der Glaube, trotz der ökologischen Katastrophe weiterexistieren zu können, begleitet von Phantasien individuellen Überlebens und einer Sicherung des eigenen Wohlstands »inmitten der Zerstörung der Zivilgesellschaft und des Abbaus der letzten Institutionen, die noch den Anschein von sozialen Sicherungs- oder Solidarsystemen in Form von öffentlichen Schulen, sozialen Diensten oder Gesundheitsvorsorge für die Bedürftigen aufrechterhalten.« (Jonathan Crary)

In den Weltbildkonstruktionen der Internet-Industriellen spiegeln sich wesentliche Aspekte ihrer ökonomischen Praxis. Denn ihre Vorstellungen über einen unendlichen technologischen Progress, eines grenzenlosen und technisch determinierten »Fortschreitens«, korrespondieren mit der faktischen *Monopolstellung* ihrer Produkte und eines beständigen Kampfes zur Absicherung der ökonomischen Vormachtstellung. Auch die zentralen Elemente der New-Economy-Ideologie erleben eine Wiedergeburt: Wieder einmal erzählen die Computer-Ideologen, dass nun durch künstliche Intelligenz, mit Hilfe einer totalen Vernetzung und der Verallgemeinerung »smarter Dienste« die alten ökonomischen Regeln außer Kraft gesetzt würden: Aus den PR-Abteilungen des Silicon Valley kommen entsprechende Verheißungen über den Beginn einer neuen Ära, in der alles effektiver und produktiver werde, die Gewinne wachsen und die Wirtschaft prosperiere.

Auf der Grundlage dieser Amalgamierung von technischer Rationalität und ökonomischer Ideologie versprechen die IT-Protagonisten zwar eine »Neue Welt« zu schaffen, verlängern und radikalisieren durch ihre Praxis faktisch jedoch nur bestehende Trends kapitalistischer Vergesellschaftung. Es wird mit intensiver medialer Unterstützung zwar Zukunftsmusik intoniert, aber dennoch bleibt das Denken gegenwartsfixiert und wird den tradierten Rhythmen gefolgt. Auch der Blick nach vorn bleibt von der Vergangenheit determiniert, wird das vorgeblich »Neue«, nach den Maßstäben des Alten konzipiert.

Innerhalb des Spannungsfeldes von rationalem Agieren im Rahmen praktischer Konstellationen und der Irrationalität des sozio-ökonomischen Prozesses in seiner Gesamtheit, ist der Computereinsatz ausschließlich zur Realisierung des praktizistischen Kalküls vorgesehen. Die Perspektive sozialer Vernunft bleibt ausgeklammert, ein von den Computer-Ideologen versprochener gesamtgesellschaftlicher Rationalitätsgewinn durch eine fortschreitende Digitalisierung ist im Kontext dieser Bedingungen nicht einmal ansatzweise zu erkennen.

Es werden die Fragwürdigkeiten des herrschenden Zivilisationsmodells fortgeschrieben, selbst seiner Wahnsinnstendenz mit der Perspektive der ökologischen Selbstnegation, neue Lebenskraft eingehaucht: Es werden selbstfahrende Autos projektiert, nicht jedoch überzeugende Konzepte für öffentliche Verkehrsinfrastrukturen entwickelt. Es wird nicht nur in diesem Falle ein *Zukunftsbild als potenzierte Gegenwart* verbreitet. Das selbstfahrende Auto ist übrigens nur ein weiteres Beispiel dafür, dass die Internet-Wirtschaft bestrebt ist, die für sie vorteilhaften *Vereinzelungsprozesse zu verstärken*: Der Reisende soll in seinem Auto eingesperrt und isoliert bleiben – um ungestört die Google-Angebote in Anspruch nehmen zu können. »Individualisierung« im Sinne von Absonderung wird gefördert und die Orientierung auf gemeinschaftliche Alternativen verhindert.

Andere »kalifornische Utopien« stellen kaum mehr als direkte Weltfluchtphantasien dar, wie etwa die technokratisch determinierten Konzepte den Weltraum zu besiedeln. Es werden mit solchen »Fortschritts«-Geschichten Entwicklungshoffnungen aus den 50er und 60er Jahren des 20. Jahrhunderts restauriert, die sich längst überlebt haben, von denen jedoch durch ihre Pseudokonkretheit und ihre alltags-utopische Rückvermittlung eine nicht unbeträchtliche Anziehungskraft ausgeht.

Technologischer Reduktionismus in Kombination mit dem Streben nach
dem Monopol, ist avancierter Ausdruck einer kapitalistischen Praxis, die
keinen Ruhe-, aber auch keinen Zielpunkt, sondern nur das ständige Voranschreiten, die kontinuierliche Ausdehnung und (technologisch determinierte)
Erneuerung kennt. Die kapitalistischen Grundmuster des Wirtschaftslebens
haben immer auch die herrschenden Weltbilder geprägt und sich ebenfalls
auf die Orientierungen des Alltagsleben ausgewirkt. Selten war das jedoch in
einer so intensiven Weise der Fall, wie in Folge der *informationstechnologischen
Überlagerung und Prägung des Sozialen.*

Durch die Digitalisierung werden die kapitalistischen Elementarprinzi-
pien immer weiter zu streben, beständig in Bewegung zu bleiben und beständig mehr zu wollen, auch im Alltag auf die Spitze getrieben. Über die
alltägliche Beschleunigungstendenz hinausgehend, wird von den avancierten
Akteuren des IT-Komplexes vorrangig der Aspekt des unaufhörlichen Vor-
anschreitens nicht nur mit religiöser Inbrunst, sondern auch in Kombination
mit Unsterblichkeitsphantasien vorangetrieben. »Letztlich geht es [ihnen] um
die Gottwerdung des Menschen mittels Technologie.« (Thomas Wagner) Aber
die quasi-religiösen Phantasien sind nicht der einzige Aspekt eines sogenannten »Transhumanismus«, vielmehr werden darüber hinaus »militärische und
Überwachungstechniken, eugenische Ideen sowie ökonomische Kalküle zu
einem explosiven Gebräu miteinander vermischt«. (Markus Jansen)

Eine zentrale Rolle innerhalb des »*Transhumanismus*« spielen Konzepte
der Lebensverlängerung mit der Perspektive, die *technischen Voraussetzungen
für ein ewiges Leben* zu schaffen: »Durch aggressive Anwendung unseres jetzigen Wissens können Alterungsprozesse stark verlangsamt werden, so dass
wir fit bleiben, bis bessere Methoden zur Lebensverlängerung durch Bio- und
Nanotechnik verfügbar werden.« (Raymond Kurzweil) Es dupliziert sich bei
seinen Vertretern eine zum Wahn geronnene Einstellung, die auch für die
Wall-Street-Master charakteristisch ist: Die Präferenz für eine entgrenzte Entwicklungsdynamik als Ausdruck des verzweifelten Kampfes gegen die End-
lichkeit ihres Lebens.

Als eine Zwischenstufe auf dem Weg zum »ewigen Leben« wird von
der IT-Elite die »Züchtung« (!) gesunder Kinder angesehen. Auch wenn es
nicht mit der notwendigen Klarheit gesagt wird, impliziert diese Absicht ein
Selektionsbegehren. Grundsätzlich wird mit der Auffassung, dass es sich bei
der maschinen-unterstützten »Verbesserung« des Menschen um ein elitä-

res Projekt handelt, nicht hinterm Berg gehalten: »Wir wollen die Diversität
fördern und es ermöglichen, dass manche Menschen sich weiterentwickeln
möchten, andere nicht.« (Natasha Vite-More) Die Bereitschaft diesen Konzepten zu folgen ist nicht gering, wie die 20 Ehrendoktor-Titel die Kurzweil
bisher erhalten hat, belegen.

Die quasi-religiöse Überhöhung des technologischen Innovationsstrebens
bis hin zu den Unsterblichkeitsphantasien und den elitären Vorstellungen
darüber, wem das Privileg des »Ewigen Lebens« zukommen soll, vermittelt
den Eindruck, dass selbst die »Gewinner« nicht an die Beständigkeit des von
ihnen in kürzester Frist gewonnenen Reichtums in oft märchenhaften Dimensionen glauben, sie ihren spezifischen ideologischen Überbau als »Trostres-
source« benötigen, um die aus der konkurrenzgeprägten Lebenswelt resultierenden latenten Absturzängste und Sinnlosigkeitserfahrungen überspielen
zu können.

In »letzter Instanz« (Friedrich Engels) ist das beständige Vorwärtsstreben
und der Zwang zur »Überschreitung« Ausdruck des kapitalistischen Grund-
prinzips einer zwanghaften »Verwertung des Werts« (Marx): Was schnell ist
muss schneller, was groß ist muss größer werden; aus dem angehäuften Kapital muss ein noch größerer Haufen werden, weil sonst unter kapitalistischen
Bedingungen die Gefahr besteht, dass er zusammenschrumpft und auch ohne
dass er »Rost« ansetzt, wie es in der Bibel heißt, sich seine Wertsubstanz verringert. Deshalb reicht es nicht aus, wie in vormodernen Zeiten, den »Schatz«
nur zu hüten, sondern er muss eingesetzt werden, um ihn zu vermehren. Aber
die alltägliche Finanzmarkterfahrung lehrt, dass dieses Begehren mit großen
Risiken verbunden ist, also ein Gefühl der Sicherheit sich kaum einstellen kann.

Selbst wenn das Profitinteresse nicht im Vordergrund stünde, die IT-
Akteure (wie sie es gerne darstellen) von einer »wertfreien« Idee »technologischer Innovationen« vorangetrieben würden, bliebe das Streben nach dem
Sieg über die Konkurrenten konstitutiv, das beständige Bemühen »Mitbewerber« zurück zu drängen, ist das Funktionsprinzip auch der Digital-Wirtschaft.
In diesem Kontext ist es kein Zufall, dass weltweit immer noch die überwiegende Zahl aller Computer mit Microsoft-Betriebssystemen ausgestattet sind.
Eine Markt-Dominanz die am allerwenigsten aus der Qualität dieser Software
zu erklären ist. Denn die existiert nicht! Die Microsoft-Produkte gelten als besonders fehlerbelastet. Aber die Konzern-Geschichte ist ein Beispiel dafür, wie
in der Digital-Wirtschaft ein Monopol erreicht und gesichert werden kann:

Auf neue Wettbewerber reagierte das Gates-Unternehmen bisher immer mit dem konsequenten Einsatz seiner Marktmacht und daraus resultierenden Fähigkeit seine Konkurrenten zu verdrängen. Typischen Charakter für seine Methoden sich Mitbewerber vom Halse zu schaffen hatte die Microsoft-Reaktion auf die Einführung eines Webbrowsers durch Netscape. Microsoft entwickelte ein eigenes Produkt, das jedoch nicht wettbewerbsfähig war. In dieser Situation »beschloss Microsoft, mithilfe seiner Monopolstellung bei PC-Betriebssystemen unfaire Wettbewerbsbedingungen zu schaffen. Zu diesem Zweck setzte die Firma eine Strategie ein, mit der sie unter Usern Zweifel hinsichtlich der Kompatibilität streute, indem sie Fehlermeldungen programmierte, die unsystematisch auftauchten, wenn Netscape auf einen Windows-Rechner installiert wurde. Das Unternehmen weigerte sich außerdem, die Angaben zu machen, die notwendig gewesen wären, um volle Kompatibilität herzustellen, als neue Windows-Versionen entwickelt wurden. Und in einem besonders raffinierten Schachzug bot es den Internet Explorer gratis an – als integralen Bestandteil seines Betriebssystems … [zur] Aufrechterhaltung seines Monopols.« (Joseph Stieglitz)

Die Aktivitäten zur Monopolsicherung bewegen sich zwar oft am Rande der Legalität, aber alle staatlichen Sanktionsandrohungen (sowohl in den USA, als auch in Europa) hat die Gates-Firma bisher abfedern können. Angesichts der amerikanischen Rechtslage ist die Existenz des Konzerns ein Anachronismus: Nach den Anti-Trust-Gesetzen müsste er ebenso zwingend zerschlagen werden, wie der Google-Konzern. Das dies nicht geschieht, ist ein Musterbeispiel für die Funktionsweise des Systems eines entwickelten *Staatsmonopolistischen Kapitalismus*. Präventiv hat Google auf die Gefahr der Zerschlagung mit der organisatorischen Neuaufstellung mit Hilfe einer unter dem Namen Alphabet firmierenden Holdingstruktur reagiert, mit der alle Aktivitäten des Konzerns zukünftig organisiert werden. Was der Öffentlichkeit als »Konzernumbau« und »Dezentralisierung« verkauft wird, ist Mittel zur Absicherung und Beschleunigung der Konzentrations- und Monopolisierungsprozesse.

Wie soll auch sicher gestellt werden, dass den Gesetzen genüge getan wird, wenn gerade die kartellrechtlich problematische Monopolstellung der IT-Giganten in entscheidenden Bereichen die technologische (Rest-)Dominanz der USA garantiert und auch den staatlichen »Diensten« die Arbeit erleichtert, weil es ihnen durch die Unterstützung gerade durch die Monopol-Unternehmen mit relativ geringem Aufwand möglich ist, auf jede Festplatte und große Teile der Mail-Kommunikation zuzugreifen?

So wenig wie es danach aussieht, dass die Microsoft- und Google-Monopole administrativ zerschlagen werden, ist auch zu erwarten dass sie auf »evolutionärem« Weg durch *alternative Systeme* unter Druck geraten könnten. Jedenfalls vorläufig nicht. Die *Open-Source-Software* scheint gegenwärtig an ihre Verbreitungsgrenzen gestoßen zu sein und weitere alternative Aktivitäten mit Durchsetzungspotenz sind nicht in Sicht.

Dialektik der Produktivkraftentwicklung

Wie zwingend eine Kritik am Computer, bzw. konkreter ausgedrückt an seinen Verwendungsweisen ist, dürfte durch die bisherigen Ausführungen deutlich geworden sein. Aber dennoch sollte das Kind nicht mit dem Bade ausgeschüttet werden. Auch der Computer ist eine Produktivkraft, der positive Potenziale inhärent sind. Aber für ihn gilt jedoch nicht mehr, dass, wie es Ernst Bloch noch in den 30er Jahren (in Kontrast zu späteren technik-kritischen Reflexionen) betont hat, für den Marxisten die letzte Maschine immer die beste sei. Aber wie schon thematisiert wurde, ist über diesen Punkt eines automatisch positiven Effekts der Produktivkraftentwicklung, die Technologiegeschichte lange schon hinweg gegangen. In vielen Fällen haben sich die *Produktivkräfte zu Destruktionskräften entwickelt*. Über die ökologische Negativwirkung vieler moderner technologischer Verfahren braucht an dieser Stelle nicht mehr näher eingegangen werden. Aber im Falle des Computers kommt noch hinzu, dass durch seinen Einsatz in der beschriebenen Weise, soziale Spaltungsprozesse vorangetrieben werden, er als gesellschaftliche *Desintegrationsmaschine* funktioniert und als *Entkulturalisierungsautomat* wirkt.

Es stellen sich Fragen von grundsätzlicher Natur: Die Zivilisationsgeschichte ist für die Menschen immer durch das Wechselspiel von Gewinn und Verlust geprägt gewesen. In entscheidender Hinsicht ist es ihnen – wie Marx es formuliert hat – gelungen, die »Naturschranke« zurück zu drängen und, trotz aller Widersprüche und Paradoxien, ihre Abhängigkeit von blinden Naturabläufen zu reduzieren. Die technische Entwicklung war der notwendige Hebel dazu. Aber oft sind die historischen Protagonisten dabei in neue Abhängigkeiten geraten. Nicht jeder Vorgang der »Naturbeherrschung«, nicht jeder technologische »Fortschritt« ist unmittelbar ein sozialer, gar zivilisatorischer Gewinn gewesen; immer wieder wurde deutlich, wie der späte Engels es formuliert hat, dass »alles was die Zivilisation hervorbringt, doppelseitig, doppelzüngig, in sich gespalten, gegensätzlich ist«. Vielleicht war es sogar ein grundsätzlicher Fehler, in der Nachfolge der Aufklärungsphilosophie die Entwicklung des Mensch-Naturverhältnisses als eindeutig Fortschrittsdeterminiert zu begreifen. Bei den entwickelten Produktivkräften heute ist eine besondere Nachdenklichkeit angebracht. Schon aus ökologischen Gründen erweist sich vieles des technologisch möglich Gewordenen als nicht zukunftsfähig, scheint ein Umdenken und Umlenken unvermeidlich.

Wie es an einigen Beispielen schon gezeigt wurde, ist dies auch bei der »digitalen Revolution« sehr oft deshalb der Fall, weil die Verallgemeinerung vieler »Errungenschaften« mit dem Verlust tradierter Fähigkeiten und Fertigkeiten verbunden ist. Das hat es zwar auch in der Vergangenheit oft gegeben: Beispielsweise hat sich mit der Distanz zu den natürlichen Lebenswelten und der Verallgemeinerung städtischer Kultur- und Zivilisationszonen das alltägliche Wissen über die Naturabläufe und -zusammenhänge zurück entwickelt. Teilweise sind die Verluste aber durch kulturelle Neuschöpfungen kompensiert worden. Pointiert gesagt, ist beispielsweise das direkte Naturerlebnis durch künstlerische Naturbeschäftigungen »ersetzt« worden. Aber durch die Digitalisierung findet keine Perspektiverweiterung, keine »Sublimierung«, sondern vorrangig Verdrängung und Absonderung statt. Charakteristisch ist die Überlagerung von Bildung und Wissen durch »Informiertheit«. Eine Konsequenz dieser »Transformation« ist die zunehmende Verdrängung einer aktiven Lebensgestaltung, durch von »außen« stimulierte Reaktionsmuster. Auch durch die Fragmentarisierung persönlicher Beziehungsverhältnisse durch technische Kommunikationsmodi bilden sich substanzielle sozio-kulturelle Vermittlungsweisen zurück. Es geht durch diese Prozesse etwas verloren, was einst auch als »Ersatz« für ein intensives Mensch-Natur-Verhältnis fungierte: Vergleichbare »Kompensation« werden durch die Digitalisierung des Sozialen verhindert. Weil neue »kulturelle« Techniken nicht in Sicht sind, werden die Menschen den herrschenden Funktionsmechanismen ausgeliefert, bleibt eine unmittelbare Erfahrung »eingeklammert«, ihr Weltverhältnis abstrakt und mechanisch.

Dennoch ist der Computertechnologie etwas Unabgegoltenes inhärent, sind positive Einsatzmöglichkeiten nicht ausgeschlossen. Jedoch muss ein Bewusstsein darüber entwickelt werden, dass es nicht ausreicht, die Progressionspotenziale nur »heben« zu wollen; vielmehr müssen sie »befreit« werden. Aber die Beschäftigung mit den emanzipatorischen Möglichkeiten des Computers muss konkret sein, vor allem jene Ebene empirisch unabgesicherter Verallgemeinerungen verlassen, die die Basis des meist unkritischen Blicks auf die »Wissensgesellschaft« bilden. Es ist schon davon die Rede gewesen, was bisher nicht alles als Positiveffekt der Computerisierung prophezeit worden ist und wie weit die Illusionen einer »Kommunikations-Revolution« sich verbreitet haben. Um solch weltlose Schönfärberei ebenso, wie eine bloß abstrakte Haltung der Kulturkritik zu vermeiden, muss die Beschäftigung über das Verhältnis von Kapitalismus und Computer in einer *kritischen Terrain-Erkundung* fundieren, deren Konturen auf den vorangegangenen Seiten skizziert wurden.

Ausgangspunkt der Frage nach den emanzipatorischen Möglichkeiten des Computers muss die Tatsache seiner gegenwärtigen Omnipräsenz sein. Es muss akzeptiert werden, dass der Umgang mit ihm zu einer neuen Kulturtechnik geworden ist, wenn auch nur in einer sehr allgemeinen Weise, denn wie schon geschildert, sind nur die rudimentären *Anwendungsfähigkeiten* verbreitet, die in den allermeisten Fällen von der Bedienungssoftware determiniert werden.

Mit der Verbreitung der Computerfertigkeiten verhält es sich nicht anders, als bei der Verallgemeinerung der Lesefähigkeit im 19. Jahrhundert. Sie setzte eine überwiegende Bevölkerungsmehrheit zwar formal in die Lage Hölderlin-Gedichte zu lesen – jedoch kam das aktive Leseverhalten über die Lektüre religiöser Verse und die Kenntnisnahme amtlicher Anschläge nicht hinaus. Den Angehörigen der Arbeiterklasse wurde schulische Bildung in dem Umfang vermittelt, wie es die veränderten Ausbeutungsmodalitäten und das Militärreglement erforderten. Und dennoch müssen wir seit dem letzten Drittel des 19. Jahrhunderts von den Industrieländern als alphabetisierte Gesellschaften sprechen, weil für zunehmende Bevölkerungssegmente prinzipiell die Chance der Wissens- und Welt-Aneignung bestand.

So wie in der Vergangenheit die Lesefähigkeit und Schreibfähigkeit trotz ihrer allgemeinen Verbreitung lange Zeit nur von einer Minderheit auf einem entwickelten Niveau beherrscht wurden, ist es gegenwärtig auch mit den Computer-Fertigkeiten der Fall. Der Anteil der Beschäftigten mit entwickelteren IT-Kenntnissen, die im Arbeitsalltag Anwendung finden, bewegt sich im Rahmen einer 10-Prozent-Marke. Der Hinweis in einer marxistischen Zeitschrift, dass sich 90 Prozent aller Arbeitenden des Computers bedienen, führt in die Irre. Er bleibt in dieser Allgemeinheit tradierten technologisch-deterministischen Schablonen verpflichtet und hat angesichts der tatsächlichen Sachlage geradezu den Charakter einer Fehlinformation. Denn im Gegensatz

zu der kleinen Gruppe der »Computer-Experten«, verfügt die überwiegende
Mehrheit der Beschäftigten (im besten Fall) über jene Grundkenntnisse, die
zur *Apparate-Bedienung* notwendig sind.

Bemerkenswert ist übrigens, dass in einigen imperialistischen Hauptländern im Gleichschritt mit der Computer-Ausbreitung die Lese-, Schreib- und
Rechenfähigkeiten wieder verfallen. Von 30 Prozent funktioneller Analpha-
beten die das Schulsystem verlassen, ist in den USA die Rede. 2005 wurde
vom US-Bildungsministerium dokumentiert, dass in den letzten 15 Jahren
die Zahl der College-Absolventen mit komplexerer Lesefähigkeit um zehn
Prozent zurück gegangen ist. Bei vielen ginge es nicht, wie ein Verantwortlicher der Erhebung betonte, um die Unfähigkeit Proust-Texte zu verstehen,
»sondern ob sie Etiketten lesen können«. Der Computer ist nicht die primäre
Ursache dieser Entwicklung, hat jedoch seinen Anteil an »der Geschwindigkeit, in der die digital entwickeltste Gesellschaft der Welt verlernt, komplexe
Texte zu erfassen.« (Frank Schirrmacher) Für die Bundesrepublik spricht die
Statistik übrigens von einer 20-Prozent-Quote von Hauptschulabgängern, die
kaum des Lesens und Schreibens fähig sind.

Auch wenn im vorliegenden Text die Aufmerksamkeit vorrangig auf die
herrschaftskonformen und repressiven Wirkungen des Computers konzentriert war und betont wurde, dass er als neue Leittechnologie eine zentrale
Rolle bei der Produktivkraftentwicklung (im Kontext effektiver Kapitalverwertung) spielt, wohnen ihm dennoch emanzipatorische Potenzen inne. Sie
schon in der gegenwärtigen Computer-Praxis realisiert zu sehen, wird der
Problemlage jedoch nicht gerecht!

Die Parallelität »ungleichzeitiger« Anwendungs- und Wirkungsmöglichkeiten der IT-Technik entspricht der Dialektik der Produktivkraftentwicklung
im Sinne einer widersprüchlichen Entfaltungsdynamik der technischen Fort-
schrittspotenziale. Es war immer ein langwieriger Prozess, bis aus *formativ-
progressiven* »*Keimformen*«, prägende Strukturmerkmale wurden. In keinem
Fall jedoch hatte ein technologischer Entwicklungsschub alleine zur Durchsetzung neuer Zivilisationsstandards ausgereicht; er schafft im günstigsten
Fall zwar die Voraussetzungen dafür, jedoch bedarf es zu ihrer Verallgemeinerung vielfältiger Initiativen. In der bisherigen Menschheitsgeschichte war
die technologische Progression an einen langen Weg durch das Jammertal
entfremdeter Arbeit gekoppelt. Nicht ohne Grund erschien den Betroffenen
die Technik als Moloch, deren Innovationen prinzipiell nicht zu trauen sei.

Das war nicht nur die Haltung der Maschinenstürmer früherer Zeiten, sondern korrespondierte auch mit den Auffassungen rationalisierungsbedrohter Belegschaften in den letzten Jahrzehnten.

In der aktuellen Situation besteht das Hauptproblem darin, dass, wenn ihre den Kapitalismus infrage stellenden und über ihn hinausweisenden Potenzen nicht aufgegriffen werden, die Computertechnologie vorrangig als Stabilisierungselement der bestehenden Gesellschaft fungiert, sie dazu beiträgt, systemische Widersprüche zu »glätten« und die Herrschaftsprozesse auf informationstechnologischer Grundlage zu effektivieren. Bisher jedenfalls hat die rasante Entwicklung der Datenverarbeitungs- und Kommunikationstechnologien dem Kapitalismus geholfen, weiter über die Runden zu kommen: Der »Computer kam gerade noch rechtzeitig, um gesellschaftliche und politische Strukturen intakt zu erhalten – sie sogar noch abzuschotten und zu stabilisieren –, die andernfalls entweder radikal erneuert worden oder unter Forderungen ins Wanken geraten wäre, die man unweigerlich an sie gestellt hätte.« (Joseph Weizenbaum)

Die *systemstabilisierenden Effekte der Computer-Technologie*, vor allem durch die Bedeutungszunahme und der Verallgemeinerung des Internets, sind in den letzten beiden Jahrzehnten intensiver geworden und hatten ihren besonderen Anteil bei der Durchsetzung der neoliberalistischen Konterrevolution, bei der Zurückdrängung kollektiver Orientierungsmuster und der Diskriminierung von Vorstellungen einer menschengerechten Gestaltung der Sozialverhältnisse.

Beispielsweise sind das Internet und der Computer auch unabhängig von den beschriebenen Überwachungs- und Formierungsprozessen wichtige Hilfsmittel bei der beständigen Umstrukturierung der betrieblichen Realitäten, jedoch auch der Aufrechterhaltung des kapitalistischen Reproduktionsprozesses in seiner Gesamtheit. Die »Verschlingung aller Völker in das Netz des Weltmarktes«, wie Marx es im »Kapital« genannt hat, ist ein wichtiger Faktor dabei – und vom Computer wird dieser Prozess effektiv unterstützt und permanent beschleunigt. Das Kapital kann sich in atemberaubender Geschwindigkeit von Ort zu Ort bewegen und ohne Beschränkungen weltweit über die Lohnarbeiterpotenziale verfügen. Sich abzeichnende Gegenmacht kann es unterlaufen, indem es in andere Regionen weiterzieht, in denen es noch keine wirksamen Organisationen der Arbeiterklasse gibt. Das hat es auch vor der Ausbreitung der IT-Technologien gegeben – nun jedoch können diese Prozesse auf digitaler Grundlage mit größerer Geschwindigkeit und höherem Effektivitätsgrad organisiert werden.

Die konkreten Ausformungen und Transformationen, die von den IT-Technologien unterstützt werden, zu denen die Internationalisierung des Arbeitsmarktes, die Gewinnung neuer Absatzmärkte, die Erhöhung der Umschlaggeschwindigkeit des Kapitals, aber auch Veränderungen im Modus der Profitrealisierung gehören, sind durch die objektiven Bedürfnisse der Kapitalakkumulation geprägt. Der Computer und vor allem das Internet haben also bei den kapitalistischen Entwicklungsschüben und Selbststabilisierungsprozessen der letzten Jahrzehnte ihre spezifischen Dienste geleistet.

Auch die »Globalisierung« der Finanzmärkte wäre schleppender verlaufen und die Internationalisierung der Arbeitsmärkte hätte ohne Computer-Einsatz nicht mit der tatsächlichen Intensität stattgefunden. Der Planungs- und Steuerungsanteil an den ökonomischen Prozessen (sowohl in den produktiven wie in den distributiven Abteilungen) ist durch die Computer-Verwendung ebenso effektiver, wie die Konsumentensteuerung subtiler geworden. Der wichtigste Effekt des Einsatzes der Computer-Technologien ist jedoch die Beschleunigung der Kapitalverwertungsprozesse. Es hat sich nicht ihr grundsätzlicher Charakter verändert, aber das »ungehinderte und flüssige Übergehen des Werts aus einer Form in die andre«, wie Marx in den »Grundrissen der Kritik der politischen Ökonomie« diesen Prozess beschreibt, geht reibungsloser vonstatten.

Aber viele der Vorteile der Digitalisierung aus Kapitalsicht sind auch mit Nachteilen verbunden. Zwar hat sich auf der Basis elektronischer Vermittlungsvorgänge die Geschwindigkeit der Finanztransaktionen erhöht und damit die Umschlaggeschwindigkeit des Kapitals. In gewisser Weise ist damit ein kapitalistischer Wunschtraum in Erfüllung gegangen: Investiertes Kapital (einschließlich des erzielten Profits) kehrt in der Regel in kürzeren Zeitspannen wieder zurück, als das in der Vergangenheit der Fall gewesen ist. Aber, und das ist die Kehrseite der Medaille, resultiert daraus auch die Notwendigkeit von Reinvestitionen in immer kürzeren Intervallen – ohne dass sinnvolle Anlagemöglichkeiten im gleichen Tempo mitgewachsen wären. Die Konsequenz ist die beständige Ausdehnung der spekulativen Sektoren mit ihren spezifischen Risiken und Kriseneffekten.

Aber noch in einem viel elementareren Sinne ist der vernetzte Kapitalismus störanfälliger geworden: Die IT-Systeme stellen das Nadelöhr dar, durch welches mittlerweile alle Informationen, Direktiven und Steuerungsimpulse hindurch müssen. Im gleichen Maße, wie durch die kombinierten Informations- und Datenverarbeitungstechnologien das globale Agieren des Kapitals erleichtert wurde, ist sein Alltagsgeschäft prinzipiell auch fragiler geworden: Nicht mehr nur durch streikende Hafenarbeiter können die Distributionswege eines global agierenden Unternehmens gestört werden. Dieser Effekt lässt sich nun auch durch den *Eingriff in die elektronischen Kommunikations- und Steuerungssysteme* erreichen. Alleine die US-amerikanische Ökonomie ist von Just-in-Time Lieferungen in einem solchen Umfang abhängig, dass eine (elektronisch organisierte) Blockade Produktionsausfälle von einer Milliarde Dollar verursachen würde. Pro Tag! Der Phantasie für zukünftige Kampfformen gegen das Kapital sollten also keine Grenzen gesetzt werden, zumal die »Computer-Kommunikation« auch die Verständigungsbasis der Belegschaften von Unternehmensstandorten an entgegengesetzten Punkten der Welt sein können. Momentan sind sie das (manchen linken Erzählungen und Erwartungen zum Trotz) in der Regel jedoch nicht.

Systemreproduktion oder Selbstorganisation?

Auch wenn dem Computer eine transformatorische Qualität innewohnt, kann nicht prognostiziert werden, wann ein qualitativer Umschlag erfolgt, durch den seine alternativen Möglichkeiten einen wirksamem Entfaltungsraum erhalten und zum bestimmenden Faktor der sozio-ökonomischen Entwicklung werden. Trotz durchaus gegebener »Evolutionspotenziale«, die im Schoße der gegenwärtigen Gesellschaft sich entwickelt haben, kann nicht davon ausgegangen werden, dass diese sich selbsttätig durchsetzen werden, wie von diversen »Selbstorganisationskonzepten« unterstellt wird. Was prinzipiell möglich geworden ist, muss dem bestehenden Machtsystem abgerungen werden! Auch die der Computertechnologie innewohnenden Transformationspotenziale müssen *freigesetzt* werden, weil sie nur im Rahmen einer alternativen Wirtschaftspraxis (für die die strukturellen Voraussetzungen geschaffen werden müssen!) zur Entfaltung kommen können. Die neuen »Produktivkräfte können Hebel für die Produktion sein, aber sie bewegen sich nicht selbst, sie müssen bewegt werden«. (Robert Steigerwald) Die von Marx angesprochenen »Elemente der neuen Gesellschaft im Schoße der alten« stellen nicht mehr als ein realhistorisches Versprechen dar, dessen Einlösung nicht voraussetzungslos möglich ist. Denn Tatsache ist, dass immer wenn sich soziale Beziehungsformen und Organisationsmuster entwickeln, die Widerspruchsprinzipien zum Kapitalismus darstellen, sie permanent bedrängt und systematisch niedergehalten werden.

Vor allem müssen die Antworten auf die Fragen nach den progressiven Potenzialen des Computers konkret sein, und können sich nicht auf der Ebene abstrakter Maximen oder dem Niveau des Multitude-Geraunes eines Hardt und Negri beschränken, die in der Digitalisierung der sozio-ökonomischen Prozesse nicht nur die Vorboten, sondern schon das reale Fundament des »Kommunismus« sehen wollen – selbstredend unter Ausklammerung nicht nur der *Eigentumsfrage*, sondern vor allem auch der *Machtproblematik*!

Überzeugende Antworten auf die Frage nach dem Computer als »Emanzipations-Maschine« zu geben, ist jedoch nicht einfach, weil in *jeder Hinsicht* nur über Trends gesprochen werden kann, die, auch wenn sie schon deutliche Konturen aufweisen, noch nicht gefestigt sind. Die essayistische Form des vorliegenden Textes versucht dieser Tatsache der *Unabgeschlossenheit der Entwicklungen* Rechnung zu tragen, auch wenn es zunehmend schwer fällt, sich *progressive Entwicklungstendenzen* überhaupt noch vorstellen zu können. Dass der Computer durch seine gegenwärtige Verwendungsweise zu einem großen Teil als *Destruktionsmaschine* funktioniert ist offensichtlich, seine *emanzipatorischen Potenziale* sind jedoch verdeckt. Mit wohlfeilen Parolen ist diese Tatsache nicht aus der Welt zu schaffen – und mit Wunschdenken noch weniger.

Ein wichtiger Aspekt der Dialektik der Produktivkraftentwicklung ist, dass die bürgerliche Epoche auch die Bedürfnisse und Fähigkeiten der Menschen revolutioniert hat: Ein beständiger Zwang zur technologischen Innovation unterwirft auch die sozialen Verkehrsformen und individuellen Verhaltensmuster einem permanenten Wandel, der in seiner Grundtendenz, aber nicht voraussetzungslos, einen positiven Charakter besitzt, denn es finden in dessen Kontext ja auch die beschriebenen zivilisatorischen Regressions- und machtkonformen Formierungsprozesse statt. Dennoch werden Erwartungen stimuliert (wenn zunächst auch nur innerhalb minoritärer Gruppen, die von Leo Kofler als »Progressive Eliten« bezeichnet werden), die auf Grundlage der überkommenen Produktionsverhältnisse immer schwieriger erfüllt werden können. Diese Konstellation eröffnet Spielräume für die Entwicklung zukunftsorientierter Bewegungen.

Um der dynamischen Entwicklung der Produktivkräfte zu genügen, müssen die Menschen besser ausgebildet und ihnen im beruflichen Alltag partielle Gestaltungskompetenzen zugestanden werden. »Die schöpferische menschliche Leistung kann ausbeuterischer Herrschaft untergeordnet sein, aber sie hat gegenüber solcher Subsumption die Tendenz, sich zu verselbstständigen«. (Lothar Kühne) Dennoch darf nicht übersehen werden, dass es den Strategien der Kapitalverwertung immer wieder gelingt, die »Entwicklung der menschlichen Produktivkräfte« (Marx) ihren eigenen Zwecken nutzbar zu machen, sie ebenso zu fragmentarisieren, wie auch die individuellen Bedürfnisvorstellungen und Bedürfnisartikulationen zu prägen: Es gibt mehr als nur eine Tendenz, die neuen mikroelektronischen Möglichkeiten zur Ausschöpfung von Subjektivitätspotenzialen und ihrer verwertungskonformen Instrumentalisierung einzusetzen. Das ist oft nur möglich, wenn die Arbeitsverhältnisse (mit allen Einschränkungen und Begrenzungen, die nicht unberücksichtigt bleiben dürfen) »partizipativer« werden, den Beschäftigten Spielräume der Selbstbetätigung und Mitbestimmung eingeräumt werden. Von einer naiven »Industriesoziologie« sind diese Vorgänge als Beginn der Phase einer zunehmenden Selbstbestimmung der Arbeitenden missverstanden worden. Auch von einer linken Diskussion ist diese kontrafaktische Einschätzung weitgehend übernommen worden, obwohl sich schon früh abzeichnete, dass auch der »teilautonom« Arbeitende fremden (Profit)-Interessen und strikten Kontrollinstanzen unterworfen bleibt, auch die konzedierten »Freiräume« ein Lenkungsinstrument sind und Zugeständnisse sehr oft sobald als möglich wieder revidiert werden.

Auch wenn Skepsis gegenüber einer zu optimistischen Einschätzung der alternativen Qualitäten des Computers angebracht ist, stellt die Perspektive seines emanzipatorischen Einsatzes eine Herausforderung dar. Vieles, was zunächst als Illusion einer technologischen Rationalität erscheint, ist als *Widerspruch zwischen Möglichkeit und Wirklichkeit* zu begreifen, der sich auf einer qualitativ neuen Stufe äußert und dem ein *objektives Fortschrittsversprechen* inhärent ist. Aber wie schon gesagt, setzen sich diese Fortschrittspotenzen nicht im Rahmen einer Selbstbewegung der Technik durch. Die emanzipatorischen Möglichkeiten der Computertechnologie lassen sich nur durch den Kampf gegen die kapitalistische Präformierung und Instrumentalisierung der Informationstechnologien und den ihnen zugrunde liegenden Macht- und Verfügungsverhältnissen realisieren.

Jedoch ist gerade die Ausklammerung (bzw. Relativierung) der Macht- und Herrschaftsproblematik das einigende Band zwischen den diversen *Selbstorganisationstheorien*, die der Computer-Technologie ein emanzipatorisches Wirkungspotenzial unterstellen, ohne nach den Bedingungen seiner Durchsetzung zu fragen. Aber von den Grundannahmen, von denen diese Vorstellungen ausgehen, ist ein solches Problembewusstsein auch kaum zu erreichen, weil die Beschäftigung mit den bestehenden Macht-, Eigentums- und Verfügungsverhältnissen von vornherein ausgeschlossen bleibt. In exemplarischer Weise ist das beim weltfremden Konstruktivismus der »Systemtheorie« von Niklas Luhmann der Fall, in deren Mittelpunkt die »*Autopoiesis*«-Kategorie steht, mit der das Trugbild einer voraussetzungslosen, klassen- und interessenneutralen Selbstorganisation der gesellschaftlichen Prozesse transportiert wird.

Diese Denkvoraussetzung wird in der Regel übernommen, wenn das sozialtheoretische Schema Luhmanns in linken Argumentationskontexten reproduziert wird und dabei stillschweigend, aber sachwidrig unterstellt wird, dass »Selbstorganisation« automatisch eine progressive Tendenz besäße, obwohl dieses Konzept letztlich auf eine Apologie bestehender Zustände hinausläuft, wie durch das Luhmannsche Argumentationsschema unmissverständlich deutlich wird.

Bezeichnend ist die Nachdrücklichkeit, mit der Luhmann unter Berufung auf die angebliche Spezifik von Selbstorganisationsvorgängen vor gesellschaftsverändernden Vorstellungen, gar transformatorischen Initiativen warnt. Denn es wäre kontraproduktiv, so Luhmanns Hauptargument, sozioökonomische Entwicklungen regulieren zu wollen, weil damit einer angeblich »evolutionären« Selbststeuerung dieser Prozesse ins Handwerk gepfuscht würde. Diese systemtheoretische Grundregel ist durch eine evolutionstheoretische Verbrämung zwar mit einem Schein der Neutralität ummantelt, korrespondiert faktisch jedoch mit den Ordnungsprinzipien eines realen Kapitalismus; sie wirkt legitimatorisch, weil mit dieser Konstruktion, den bestehenden ausbeutungsgesellschaftlichen) Verhältnissen ein Charakter von Überzeitlichkeit und Alternativlosigkeit zugesprochen wird.

Die »evolutionären« Entwicklungsmöglichkeiten wären nach den Luhmannschen Vorstellungen nur dann sichergestellt, wenn auf Planungsperspektiven und korrigierende Interventionen verzichtet, also den sozio-ökonomischen Dingen ihren Lauf gelassen würde. Luhmann besteht ausdrücklich darauf, dass die jeweiligen »Funktionssysteme« (Wirtschaft, Politik, Recht, Kultur etc.) prinzipiell »selbstreferenziell« (und das heißt weitgehend selbstbezüglich) seien, sie sich nach »außen« abschotten und jeweils nach ihren »eigenen Kriterien« (Luhmann) funktionierten. Deshalb könnten sie auch nur auf Grundlage ihrer *immanenten Maßstäbe* beurteilt werden: Effizienz in der Wirtschaft, die Produktion von schönem Schein in der Kunst, die Sicherstellung von »Gerechtigkeit« im Rechtssystem, die Generierung von Erkenntnis in den Wissenschaften etc. Deshalb wäre es unmöglich und folglich auch illegitim, Entwicklungen, die vom Standpunkt eines anderen Funktionssystems als kritikwürdig erscheinen, »diskriminieren« (Luhmann) zu wollen. Kritik wird damit prinzipiell das Fundament entzogen, denn Gesichtspunkte wie Gerechtigkeit, Selbsterhaltungsbestreben oder Menschenwürde entstammten nach Luhmann »lebensweltlichen« oder »kulturellen« Bereichen mit norma-

tiver Sinnkonstitution (Kunst, Moral, Philosophie) – und dort sollen sie ge-
fälligst auch bleiben, weil sie sonst das Funktionieren der anderen, rational
determinierten Subsysteme (vor allem der Wirtschaft) behindern würden. Im
ökonomischen Kontext soziale Rücksichtnahme oder die Beachtung von ökologischen Grenzen zu fordern wäre deshalb illegitim, weil eine »sachfremde« Normativität, die »Systemrationalität« dieses Teilbereichs konterkarieren
würde.

Diese Auffassung entspricht exakt der *Grundüberzeugung der neoliberalistischen Ideologie*: Die Aufgabe wirtschaftlichen Handelns sei es, den Profit zu
sichern, ohne nach rechts und links zu schauen. Wird dieser totalitäre Anspruch kapitalistischen Wirtschaftshandelns vorbehaltlos akzeptiert, wird
automatisch das Denken auf den Horizont eines kapitalistischen Geistes
verpflichtet, dem die Kapitalakkumulation als Maß aller Dinge gilt. Es wird
unter der Hand *Selbstorganisation mit der ungehinderten Selbstreproduktion des
real-existierenden Kapitalismus* gleichgesetzt und damit auch die historische
Entwicklung auf eine Kreisbewegung reduziert, die aufzubrechen als unmöglich postuliert wird.

Linke Versuche mit dem Systemfunktionalismus zu kokettieren (auch die
computer-affinen »Selbstorganisationstheorien« bewegen sich intellektuell in
seinem Gravitationsfeld!), werden in der Regel mit dem Preis eines Verzichts
auf historische Konkretisierung bezahlt. Es wird systematisch ignoriert, dass
auch »Selbststeuerung« und »*Selbstorganisation*« (gerade auch dann, wenn sie
»computervermittelt« sind), konkrete Voraussetzungen haben – und nicht zuletzt auch in *Machtkomplexe und Herrschaftsprozesse* eingebunden sind.

Computer-Kommunismus?

Viele der gegenwärtig mit dem Computer verbundenen linken Utopien haben einen wesentlichen Mangel: Sie sind in einem ähnlichen Sinne wie die digitalen Rechnersysteme abstrakt-logisch determiniert. Es wird der Eindruck zu erwecken versucht, mit dem »logisch-historischen Begriff« einer Sache (dem Computer als »Keimzelle« einer neuen Produktionsweise und als Vermittlungsschritt auf dem Wege zu einer neuen Gesellschaftsformation) schon die Sache selbst zu besitzen. Verbunden ist dieser *konzeptionelle Überbau* mit deterministischen Technikvorstellungen. Pointiert gesagt, wird davon ausgegangen, dass von einer »demokratisierten« und basis-kontrollierten Software weitgehend selbstständig soziale Veränderungsimpulse ausgingen. Aber: Wer kontrolliert die Computer-Programme? Wessen Interessen verbergen sich in den Quellcodes? Diese Vorstellungen über den Computer als Garanten sozialer Emanzipationsprozesse korrespondieren jedoch mit keiner gesellschaftlichen Gesamtanalyse und noch weniger mit einem reflektierten Programm sozio-ökonomischer Transformationen.

Wenn auch auf einer anderen Reflexionsstufe, ist durch die *Open-Source-Bewegung,* die sich zwar an diesen Problemkomplexen abarbeitet, dennoch ein traditioneller Vorstellungshorizont alternativer Vergesellschaftung mitgesetzt, der die Probleme gesellschaftlicher Selbstorganisation auf *quantitative* Steuerungsfragen reduziert. Wie auf diesem Wege jedoch die »unbeschränkte individuelle Teilhabe am Prozess der Vermittlung der kollektiven Produktion und Reproduktion des gesellschaftlichen Lebens« (Stefan Meretz) möglich werden soll, bleibt ein Rätsel.

Dieses Denkmodell setzt die Vermittlung des gesamten ökonomischen Verkehrs über einen Verbund von Datenverarbeitungsmaschinen voraus, also die digitale Vernetzung aller sozialen Akteure und die lückenlose Registrierung ihrer Reaktionsformen: Individuum und Gesellschaft gelangen zu einer fragwürdigen, weil nivellierenden »Identität«. Faktisch wird dadurch einer

Perpetuierung bestehender Trends das Wort geredet, die Thematisierung ihrer Wünschbarkeit und sozialen Sinnhaftigkeit jedoch vermieden. Es wird einem vereinzelten Wünschen und Wollen auf gemeinwirtschaftlicher Grundlage Priorität eingeräumt. Die Gesellschaftsperspektive bleibt dabei peripher.
Es wird dabei das *gemeinschaftliche Ich durch ein kollektives Es verdrängt.*

Auch über digitale Netzstrukturen vermittelt kann es natürlich Diskussionen und inhaltliche Abstimmungsprozesse geben, aber sie haben nicht
die Intensität gemeinsamer Beratung, des kollektiven Erwägens und Ent-
scheidens, beispielsweise über das sozial Wünschenswerte im Kontrast zum
ökonomisch Möglichen: Ein Vermittlungs- und Abstimmungsprozess der zu
der Haltung »*Wir* wollen« führt, wird durch die Artikulation eines isolierten
»*Ich* will« gerade dann verdrängt, wenn solche Abstimmungen, wie von Paul
Cockschott vorgeschlagen, über das Handy organisiert, die Menschen wie er
sagt, »durch eine einfache SMS« sich artikulieren würden.

Die prinzipiell dem Sozialismus verpflichteten Vorstellungen über den
Computer als eine universale Vermittlungsinstanz gesellschaftlicher Aktivitäten, gehen den entscheidenden Gestaltungsfragen aus dem Weg, denn »Pla-
nungsrationalität« ist nur die eine Seite des Problems einer vernünftigen Gestaltung der gesellschaftlichen Prozesse. Bei der Frage nach der Eignung des
Computers als universales Regulationsinstrument (vorrangig ökonomischer
Prozesse), stoßen wir auf die gleichen Defizite, wie in den Konzepten der
»Künstlichen Intelligenz« die ignorieren, dass durch die Rechenmaschinen
nur Ergebnisse entsprechend der eingespeicherten Daten generiert, die Daten
trotz aller Selbstopimierungspotenzen der Computer, nur nach festgelegten
Mustern verarbeitet werden.

Im Verständnis des »Computer-Kommunismus« wird die Teilhabe an den
gesellschaftlichen Lenkungsprozessen auf eine »Partizipation« aus der »Ver-
braucherperspektive« festgeschrieben. Aber fraglich ist, ob sich die akkumulierten Wünsche aller Marktteilnehmer automatisch zu einem »Volonté géné-
ral«, einen allgemeinen Willen mit vernünftiger Tendenz zusammenfügen.
Problematisch aber ist vor allem, dass die Perspektive einer sozialistischen
Produzentendemokratie ausgeklammert bleibt und deshalb nicht für eine tätig-
politische Lebensform im Mittelpunkt der mikroelektronisch determinierten
gesellschaftlichen Organisationsvorstellung Partei ergriffen wird: Die Produk-
tionskomplexe fungieren als bloße Adressaten der registrierten und gebündel-
ten gesellschaftlichen (Konsumtions-)Wünsche. Das System der Arbeitsteilung

und die Entfremdungsursachen in den Arbeitsverhältnissen werden auf diesem Wege jedoch nicht überwunden, sondern günstigstenfalls modifiziert. Mit sozialistischer Planung als Ausdruck »direkter Demokratie« (Paul Cockschott/ Allin Cottrell) haben die elektronischen Vermittlungsprozesse wenig zu tun. Deshalb zielt eine forsche Aussage, wie sie in einer marxistischen Zeitschrift zu finden war, am Kern der Probleme vorbei, wirkt angesichts der realen Problemlagen, wie das sprichwörtliche Pfeifen im Walde, um eine konzeptionelle Bodenlosigkeit zu überspielen: »In einer sozialistischen Gesellschaft wird das Internet Grundlage für die flexible Steuerung der gesamtgesellschaftlich organisierten Produktion und für Elemente direkter Demokratie sein.« Denn zu bedenken ist, dass es gesellschaftliche Ziele gibt, die sich durch einen Algorithmus nicht erfassen lassen. Eine digitale Planwirtschaft hätte, so wie der alte Sozialismus, eine utilitaristische, gefühlsarme Komponente. Unberücksichtigt bliebe in ihrem Rahmen, dass es Ziele gibt, die sich auf technischem Wege nicht objektivieren lassen, wie zum Beispiel Solidarität oder Glück, deren Stellenwert von einer Gesellschaft »verhandelt« werden müssen – und das kann sinnvollerweise nur durch Prozesse *unmittelbarer sozialer Kommunikation* geschehen. Nur dann kann sicher gestellt werden, dass alle *real mitgestalten, sowie darüber befinden, wie gelebt werden soll* und nicht nur *formell mitbestimmen.*

Kommunismus ist nicht durch Digitalisierung zu definieren, sondern immer noch durch soziale Kooperation auf der Basis vernunftorientierten und selbstbestimmten Handelns. Dies zu garantieren setzt die entsprechenden politischen Strukturen auf der Basis zwischenmenschlicher Beziehungsverhältnisse voraus, denn über *qualitative* Absichten muss diskutiert und gestritten, sie müssen gemeinsam erarbeitet und dabei die verschiedenen Zielvarianten gegeneinander abgewogen werden. Gerade wenn das mit der notwendigen Intensität geschieht, wird sich herausstellen, dass ebenso wenig wie sich Lebensglück und Zufriedenheit mit dem Computer erfassen lassen, Selbstbestimmung und ein reflexives Realitätsverhältnis *automatisch* durch digitalisierte Vermittlungsstrukturen gefördert werden: Letztlich stellen sie Gegensatzprinzipien zur »Computer-Rationalität« dar. Die abstrakt-organisatorischen Präferenzen der Konzepte eines »Computer-Kommunismus« weisen einen Weg, der – um ein Wort von Engels abzuwandeln – auf sehr »sittliche Weise« in Richtung »Kommunismus« führt – jedoch werden jene die ihn begehen, dort nie ankommen.

Natürlich werden auch in einer solidarischen Zukunftsgesellschaft digitale Kommunikations- und Vermittlungsprozesse eine Rolle spielen, Computer und Internet zum Einsatz kommen, aber es kann keine bloße Fortschreibung ihrer gegenwärtigen Verwendungsweisen geben, weil die kapitalistisch geprägte Technik mit spezifischen Wirkungen verbunden ist, die den Bedürfnissen einer neuen Gesellschaft im Wege stehen. Ohne einen qualitativen, auch die Technologien einschließenden »Bruch«, bestünde deshalb ein angeblich »neues« Vergesellschaftungsmodell nur in der Fortschreibung bestehender Tendenzen. Sozialismus aber bedeutet, das möglich gewordene qualitativ Andere zu verwirklichen. Es gilt die Paläste emanzipatorischer Phantasie entstehen zu lassen, und nicht graue Betonklötze nach dem architektonischen Vorbild der überwundenen Gesellschaft zu bauen.

In den Texten des »Computer-Sozialismus« wird die Notwendigkeit eines qualitativen Bruchs mit den gegenwärtigen Zivilisationsmustern selten auch nur angedeutet. Diese Haltung korrespondiert mit einem in den linken Vorstellungen häufig anzutreffendem Reduktionismus, der sich darin ausdrückt, dass der Schwerpunkt primär auf die Forderung gelegt wird, dass gerechter verteilt und konsumiert werden soll. Die Frage nach der *alternativen Produktionsweise* spielt nur noch eine untergeordnete Rolle. Die müsste jedoch im Mittelpunkt eines jedes Konzeptes zukunftsorientierter gesellschaftlicher Veränderungen stehen, denn »eine Gesellschaft findet nun einmal nicht ihr Gleichgewicht, bis sie sich um die Sonne der Arbeit dreht«, wie Marx 1875 geschrieben hat. Selbstredend, dass nicht die Lohnarbeit, nicht die entfremdende und unterdrückende Arbeit, sondern eine schöpferische und selbstbestimmte Tätigkeit im Kontext einer solidarischen Gesellschaftsformation gemeint ist, also *Arbeit als erfüllte Lebenszeit*, verbunden mit den Bedürfnissen und Wünschen der individuellen Lebensgestaltung.

Die latente Zustimmung zu elektronisch *determinierten* Lenkungsmodellen in bestimmten marxistischen Diskussionen zeigt, wie wenig man vom Marxschen Emanzipationskonzept, aber auch vom Computer, seinen repressiven Wirkungsweisen, jedoch auch emanzipatorischen Einsatzmöglichkeiten begriffen hat. Aber geradezu tragisch ist, dass in diesen Haltungen ebenfalls zum Ausdruck kommt, wie wenig über die Gründe des Scheiterns eines »realen Sozialismus« man sich einen Reim zu machen weiß: Es hat Produktivitätsdefizite und eine Permanenz der Bedrängnis durch den Imperialismus (mit einem beständigen Zwang zur Beteiligung am Rüstungswettlauf) gegeben, aber der wesentliche Aspekt seines Scheiterns, war die mangelhafte *Partizipation der Menschen an den gesellschaftlichen Lenkungsinstitutionen und ökono-*

mischen Leitungsprozessen. Was fehlte waren substanzielle Formen der Demokratie – nicht im Sinne des bürgerlichen Demokratismus, nicht, wie Georg Lukács in seiner fundierenden Schrift »Sozialismus und Demokratisierung« es ausdrückt, als »idealistischer Überbau des spontanen Materialismus der bürgerlichen Gesellschaft«, sondern als »ein materieller Bewegungsfaktor der gesellschaftlichen Welt selbst«.

Durch rein technische Vermittlungsstrukturen ist die notwendige Partizipation nicht zu erreichen, denn wenn sie ihren Namen verdienen soll, muss sie ein öffentlicher Prozess mit persönlichen Adressaten und Akteuren sein. Diese müssen im Rahmen realer Kommunikationsvorgänge hören, was vorgeschlagen ist und erfahren, wie darauf reagiert wird. Es müssen »Resonanzbeziehungen« (Hartmut Rosa) existieren, als Ausdruck eines Sprechens aus persönlichem Erleben und motiviert durch eigene Intentionen. Eine solche *direkte Demokratie* funktioniert nur im Modus des Agierens und nicht des bloßen Reagierens.

Unverzichtbar sind deshalb Formen der *Mit- und Selbstbestimmung der unmittelbaren Produzenten,* also jener Menschen, die an den entscheidenden Stellen des gesellschaftlichen Produktions- und Reproduktionsprozesses tätig sind. Sie müssen nicht nur Einfluss auf den Charakter des gesellschaftlichen Konsumtionsfonds haben, sondern viel wichtiger noch darüber mitentscheiden, was, wo und wie automatisiert, in welcher Weise die gesellschaftlich notwendige Produktion organisiert wird, welchen Anteil ihrer Lebenszeit sie für die Produktion von Gütern und die Organisation sozialer Dienste, sowie für die demokratischen Abstimmungsprozeduren und kulturelle Aktivitäten aufwenden wollen. Diese Diskussion und Abstimmungen über die elementaren Grundlagen des Zusammenlebens müssen als permanenter Prozess organisiert werden. Durch bloß technische Vermittlungsweisen (»Abstimmungen per Internet«) drohen solche Prozesse ihre Intensität und die Beteiligten schleichend ihre Entscheidungsmacht zu verlieren.

Von einem solchen Problembewusstsein sind die Konzepte des »Computer-Kommunismus« ebenso weit entfernt, wie von einem Verständnis *qualitativer Planungsmodelle* die in realen gesellschaftlichen Selbstorganisationsprozessen fundieren müssen. Das ist ein gravierendes Defizit, denn der Sozialismus wird als technologisch »überformter« ein weiteres mal nicht funktionieren. Es wird keinen neuen Sozialismus geben, bei dem nicht die zwischenmenschlichen Kommunikations- und Abstimmungsprozesse und ein hoher Anteil »lebensweltlicher« *Selbsttätigkeit* das Fundament sind. Konkret bedeutet das die Notwendigkeit einer *Organisation von Artikulations- und Entscheidungsprozessen innerhalb der unmittelbaren Lebenszusammenhänge*. Die *Basis* der Mitgestaltungsprozesse werden überschaubare Gruppen und Alltagskontexte sein müssen.

Die Bedeutung des Lokalen (begriffen als Kommunikationsräume der unmittelbaren Produzenten) ist in der marxistischen Traditionslinie nur selten in ihrer fundamentalen Bedeutung erkannt worden. Es muss aber auch betont werden, dass eine solche Re-Lokalisierung, nicht mit den Vorstellungen eines *Rückzugs aufs Lokale* zu tun hat, wie sie in den sogenannten »Alternativen Bewegungen« dominieren und die faktisch dazu dienen, der *Machtfrage* aus dem Wege zu gehen und die sozio-kulturellen Probleme zu »miniaturisieren«.

Theoriegeschichtlich haben die Vorstellungen über die technische Vermittlung zentralisierter Planungsprozesse schon eine längere Tradition: »Wenn es ein Universalgehirn geben würde«, schrieb Leo Trotzki Anfang der 30er Jahre, »ein Gehirn, das gleichzeitig alle Prozesse in der Natur und in der Gesellschaft aufzeichnen und alle ihre Bewegungsdynamiken genau vermessen könnte und alle Ergebnisse ihrer Wechselwirkungen genau voraussagen ...‚ dann wäre ein solches Gehirn selbstverständlich a priori fähig, einen fehlerlosen und allumfassenden Wirtschaftsplan auszuarbeiten.« Aber damit sind die Kernfragen sozialistischer Demokratie und emanzipatorischer Vergesellschaftung noch nicht gelöst, nicht einmal thematisiert. Aber sie müssten im Mittelpunkt der Diskussion über das Verhältnis von sozialistischer Gesellschaft und Computer stehen:

- Wie soll (kann) die Verständigung über die sozio-ökonomischen Ziele und die Realisierungswege erfolgen?
- Wie kann Mitgestaltung zu einem organischen Bestandteil des Alltagshandelns, zu einem Element der unmittelbaren Lebenspraxis werden?
- Was und mit welchen Mitteln soll produziert werden? Welche ökonomischen und sozialen Entwicklungspräferenzen sind wünschenswert?
- In welchem Verhältnis sollen gegenwärtige und zukünftige Bedürfnisse berücksichtigt werden?

Es geht also um die *Kern- und Organisationsfragen solidarischer Vergesellschaftung*. Mit dem Verweis auf die durchaus vorhandenen progressiven Potenziale der Computer-Technologie sind sie noch lange nicht gelöst.

Literatur

Adorno, Th. W., Minima Moralia. Reflexionen aus dem beschädigten Leben, Frankfurt/M. 1969

Ammann, Th./Aust, St., Digitale Diktatur. Totalüberwachung, Datenmissbrauch, Cyberkrieg, Berlin 2014

Anders, G., Die Antiquiertheit des Menschen, Bd. 2: Über die Zerstörung des Lebens im Zeitalter der dritten industriellen Revolution, München 1987

Bahr, H.-D., Die Klassenstruktur der Maschinerie, Frankfurt/M. 1973

Bahr, H.-D., Über den Umgang mit Maschinen, Tübingen 1983

Bischoff, J., Mythen der New Economy. Zur politischen Ökonomie der Wissensgesellschaft, Hamburg 2001

Brödner, P., Der programmierte Kopf. Eine Sozialgeschichte der Datenverarbeitung, Berlin 1988

Brödner, P., Der überlistete Odysseus. Über das zerrüttete Verhältnis von Menschen und Maschinen, Berlin 1997

Brödner, P., Industrie 4.0 und Big Data. Zwischen Hype und Horror auf dem Weg in eine bessere Welt?, Bergkamen 2016

Bühl, A., CyberSociety. Mythos und Realität der Informationsgesellschaft, Köln 1996

Carr, N., Wer bin ich, wenn ich online bin … und was macht mein Gehirn solange? – Wie das Internet unser Denken verändert, München 2010

Carr, N., Abgehängt. Wo bleibt der Mensch, wenn Computer entscheiden?, München 2014

Castells, M., Das Informationszeitalter. Teil I: Der Aufstieg der Netzwerkgesellschaft, Opladen 2004

Castells, M., Die Internet-Galaxie. Internet, Wirtschaft und Gesellschaft, Wiesbaden 2005

Cockschott, P./Cottrell, A., Alternativen aus dem Rechner. Für eine sozialistische Plane und direkte Demokratie, Köln 2012

Crary, J., 24/7. Schlaflos im Kapitalismus, Berlin 2014

Dath, D., Maschinenwinter. Wissen, Technik, Sozialismus, Frankfurt/M. 2008

Dijksterhuis, E. J., Die Mechanisierung des Weltbildes, Berlin, Göttingen und Heidelberg 1956

Eckert, S., Überwacht und ausgespäht. PRISM, NSA, Facebook & Co, Köln 2014

Famulla, G.-E./Gut, P. u. a., Persönlichkeit und Computer, Opladen 1992

Fricke, T., Die Akte Google, München 2015

Fuchs, Ch., Digital Labour and Karl Marx, New York und London 2014

Fuchs, Ch., Culture und Economy in the Age of Social Media, New York und London 2015

Gabriel, M., Ich ist nicht Gehirn. Philosophie des Geistes für das 21. Jahrhundert, Berlin 2015

Geiselberger, H./Moeerstedt, T. (Hg.),Big Data. Das neue Versprechen der Allwissenheit, Berlin 2013

Gorz, A., Wissen, Wert und Kapital. Zur Kritik der Wissensökonomie, Frankfurt/M. 2000

Greenwald, G., Die globale Überwachung: Der Fall Snowden, die amerikanischen Geheimdienste und die Folgen, München 2014

Hardt, M./Negri, A., Empire. Die neue Weltordnung, Frankfurt und New York 2003

Hasler, F., Neuromythologie. Eine Streitschrift gegen die Deutungsmacht der Hirnforschung, Bielefeld, 2013

Haug, W. F., High-Tech-Kapitalismus, Hamburg 2003

Hirsch-Kreinsen, H./Ittermann, P./Niehaus, J. (Hg.), Digitalisierung industrieller Arbeit. Die Vision Industrie 4.0 und ihre sozialen Herausforderungen, Berlin 2015

Hoffmann-Axhelm, D., Sinnesarbeit. Nachdenken über Wahrnehmung, Frankfurt/M. 1984

Hofstetter, Y., Sie wissen alles. Wie intelligente Maschinen in unser Leben eindringen und warum wir für unsere Freiheit kämpfen müssen, München 2014

Holzkamp, K., Sinnliche Erkenntnis, Königstein/Ts. 1978

Hübl, Ph., Der Untergrund des Denkens. Eine Philosophie des Unbewussten, Reinbek 2015

Jansen, M., Digitale Herrschaft. Über das Zeitalter der totalen Kontrolle und wie Transhumanismus und Synthetische Biologie das Leben neu definieren, Stuttgart 2015

Kaindl, Ch. (Hg.), Subjekte im Neoliberalismus, Marburg 2007

Keen, A., Das digitale Debakel, München 2015

Kofler, L., Der asketische Eros. Industriekultur und Ideologie, Wien 1967

Kofler, L., Technologische Rationalität im Spätkapitalismus, Frankfurt/M. 1971

Kurz, C./Rieger, F., Die Datenfresser: Wie Internetfirmen und Staat sich unsere persönlichen Daten einverleiben und wie wir die Kontrolle darüber zurückerlangen, Frankfurt/M. 2012

Kurz, C./Rieger, F., Arbeitsfrei. Eine Entdeckungsreise zu den Maschinen, die uns ersetzen, München 2015

Kurzweil, R., Menschheit 2.0. Die Singularität naht, Berlin 2014

Lanier, J., Gadget. Warum die Zukunft uns noch braucht, Berlin 2010

Lanier, J., Wem gehört die Zukunft? Du bist nicht der Kunde der Internetkonzerne. Du bist ihr Produkt, Hamburg 2014

Lessard, B./Baldwin, St., Computersklaven. Reportagen aus der Ausbeuterfirma Internet, München 2000

Lohoff, E./Trenkle, N., Die große Entwertung, Münster 2012

Lukács, G., Zur Ontologie des gesellschaftlichen Seins, 2. Bd., Darmstadt und Neuwied 1984

Marcuse, M., Der eindimensionale Mensch. Studien zur Ideologie der fortgeschrittenen Industriegesellschaft, Neuwied 1967

Meretz, St., Linux & Co.: Freie Software – Ideen für eine ander Gesellschaft, Neu-Ulm 2000

Metscher, Th., Logos und Wirklichkeit. Ein Beitrag zur Theorie des gesellschaftlichen Bewußtseins, Frankfurt/M 2010

Morgenroth, M., Sie kennen dich! Sie haben dich! Sie steuern dich! Die wahre Macht der Datensammler, München 2014

Morozov, E., The Net Delusion. The Dark Side of Internet Freedom, New York 2012

Morozov, E., Smarte neue Welt. Digitale Technik und die Freiheit des Menschen, München 2013

Mumford, L., Mythos der Maschine. Kultur, Technik und Macht, 2 Bd., Wien 1974

Peters, A./Zuse, K., Was ist und wie verwirklicht sich Computer-Sozialismus, Berlin 2000

Postman, N., Das Technopol. Die Macht der Technologien und die Entmündigung der Gesellschaft, Frankfurt/M. 1992

Prantl, H., Verdächtigt. Der starke Staat und die Politik der inneren Unsicherheit, Hamburg 2002

Rosa, H., Beschleunigung und Entfremdung – Entwurf einer kritischen Theorie spätmoderner Zeitlichkeit, Frankfurt/M. 2013

Rosa, H., Resonanz. Eine Soziologie der Weltbeziehungen, Berlin 2016

Rosenbach, M./Stark, H., Der NSA-Komplex: Edward Snowden und der Weg in die totale Überwachung, München 2014

Sandoval, M., From Corporate to Social Media, London 2014

Schachtner, Ch., Geistmaschine. Faszination und Provokation am Computer, Frankfurt/M. 1993

Schirrmacher, F., Payback, München 2009

Schirrmacher, F., Ego. Das Spiel des Lebens, München 2013

Schmied-Kowarzik, W., Das dialektische Verhältnis des Menschen zur Natur, Freiburg und München 1984

Schulz, Th., Was Google wirklich will. Wie der einflussreichste Konzern der Welt unsere Zukunft verändert, Stuttgart 2015

Seppmann, W., Dialektik der Entzivilisierung. Krise, Irrationalismus und Gewalt, Hamburg 2012

Seppmann, W., Kapitalismusbegriff und Sozialismuskonzeption. In welcher Gesellschaft leben wir?, Berlin 2013

Seppmann, W., Herrschaftsmaschine oder Emanzipationsautomat? Über Gesellschaft und Computer, Bergkamen 2016

Simons, M., Jenseits des Aktenkoffers. Vom Wesen des neuen Angestellten, München und Wien 1997

Spitzer, M., Lernen. Gehirnforschung und die Schule des Lebens, Heidelberg 2007

Spitzer, M., Digitale Demenz. München 2014

Trojanof, I./Zeh, J., Angriff auf die Freiheit: Sicherheitswahn, Überwachungsstaat und der Abbau bürgerlicher Rechte, München 2010

Turkle, S., Die Wunschmaschine. Der Computer als zweites Ich, Reinbek 1986

Volpert, W., Zauberlehrlinge, Weinheim und Basel 1985

Wagner, Th., Robokratie. Google, das Silicon Valley und der Mensch als Auslaufmodell, Köln 2015

Weizenbaum, J., Die Macht der Computer und die Ohnmacht der Vernunft, Frankfurt/M. 1977

Weizenbaum, J., Computermacht und Gesellschaft, Frankfurt/M. 2001

Wurzer, J., Atemlos. Die virtuelle Welt des Internet-Kapitalismus, München 2000

Der Autor

Werner Seppmann, Jg. 1950. Nach Berufstätigkeit Studium der Sozialwissenschaften und Philosophie. Langjährige Zusammenarbeit mit Leo Kofler. Vorstandsmitglied und zeitweiliger Vorsitzender der Marx-Engels-Stiftung, Wuppertal. Langjähriger Mitherausgeber der Marxistischen Blätter. Zusammen mit Ekkehard Lieberam Leitung des Projekts Klassenanalyse@BRD im Rahmen der Marx-Engels-Stiftung.

Zahlreiche Publikationen zur Sozialstrukturanalyse, Marxismusforschung, Ideologie-Theorie, Kritischen Gesellschaftstheorie, Klassenanalyse und Kultursoziologie.